Gustav Teichmüller

Aristotelische Forschungen

II Aristoteles Philosophie der Kunst

Gustav Teichmüller

Aristotelische Forschungen
II Aristoteles Philosophie der Kunst

ISBN/EAN: 9783742868787

Hergestellt in Europa, USA, Kanada, Australien, Japan

Cover: Foto ©Thomas Meinert / pixelio.de

Manufactured and distributed by brebook publishing software
(www.brebook.com)

Gustav Teichmüller

Aristotelische Forschungen

Aristotelische
Forschungen

von

Gustav Teichmüller.

II.

Aristoteles Philosophie der Kunst

Halle,
Verlag von G. Emil Barthel.
1869.

Aristoteles
Philosophie der Kunst,

erklärt

von

Gustav Teichmüller,
Dr. phil., ord. Professor an der Universität zu Basel.

Halle,
Verlag von G. Emil Barthel.
1869.

Herrn Geh. Hofrath Professor

Dr. Heinrich Ritter

und

Herrn Hofrath Professor

Dr. Hermann Lotze

als ein Zeichen innigster Verehrung und Dankbarkeit

gewidmet.

Vorrede.

Die Absicht der folgenden Untersuchungen ist, die Umrisse und den Sinn einer Aristotelischen Philosophie der Kunst wiederzufinden. Philosophisch ist diese Aufgabe, sofern es sich wesentlich um Bestimmung philosophischer Principien und um speculative Deductionen handelt; philologisch aber, weil die Gedanken des Stagiriten nur wiedererkannt werden sollen. Solche mühsamen Arbeiten nicht für gering zu halten, stärkt Jeden, der zu Boeckh's Füssen gesessen, die Erinnerung an die stolzen Worte, mit denen er für die geistige Kraft in der philologischen Forschung denselben Werth in Anspruch nahm wie für das in der Production wirksame Vermögen. Ich dachte auch gern an die Begeistrung Lessing's, der die Sicherheit der Aristotelischen Kunstgesetze mit der Unumstösslichkeit von Euklid's Elementen verglich, und freute mich oft an den von Trendelenburg mit umfassender Kraft und Klarheit geführten Betrachtungen, in denen er eine der scharfsinnigsten modernen Theorien in den Rahmen der grösseren Lebensauffassung des Alterthums einfügte.*) Obgleich ich dem von Trendelenburg gezeigten Wege folge, so konnte doch hier mein Geschäft nicht auch eine kritische Berücksichtigung moderner Aesthetik sein; denn die Aristotelische Lebensweisheit liegt in grossen systematischen Werken vor uns; seine Philosophie der Kunst aber ist wie eine Statue in Bruchstücke zersprungen und es gilt

*) Herbart's praktische Philosophie und die Ethik der Alten von A. Trendelenburg (Abhandl. der Akad. d. Wiss. 1856).

erst, die lebendige Form wieder richtig vor die Anschauung zu führen. Ich bin so sehr mit dieser Bestimmung der Theile beschäftigt gewesen, dass man mir vielleicht mit Recht vorwerfen wird, ich hätte nicht links und rechts gesehen und die interessante Vergleichung mit modernen Gedanken versäumt und sei wie ein Bildhauer, nicht wie ein räsonnirender Kunstkenner an die Arbeit gegangen. Ich gestehe gern, dass die Untersuchungen dadurch weniger reich und unterhaltend geworden sind, aber es handelte sich vor Allem darum, nicht zu beurtheilen, sondern wiederzuerkennen. Erst nach einer völligen Versenkung in den Gegenstand kann man mit mehr Freiheit und Uebersicht ihm gegenüber treten. Darum denke ich auch so einigen Dank bei den Kennern Aristotelischer Philosophie und auch bei den Freunden der Aesthetik verdient zu haben, weil ich ihnen eben die Mühe der ersten Bewältigung des Rohstoffes ersparte. Ist erst die Sammlung vieler und entlegener Stellen und ihre Vergleichung vollzogen, die Sicherheit der Interpretation festgestellt, eine Gliederung des Ganzen, wenn auch eine ungenügende, verwirklicht und sind erst die Begriffe zu klaren und deutlichen Umrissen ausgearbeitet und die Probleme der Untersuchung aufgeworfen: so lässt sich dann leichter sowohl über den Autor als über seinen Interpreten zu Gericht sitzen. Wenn viele Theile zu ausführlich, andre zu sparsam behandelt sind, so liegt der Grund davon nicht immer in der Sache, sondern in der Dunkelheit und Verworrenheit, in welche einzelne Theile verwickelt waren, und auch das häufige Zurückkommen auf gewisse Fragen ist nur ein Zeichen, wie schwierig es war, sich durch scheinbar oder wirklich widersprechende Zeugnisse der Schriften zur bestimmten und klaren Auffassung durchzuringen. Ich verlange desshalb nicht, dass die Beurtheiler die aus der Sache nicht gerechtfertigten Ungleichheiten billigen sollen, erinnere aber daran, wie oft ein an sich untergeordneter Punkt uns eine viel grössere Mühe schafft, als wichtige und erfreulichere Mittelpunkte der Arbeit.

Buchhändlerische Rücksichten nöthigten mich, in

diesem Bande die allgemeinen Fragen für sich abzuschliessen; die in gewissem Betracht interessantere Theorie der einzelnen Künste und vor Allem der Dichtkunst muss nun einem dritten Bande vorbehalten bleiben. Ich betrachte übrigens, und hoffentlich wird auch Susemihl mir noch zustimmen, das Problem der Katharsis noch nicht für erschöpft, sondern denke, dass ausser einer strengeren, systematischeren Deduction auch unter Anderem die Benutzung des bisher vergessenen ehrenwerthen Compilators Aristides Quintilianus nicht geringe neue Aussichten und Ansichten fördern kann. Schon hier (S. 135. ff. und S. 207) erweisen sich die exacteren Begriffsbestimmungen als kräftig genug, um die Auffassung der Katharsis in engere und gewissere Bahnen zu drängen. — In der Behandlung der ästhetischen Ideen im II. Capitel des speciellen Theiles musste leider das Komische unberücksichtigt bleiben, weil seine Darstellung sich nicht passend von der Theorie der Komödie abtrennen liess. Mehr als diesen Uebelstand empfinde ich es aber, dass die Theorie der Phantasie dem Capitel über die Hervorbringung des Kunstwerks nicht mehr einverleibt werden konnte. Es bleiben dadurch mehrere wichtige Gesichtspunkte unbenutzt, die nun erst nachträglich in der Theorie der Dichtkunst zu ihrem Rechte kommen sollen. Auch den Begriff der ἀδυναμία liess ich ungern ohne die ausführliche Behandlung, die ihm zukommt, und so sind noch einige Begriffe durch die Trennung des allgemeinen Theils von der Theorie der einzelnen Künste an ihrem Rechte verkürzt.

Wenn ich auch hier und da glaubte, von Trendelenburg, Zeller und Bonitz abweichen zu müssen, so gestehe ich doch, dass grade ihr Beifall für mich den allergrössten Werth hat. Denn das philosophische Interesse steht bei Aristotelischen Arbeiten immer obenan. Oft während der Untersuchung wollten mich historische oder philologische Bedenken zurückhalten, eine Frage zu verfolgen, die Aristoteles vielleicht nicht selbst schon aufgeworfen zu haben schien, oder die sich nur mit Hülfe unsicherer Schriften wie der Probleme illustriren liess; auch war mir oft zweifelhaft, ob Aristoteles wirklich die aus seinen Aeusserungen sich ergebenden Grundlinien schon selbst systematisch zusammengefasst oder gar irgendwo systematisch dargestellt hätte. Diese historische Frage ist an sich sehr interessant, aber keine Aufgabe für mich. Ich überlasse es Andern, Combinationen über den Inhalt der verlorenen Schriften anzustellen und uns mit so anregenden und schönen Betrachtungen zu beschenken, wie wir sie schon für die Dialoge einem glänzenden Geiste verdanken. Jeder muss seine besondre Kraft erwägen. Für mich gewinnt eine Frage um so mehr an Interesse, je mehr sie apodiktische Beweisführung zulässt, und verliert um so mehr an Anziehungskraft, je mehr sie sich dem Gebiete nähert, wo die Gränze des möglichen Irrthums nicht wohl bestimmt werden kann. Ich habe hier nur dem philosophischen Interesse dienen wollen und erkläre, dass diese Untersuchungen nur das Ziel verfolgen, den systematischen Zusammenhang der Aristotelischen Gedanken aufzuspüren durch scharfe Analyse der Begriffe und strenge Exactheit (ἀκρίβεια) in der Beweisführung. Ich habe als Quellen fast überall nur die besten und unbezweifelten Aristotelischen Bücher benutzt und daraus dann möglichst *more geometrico* die Aristotelische Auffassung demonstrirt. Die Beweisstellen sind immer unter den Text gesetzt, damit der Leser sofort die Schlüssigkeit controlliren kann und die Prüfung nicht auf eine gute Gelegenheit des Nachschlagens verschiebt. Das Ganze der Lehre, das sich nun hieraus ergiebt, ist jedenfalls im Sinn und Geist des Aristoteles, wenn ich auch nicht behaupte, dass es als Ganzes von Aristoteles gedacht war. Und hier scheidet sich eben das philosophische von dem historischen Interesse. Die das letztere verfolgen, werden an diesen Untersuchungen eine Vorarbeit finden.

Wenn ich nun noch der Beurtheilungen gedenken muss, die der erste Band dieser Untersuchungen erfahren, so habe ich in erster Linie dem Herrn T—k (im literar. Centralbl. 1868 No. 6) für seine wohlwollende Aufnahme zu danken. Auch mit dem, was der witzige Mann, der Scharfsinn und Kenntnisse mit Feinheit und Billigkeit verbindet, auszusetzen hat, bin ich unter Reserve der Grundsätze einverstanden. Ich glaube freilich, dem alten Gesetz des *Incidit in Scyllam qui vult vitare Charybdim* nicht entronnen zu sein. Die weitere Verhandlung über diese Frage gehört aber an einen andern Ort. Es war mir erfreulich, dass der mir unbekannte Recensent in den Heidelberger Jahrbüchern sich mit meinen Grundsätzen der Interpretation für völlig einverstanden erklärte. Dem gleichfalls anonymen Beurtheiler in den Grenzboten (1868, No. 41. S. 79) weiss ich sowohl für seine freundliche Auffassung, als für die aufgeworfenen Zweifel (besonders über S. 180. Band I.) Dank. Ich bedaure nur, dass ihm der Ort, wo er seine Zweifel aussprach, nicht erlaubte, dieselben zu motiviren. Es ist mir nicht ersichtlich, warum nicht die Tragödie ursprünglich ähnlich wie die Epopöie bloss einzelne Bilder oder kurze Scenen aus dem Leben und Leiden der Heroen vorgeführt haben solle, und zwar ohne die straffe Einheit des Stoffes und ohne die genaue Berechnung des Umfangs; denn es scheint doch an und für sich wahrscheinlich und auch geschichtlich gewiss zu sein, dass die Tragödien ihrem Umfang nach erst zu einem bestimmten Mass kamen, seitdem die Zahl der Festtage und der wettkämpfenden Tragödien gesetzlich geordnet wurde. Für das Epos fehlte diese äussere Begränzung der Zeit der Aufführung und daher blieb auch sein Umfang unbestimmt. — Mein hochverehrter Gönner, Herr Hofrath Sauppe, hob auf der Philologenversammlung in Halle gegen die von mir vertretene Hypothese über die Deutung von cap. V der Poëtik mit seinem anerkannten Scharfsinn besonders die Schwierigkeit hervor, dass das Wort *τραγῳδία* bei Aristoteles sonst immer als Einzeltragödie gefasst würde. Diese Schwierigkeit habe ich wohl einräumen können; allein zweierlei Bedenken halte ich meinerseits dagegen: 1) dass mit dem Wort *τραγῳδία* bei Aristoteles wohl meistens die Einzeltragödien gemeint sind, die er sonst gewöhnlich mit ihrem besondern Namen nennt (*ἐν Ἀντιγόνῃ, ἐν τῷ Ὀρέστῃ* u. s. w.), dass man aber *τραγῳδία* nie durch Einzeltragödie übersetzen darf, weil dadurch an den Gegensatz der Trilogie erinnert würde, dessen Vorkommen ja bei Aristoteles so schmerzlich vermisst wird. Unter τραγῳδία ist daher strenggenommen weder Einzeltragödie, noch Trilogie zu verstehen, sondern das beiden gemeinsame Wesen, wodurch sie „tragische Dichtung" oder „tragisches Spiel" sind. Aristoteles könnte die Tragödie definiren wie in cap. VI. und dann doch noch eine trilogische Verknüpfung der Fabel lehren; so wenig ist die Trilogie durch seine Definition ausgeschlossen. Freilich ist dies nun nicht seine Lehre, sondern er will, wie es offenkundig scheint, schon in der Einzeltragödie die volle Erfüllung des Wesens der Tragödie sehen; aber für die Interpretation ist diese Möglichkeit von Bedeutung; denn z. B. im cap. IV. bei der Geschichte vom Ursprung der Tragödie tritt dieser allgemeinere Sinn des Wortes deutlich hervor. Wenn er sagt: „als die Tragödie und die Komödie erschienen waren, wandten sich die früheren Jamben- und Epen-Dichter ihrem besonderen Genius entsprechend die Einen zur Tragödien- die andern zur Komödien-Dichtung" — so würde von Niemand übersetzt und verstanden werden: „als die Einzeltragödie erschienen war." sondern Jeder wird an das tragische Spiel überhaupt denken. Und so bleibt besonders bei dieser Geschichte der Tragödie in cap. IV. und V. der allgemeinere Sinn: „tragische Dichtung" vorherrschend, und nur, weil wir schon aus der weiteren Theorie wissen, wie Aristoteles denkt, schieben wir unwillkürlich immer die richtige Erklärung unter, indem wir das Wort bald auf die Einzeltragödien, bald auf die tragische Dichtung überhaupt beziehen. — 2) Zweitens — und dies gilt zum Theil auch gegen die an sich richtigen und interessanten Bemerkungen des von mir hochgeachteten Prof. Ueberweg — kann ich über folgendes Bedenken nicht wegkommen. Ich meine nämlich, wenn ein Schriftsteller in der Einleitung sagt, ich werde über a, b und c sprechen, und nachher wirklich ausführlich und klar über a, b und c mit Anwendung derselben Ausdrücke spricht: so müsse man annehmen, er habe unter a, b und c dasselbe im Anfange, wie später bei der Ausführung verstanden. Wenn Aristoteles also cap. V., wo er einleitend die Tragödie vom Epos unterscheidet, sagt: die Epopöie unterscheide sich a) dadurch, dass sie erzähle b) durch das Metrum c) durch die Länge, und später in der ausführlichen Theorie unter Länge nur den messbaren Umfang der Geschichten (Band I. S. 175) meint, den er nach der Zeit der Aufführung oder Auffassung berechnet, aber auch nicht eine Sylbe von der Zeit der erdichteten Handlung spricht, ja im Gegentheil die Einheit der Handlung zu den Merkmalen rechnet, welche der Tragödie mit der Epopöie gemeinsam zukommen, und worin sie wechselseitig für einander vorbildlich sein können: so sehe ich das Recht nicht ein, das man haben könnte, nach Belieben unter Länge (μῆκος) in der Einleitung etwas anderes zu verstehen, als in der späteren Ausführung. Giebt man mir aber zu, dass Länge (μῆκος) der Tragödie den äusseren Umfang, also eine reale Grösse bedeutet, so kann sie auch nur an einem realen Massstab gemessen werden. Ich kann mir desshalb den Gedankengang von Ueberweg nicht ganz aneignen, den er im Anschluss an die Reden in Halle in einer brieflichen Mittheilung (vom 27. Octob. 68) an mich so formulirt: „die Bedeutung, in der ich μῆκος verstehe, ist der äussere Umfang wie derselbe bedingt ist durch die grössere oder geringere Fülle der zur Einheit der Handlung mit einander verknüpften Begebenheiten; diese grössere oder geringere Fülle ist ihrerseits durch die längere oder kürzere Zeitdauer des Dargestellten in sofern bedingt, als — in der Regel wenigstens, und ich nehme an, dass Aristoteles dieses Verhältniss im Auge habe — im Laufe von 10 Jahren mehr der Darstellung Werthes geschieht, als im Laufe Eines Tages.“ Mir scheint dieser Massstab aber doch nicht recht zur Bestimmung des äusseren Umfanges der Gedichte brauchbar zu sein; denn in jeder auch der kleinsten Geschichte kann man ja eine beliebige Zeit umspannen, da allein die Ausführlichkeit über die Länge oder Kürze der Erzählung entscheidet. Wenn der Umfang des Gedichtes nach der „längeren oder kürzeren Zeitdauer des Dargestellten“ abgemessen werden sollte, so müssten die kleinen tragischen Geschichtchen bei Herodot, welche kaum die Grösse eines Chorgesanges erreichen, mehr als zehn oder hundert mal die längsten Tragödien an Umfang übertreffen. Ein realer und fester Massstab aber ist die wirkliche Zeit, welche zur Aufführung einer Tragödie nothwendig ist. Und nach diesem berechnet Aristoteles schliesslich auch den Umfang der Epopöie, deren Grösse die Summe der an Einem Tage zur Aufführung kommenden Tragödien nicht überschreiten soll.

Diese Messung der Länge des Gedichts durch die Zeit findet sich daher sehr häufig, z. B. schliesst Plutarch von den Gastmählern die ὑποθέσεις genannten Mimen wegen ihrer Länge aus (*Sympos. lib. VII. 8. 4.* ἁρμόζειν δ' οὐδέτερον οἶμαι συμποσίῳ γένος· τὰς μὲν ὑποθέσεις διὰ τὰ μήκη τῶν δραμάτων καὶ τὸ δυσχορήγητον) und meint nicht etwa, dass die Länge durch die fingirte Dauer der Begebenheiten bestimmt würde, sondern offenbar durch die Dauer der Aufführung. Auch Aristoteles bezeichnet öfter dieses Verhältniss der Künste zu der Zeit ihrer Darstellung, so z. B. für das Citherspiel. „Weder gehen, noch Cither spielen, sagt er, kann man in beliebiger Zeit, sondern für jede Handlung (d. h. Bewegung) ist die kürzeste Zeit bestimmt über welche hinaus die Schnelligkeit nicht mehr gesteigert werden kann." (*De coelo II. 6.* Schl. ὥσπερ γὰρ οὐδὲ βαδίσαι οὐδὲ κιθαρίσαι ἐν ὁτῳοῦν χρόνῳ δυνατόν, ἀλλ' ἑκάστης ἐστὶ πράξεως ὡρισμένος ο ἐλάχιστος χρόνος κατὰ τὸ μὴ ὑπερβάλλειν — —) Was dann die von Ueberweg vertretene Messung der realen Grösse durch die ideelle betrifft, so steht nicht nur das obige sachliche Bedenken entgegen, sondern auch das ausdrückliche Aristotelische Gesetz, dass Mass und Gemessenes immer von derselben Gattung sein müsse, wie Aristoteles dies *Metaphys. IX. 1.* durchführt: Ἀεὶ δὲ συγγενὲς τὸ μέτρον· μεγέθων μὲν γὰρ μέγεθος καὶ καθ' ἕκαστον μήκους μῆκος, πλάτους πλάτος, φωνῶν φωνή, βάρους βάρος, μονάδων μονάς.

Um den Gegensatz meiner Auffassung von der Ueberweg's zu illustriren, erlaube ich mir ein Beispiel aus Homer vollständig anzuführen. Man lese den Anfang des 10. Gesanges der Odyssee:

„Drauf zur äolischen Insel gelangten wir, welche bewohnte
Aeolos, Hippotes Sohn, ein Freund der unsterblichen Götter:
Schwimmend war die Insel; die ganz einschliessende Mauer
Starrte von Erz, unzerbrechlich; und glatt umlief sie die Felswand.
Ihm sind auch zwölf Kinder daheim im Palaste geboren,
Sechs der lieblichen Töchter und sechs aufblühende Söhne;
Und er gab den Söhnen die lieblichen Töchter zu Weibern.
Stets um den liebenden Vater gesellt und die sorgsame Mutter,
Feiern sie Schmaus, da ihnen unzählbare Speisen gestellt sind;
Aber der Saal voll Duftes erschallt von der Flöte Getön rings
Jeglichen Tag; und die Nächte, gesellt zu den ehrsamen Weibern,
Ruh'n sie auf weichem Gewand', in schöngebildeten Betten.
Deren Stadt erreichten wir nun und die prangende Wohnung.

Hier hat der Epiker mit 13 Versen den äussern Umfang seiner Dichtung vergrössert und doch nicht eine Minute von der „Zeit des Dargestellten" verstreichen lassen. Lesen wir jetzt den folgenden Vers:

Freundlich den ganzen Mond herbergt er mich, Alles erforschend.

Nun ist der Umfang des Gedichts nur um einen einzigen Vers gewachsen und doch ist von der Zeit des Dargestellten ein ganzer Monat verlaufen. Dann kommen wieder 12 Verse, in denen die Uhr stille steht, und darauf:

Schon neun Tag und Nächte zugleich durchschifften wir rastlos
Und in der zehnten Nacht erschien das Vatergefild uns.

Mit 2 Versen wächst hier der Umfang, aber mit 10 Tagen eilt die Zeit des Dargestellten davon. Ich glaube daher, dass Ueberweg's Massstab, so einleuchtend er auch für die abstracte Betrachtung scheinen könnte, sich an den wirklichen Dichtwerken nicht bewährt. Die Länge des Epos hat mit der Dauer des Dargestellten nichts zu thun, sondern hängt wesentlich von der Ausführlichkeit der Darstellung und von dem Charakter der Erzählung ab im Gegensatz zur dramatischen Aufführung. (Vrgl. meinen Band I. S. 244 ff.) — Uebrigens will ich hier nicht weiter auf die Frage eingehen, da sie nur durch eine systematische Erörterung mit grösserer Gewissheit entschieden werden kann. Diese werde ich in einem dritten Bande versuchen und bemerke nur noch bei dieser Gelegenheit, dass ich selbst viel zu skeptisch bin, um mich bei der von mir aufgestellten Hypothese vollkommen zu beruhigen. Ich habe noch einige Zweifel in *petto*, die von den oben erwähnten verschieden sind; aber ich glaube, dass diese Hypothese auch für die, welche sie verwerfen, nützlich war, um Klarheit und Bestimmtheit in die Auffassung zu bringen.

Auf die Beurtheilungen bei Susemihl und Vahlen, welche beiläufig in grössern Monographien über die Poëtik erfolgten, kann ich hier natürlich nicht eingehen. In dem 3. Heft „Beiträge zur Poëtik des Aristoteles,“ das mir eben erst zu Gesicht kommt, bemerkt Vahlen u. A. über den Gebrauch von *ἀριθμὸς* für die gezählten Sachen (zu Poëtik 1461. b. 25 *ἐκ τῶν εἰρημένων ἀριθμῶν*) S. 430, dass ihm wenigstens kein Aristotelisches wie auch kein Platonisches Beispiel für diesen Gebrauch bekannt sei. Ich darf daher wohl hier die Vorrede zu einer kurzen Notiz benutzen, um für die richtige Deutung des Wortes die gewünschten Citate zu liefern. Ein Beispiel ist *de an. gen. III, 10. ἀλλ' ἐν τῷ τρίτῳ ἀριθμῷ πέρας ἔσχεν ἡ γένεσις,* wo *ἀριθμῷ* für *γενέσει* steht. Ich habe noch mehrere gesammelt, aber sie sind alle überflüssig, da Aristoteles sich sebst principiell über seinen Sprachgebrauch erklärt. Er sagt *Phys. IV. 11. ἐπεὶ δ' ὁ ἀριθμός ἐστι διχῶς (καὶ γὰρ τὸ ἀριθμούμενον καὶ τὸ ἀριθμητὸν ἀριθμὸν λέγομεν, καὶ ᾧ ἀριθμοῦμεν.)* Also das Gezählte und Zählbare einerseits und die Zahl andrerseits bezeichnet er mit demselben Ausdruck. Die erstere Bedeutung wiederholt er IV. 14. *ἀριθμὸς γὰρ ἢ τὸ ἠριθμημένον ἢ τὸ ἀριθμητόν.* —

Es bleibt mir nur übrig, Herrn Professor Gosche in Halle für seine werthvolle Beihülfe am Druckorte und meinem lieben Collegen, Professor Kiessling für seine dem letzten Theile des Buches noch zu Gute gekommene Revision meinen herzlichsten Dank zu sagen.

Basel, im November 1868.

Allgemeiner Theil.

Ὑστέρα γὰρ ἡ περὶ τῶν ἰδίων θεωρία τῆς περὶ τῶν κοινῶν ἐστίν. Natur. ausc. III. 1.

Quellen und Terminologie.

1. Ueber die Quellen der Aristotelischen Philosophie der Kunst.

Es könnte scheinen, als wären wir in grosser Verlegenheit, über des Aristoteles Kunsttheorie irgend Quellen aufzuweisen, da ja ausser der Poetik nichts von seinen zahlreichen ästhetischen und kunsthistorischen Werken übrig geblieben ist: allein glücklicher Weise war Aristoteles ein so systematischer Kopf, dass er keine Disciplin für sich isoliren und in das Gewebe der ganzen philosophischen Weltanschauung uneingefügt lassen konnte. Daher finden wir in allen seinen Schriften zahlreiche Beiträge zur Theorie der Kunst. So 1) zuerst in der Ethik; denn die Kunst ist eine dianoetische Tugend und verlangt daher auch dort Erörterung. Ausserdem muss ja das Phronetische durch den Gegensatz mit dem Technischen erörtert werden. Auch die Lust, welche mit der Kunst hervorgeht, ist ein Problem der Ethik. 2) In der Erkenntnisstheorie darf ebenfalls eine Untersuchung über die Kunst nicht fehlen; denn die τέχνη ist eine bestimmte Art und Stufe der Erkenntniss. Daher finden wir sehr zahlreiche Erklärungen derselben in den Analytiken, in der Topik und Metaphysik. 3) Wie dürften ferner die physischen Schriften sich unseren Wünschen um Aufschluss entziehen, da sie in doppelter Weise von der Kunst handeln müssen; denn erstens ist die

Kunst nach Aristoteles ja nichts Zufälliges und Willkürliches, sondern in der Natur des Menschen begründet (φύσει), hat also natürliche Ursachen und entwickelt sich und erzeugt ihre Wirkungen, wie die übrigen Kräfte der Natur, so dass die allgemeinen (γένει) Bestimmungen, welche z. B. in dem Buche über die Erzeugung der Thiere gegeben werden, auch für die Kunst gültig sind. Zweitens aber besteht innerhalb des Generischen nun grade zwischen der physischen und technischen Thätigkeit die grösste specifische Differenz, so dass auch durch diesen Gegensatz reichliches Licht auf die Eigenthümlichkeit der Kunst fallen muss. 4) Dass die Psychologie, da sie die ganze Seele betrachtet, auch der Kunst Platz und Kräfte bestimmen müsse, erscheint selbstverständlich. 5) Aber auch die Rhetorik darf als wichtig gelten; denn sie enthält ja die Abhandlung über die Affekte, auf deren Erregung auch die Dicht-Kunst ausgeht, und zweitens die Theorie vom Stil, worin sie sich von der Dichtkunst theils unterscheidet, theils mit ihr begegnet. 6) Die Politik endlich hat auch die Erziehung zu bestimmen und demnach die technische Ausbildung ihrem sittlichen Werthe nach zu erkennen und die Wirkung der Künste für die Zwecke des Staates zu würdigen. — Es ist also klar, dass wir kein Buch des Aristoteles von der Beziehung auf unseren Gegenstand freisprechen können und desshalb in allen seinen hinterlassenen Werken Quellen sehen müssen.

2. Die Terminologie ist bei Aristoteles nicht von stricter Observanz.

Die Auslegung eines Schriftstellers verlangt neben den historischen, allgemein grammatischen und seiner Stilgattung angehörigen Rücksichten noch besonders die

Aufmerksamkeit auf seine individuellen Gewohnheiten. Da ist nun nichts angenehmer und glücklicher, als wenn der Schriftsteller den genauen Sinn der Meinung, die er bei jedem Worte hat, selbst definirt. Es scheint daher, als müsste Aristoteles von diesem Gesichtspunkte aus der leichteste Schriftsteller sein, da er von den meisten Bezeichnungen, die er braucht, die schärfsten Definitionen gegeben hat. Darin würde man nun sehr irren; denn ein Anderes ist, *termini* zu schaffen, ein Anderes sie strict anzuwenden, und man kann von der Definition ebensowenig einen gültigen Schluss auf den jedesmaligen Gebrauch eines Wortes machen, wie von den sittlichen Grundsätzen, die Jemand ausspricht, auf seine Handlungen. Grade bei Aristoteles finden wir, dass er zwar wo es die Sache mit sich bringt, genau seine Terminologie voraussetzt und dass man ohne diese ihn gar nicht verstehen kann: wo er aber mehr einleitend spricht, oder Anderer Auffassungen dialektisch untersucht oder im Sinne der zu seiner Zeit herrschenden Denkweise oder für diese philosophirt, da begegnen wir Ausdrücken, die seinem Systeme sonst ganz fremd und widersprechend sind.

Was ist z. B. ἐπιστήμη anders, als apodiktisches Wissen, himmelweit verschieden von der blossen sinnlichen Wahrnehmung und begrifflich scharf geschieden von der τέχνη und φρόνησις. Und doch wird ἐπιστήμη mit αἴσθησις gleichbedeutend gebraucht z. B. in *Analyt. priora lib. II. 21.* (*Didot I. 113. 45* ff.) wird auf gleiche Weise die Prämisse, dass A dem B zukomme, d. h. zwei Rechte dem Dreieck, eine ἐπιστήμη und εἰδέναι genannt, als die blosse Wahrnehmung von Γ (αἰσθητὸν τρίγωνον), dass dasselbe ein Dreieck sei. In Sokratischem Sinne wird ἐπιστήμη *Eth. Nicom. VII.*

3. auf die sittliche Erkenntniss bezogen, ohne dass Aristoteles seine Terminologie salvirte. Ebenso ist ἐπιστήμη als τέχνη oder φρόνησις zu verstehen in *Metaph. 1026. b. 5.* und *982. b. 24.* und *de an. III. 9.* Schl. und 10 Anf. πολλὰ γὰρ παρὰ τὴν ἐπιστήμην ἀκολουθοῦσι ταῖς φαντασίαις, wobei entweder aus dem Vorigen (die Aerzte) oder besser (die Menschen allgemein) hinzuzudenken ist. Die ἐπιστήμη hat aber sonst nichts mit Handlungen zu thun. — So wird von der Lust sorgfältig in den Nikomachien nachgewiesen, dass sie keine κίνησις sei, dagegen wird sie in der Rhetorik ohne Weiteres als κίνησις definirt. — Wer die Ethik gelesen, weiss, dass die φρόνησις nicht ohne sittliches Wollen denkbar ist, dass sie nicht ἐπ' ἀμφότερα d. h. zum Guten oder Bösen wirken könne, gleichwohl kommt sie öfter*) ganz mit δεινότης gleichbedeutend vor. Zuweilen heisst φρόνησις, welche doch specifisch die praktische Weisheit bezeichnet, auch grade das Wissen, welches sonst als σοφία beschrieben, rein theoretisch und ganz jenseit des Praktischen ist, z. B. *Metaph. 982. b. 24.* σχεδὸν γὰρ πάντων ὑπαρχόντων τῶν ἀναγκαίων καὶ πρὸς ῥαστώνην καὶ διαγωγὴν ἡ τοιαύτη φρόνησις (er meint σοφία und speciell πρώτη φιλοσοφία) ἤρξατο ζητεῖσθαι. — In der Ethik und sonst wird sorgfältig das ἐπιστημονικόν von dem δοξαστικόν geschieden, nicht als wären sie verschiedene Stufen der Gewissheit, sondern als hätten beide geistigen Vermögen einen durchaus anderen Gegenstand; nichts desto weniger werden die Ansichten der Früheren, welche auf den eigentlichsten Gegenstand der ἐπιστήμη und

---

*) Z. B. Rhet. II. 1. §. 5. ἔστι δὲ ταῦτα φρόνησις καὶ ἀρετὴ καὶ εὔνοια — — ἢ γὰρ δι' ἀφροσύνην οὐκ ὀρθῶς δοξάζουσιν ἢ δοξάζοντες ὀρθῶς διὰ μοχθηρίαν οὐ τὰ δοκοῦντα λέγουσιν. Wobei also μοχθηρία mit φρόνησις verträglich erscheint, wie mit δεινότης.

σοφία bezogen sind, ebenfalls δόξαι genannt (*Metaph.* *993. b. 12*). Offenbar ist δόξα dabei also im Sinne von ὑπόληψις zu verstehen, und es ist nicht nothwendig, einen Widerspruch anzunehmen, da Aristoteles sicherlich nicht damit ausdrücken wollte, dass diese Sphäre von Gegenständen des apodiktischen Beweises unzugänglich wäre. — Die τεκμήρια werden von Aristoteles sorgfältig aus der Masse der σημεῖα ausgesondert und als besonderer *terminus* ausgeprägt durch das Merkmal der Nothwendigkeit. Dennoch gebraucht er ihn zuweilen ganz mit σημεῖον gleichbedeutend z. B. *de anim. gener. I. 17. u. 18. Didot* S. 329. 29 οἷς ἄν τις χρήσαιτο τεκμηρίοις und 330. 4. πρῶτον μὲν οὖν ὅτι οὐδὲν σημεῖον κ. τ. λ. — Einen schlagenden Beweis dafür, dass Aristoteles die Wörter nicht immer im Sinne seiner eigenen *termini* braucht, sondern zwischendurch beliebig die gangbare Bedeutung hineinlegt, hat man am ersten Capitel der Metaphysik z. B. am Begriff der τέχνη, da er zu ihr die Mathematik rechnet, welche aus Wissbegierde und nicht wie die andern Künste um des Nutzens oder Vergnügens willen erfunden sei. Gleich darauf freilich erinnert er an seine scharfen Unterscheidungen von Kunst und Wissenschaft. (981. b. 20 ff. αἱ μαθηματικαὶ τέχναι.*))

Diese Beispiele liessen sich in's Unendliche häufen. Die angeführten genügen aber schon, um zu zeigen, dass man den Aristoteles zwar gar nicht verstehen kann, wenn man seine Terminologie nicht kennt, dass man ihn aber auch nothwendig missverstehen muss, wenn man überall *termini* wittert. Man muss vielmehr durch reichliche Erinnerung aus umfassendem Studium seiner

---

*) Vgl. dazu die Parallelstellen im Comment. von Bonitz.

Werke seinen individuellen Stil mit dem Gefühl erkennen. Denn, wie gesagt, die Formen sind bei ihm noch flüssig und lebendig, und die Rücksicht auf den herrschenden Sprachgebrauch ist überall sichtbar. Das bloss Gefühlte hat dann zwar nicht den geringsten Anspruch auf allgemeine Anerkennung; wird aber immer das *prius* und der still wirkende Grund der Auffassung bleiben. Hinterher kommen dazu erst die Belegstellen mit analogem Ausdruck und die Construction des Gedankens aus dem Zusammenhange. Wie wichtig dieses Verhältniss für die Erklärung des Aristoteles ist, kann man z. B. aus dem ersten Theile dieses Werkes an der Interpretation von *μῆκος* und *αἴσθησις* sehen; denn durch die von mir vorgeschlagene Deutung von *αἴσθησις* fällt auf die *φρόνησις* und den *νοῦς* ein neues Licht, das sehr bedeutsam für des Aristoteles ethische und psychologische Lehren ist, sowie durch die neue Auffassung von *μῆκος* das Verhältniss von Epos und Tragödie nach einer wesentlichen Seite sich neu erschliesst. Und ebenso wird sich hier an der Erklärung der *ἀδυναμία* (S. d. sechste Cap.), der *κάθαρσις* u. s. w. zeigen, wie wichtig und tiefgreifend die richtige Behandlung der Terminologie bei Aristoteles ist.

I. Capitel.

Stellung der Kunst im System.

Die früheren Auffassungen.

Die Eintheilung der philosophischen Disciplinen bei Aristoteles gehört merkwürdiger Weise zu den offenen Fragen, da dieser subtilste aller systematischen Denker wohl vielfach die Philosophie mit deutlichen Umrissen eingetheilt und die Theile mit technischen Namen bezeichnet, aber dennoch, wie es scheint, seine Schriften nicht nach diesen Theilen benannt und gegliedert hat. Daher verzichtete Heinrich Ritter in jenen Jugendtagen der Wiedererkenntniss des Aristoteles mit Recht darauf, in die Verwirrung der vielfachen Angaben Uebereinstimmung zu bringen und stellte die Aristotelische Philosophie lieber nach dem „inneren Zusammenhange der Gedanken"*) dar, indem er eine beiläufige Eintheilung der Probleme in der Topik dabei zu Grunde legte und die ganze Lehre in Logik, Physik und Ethik gliederte. Es erfolgte dadurch aber für unsre Disciplin das Schlimme, dass sie aus dem Systeme gänzlich ausfiel,**) was um so mehr zu bedauern ist, weil Ritter's umsichtige Darstellung

*) Gesch. der Phil. III. 1831. S. 74.

**) Es finden sich nur S. 378 einige Zeilen über die Wirkung der Tragödie, die an der gehörigen Stelle benutzt werden sollen.

und die von seinem eigenthümlichen philosophischen Standpunkte aus überall durchgeführte Beurtheilung der Aristotelischen Lehre uns sonst sicherlich die werthvollsten Anregungen zu speciellerem Forschen geboten hätten. Dieselbe Eintheilung befolgen unter Andern Rixner und Reinhold. Die neueren Forscher, insbesondere Brandis und Zeller erkennen zwar die eigenthümliche Aristotelische Dreitheilung der Philosophie in theoretische, praktische und poietische Philosophie an, behandeln aber den dritten Theil nur als Anhang ohne Zusammenhang mit den andern Disciplinen und berücksichtigen dabei nur die Aristotelische Schrift über die Tragödie und das Epos. Ueberweg stellt ebenfalls die Dreitheilung als die eigentlich Aristotelische Lehre dar, hat aber von der „poietischen Philosophie“ die befremdende Vorstellung, dass sie „nach ihrem allgemeinen Begriff mit unserer „Aesthetik“ identisch sei.“*) Die weitere Ausführung wird zeigen, wie wenig diese Vergleichung gerechtfertigt ist; und es braucht vor der Hand nur bemerkt zu werden, dass darnach die von Aristoteles als bekannteste Beispiele überall benutzten Künste wie etwa die Heilkunst, Steuermannskunst, Feldherrnkunst u. s. w. mit zur Aesthetik gerechnet werden müssten.

Die Schwierigkeit der Frage an sich, die Verlegenheit der Forscher und das Interesse an der wirklich Aristotelischen Auffassung erfordern desshalb eine ausführlichere Untersuchung darüber, welche Stellung Aristoteles der Kunst im Systeme der Philosophie gegeben habe.

Die Eintheilung aus vielen Eintheilungen.

Ich habe schon in meiner Abhandlung über die

*) Grundriss der Gesch. d. Phil. des Alterth. 1865. S. 134.

Eintheilung der Verfassungsformen bei Aristoteles darauf hingewiesen, wie wichtig bei ihm die Eintheilung nach verschiedenen Eintheilungsgründen ist. Diese können nämlich aus irgend einer Wesensbestimmung oder einem eigenthümlichen Merkmal *(proprium)* genommen sein und müssen doch, wenn die Eintheilung eine natürliche und nothwendige und nicht bloss willkürlich angenommen ist, immer dieselben Eintheilungsglieder ergeben.

Zum Ausgangspunkt kann man den Lehrsatz nehmen, dass die Sphären des Geistes immer in Beziehung auf eine bestimmte Sphäre von Gegenständen gesetzt werden.*) So bezieht sich die sinnliche Wahrnehmung eben auf alles sinnlich Wahrnehmbare und ist dem Wesen nach (nicht der Wirklichkeit nach) damit identisch. Das ist die Identität des Subjectiven und Objectiven, wie sie sich bei Aristoteles findet. So bezieht sich die Vernunft auf das geistig Vernehmbare oder Intelligible und ist eins damit. — Da nun die Wissenschaften immer alles auf einander Bezügliche (*τὰ πρὸς ἄλληλα*) zugleich umfassen, so muss eine und dieselbe Wissenschaft die Wahrnehmung und das Wahrnehmbare, die Kunst und die Kunstwerke, den Intellekt und das Intelligible erkennen.

---

*) Did. III. 221. 40 ff. de part. an. I. 1. *πότερον περὶ πάσης ψυχῆς τῆς φυσικῆς* (Naturwissenschaft) *ἐστι τὸ εἰπεῖν, ἢ περί τινος. εἰ γὰρ περὶ πάσης, οὐδεμία λείπεθαι παρὰ τὴν φυσικὴν ἐπιστήμην φιλοσοφία· ὁ γὰρ νοῦς τῶν νοητῶν· ὥστε περὶ πάντων ἡ φυσικὴ γνῶσις ἂν εἴη. τῆς γὰρ αὐτῆς περὶ νοῦ καὶ τοῦ νοητοῦ θεωρῆσαι, εἴπερ πρὸς ἄλληλα καὶ ἡ αὐτὴ θεωρία τῶν πρὸς ἄλληλα πάντων, καθάπερ καὶ περὶ αἰσθήσεως καὶ τῶν αἰσθητῶν κ. τ. λ.* Topic. VI. 6. 23. (I. 244. 35.) *τῶν γὰρ πρός τι καὶ αἱ διαφοραὶ πρός τι, καθάπερ καὶ τῆς ἐπιστήμης. θεωρητικὴ γὰρ καὶ πρακτικὴ καὶ ποιητικὴ λέγεται, ἕκαστον δὲ τούτων πρός τι σημαίνει κ. τ. λ.*

Daraus ergeben sich nun sofort für die Eintheilung der Wissenschaft zwei Fundamente, erstens die Gegenstände, zweitens die Theile des Geistes, wenn man den Sprachgebrauch der Alten beibehalten darf, und es ist von vornherein ersichtlich, dass die Eintheilungsglieder congruiren müssen.

1. Eintheilung der Philosophie nach den Arten des Verstandes.

Diese Arten des verständigen Lebens oder der Theile des Geistes dürfen nun nicht sofort der Zahl und Eigenschaft nach angenommen werden, sondern verlangen eine Ableitung. Häufig*) zwar giebt Aristoteles ohne Weiteres die Eintheilung *πᾶσα διάνοια ἢ πρακτικὴ ἢ ποιητικὴ ἢ θεωρητικὴ* (1025 b. 25. *Met.*), also bloss assertorisch; allein es findet sich doch auch die B e g r ü n d u n g. Diese kann natürlich keine apriorische Deduction sein, sondern setzt die Thatsache unseres Bewusstseins voraus. Auf dieses psychologisch eingehend, findet Aristoteles aber Unterschiede in den Thätigkeiten, die jene Eintheilung begründen.

Zunächst schon trennt sich klar die Festigkeit und unumstössliche Gewissheit, welche den durch apodiktische Beweise gewonnenen Einsichten und den unmittelbaren aber nothwendigen Urtheilen zukommt**), von dem ganzen Gebiete ab, das z w a r W a h r h e i t h a t, a b e r k e i n e N o t h w e n d i g k e i t***) und daher

---

*) Top. VIII. 1. (Did. I. 263. 36.) Met. 1064. a. 17. wo es als nothwendig gilt, die Physik unter eine von diesen drei Arten unterzuordnen.

**) Analyt. post. lib. I. 33. *τὸ δ' ἐπιστητον καὶ ἐπιστήμη διαφέρει τοῦ δοξαστοῦ καὶ δόξης, ὅτι ἡ μὲν ἐπιστήμη καθόλου καὶ δι' ἀναγκαίων, τὸ δ' ἀναγκαῖον οὐκ ἐνδέχεται ἄλλως ἔχειν.*

***) Ebendas. *Ἔστι δέ τινα ἀληθῆ μὲν καὶ ὄντα, ἐνδεχόμενα δὲ καὶ ἄλλως ἔχειν.*

der Meinung*) anheimfällt. Diese oberste Unterscheidung macht Aristoteles in der Analytik**), verweist aber für die genauere weitere Eintheilung auf die Physik und Ethik. Unter Physik können hier wohl schwerlich die Bücher περὶ ἀκροάσεως φυσικῆς verstanden sein, welche nur nebenbei Veranlassung hätten auf die Unterscheidung von φρόνησις, τέχνη, νοῦς u. s. w. einzugehen, sondern man muss entweder meinen, dass er die weitere Eintheilung der ἐπιστήμη im Auge hatte, oder dass die φυσικὴ hier die Psychologie sein soll, die ja mit zu dieser gehört und in der That diese Untersuchungen enthält. Andererseits finden wir in der Nikomachischen Ethik wirklich die hier angedeuteten Unterschiede der denkenden Thätigkeiten ausführlich behandelt, und es ist daselbst auch der richtige Ort für diese Fragen, weil die Aristotelische Ethik ja in grossartiger Auffassung das ganze geistige Leben begreifen will.

Wir haben also zunächst zwei geistige Vermögen gewonnen, das wissenschaftliche und die Meinung. Diese unterscheiden sich 1) durch den Gegenstand, auf den sie sich beziehen, 2) durch die psychologisch oder logisch an ihnen wahrgenommene, den Gegenständen entsprechende Eigenthümlichkeit.

---

*) Ebendas. *Τοῦτο δ' ἐστὶν ὑπόληψις τῆς ἀμέσου προτάσεως καὶ μὴ ἀναγκαίας (δόξα).*

**) Ebendas. *Τὰ δὲ λοιπὰ πῶς δεῖ διανεῖμαι ἐπί τε διανοίας καὶ νοῦ καὶ ἐπιστήμης καὶ τέχνης καὶ φρονήσεως καὶ σοφίας τὰ μὲν φυσικῆς τὰ δὲ ἠθικῆς θεωρίας μᾶλλον ἐστίν.* Aristoteles stellt hier in seiner Weise alle etwa in Frage kommenden Benennungen zusammen, indem er die richtige Definition und Anordnung derselben anderswo giebt. Solche scheinbare Unordnung ist ihm eigenthümlich. Vrgl. meine Beiträge zur Erkl. der Poëtik S. 42. Nro. 12.

Dieselbe erste Eintheilung finden wir auch in *Nicom. VI. 2.* Denn nachdem von den Theilen der Seele zuerst das Vernunftlose (ἄλογον) abgeschieden ist, bleibt als nächster Gegensatz in dem vernünftigen Theile selbst (τὸ λόγον ἔχον) das wissenschaftliche Vermögen (ἐπιστημονικόν) und zweitens das der Meinung oder Ueberlegung oder Berathung (λογιστικόν).*) Dieses heisst in demselben Buche cap. V. §. 8. auch δοξαστικόν.**) Und unter dieses fallen also die Kunst und das praktische Vermögen.***)

Abrechnung mit zwei Schwierigkeiten.

1. Wenn nun hiernach die wissenschaftliche und theoretische Vernunft dasselbe ist, so darf man sich dennoch nicht darüber wundern, dass Aristoteles auch von der künstlerischen und phronetischen Geistesthätigkeit den Ausdruck θεωρεῖν braucht, z. B. dass er die τέχνη umschreibt als das τεχνάζειν καὶ θεωρεῖν ὅπως ἂν γένηταί τι. Denn abgesehen von der oben besprochenen Unsicherheit der

---

*) Λεγέσθω δὲ τούτων τὸ μὲν ἐπιστημονικὸν, τὸ δὲ λογιστικόν. τὸ γὰρ βουλεύεσθαι καὶ λογίζεσθαι ταὐτόν, οὐθεὶς δὲ βουλεύεται περὶ τῶν μὴ ἐνδεχομένων ἄλλως ἔχειν. Top. VI. b. 25, wo das λογίστικον als nächstes *genus* der φρόνησις angegeben wird. Danach muss die φρόνησις noch eine Art neben sich haben innerhalb desselben *genus*.

**) Δυοῖν δ' ὄντοιν μεροῖν τῆς ψυχῆς, τῶν λόγον ἐχόντων, θατέρου ἂν εἴη ἀρετή, τοῦ δοξαστικοῦ, ἥ τε γὰρ δόξα περὶ τὸ ἐνδεχόμενον ἄλλως ἔχειν καὶ ἡ φρόνησις. Daher heisst es auch *Rhet. II.* 1. von der Mitwirkung der φρόνησις zur Glaubwürdigkeit des Redners: „ἢ γὰρ δι' ἀφροσύνην οὐκ ὀρθῶς δοξάζουσιν.

***) Da von der Kunst Aristoteles das οὐ βουλεύεται behauptet, so muss darüber später ausführlich gesprochen werden, weil die Deutung streitig. Vergl. speciell. Theil, Von der Entwicklung der Kunst, 5. Von der Vollendung der Kunst.

Terminologie wird doch nach dem Zwecke der Namen und das Wesen angegeben und Aristoteles wiederholt immerfort, dass die ethische Forschung nicht um der Forschung oder Erkenntniss selbst willen ist, sondern um darnach zu handeln.*) So würden zwar Pericles und solche Männer *φρόνιμοι* genannt, weil sie was ihnen und den Menschen gut ist, zu erforschen (*θεωρεῖν*) verstehen; aber diese Erforschung geschieht nicht um der Erforschung willen, sondern wegen jenes Zweckes, nämlich das menschliche Gut in Besitz zu bekommen oder auszuführen. Das *θεωρεῖν* ist Mittel, das *πράττειν* Zweck. Dasselbe gilt auch von der Kunst. Es erscheint mir darum nicht verwirrend und unpassend, dass diejenige Geistesthätigkeit, die ihren einzigen und letzten Zweck in der Theorie hat, auch vorzugsweise die theoretische genannt werde.

2. Sodann scheint es sehr auffallend, dass die Physik, welche ja neben der Mathematik und ersten Philosophie zu dem theoretischen Theile gehört, dennoch über ein Gebiet forscht, in welchem Vieles nicht nach der Nothwendigkeit geschieht und wo der Zufall wie in der organischen und sublunarischen Welt überhaupt eine grosse Rolle spielt. Ausserdem findet man doch offenbar, dass Aristoteles selbst in vielen physischen Fragen durchaus nicht zur apodiktischen Gewissheit kommt, sondern nur die wahrscheinlichste Meinung wie z. B. in den Problemen vorzieht. Es scheint sich daher das Gebiet der Physik von dem eigentlich wissenschaftlichen oder theoretischen zu trennen. — Hiergegen lässt sich nun er-

---

*) *Eth. Nicom. II. 2.* *Ἐπεὶ οὖν ἡ παροῦσα πραγματεια οὐ θεωρίας ἕνεκά ἐστιν ὥσπερ αἱ ἄλλαι.* — VI. 5. *Διὰ τοῦτο Περικλέα καὶ τοὺς τοιούτους φρονίμους οἰόμεθα εἶναι, ὅτι τὰ αὐτοῖς ἀγαθὰ καὶ τὰ τοῖς ἀνθρώποις δύνανται θεωρεῖν.*

stens sagen, dass allerdings ein Theil der Physik mit der praktischen und technischen Thätigkeit dasselbe Gebiet habe; denn der Arzt macht gesund einen Menschen oder ein Thier, die ebensowohl gesund als krank sein können, und der Physiker hat eben diese Beschaffenheit des Körpers und die Bedingungen der Gesundheit zu studieren. Dabei springt aber zugleich in die Augen, dass der Eine diese Gegenstände betrachtet (*θεωρεῖ*), um ihr Wesen zu erkennen (*θεωρίας ἕνεκα*), der andre zu praktischen oder technischen Zwecken. Der Eine sucht das Allgemeine und Nothwendige oder wenigstens die Regel (*ὡς ἐπὶ τὸ πολύ*), der Andre das Einzelne und Hier und Jetzt. Darum bezeichnet Aristoteles die Physik ausdrücklich als eine Art *σοφία*. (Metaphysik 1004. a. 2). — Zweitens, der Physiker geht von den Erscheinungen aus, um ihr Wesen und ihren Zweck zu finden; sie sind schon da, ihr Zweck verwirklicht sich von Natur in ihren Bewegungen; der Physiker sucht also nicht erst selbst Erscheinungen hervorzubringen und Zwecke zu setzen. Letzteres ist die Sache unserer (der technischen und praktischen) Thätigkeit (*Metaph. 1064. a. 15. u. Nicom. VI. 4. ἔστι τὸ τεχνάζειν καὶ θεωρεῖν ὅπως ἂν γένηταί τι, τῶν ἐνδεχομένων καὶ εἶναι καὶ μὴ εἶναι καὶ ὧν ἡ ἀρχὴ ἐν τῷ ποιοῦντι ἀλλὰ μὴ ἐν τῷ ποιουμένῳ.*) — Drittens und hierin liegt die letzte Entscheidung, das Princip der physischen Sphäre ist kein *ἐνδεχόμενον ἄλλως ἔχειν*, sondern grade umgekehrt von der einfachen Nothwendigkeit gebunden, so dass man, wie Aristoteles sagt*), einen Stein auch nicht,

*) *Eth. Nic. II. 1.* οὐδὲν γὰρ τῶν φύσει ὄντων ἄλλως ἐθίζεται οἷον ὁ λίθος φύσει κάτω φερόμενος οὐκ ἂν ἐθισθείη ἄνω φέρεσθαι, οὐδ' ἂν μυριάκις αὐτὸν ἐθίζῃ τις ἄνω ῥίπτων. *De coelo II. 8.* οὐκ ἔστι ἐν τοῖς φύσει τὸ ὡς ἔτυχεν. (II. 398 4., *Did.*)

wenn man ihn zehntausend mal in die Höhe würfe, daran gewöhnen kann, statt zu fallen, nach aufwärts von Natur sich zu bewegen, sondern dies geschieht ihm immer wider seine Natur. Der Mensch aber ist frei und sofern ein Princip, das sich so und auch anders verhalten kann. Darum gehört die Natur in das Gebiet des Nothwendigen. Und nur, weil die verschiedenen Dinge mit ihren entgegengesetzten Naturbeschaffenheiten auf einander stossen, entsteht das Zufällige und die Anomalien und Naturwidrigkeiten, die ihren Grund aber nicht in einer etwaigen Freiheit des Naturprincips haben. — Es ist hiernach klar, wesshalb die Physik zu den theoretischen Wissenschaften gehört.

Die διάνοια ist also zunächst in zwei Gebiete getrennt, in das ἐπιστημονικόν und das δοξαστικόν. Dieses letztere ist nun wieder doppelt, so dass wir drei Arten des Denkens (διάνοιαι)*) haben θεωρεῖν, πράττειν, ποιεῖν und drei dianoëtische Tugenden σοφία, φρόνησις, τέχνη und drei philosophische Disciplinen θεωρητική, πρακτική, ποιητική. — Dass das technische Thun sich von dem praktischen wie von einer andern Gattung unterscheidet (ἄλλο το γένος πράξεως καὶ ποιήσεως *Eth. Nic. VI.* 5.), werden wir gleich genauer betrachten.

2. Eintheilung der Philosophie nach dem Gegenstande.

Dieselbe Eintheilung ergiebt sich, wenn man die Gegenstände beachtet, da diese mit den Theilen der Seele in Proportion stehen und nach einer gewissen

*) Wenn man wie z. B. *Polit. VII.* 14. (*Did. I.* 618. 8.) die Zweitheilung in den λόγος πρακτικός und θεωρητικός findet, so ist dabei der ποιητικός mit unter dem πρακτικός einbegriffen. Vrgl. auch Brandis Gesch. d. Entw. d. gr. Ph. 1862. S. 408.

Aehnlichkeit*) damit erkannt werden, wie ja der Grundsatz, dass Gleiches nur durch Gleiches erkannt wird, hier seine allgemeinste Geltung hat. Die genauere Bestimmung dieses Verhältnisses gehört in die Erkenntnisstheorie und ist desshalb für uns hier Nebensache.

Die Gegenstände sind zunächst in zwei Gruppen zu scheiden. Diese lassen sich aber wieder nach den verschiedensten Seiten bestimmen und für jede derselben müssen die Charaktere entgegengesetzt sein. 1) Die Einen sind ewig d. h. ungeworden und unvergänglich;**) die andern sind desshalb zeitlich und dem Entstehen und Untergange preisgegeben; 2) Diese sind nothwendig, jene contingent und damit also der Willkür und dem Zufall unterworfen; 3) diese sind allgemein***) ihrem Wesen nach, da sie keine Beziehung auf eine bestimmte zeitliche Existenz haben, jene immer relativ für eine solche; 4) diese sind lehrbar†) und zu erlernen; jene sind im Handeln und Thun zu erreichen; 5) diese sind entweder überhaupt ohne Bewegung oder haben das Princip der Bewegung in sich;††) jene in

---

*) *Πρὸς γὰρ τὰ τῷ γένει ἕτερα καὶ τῶν τῆς ψυχῆς μορίων ἕτερον τῷ γένει τὸ πρὸς ἑκάτερον πεφυκός, εἴπερ καθ' ὁμοιότητά τινα καὶ οἰκειότητα ἡ γνῶσις ὑπάρχει αὐτοῖς.* Eth. Nic. VI. 2.

**) Eth. Nicom. VI. 3. *Τὰ γὰρ ἐξ ἀνάγκης ὄντα ἁπλῶς πάντα ἀΐδια, τὰ δ' ἀΐδια ἀγένητα καὶ ἄφθαρτα.*

***) Eth. Nic. VI. 6. *ἐπεὶ δ' ἡ ἐπιστήμη περὶ τῶν καθόλου ἐστὶν ὑπόληψις.* Mithin auch deren Principien, welche der *νοῦς* fasst.

†) VI. 3. *διδακτὴ πᾶσα ἐπιστήμη.*

††) VI. 4. *ἐν αὑτοῖς γὰρ ἔχουσι ταῦτα τὴν ἀρχήν* — im Gegensatze zu *Metaph. Bonitz* 1025. b. 22. *τῶν μὲν γὰρ ποιητικῶν ἐν τῷ ποιοῦντι ἡ ἀρχὴ ἢ νοῦς, ἢ τέχνη ἢ δύναμίς τις, τῶν δὲ πρακτικῶν ἐν τῷ πράττοντι ἡ προαίρεσις.*

einem Andern, nämlich in dem Handelnden und Künstler.

Hierdurch ist nun das theoretische Gebiet auf das Bestimmteste von dem zweiten abgesondert; in diesem aber ist vorläufig Handeln und technisches Thun noch nicht unterschieden.

3. Eintheilung der Philosophie nach Werthbestimmungen.

Ein andrer Gesichtspunkt ist der Vorzug oder Werth, den wir den verschiedenen Theilen der Philosophie beilegen. Dieser bestimmt sich aber wiederum doppelt: 1) nach dem Grade der Schärfe und Genauigkeit, dessen sie fähig sind und 2) nach dem Werth, den die entsprechenden Gegenstände selbst haben, indem immer die bessere Wissenschaft den besseren Gegenstand*) hat. Aber auch die Akribie hängt von der Natur des Gegenstandes ab.

Der Werth der Gegenstände bestimmt sich nach dem teleologischen Gesetze. Denn was um eines Andern willen da ist, muss diesem untergeordnet werden. *Ἀεὶ γὰρ τὸ χεῖρον τοῦ βελτίονός ἐστιν ἕνεκεν.* **) Mithin muss die höchste und ehrwürdigste Wissenschaft den ehrwürdigsten Gegenstand haben.***) — Darnach sind nun wie die Theile der Seele, so auch ihre Thätigkeiten, also auch die Wissenschaften einander über- und untergeordnet, und die theoretischen haben den

*) *Topic. VIII.* 1. §. 23. ὅτι ἐπιστήμη ἐπιστήμης βελτίων ἢ τῷ ἀκριβεστέρα εἶναι ἢ τῷ βελτιόνων. *Metaph.* 1064. *b.* 5. βελτίων δὲ καὶ χείρων ἑκάστη λέγεται κατὰ τὸ οἰκεῖον ἐπιστητόν.

**) *Polit. VII.* 13. §. 6. (*Did.* 618. 5.)

***) *Metaph.* 1026. a. 21. καὶ τὴν τιμιωτάτην δεῖ περὶ τὸ τιμιώτατον γένος εἶναι.

Vorrang vor den praktischen und technischen.*) Unter den theoretischen aber steht wieder die Wissenschaft von dem Göttlichen obenan, die Theologie.**) Die praktischen und technischen werden hier zusammengefasst und sind beide, weil ihr Gegenstand einen menschlichen Ursprung und vergänglichen Zweck hat, der theoretischen Weisheit, die das Ewige und Göttliche erforscht, untergeordnet. Hierüber gleich eine genauere Untersuchung, doch vergleiche man vorläufig die vorhergehende Eintheilung nach dem Gegenstande.

Nach der Wissenschaftlichkeit aber zweitens stehen ebenfalls die theoretischen Thätigkeiten höher als die praktischen, da die Akribie von der Einfachheit der Principien abhängt und diese bei den allgemeineren Gegenständen vollständig und klar gezeigt werden können, so dass das Apodiktische und Evidente hier zu Hause ist, während im Gebiete des Praktischen nur die Regel (*ὡς ἐπὶ τὸ πολύ*) erreicht wird und die Entscheidung im Einzelnen dem individuellen Takt überlassen werden muss.

Es ist also klar, dass die Werthschätzung einerseits wieder auf die frühere Eintheilung nach dem Gegenstande zurückführt, andererseits aber doch auch selbst als Eintheilungsprincip genommen werden darf; denn es giebt Unterschiede des Werthes. Und diese Unterschiede beziehen sich nicht auf die Behandlung und subjective Bedingungen, sondern sind bleibende Rangverhältnisse, wornach das theoretische Erkennen immer dem praktischen und technischen übergeordnet

---

*) *Polit.* ebendas. *Περὶ ὧν ἀνάγκη τὴν αὐτὴν αἵρεσιν εἶναι καὶ τοῖς τῆς ψυχῆς μέρεσι καὶ ταῖς πράξεσιν αὐτῶν.*

**) *Metaph.* ebendas. *αἱ μὲν οὖν θεωρητικαὶ τῶν ἄλλων ἐπιστημῶν αἱρετώτεραι, αὕτη δὲ τῶν θεωρητικῶν*, und 1064. *b.* 3. *περὶ τὸ τιμιώτατον γάρ ἐστι τῶν ὄντων.*

wird. Also auch nach diesem Gesichtspunkt treten jene Theile der Philosophie auseinander, obgleich freilich der Massstab der Werthschätzung wieder aus der Natur des Objectiven genommen wird. Auch die Wissenschaftlichkeit (τὸ ἀκριβές) könnte als selbständiger Eintheilungsgrund gelten. Aristoteles hat ihn aber der Werthschätzung subsumirt als eine Unterabtheilung.

Dass auch die technische Erkenntniss derselben Beurtheilung unterliegt, habe ich eben nicht weiter ausgeführt, weil ihre Gliederung selbst dabei in Frage kommt und ihre Unterscheidung von der praktischen Thätigkeit gleich erörtert werden soll. Vorläufig bemerke ich desshalb ohne weitere Begründung, dass sowohl das eigentlich sogenannte Technische nur die Allgemeinheit der Regel gewinnen kann und des individuellen Takts bedarf, (wie z. B. der Arzt, wenn er heilen will), als auch das Erkennen des Künstlers hinter der philosophischen d. h. begrifflichen Allgemeinheit und Nothwendigkeit zurückbleibt.

Resultat.

Nach diesen verschiedenen Principien der Eintheilung scheiden sich also immer dieselben Theile der Philosophie ab. Dies ist nur dadurch erklärlich, dass die Principien selbst zum Wesen der Theile eine immanente Beziehung haben. Nun sieht man sofort, dass Object der Wissenschaften entweder das Contingente oder das Absolute ist. Diesem Objecte entspricht die erkennende Seele; auch in ihr sind diese beiden Vermögen gegeben und irgendwie — was wir hier nicht zu untersuchen haben — geeinigt. Wiederum aber entspricht der Natur des Gegenstandes der Grad der

Akribie als eine ausschliesslich eigenthümliche Folge *(proprium)* und ebenso bestimmt sich der Werth der Wissenschaften nach dem Werthe der Objecte, da diese selbst nicht von gleichem Range sind, sondern dem teleologischen Gesetz der Welt gemäss sich in einer Stufenfolge entwickeln einem höchsten Gute zu, das um seiner selbst willen da ist, allein frei und verehrungswürdig, und welchem alles Andre dient.' Die Eintheilung der Philosophie ist desshalb bei Aristoteles nicht eine formelle, nach willkürlichen Gesichtspunkten und zu subjectiv didaktischen Zwecken der Darstellung angenommen, sondern sie spiegelt seine ganze Weltansicht und ist nur mit dieser zugleich zu begreifen. Es ergiebt sich hieraus zugleich, warum vorläufig das Technische und Praktische nicht unterschieden zu werden brauchte, da die Natur des Gebietes für beide dieselbe ist. Ehe wir die Grenzen auch innerhalb dieses Gebietes verfolgen, müssen aber noch ein Paar Probleme erörtert werden, welche der bisherigen Auffassung im Wege stehen.

Von der scheinbaren Herrschaft der Politik über die technische und theoretische Thätigkeit.

Wenn eben der theoretischen Weisheit der Vorrang vor der praktischen eingeräumt war, so scheint damit die Herrschaft zu streiten, welche die Politik als praktisches Vermögen über Alles, was für den Menschen als Gut in Frage kommt, offenbar ausübt. Die Politik bestimmt den Unterricht im Staate nach Lebensalter und bürgerlichen Rechten, und als private Weisheit (φρόνησις) spricht sie über den Werth jeder Beschäftigung, theoretischer sowohl, als technischer und praktischer. Was gäbe es wohl im Himmel und auf Erden, dessen Werth nicht durch die Wissenschaft von der Werthmessung bestimmt würde! Darum handeln die Nikomachien nicht bloss von ethischen, sondern auch von dianoetischen Tugenden. Es scheint also das Regiment in den Händen der praktischen Weisheit (φρόνησις) zu liegen und nicht, wie es doch bisher behauptet wurde, die theoretische Weisheit (die σοφία) die Spitze des Lebens zu sein.

Allein dieses Regiment ist nicht weit her, und Aristoteles hat schon mit genügender Schärfe unser Problem gelöst (*Nicom. VI.* cap. 13 *sub fin.*). *) Denn die φρόνησις hat zwar zu befehlen über Alles, aber sie befiehlt für einen ausser ihr liegenden Zweck, der also frei bleibt, ja Princip der Herrschaft von jener ist. Wie könnte der bessere Theil, dessen Tugend die theoretische Weisheit (σοφία) ist, Befehl erhalten von der Schaffnerin, die für seine ungestörte Wirksamkeit Sorge trägt! Das Verhältniss der σοφία zur φρόνησις wird von Aristoteles durch zwei Analogien aufs Schönste erläutert. Erstens **) durch Vergleichung mit dem Verhältniss der Heilkunst zur Gesundheit. Denn die Heilkunst befiehlt allein; aber nicht der Gesundheit, sondern wegen der Gesundheit. Sie würde der Gesundheit selbst befehlen, wenn sie dieselbe brauchte als Instrument; nun aber ist die Gesundheit nicht dienendes Mittel für den Arzt, sondern er dient ihr, indem er sorgt, dass sie zur Wirklichkeit

---

*) Die Aporie stellt er kurz so dar: *ἄτοπον ἂν εἶναι δόξειεν, εἰ χείρων τῆς σοφίας οὖσα κυριωτέρα αὐτῆς ἔσται· ἡ γὰρ ποιοῦσα ἄρχει καὶ ἐπιτάττει περὶ ἕκαστον.* II. 74. 19.

*) *Ἀλλὰ μὴν οὐδὲ κυρία γ' ἐστὶ τῆς σοφίας οὐδὲ τοῦ βελτίονος μορίου, ὥσπερ οὐδὲ τῆς ὑγιείας ἡ ἰατρική· οὐ γὰρ χρῆται αὐτῇ, ἀλλ' ὁρᾷ ὅπως γένηται· ἐκείνης οὖν ἕνεκα ἐπιτάττει, ἀλλ' οὐκ ἐκείνῃ.* II. 76. 1.

komme. Der zweite Vergleich besteht in dem Verhältniss der Politik zu den Göttern. Denn da im Staate über Alles und Jedes nur die Politik d. i. praktische Staatsweisheit zu befehlen hat, so könnte man meinen, sie herrschte auch über die Götter. Auch hier ist das *tertium comparationis* klar genug; denn die Anordnung des Cultus besteht ja nur im Dienste der Götter, in der Fürsorge für ihre Verehrung.*) Die *σοφία* ist desshalb das Höhere.

Dieselbe Frage ist nun auch über das Verhältniss von *τέχνη* und *φρόνησις* aufzuwerfen; nur kann hier leider die Antwort nicht so bestimmt gegeben werden, wie im ersteren Falle. Denn das ist wohl klar, dass der Gesetzgeber freilich über alle Güter Rechte und Ordnungen zu bestimmen hat und daher auch die Erziehung regelt und mithin auch die Künste auszeichnet, welche im Staate zugelassen werden, sei es banausisches Gewerbe, sei es religiöse Kunst, und mögen es Künste des Ernstes oder Spasses sein; kurz alle Kunstausübung irgend welcher Art unterliegt seiner Censur und fällt unter seinen Befehl. Wie sollte auch die oberste Pflege des öffentlichen Wohles (*τὸ κοινῇ συμφέρον*) irgend etwas ausser Augen lassen, was den Bürgern entweder heilsam oder verderblich**) werden, was den Staat und die Verfassung stützen oder unterwühlen könnte! Daher ist es wunderlich und der Wahrheit gradezu und offen zuwider, wenn einige es für spiessbürgerlich halten, dass man z. B. bei der Tragödie nach der ethischen Wirkung frage und noch einen andern Massstab als den bloss aesthetischen an-

*) Ebendas. *Ἔτι ὅμοιον κἂν εἴ τις τὴν πολιτικὴν φαίη ἄρχειν τῶν θεῶν, ὅτι ἐπιτάττει περὶ πάντα τὰ ἐν τῇ πόλει.*

**) Vrgl. meine Beiträge zu Arist. Poët. S. 140. zu *βλαβερὸν*.

legen möchte. Diese mögen nun vieles Andre treffend erkennen; von des Aristoteles Staats- und Sittenlehre aber haben sie offenbar keine Ahnung. — Nicht so leicht aber ist die Frage zu beantworten, ob nun die Kunst der Lebensweisheit übergeordnet oder untergeordnet oder nebengeordnet sei: doch darüber muss später etwas ausführlicher gehandelt werden; hier brauchen wir bloss zur Einsicht zu kommen, dass aus der allgemein gebietenden Stellung, welche die Lebensweisheit für die ganze Sphäre der menschlichen Thätigkeit einnimmt, nichts für ihren höheren Werth oder für eine etwaige Ueberordnung innerhalb derselben Aufgabe kann abgeleitet werden. Denn die Sitten- und Staatslehre weist bloss Plätze an für die verschiedenen Künste und Thätigkeiten und bestimmt die Ordnung und das Rangverhältniss aller menschlichen Bemühungen, beansprucht aber nicht im Geringsten, selbst diese Plätze auszufüllen oder alle Werke der verschiedenen Geisteskräfte selbst zu leisten und besser zu liefern. Als Güterlehre muss sie alle Güter kennen und ihren unterschiedlichen Werth zu schätzen wissen, kann aber nicht sich an die Stelle aller andern Producenten setzen wollen.

Ueber das Verhältniss der Praktik und Poëtik zur Theoretik.

1. Das Erste, was hier erkannt werden muss, ist, dass man die praktische und Kunst-Thätigkeit ja nicht vom Erkennen trennen darf. Der Handelnde und der Künstler müssen beide sowohl ihren Gegenstand erkennen als die Mittel ihn zu erreichen. Desshalb ist die νόησις und das θεωρεῖν in Beiden mit gegeben; beide sind Thätigkeiten des Geistes (διάνοια) und beiden wohnt der λόγος ἀληθής inne *(Nicom. VI. 4 u. 5.)*.

2. Zweitens darf man auch nicht übersehen, dass ebensowohl die theoretische Thätigkeit als eine Handlung betrachtet werden kann, wie auch die Kunst-Thätigkeit, d. h. mit anderen Worten, dass alle Thätigkeiten des Menschen Handlungen sind ohne Ausnahme, aber ohne dass man darum aufhören dürfte, die einen theoretische und die andern technische zu nennen und von den praktischen zu unterscheiden. Was erstens die theoretischen betrifft, so habe ich davon schon früher*) gehandelt und gezeigt, dass sie von Aristoteles im eminenten Sinne als Handlungen betrachtet werden; denn *Polit. VII. 3.* verlangt er ausdrücklich, man solle die Forschungen und Betrachtungen, die um ihrer selbst willen angestellt würden und ihren Zweck in sich, nicht in einem äusseren Erfolge hätten, nicht von der praktischen Vernunft auschliessen. Das ganze Gebiet des Praktischen kann desshalb in zwei Hemisphären eingetheilt werden, erstens in die innerliche, welche durch die rein geistige Thätigkeit ausgefüllt wird, und zweitens in die äusserliche (ἐξωτερικαὶ πράξεις**). Zu letzterer gehören demnach auch die technischen Thätigkeiten.

---

*) Teichmüller, Ueber die Einheit der Arist. Eudämon. (1859.) S. 140.

**) *Polit. VII.* 3. Es ist interessant zu sehen, wie Aristoteles den Begriff der Handlung bald zur grössten Allgemeinheit ausdehnt, bald wieder in die Enge des eigentlich praktischen, d. h. des sittlich-politischen zusammenzieht. Im weitesten Sinne versteht er unter Handlung den Vorgang, wonach ein Desshalb sein Wesshalb ergreift, d. h. in jeder Handlung unterscheidet er Zweierlei, ein Wesshalb oder Gut oder Zweck und ein Desshalb oder das welches jenes Gutes bedürftig, verlangend oder fähig ist. Dies findet daher sowohl auf die Sterne, als auf Mensch, Thier und Pflanze Anwendung. Und je mehr Bedürfnisse, desto mehr Bewegungen und Handlungen; je schö-

Hierdurch ist klar, dass das Wesen der Handlung nicht bestimmt werden kann durch die Sphäre der Thätigkeit, da sie sich über alle Sphären erstreckt. Zugleich aber liegt darin der Beweis, dass theoretische Thätigkeit nicht als theoretische, technische nicht als technische den Namen Handlung verdient, sondern dass die strengste Unterscheidung dieser verschiedenen Thätigkeiten dabei bestehen bleibt. Die technische und praktische wollen wir gleich genauer verfolgen, hier muss nur erst das Verhältniss der theoretischen zu Beiden noch mehr in's Klare kommen.

3. Theoretische Thätigkeit ist also auch in der Handlung und im Technischen. Die Art aber ist eine andre; denn wir nennen schlechthin theoretisch diejenigen Forschungen, welche nur um der Erforschung und Erkenntniss selbst willen angestellt werden. So haben die Wissenschaften keinen anderen Zweck, als die Wahrheit ihres Gegenstandes zu erkennen, und wenn sie etwa nebenbei noch als Erwerbsmittel dienen oder Ehre eintragen, so ist dies durchaus nicht wesentlich, sondern nur *per accidens* mit der Forschung verknüpft. Umgekehrt verhält es sich mit dem Theoretischen, welches zur Handlung und technischen Hervorbringung mitwirkt; denn hier ist die Erforschung und Erkenntniss Mittel. Aristo-

---

ner und besser aber ein Stand ist, desto weniger Bewegungen. Darum hat der Mensch viele, die Sterne wenige. *De coelo II.* 12. *διὸ δεῖ νομίζειν καὶ τὴν τῶν ἄστρων πρᾶξιν εἶναι τοιαύτην οἵα περ ἡ τῶν ζῴων καὶ φυτῶν· καὶ γὰρ ἐνταῦθα αἱ τοῦ ἀνθρώπου πλεῖσται πράξεις· πολλῶν γὰρ τῶν εὖ δύναται τυχεῖν, ὥστε πολλὰ πράττει καὶ ἄλλων ἕνεκα. Τῷ δὲ ὡς ἄριστα ἔχοντι οὐδὲν δεῖ πράξεως· ἔστι γὰρ αὐτὸ τὸ οὗ ἕνεκα· ἡ δὲ πρᾶξις ἀεί ἐστι ἐν δυσίν, ὅταν καὶ οὗ ἕνεκα ᾖ καὶ τὸ τούτου ἕνεκα.*

teles sagt überall, dass es uns nicht einfallen würde, das Wesen der Tugend zu erforschen, um dieser Erforschung und Wissenschaft selbst willen, sondern um gut zu werden, und der Tugend gemäss zu handeln.*) Daher ist eine gewisse Erkenntniss nicht nur zur Freiheit der Handlung nothwendig; denn wir müssen eben wissen, was, wie, wem, wo, wann, mit wem u. s. w. wir agiren,**) um nicht zu thun, was wir nicht wollten; sondern es ist auch in die Wesensbestimmung sowohl des Praktischen als des Technischen die Erkenntniss selbst aufzunehmen als der ὀρθος λόγος oder λόγος ἀληθής welchem gemäss verfahren wird,***) aber doch immer nur so, dass die Erkenntniss nicht für sich †) gesucht wird, sondern nur mitwirkt zu einem nicht durch Erkenntniss allein erreichbaren, nicht in Erkennen bestehenden Zwecke. Es ist nur ein scheinbarer Widerspruch, wenn unter Nro. 2 auch die rein wissenschaftliche Thätigkeit, welche das Erkennen als Zweck hat (αὐτοτελεῖς), von Aristoteles mit zu den Handlungen gerechnet wurde. Denn da die Handlungen eben auf keine bestimmte äussere Sphäre beschränkt sind, so können sie ja auch im wissenschaftlichen Denken sich äusseren und daher kann sehr wohl Handlung und Erkennen zusammenfallen, aber nicht dem Wesen nach (τῷ εἶναι); sondern als Handlung ist es eine Aeusserung des theoretischen Lebens und seiner

---

*) Z. B. *Nicom. II.* 2. Anf. ἐπεὶ οὖν ἡ παροῦσα πραγματεία οὐ θεωρίας ἕνεκά ἐστιν ὥσπερ αἱ ἄλλαι (die andern d. h. die theoretischen) (οὐ γὰρ ἵν' εἰδῶμεν τί ἐστιν ἡ ἀρετὴ σκεπτόμεθα, ἀλλ' ἵν' ἀγαθοὶ γενώμεθα, ἐπεὶ οὐδὲν ἂν ἦν ὄφελος αὐτῆς) κ. τ. λ.

**) U. A. *Nicom. III.* 2.

***) *Nicom. VI.* 1 und 4.

†) U. A. auch *de anim. gener. III.* 5. οὐθεὶς γὰρ αὐτῶν (nämlich τῶν ἁλιέων) οὐδὲν τηρεῖ τοιοῦτον τοῦ γνῶναι χάριν als ein Beispiel aus dem technischen Gebiete.

Glückseligkeit, als Erkennen aber ein Lehrsatz oder Abschnitt dieser oder jener Wissenschaft. Und es ist ganz Aristotelisch, dass die Handlungen durch das ganze Gebiet des Wirklichen sich zunächst zerstreuen, um dann sich von den politischen Geschäften auf die bedürfnisslose, ihres Zweckes habhafte Thätigkeit des Gedankens zurückzuziehen und darin zu sammeln. Dieses hat dann sein Gut und seinen Zweck allerdings in der Wahrheit und in blosser Erkenntniss, indem in dieser die εὐπραξία liegt. Und hier ist der Punkt, wo eben auch das ganze Gebiet der Wissenschaften in den Kreis des Lebens und der Handlung eintritt, d. h. selbst als Handlung betrachtet werden muss, wodurch aber nicht im Geringsten der Unterschied in dem Wesen von Erkennen und Handeln verwischt wird.

II. Capitel.

Die analogen Bestimmungen im Wesen der praktischen und technischen Thätigkeit.

Ehe wir die Unterschiede und das Specifische von Handlung und Kunst betrachten, müssen wir erst der logischen Ordnung gemäss das Gemeinsame Beider erkannt haben; denn wie beide der theoretischen Thätigkeit gegenübertreten, so haben sie auch beide ein gemeinschaftliches Wesen, das sich dann nach verschiedenen Seiten besondert und entwickelt.

1. Das Wandelbare als gemeinsame Sphäre.

Zuerst ist die Sphäre dieselbe. Schon S. 18 habe ich die Charaktere derselben angegeben, und es ist klar, dass nur dann, wenn die Gegenstände wandelbar, also dem Zufall und der Willkür preisgegeben sind, eine Gestaltung derselben durch freie Einwirkung möglich ist. Daher entsteht keine Statue und kein Beil durch die Natur und durch Nothwendigkeit und braucht kein Krieg nothwendig geführt und kein Gesetz nothwendig erlassen werden, sondern sobald dieses nothwendig und unvermeidlich oder unmöglich wäre, würden wir aufhören, sagt Aristoteles, darüber zu berathschlagen.*) Darum muss die Sphäre der Handlung und Kunst das Mögliche sein, welches so oder auch anders sich gestalten lässt.**) Die Gestalt, die es erhält, kann daher dreifach sein. a) Entweder ist sie die regelmässige, welche sich durchschnittlich und meistens findet, z. B. dass durchschnittlich der rechte Arm stärker ist. Die Natur, obgleich sie hier nicht mehr mit Nothwendigkeit arbeiten kann, bewirkt doch ein ihrer Intention entsprechendes durchschnittliches Verhalten. Nur dadurch ist die Erhaltung der Natur möglich und gesichert. b) Sobald von dieser Norm die Gestaltung des Werdenden abweicht, bezeichnen wir den Zufall als Ursache. Dieser ist aber weder eine Zweckursache, noch eine mechanische, noch überhaupt ein selbständiges Princip für sich, sondern bedeutet bloss, dass eine Erscheinung nicht aus einer allgemeinen Intention der Natur begriffen werden kann, oder von der gewöhnlichen Gestalt, welche die Gewohnheiten des Naturlaufs annehmen, abweicht.***)

---

*) *Eth. Nicom. III.* 5. Ueber das *βουλευτόν.*

**) Ebendas. *τὸ βουλεύεσθαι ἐν τοῖς ὡς ἐπὶ τὸ πολύ, ἀδήλοις δὲ πῶς ἀποβήσεται καὶ ἐν οἷς ἀδιόριστον.*

***) *Natur. auscult. II.* 5. *δῆλον ὅτι καὶ ἐν τοῖς παρὰ τὸ ἀναγκαῖον καὶ τὸ ὡς ἐπὶ τὸ πολὺ ἔστιν ἔνια, περὶ ἃ ἐνδέχεται ὑπάρχειν*

c) Die dritte Form ist dann die, welche die **Kunst** und die **Freiheit** den Dingen giebt z. B. ein Haus oder eine Tugend, welche weder aus dem regelmässigen Naturlauf, noch dem Zufall erklärt werden können. In beiden Fällen ist also der Mensch selbst*) Princip der Entstehung und Erklärung, und so haben beide diese Sphäre des Möglichen gemeinsam. Darum sagt Aristoteles, dass gewissermassen Zufall und Kunst dieselben Gegenstände haben.**) Dies ist aber nicht so zu verstehen, als ob der Zufall und die Kunst wetteiferten in ihren Leistungen, sondern nur so, dass der Zufall da in's Spiel kommen kann, wo Kunstleistung möglich sein soll. Denn wir müssen später***) auf's Sorgfältigste dem Aristotelischen Gedanken von der Genauigkeit der Kunst und Handlung nachgehen, durch welche möglichst jede Einmischung des Zufalls ausgeschlossen wird, so dass je weniger Zufälliges sich einmischt, desto mehr das Wesen der Kunst wirksam ist.†)

2. Das praktische Denken bewegt in dieser Sphäre.

Diese Sphäre ist also beiden gemeinsam. In derselben soll nun der Mensch als Princip wirksam

---

τὸ ἕνεκά του. Ἔστι δ' ἕνεκά του ὅσα τε ἀπὸ διανοίας ἂν πραχθείη καὶ ὅσα ἀπὸ φύσεως. Τὰ δὴ τοιαῦτα ὅταν κατὰ συμβεβηκὸς γένηται, ἀπὸ τύχης φαμὲν εἶναι.

*) *Eth. Nicom. III. 5. (Did. 28. 29.)* δυνατὰ δὲ ἃ δι' ἡμῶν γένοιτο ἄν.

**) *Eth. Nicom. VI. 4.* τρόπον τινὰ περὶ τὰ αὐτά ἐστιν ἡ τέχνη καὶ ἡ τύχη. *Natur. ausc. II. 5. (Did. 267. 38.)* περὶ τὸ αὐτὸ διάνοια καὶ τύχη.

***) Vrgl. Speciell. Th. Abth. II. Von der Vollendung der Kunst.

†) *Polit. I. 4 (Did. 493. 21.)* Εἰσὶ δὲ τεχνικώταται μὲν τῶν ἐργασιῶν, ὅπου ἐλάχιστον τῆς τύχης.

und gestaltend auftreten. Daher muss nothwendig die Kraft des Geistes, welche hier gestaltet, ebenfalls beiden gemeinsam sein. Dieses Vernunftvermögen heisst im allgemeinen, im Gegensatz zur theoretischen, die praktische Vernunft.*) Die Vernunft als theoretisch bewegt nichts, sondern erst wenn sie in Verbindung mit einem wirkenden Principe tritt d. h. wenn sie nach einem Zwecke denkt. *Διάνοια δ' αὐτὴ οὐδὲν κινεῖ, ἀλλ' ἡ ἕνεκά του καὶ πρακτική.* Von diesem wirkenden Princip ist später zu reden, denn es ist ein Grund des Unterschiedes Beider. Das aber muss hier hervorgehoben werden, dass das praktische und technische Denken durch einen Zweck in Bewegung gesetzt wird, wie Aristoteles dies an vielen Stellen ausführlich beschreibt, z. B. der Arzt, der Redner, der Staatsmann setzen einen solchen Zweck voraus, (die Gesundheit, zu überreden, die gesetzliche Wohlfahrt) und forschen dann, wie und durch welche Mittel er verwirklicht werden kann, und wenn dies auf mehrerlei Weise möglich scheint, so untersuchen sie, wodurch am Leichtesten und Schönsten; verwirklicht er sich aber durch Ein Mittel, wie wiederum durch dieses? und auch dieses Weitere auf's Neue wodurch? bis sie auf die erste Ursache kommen, welche bei der Auffindung das Letzte ist.**) Dieses Denken ist also analytisch, ist ein Suchen und bezieht sich nicht auf den Zweck, welcher anderswoher gegeben sein muss, sondern auf die Mittel der Verwirklichung, so dass das Letzte der Analyse immer das Erste für die Aus-

---

*) *Eth. Nicom. VI. 2. (Did. 67. 28.) ἡ διάνοια ἡ ἕνεκά του καὶ πρακτικὴ, αὕτη γὰρ καὶ τῆς ποιητικῆς ἄρχει.*

**) *Eth. Nicom. III. 3. (Didot. 28. 15.)* Vrgl. auch Trendelenburg *de an. Prooemium* 174.

führung werden muss. Findet sich dabei ein Mittel, das nicht in unsrer Gewalt liegt oder unmöglich zu erreichen ist, so steht man von dem Unternehmen ab, z. B. wenn Geld erforderlich ist und dieses nicht beschafft werden kann.

3. Rationale Potenzen.

Beiden ist daher drittens dies gemeinsam, dass das durch Kunst oder Handlung Hervorgebrachte seine Ursache im Menschen hat. Der Mensch ist Princip im Gegensatz zur Natur.*) Und zwar hat Aristoteles dieses wieder genauer in der Metaphysik *Θ*. 5. bestimmt.**) Denn er unterscheidet vernunftlose und rationale Potenzen. (*Τὰ μὲν κατὰ λόγον δύναται κινεῖν καὶ αἱ δυνάμεις αὐτῶν μετὰ λόγου, τὰ δ' ἄλογα καὶ αἱ δυνάμεις ἄλογοι.*)

1. Die irrationalen sind vorher vorhanden und darauf erst ihre Thätigkeiten, z. B. erst das Sehen Können und dann das Sehen. Dagegen bei den rationalen, zu welchen die Kunst und das Sittliche gehört, geht die Thätigkeit voran und aus dieser wird erst die Po-

*) U. a. St. *Natur. ausc. II.* 5. *ἔστι δ' ἕνεκά του ὅσα τε ἀπὸ διανοίας ἂν πραχθείη καὶ ὅσα ἀπὸ φύσεως. Metaph. E.* 1. 1025. *b.* 22. *τῶν μὲν γὰρ ποιητικῶν ἐν τῷ ποιοῦντι ἡ ἀρχή — — τῶν δὲ πρακτικῶν ἐν τῷ πράττοντι.*

**) Vrgl. u. a. Θ. 8. 1049. b. 29. *διὸ καὶ δοκεῖ ἀδύνατον εἶναι οἰκοδόμον εἶναι μὴ οἰκοδομήσαντα μηθὲν ἢ κιθαριστὴν μηθὲν κιθαρίσαντα· ὁ γὰρ μανθάνων κιθαρίζειν κιθαρίζων μανθάνει κιθαρίζειν ὁμοίως δὲ καὶ οἱ ἄλλοι. Eth. Nic. II.* 1. *ὅσα μὲν φύσει ἡμῖν παραγίνεται τὰς δυνάμεις τούτων πρότερον κομιζόμεθα, ὕστερον δὲ τὰς ἐνεργείας ἀποδίδομεν. Ὅπερ ἐπὶ τῶν αἰσθήσεων δῆλον· οὐ γὰρ ἐκ τοῦ πολλάκις ἰδεῖν ἢ πολλάκις ἀκοῦσαι τὰς αἰσθήσεις ἐλάβομεν, ἀλλ' ἀνάπαλιν ἔχοντες ἐχρησάμεθα, οὐ χρησάμενοι ἔσχομεν.*

tenz;*) denn z. B. bei den Künsten scheint's unmöglich, ein Baukünstler zu sein, wenn man nichts gebaut, oder ein Kithara-Künstler, wenn man die Cither nicht gespielt hat. Man lernt ja eben Cither zu spielen dadurch, dass man spielt, und so bei Allen! Dasselbe gilt von den Tugenden. Auch diese werden erworben, indem die Ausübung dem Vermögen vorhergeht (τὰς ἀρετὰς λαμβάνομεν ἐνεργήσαντες πρότερον); denn indem wir das Gerechte thun, werden wir Gerechte, durch Masshalten mässig, durch tapfere Thaten tapfer.**) Ein Zeichen hierfür ist es, dass es die Gesetzgeber in den Staaten darauf anlegen, durch Gewöhnung***) die Bürger gut zu machen, und darauf beruht auch die grosse Wichtigkeit der Erziehung.

2. Eine zweite gemeinsame Bestimmung der rationalen Potenzen besteht darin, dass ihre Wirkungsweise einen Gegensatz zulässt. Die irrationalen nämlich sind je eine immer nur für eine einzige bestimmte Wirkung geeignet (*αὗται μὲν γὰρ πᾶσαι μία ἑνὸς ποιητική, ἐκεῖναι δὲ τῶν ἐναντίων Met. 1048. a. 7.*) und sobald sich nach Möglichkeit das leidende und das thätige Princip genähert haben, so muss die Wirkung sofort eintreten†) und auf einfache und gleiche Weise. Die rationalen aber haben in sich immer den Gegensatz, indem sie entweder so oder auch entgegengesetzt wirken können. Natürlich nicht

---

*) *Τὰς μὲν ἀνάγκη προενεργήσαντας ἔχειν ὅσαι ἔθει καὶ λόγῳ Metaph.* 1047. b. 33. u. *Polit. VIII.* 1. (I. 624. 34. *Didot.*)

**) *Nicom. II.* 1. *οὕτω καὶ τὰ μὲν δίκαια πράττοντες δίκαιοι γινόμεθα, τὰ δὲ σώφρονα σώφρονες, τὰ δ' ἀνδρεῖα ἀνδρεῖοι.*

***) Ebendas. *Μαρτυρεῖ δὲ καὶ τὸ γινόμενον ἐν ταῖς πόλεσιν· οἱ γὰρ νομοθέται τοὺς πολίτας ἐθίζοντες ποιοῦσιν ἀγαθούς.*

†) *Metaph.* 1048. *a.* 5. *Τὰς μὲν τοιαύτας δυνάμεις ἀνάγκη, ὅταν ὡς δύνανται τὸ ποιητικὸν καὶ παθητικὸν πλησιάζωσι, τὸ μὲν ποιεῖν τὸ δὲ πάσχειν, ἐκείνας δ' οὐκ ἀνάγκη.*

beides zugleich, was ja widersprechend und unmöglich wäre; aber so dass sie entweder wirken oder nicht wirken und dass sie so oder anders wirken können, indem das Begehren oder der Vorsatz sich für das Eine von beiden überwiegend bestimmt. Während daher nach *Eth. Nicom. II. 1.* man dem Stein nicht angewöhnen kann, in die Höhe zu fliegen oder dem Feuer nach Unten zu streben, sondern dies von Natur ein für alle Mal nach Nothwendigkeit geregelt ist: so kommt umgekehrt bei den rationalen Potenzen Alles darauf an, dass durch Gewöhnung und Unterricht die Qualität der Wirkungsweise bestimmt werde. Damit kommen wir zu dem dritten Punkte.

3. Denn sowohl das Technische als das Sittliche gewinnt seine Werthbestimmung durch qualificirte Thätigkeiten. Aristoteles hat auch dieses genau untersucht, um zu erkennen, wodurch die guten und schlechten Fertigkeiten entstehen, wodurch die Thätigkeit erhalten und zerstört wird. Er sagt wörtlich*): „Aus demselben und durch dasselbe entsteht und verdirbt jede Tugend, ingleichen auch jede Kunst; denn durch Citherspielen entstehen die guten und die schlechten Citherspieler und dementsprechend auch die Baumeister und alle übrigen; denn durch gutes Bauen entstehen die guten, durch schlechtes die schlechten Baumeister. Denn verhielte es sich nicht so, so bedürfte man keines Lehrenden, sondern alle würden entweder

*) *Eth. Nicom. II. 1.* Ἐκ τῶν αὐτῶν καὶ διὰ τῶν αὐτῶν καὶ γίνεται πᾶσα ἀρετὴ καὶ φθείρεται, ὁμοίως δὲ καὶ τέχνη· — — ἐκ μὲν γὰρ τοῦ εὖ οἰκοδομεῖν ἀγαθοὶ οἰκοδόμοι ἔσονται, ἐκ δὲ τοῦ κακῶς κακοί. — — Καὶ ἑνὶ δὴ λόγῳ ἐκ τῶν ὁμοίων ἐνεργειῶν αἱ ἕξεις γίνονται. Διὸ δεῖ τὰς ἐνεργείας ποιὰς ἀποδιδόναι· κατὰ γὰρ τὰς τούτων διαφορὰς ἀκολουθοῦσιν αἱ ἕξεις.

gute oder schlechte werden. So in der That verhält es sich auch bei den Tugenden; denn dadurch, dass wir handelnd thätig sind in dem Verkehr mit den Menschen, werden wir die einen gerecht, die andern ungerecht; dadurch dass wir handeln in gefährlichen Lebenslagen und uns zu fürchten oder unverzagt zu sein gewöhnen, die einen tapfer, die andern feige, u. s. w., mit einem Worte, aus den gleichartigen Thätigkeiten werden die Fertigkeiten. Darum muss man den Thätigkeiten eine bestimmte Beschaffenheit zu geben suchen; denn die Fertigkeiten entsprechen genau den Unterschieden dieser Beschaffenheiten."

Das Technische und Sittliche stimmt also darin überein, dass es Werthunterschiede aufnimmt; es ist nicht gleichgültig, wie man handelt oder arbeitet. Mithin ist ein Massstab vorauszusetzen, nach welchem die Thätigkeit gelobt oder getadelt wird. Dieser Massstab ist ein Zweck, ein Ziel, das die Thätigkeit zu erreichen strebt und welches als ihr Gut der Gegenstand ihrer Bemühung, das Princip ihrer Bewegung ist.*) Soweit stimmen beide überein, und darum giebt es für das sittliche wie für das technische Thun den Begriff der Tugend oder Tüchtigkeit.**) Würde dieser Zweck nun derselbe sein, so würden beide Gebiete zusammenfallen; die Verschiedenheit desselben hält sie auseinander; denn was denselben Zweck hat, ist dasselbe, wenn nicht numerisch, so doch der Art

*) *Eth. Nicom. I. 7. (Didot. II. 6. 36.)* *Ὥσπερ γὰρ αὐλητῇ καὶ ἀγαλματοποιῷ καὶ παντὶ τεχνίτῃ καὶ ὅλως ὧν ἐστὶν ἔργον τι καὶ πρᾶξις, ἐν τῷ ἔργῳ δοκεῖ τἀγαθὸν εἶναι καὶ τὸ εὖ, οὕτω δόξειεν ἂν καὶ ἀνθρώπῳ, εἴπερ ἔστι τι ἔργον αὐτοῦ.* Ebendas. *I. 1. Πᾶσα τέχνη καὶ πᾶσα μέθοδος, ὁμοίως δὲ πρᾶξίς τε καὶ προαίρεσις ἀγαθοῦ τινὸς ἐφίεσθαι δοκεῖ.*

**) *Eth. Nic. I. 7. (Didot II. 7. 8.) Ἕκαστον δὲ εὖ κατὰ τὴν οἰκείαν ἀρετὴν ἀποτελεῖται. VI. 5. Ἀλλὰ μὴν τέχνης μὲν ἐστὶν ἀρετή.*

nach. Diesen eigenthümlichen Zweck der Kunst haben wir zu erforschen; er muss als das Wichtigste und Wesenbestimmende, als Grund der Erkenntniss und Ursache des Werdens betrachtet und gewürdigt werden.

Das kann nun sofort hier erledigt werden, dass man nicht etwa diesen Zweck für einen willkürlichen halten dürfe, den dieser oder jener zu setzen beliebe, indem er z. B. dem Baumeister grade ein so und so bestimmtes Haus zu bauen auftrage. Denn dadurch würde der Zweck zufällig, auch seinem Sein nach, da der Auftragende ja auch nicht zu wollen braucht. Vom Zufall aber lehrt Aristoteles auf's Deutlichste, dass er kein Princip in der Natur ist, und es würde dadurch nicht bloss das Vorhandensein der Kunst zufällig, sondern auch ihr Wesen ganz unbestimmt und unbestimmbar sein. Kurz dieser Zweck muss durch die Natur der Dinge selbst gegeben werden. Aristoteles hat diese Betrachtung zwar nicht für die Kunst besonders ausgeführt; seine Lehrmeinung ist aber hinlänglich dadurch zu erkennen, dass er erstens ganz allgemein das Wesen des Zweckes der Natur und jeder Thätigkeit als bleibendes Wesen der Wirklichkeit bestimmt hat*) und zweitens durch einzelne Betrachtungen, z. B. über die Tragödie, wo er es tadelt, wenn die Dichter dem schlechten Geschmack des Publicums zu Gefallen von den objectiven Normen und Zwecken der Tragödie abirren. Sowohl hierin, als schon in der vorhin erwähnten Bestimmung über Entstehung und Verderb der Kunstfertigkeit und Tugend liegt klar die Voraussetzung, dass dieser Zweck der Kunst kein bloss subjectiver, willkürlicher und zufälliger sei, sondern zum Wesen der Dinge gehöre und darum nothwendig

---

*) Vrgl. in dem Capitel IV. Ueber die Principien des Kunstwerkes den §. 2. über die Form.

gleichweit von beiden Extremen absteht.*) So bringt nun jede Wissenschaft ihr Werk wohl zum Ziel, indem sie nach der Mitte hinblickt und dahin die Werke zu treiben sucht. Und daher pflegt man von schön gelungenen Kunstwerken zu sagen, man könne nichts davon wegnehmen und nichts hinzuthun, in der Meinung, dass das Zuviel und Zuwenig das Schöne (τὸ εὖ) verdirbt, die Mitte aber es erhält.**) Wie die guten Künstler also dahin blickend arbeiten, so auch die Tugend. Dieses Mittlere bestimmt sich nun für die Handlungen und Affekte dadurch, dass man das Wann man muss und Worüber und Gegen wen und Wesswegen und Wie erkennt und beobachtet; darin liegt die Mitte und das Beste und dies ist Sache der Tugend.***) Und die Extreme erhalten Tadel, die Mitte aber ist richtig und wird gelobt.†)

Hierin also sind beide Gebiete wieder analog; der Grad der Genauigkeit aber, mit der das Mittlere erkannt und hergestellt wird, ist verschieden. Davon muss dann später gehandelt werden.

καὶ πράξεις, ἐν δὲ τούτοις ἐστὶν ὑπερβολὴ καὶ ἔλλειψις καὶ τὸ μέσον οἷον καὶ φοβηθῆναι καὶ θαῤῥῆσαι καὶ ἐπιθυμῆσαι καὶ ὀργισθῆναι καὶ ἐλεῆσαι καὶ ὅλως ἡσθῆναι καὶ λυπηθῆναι ἔστι καὶ μᾶλλον καὶ ἧττον, καὶ ἀμφότερα οὐκ εὖ.

*) Ebendas. Τὸ δ' ἴσον μέσον τι ὑπερβολῆς καὶ ἐλλείψεως. Den Unterschied einer objectiven Mitte und einer individuellen oder subjectiven brauche ich hier nicht anzuführen, weil er für die Kunst nicht in Frage kommt.

**) Ebendas. Ὅθεν εἰώθασιν ἐπιλέγειν τοῖς εὖ ἔχουσιν ἔργοις ὅτι οὔτ' ἀφελεῖν ἔστιν οὔτε προσθεῖναι, ὡς τῆς μὲν ὑπερβολῆς καὶ τῆς ἐλλείψεως φθειρούσης τὸ εὖ, τῆς δὲ μεσότητος σωζούσης.

***) Ebendas. Τὸ δ' ὅτε δεῖ καὶ ἐφ' οἷς καὶ πρὸς οὓς καὶ οὗ ἕνεκα καὶ ὡς δεῖ, μέσον τε καὶ ἄριστον, ὅπερ ἐστὶ τῆς ἀρετῆς.

†) Ebendas. Ἐν οἷς ἡ μὲν ὑπερβολὴ ἁμαρτάνεται καὶ ἡ ἔλλειψις ψέγεται, τὸ δὲ μέσον ἐπαινεῖται καὶ κατορθοῦται.

III. Capitel.

Ueber den Unterschied der Praktik und Poetik.

Zur Bestimmung des Wesens gehört, dass man einerseits das Allgemeinere und zu Grunde liegende erkenne, welches den Zusammenhang des Seienden vermittelt, andrerseits auch das Princip, wodurch die Scheidung und Besonderung entsteht. Dass dieses nun an und für sich äusserst schwierig zu erforschen ist bei Begriffen, die von dem Concreten und Anschaulichen so weit entfernt und nur durch Speculation zugänglich sind, das braucht nicht weiter erklärt zu werden: dass wir es aber unternehmen, diese Begriffsbestimmung in Aristoteles aufzusuchen, obwohl uns von ihm kein besonderes Werk darüber übrig geblieben ist, beruht auf der Ueberzeugung, dass Aristoteles sich auch diese Fragen gestellt und sie in seiner Weise gelöst hat. Wir müssen deshalb die Spuren dieser Theorie überall, wo sich Erwähnung der τέχνη findet, verfolgen, und es wird sich aus dem Fund schliesslich zeigen, ob die zerstreuten Bemerkungen des Aristoteles genügen, eine Lösung seinerseits anzunehmen.

1. Der Gegensatz von Kunst und Handlung beruht auf der Unterscheidung der vollkommenen Energien von den Bewegungen.

Aristoteles lehrt die Differenz von Handlung und Kunst im VI. Buch 4. Capitel der Nikomachien, indem er sich zugleich auf anderswo geführte Untersuchungen bezieht.*) Nur darum durfte er an unsrer Stelle wohl auch so bedauerlich kurz und unvollständig sein.

*) Πιστεύομεν δὲ περὶ αὐτῶν καὶ τοῖς ἐξωτερικοῖς λόγοις.

Er sagt: „Die rationale praktische Fertigkeit ist verschieden von der rationalen poetischen Fertigkeit. Darum werden beide auch nicht von einander umfasst (d. h. es fällt keine von beiden als Art unter die andre als Gattung); denn Handlung ist nicht Kunstthätigkeit und Kunstthätigkeit ist nicht Handlung."*) Es ist dies eine sehr wichtige Stelle. Wir lernen daraus, dass Aristoteles das Wesen des Handelns scharf und gänzlich von dem Wesen der Kunstthätigkeit trennte, so dass jene beiden rationalen Fertigkeiten zu ganz verschiedenem Wirken auseinandergehen, ohne eine Subordination des einen unter das andere zu gestatten. Allein wir vermissen leider die Angabe des Specifischen, ohne welche diese Behauptung rein ohne Grund und Vertheidigungskraft bliebe. Das Folgende enthält nun allerdings diese Angabe, aber so undeutlich, dass man sie nur mit Hülfe einiger Stellen der Metaphysik erkennen und den Gegensatz zur Klarheit bringen kann.

Den Unterschied, den ich jetzt hervorheben will, ist zwar schon von Bonitz**) und Andern erklärt, aber noch nicht meines Wissens für unsre Frage ausgebeutet. Nur darum konnte es geschehen, dass auch die ethische Lehre des Aristoteles immer wieder missverstanden und als äusserlich getadelt wurde. Aristoteles kommt also in der Metaphysik bei der Erklärung von Potenz und Actus auf die beiden verschiedenen Formen der Energien, die nur der Analogie nach noch

*) *Eth. Nicom. VI. 4.* Ὥστε καὶ ἡ μετὰ λόγου ἕξις πρακτικὴ ἕτερόν ἐστι τῆς μετὰ λόγου ποιητικῆς ἕξεως. Διὸ οὐδὲ περιέχονται ὑπ' ἀλλήλων· οὔτε γὰρ ἡ πρᾶξις ποίησις οὔτε ἡ ποίησις πρᾶξις ἐστίν. *Polit. I. 4. (Didot I. 485. 16.)* διαφέρει ἡ ποίησις εἴδει καὶ ἡ πρᾶξις.

**) Bonitz Comment. zur Metaph. zu 1048. b. 18. S. 396.

übereinstimmen. Diese beiden sind die Bewegung und Handlung. Vollkommene Handlung oder Energie im eigentlichen Sinne nennt er das Wirklichsein ohne Zeitbestimmung; z. B. kann man sagen: er sieht und hat gesehen zugleich; er lebt und hat gelebt zugleich; er nimmt wahr und hat wahrgenommen zugleich; er denkt und hat dasselbe gedacht zugleich.*) Handlung ist desswegen der Zweck selbst, das Vollkommene, das seinen Zweck nicht ausser sich hat, ihn nicht erst zu erreichen sucht oder auf dem Wege dahin ist, sondern selbst die Wirklichkeit desselben. — Diesem gegenüber steht eine zweite Form der Energie, die Aristoteles Werden und Bewegung nennt; sie ist wesentlich an die Zeit gebunden und durchaus von einer äusseren Gränze eingeschränkt; daher nothwendig immer unvollkommen; den Zweck verfolgend, nicht besitzend.**) So kann man z. B. nicht zugleich ein

---

*) *Metaph.* Θ. 6. 1048. *b.* 18. *Ἐπεὶ δὲ τῶν πράξεων, ὧν ἔστι πέρας, οὐδεμία τέλος ἀλλὰ τῶν πρὸς τὸ τέλος, οἷον τοῦ ἰσχναίνειν ἢ ἰσχνασία αὐτό. αὐτὰ δὲ ὅταν ἰσχναίνῃ οὕτως ἐστὶν ἐν κινήσει, μὴ ὑπάρχοντα ὧν ἕνεκα ἡ κίνησις, οὐκ ἔστι ταῦτα πρᾶξις ἢ οὐ τελεία γε. οὐ γὰρ τέλος, ἀλλ' ἐκείνῃ ἐνυπάρχει τὸ τέλος, καὶ ἡ πρᾶξις* (sc. *ἐστὶ τὸ τέλος*). *Οἷον ὁρᾷ ἀλλὰ καὶ φρονεῖ καὶ νοεῖ καὶ νενόηκεν· ἀλλ' οὐ μανθάνει καὶ μεμάθηκεν* — — Wenn bei den Energien nicht *perfectum* und *praesens* zugleich sein könnte, so würden sie ebenfalls unfertige Bewegungen sein. *Εὖ ζῇ καὶ εὖ ἔζηκεν· εἰ δὲ μή, ἔδει ἄν ποτε παύεσθαι, ὥσπερ ὅταν ἰσχναίνῃ· νῦν δ' οὔ, ἀλλὰ ζῇ καὶ ἔζηκεν. τούτων δὴ τὰς μὲν κινήσεις λέγειν τὰς δ' ἐνεργείας.*

**) Ebendas. *Πᾶσα γὰρ κίνησις ἀτελής, ἰσχνασία, μάθησις, βάδισις, οἰκοδόμησις· αὗται δὲ κινήσεις, καὶ ἀτελεῖς γε. οὐ γὰρ ἅμα βαδίζει καὶ βεβάδικεν, οὐδ' οἰκοδομεῖ καὶ ᾠκοδόμηκεν, οὐδὲ γίγνεται καὶ γέγονεν ἢ κινεῖται καὶ κεκίνηται. ἀλλ' ἕτερον καὶ κινεῖ καὶ κεκίνηκεν, ἑώρακε δὲ καὶ ὁρᾷ ἅμα τὸ αὐτό.* Ferner *Eth. Nicom.*

Haus bauen und gebaut haben, nicht zugleich lernen und gelernt haben; ein Ding kann nicht zugleich trocken werden und trocken geworden sein; die Bewegung ist also immer unfertig, oder muss dann aufhören, wenn sie beim Ziele angelangt ist. Zu dieser zweiten Form der Energie gehört die Kunstthätigkeit. Dies deuten nicht bloss die Beispiele*) an, welche, wie z. B. das Häuser bauen, aus der Kunst genommen werden, sondern es wird auch *Sophist. elench. 22. 178 a. 9.* ausdrücklich das ποιεῖν in derselben Verbindung genannt: „Kann man zugleich schaffen (ποιεῖν) und geschaffen haben? Nein. Aber freilich ist's sicherlich möglich, zugleich und in derselben Beziehung dasselbe zu sehen und gesehen zu haben."**) Dass Aristoteles hier an einem Orte der Topik, wo er beliebig in seine systematischen Lehrbestimmungen hineingreift, diese Wahrheit als ausgemacht hinstellt, dass beim Schaffen (ποιεῖν) das *praesens* und *perfectum* nicht zugleich möglich ist, kann als ein Zeichen gelten, dass von ihm diese Behauptungen im systematischen Zusammenhange schon festgestellt waren. Wir werden desshalb nun auch diese Bestimmung in den Nikomachien VI. 4. wiederfinden und leicht verstehen. Er sagt nämlich wörtlich***): „Jede Kunst bezieht sich

---

X. 4. (*Did. II.* 120. 5.) Δόξειε δὲ τοῦτο καὶ ἐκ τοῦ μὴ ἐνδέχεσθαι κινεῖσθαι μὴ ἐν χρόνῳ,

*) *Natur. Auscult. lib. III. c.* 1. (*Did. II.* 274. 36.) sehr wichtig und ausführlich über die Bewegung.

**) Οἷον ἐν τῷδε τῷ λόγῳ, Ἆρ' ἐνδέχεται τὸ αὐτὸ ἅμα ποιεῖν τε καὶ πεποιηκέναι; οὔ· ἀλλὰ μὴν ὁρᾶν γέ τι ἅμα καὶ ἑωρακέναι τὸ αὐτὸ καὶ κατὰ ταὐτὸ ἐνδέχεται.

***) *Eth. Nicom. lib. VI.* 4. Ἔστι δὲ τέχνη πᾶσα περὶ γένεσιν. Ebendas. *VII.* 12. (*Did. II.* 88. 17.) οὐδὲ γὰρ ἄλλης ἐνεργείας οὐδεμιᾶς τέχνη ἐστίν.

auf ein Werden.“ Und an einer andern Stelle negativ: „Keine Kunst bezieht sich auf eine wirkliche Energie.“ Nun verschwindet der Schein, als wäre seine obige Behauptung von dem Unterschiede der Handlung und Kunstthätigkeit eine leere Phrase; man sieht, Aristoteles hat den Begriff der Handlung scharf genommen*) und bezieht sich desshalb ohne Weiteres auf anderweitige Untersuchungen, wo die Kunstthätigkeit auf das Werden und die Bewegung zurückgeführt war. Da diese beiden Formen aber im höchsten Gegensatze stehen, so ist dadurch auch die Unterscheidung von Handlung und Kunstthätigkeit hinreichend begründet. — Daher folgt auch, dass bei der Aristotelischen Lehre von der Lust die Hauptfrage ist, ob sie zu den reinen Energien oder zum Werden gehört. Es wird sich zeigen, wie wichtig diese Unterscheidung auch zur Bestimmung des ästhetischen Vergnügens ist.

Die Definitionen der Kunst und der praktischen Weisheit.

Ehe wir die weiteren Gegensätze aufsuchen, wollen wir nun erst die Momente der Definition hervorheben. Das Gemeinsame des Sittlichen und Technischen war die rationale Potenz; das Differenzirende ist die Form der Energie. Daher folgt als Definition der Kunst: rationale Fertigkeit des Schaffens oder Hervorbringens ‚ἡ μετὰ λόγου ποιητικὴ ἕξις‘, welche dem Phronetischen entgegengesetzt wird als der

---

*) Vrgl. meine Abh. über die Einheit der Aristot. Eudämonie S. 139, wo die wichtigen Consequenzen dieser Lehre für die Ethik ausgeführt sind.

**) *Eth. Nicom. VII. 12. (Did. 88. 5.)* *Διὸ καὶ οὐ καλῶς ἔχει τὸ αἰσθητὴν γένεσιν φάναι εἶναι τὴν ἡδονήν, ἀλλὰ μᾶλλον λεκτέον ἐνέργειαν τῆς κατὰ φύσιν ἕξεως.*

rationalen praktischen Fertigkeit ,ἕξις μετὰ λόγου πρακτική. Von der näheren Bestimmung des λόγος durch die Wahrheit wollen wir vorläufig absehen; denn die Wichtigkeit dieser Ergänzung verlangt die sorgfältigste Untersuchung. Wir müssen aber hier schon gestehen, dass diese strenge Definition durchaus einem systematischen Ganzen anzugehören scheint. Darum erhalten wir hier nur *in nuce* was er anderswo ausführlich untersucht hat. Aber auch dies Wenige erinnert an viele etwa in seinen Dialogen angestellte Inductionen. Er sagt*): „Da aber die Baukunst eine Kunst ist und wesentlich eine rationale Fertigkeit des Schaffens und da weder irgend etwas eine Kunst ist, was nicht eine Fertigkeit wäre mit Vernunft etwas hervorzubringen, noch irgend etwas eine solche Fertigkeit ist, die nicht Kunst wäre: so folgt daraus die Einerleiheit der Kunst mit der rationalen Fertigkeit des Hervorbringens."

2. Die Handlung hat immanenten Zweck; bei der Kunst liegt dieser jenseit des Schaffens.

Da also die Kunst unter die Energie des Werdens und der Bewegung fällt, so folgen daraus alle die übrigen gegensätzlichen Bestimmungen. Und zunächst die, dass die Kunstthätigkeit einen Zweck (τέλος) hat, welcher sie begränzt, und dass dieser Zweck immer ausser ihr bleibt.**) Er ist der Grund der Bewegung, aber nicht selbst in der Bewegung; er

*) *Eth. Nicom. VI. 4.* Ἐπεὶ δὲ ἡ οἰκοδομικὴ τέχνη τίς ἐστι καὶ ὅπερ ἕξις τις μετὰ λόγου ποιητική, καὶ οὐδεμία οὔτε τέχνη ἐστὶν ἥτις οὐ μετὰ λόγου ποιητικὴ ἕξις ἐστίν, οὔτε τοιαύτη, ἣ οὐ τέχνη, ταὐτὸν ἂν εἴη τέχνη καὶ ἕξις μετὰ λόγου ἀληθοῦς ποιητική.

**) *Eth. Nicom. VI. 5.* Τῆς μὲν γὰρ ποιήσεως ἕτερον τὸ τέλος, τῆς δὲ πράξεως οὐκ ἂν εἴη· ἔστι γὰρ αὐτὴ ἡ εὐπραξία τέλος.

ist erst, wenn die Bewegung aufhört und stellt sich desshalb als ein der Kunstthätigkeit äusserliches Werk (ἔργον) dar, z. B. ein Haus oder eine Statue. Umgekehrt bei der Handlung ist der Zweck selbst die qualificirte Handlung. Der Zweck ist nur in der Handlung wirklich und alles was äusserlich dadurch geschieht, ist nebensächlich *(accidens)*. Die εὐπραξία selbst ist der Zweck.*) Man darf aber nicht etwa meinen, dass Aristoteles diese *termini* streng auseinander hielte und der Kunst immer ein ἔργον, dem Sittlichen nur πρᾶξις zuschriebe. Ich erinnere an die Bemerkungen über seine Terminologie S. 4 ff. und erwähne sofort, dass er auch die πράξεις ein ἔργον nennt und umgekehrt auch κινήσεις als πράξεις bezeichnet. Wenn man dies nicht im Sinne hat, müsste man ihn gänzlich missverstehen. Denn an vielen Stellen scheint die obige strenge Unterscheidung völlig vermischt zu werden, z. B. wo er, um das ethische Princip zu finden, nach dem Werke des Menschen (ἔργον ἀνθρώπου) sucht und verlangt, dass es wie bei einem Flötenspieler, Bildhauer, Schuster und Baumeister und jedem Künstler, so auch bei dem Menschen als solchem ein Werk und Handlung gebe, worin sein Gut und Werth liege. Dieser indifferente Gebrauch der *termini* hat also für die Unterscheidung selbst keine Gefahr.

3. Bei der Handlung kommt es auf die Gesinnung an; bei der Kunst auf den objectiven Werth des Werkes.

Daraus folgt nun unmittelbar, dass bei dem

---

*) *Eth. Nicom. I. 1.* *Διαφορὰ δέ τις φαίνεται τῶν τελῶν· τὰ μὲν γάρ εἰσιν ἐνέργειαι, τὰ δὲ παρ' αὐτὰς ἔργα τινά.* *I. 8.* *Ὀρθῶς δὲ καὶ ὅτι πράξεις τινὲς καὶ ἐνέργειαι τὸ τέλος· οὕτω γὰρ τῶν περὶ ψυχὴν ἀγαθῶν γίνεται, καὶ οὐ τῶν ἐκτός.*

Sittlichen alles auf die Handlung selbst ankommt, **wie** sie gethan wird, aus welcher Gesinnung, Absicht, Vorsatz und Gefühl des Handelnden; denn nicht der Erfolg ist das Wesentliche, sondern der Zweck ist nur in der Handlung selbst. Bei der Kunst dagegen ist das Schaffen selbst gleichgültig; nach dem **Erfolg**, dem Werke, wird der Werth abgemessen.*) Aristoteles hat diese Consequenzen auf das Sorgfältigste bestimmt. Er sagt: „Auch dieser Gegensatz besteht zwischen Künsten und Tugenden, dass die von den Künsten hervorgebrachten Werke ihren Werth (εὖ) in sich haben und es bloss darauf ankommt, dass diese von einer gewissen Beschaffenheit sind. Was aber durch die Tugenden geschieht, gilt nicht als eine Handlung der Gerechtigkeit und Mässigkeit, wenn es selbst von einer gewissen Beschaffenheit ist, sondern nur wenn auch der Handelnde von einer gewissen Beschaffenheit ist, während er handelt: und zwar erstlich wenn er wissentlich handelt, dann auch vorsätzlich und zwar um der Sache selbst willen, drittens auch wenn er fest und unerschütterlich handelt. Diese Bestimmungen kommen für die übrigen Künste gar nicht mit in Rechnung, mit Ausnahme des Wissens (sonst wäre das Kunstwerk bloss zufällig geglückt); für die Tugenden aber hat das Wissen nur geringe oder gar keine Bedeutung, die andern Bestimmungen jedoch sind nicht von geringem Einfluss, sondern entscheiden über das Ganze."**) Dieser Gegensatz folgt also nothwen-

*) Ebendas. *Ὧν δ' εἰσὶ τέλη τινὰ παρὰ τὰς πράξεις, ἐν τούτοις βελτίω πέφυκε τῶν ἐνεργειῶν τὰ ἔργα.*

**) *Eth. Nicom. II. 4.* *Ἔτι οὐδ' ὅμοιόν ἐστιν ἐπὶ τῶν τεχνῶν καὶ τῶν ἀρετῶν· τὰ μὲν γὰρ ὑπὸ τῶν τεχνῶν γινόμενα τὸ εὖ ἔχει ἐν αὐτοῖς, ἀρκεῖ οὖν ταῦτα πως ἔχοντα γενέσθαι· τὰ δὲ κατὰ τὰς ἀρετὰς γινόμενα οὐκ ἐὰν αὐτά πως ἔχῃ, δικαίως ἢ*

dig aus der Bestimmung des vorigen §., dass beim Sittlichen die Schönheit oder das Gute (*τὸ εὖ*) im Subjekte liege, bei der Kunst im Objecte, d. h. in dem hervorgebrachten Werke.

Dadurch erklärt sich auch der Gegensatz, den Aristoteles in den Nikomachien aufstellt, dass wir nämlich in der Kunst es vorziehen, wenn einer absichtlich einen Fehler macht, im Gebiete der Tugenden aber und der sittlichen Weisheit den höher schätzen, welcher unabsichtlich fehlt.*) Natürlich; denn der unabsichtliche Fehler in der Kunst beweist einen schlechten Künstler; der absichtliche Fehler in den Handlungen aber eine verdorbene Gesinnung, welche den Beweggrund bildet. Auch hierdurch also wird der Gegensatz zwischen Innerem und Aeusserem, zwischen Gesinnung und Werk, zwischen Grund und Erfolg in ein helles Licht gesetzt.

4. Unterschied der technischen und praktischen Werkzeuge.

Hieraus ergiebt sich ein neuer Unterschied; denn sowohl die praktische als die technische Thätigkeit braucht Werkzeuge (*ὄργανα*).**) Die praktischen

---

σωφρόνως πράττεται, ἀλλὰ καὶ ἐὰν ὁ πράττων πως ἔχων πράττῃ, πρῶτον μὲν ἐὰν εἰδώς, ἔπειτ' ἐὰν προαιρούμενος καὶ προαιρούμενος δι' αὐτά, τὸ δὲ τρίτον καὶ ἐὰν βεβαίως καὶ ἀμετακινήτως ἔχων πράττῃ. Ταῦτα δὲ πρὸς μὲν τὸ τὰς ἄλλας τέχνας ἔχειν οὐ συναριθμεῖται, πλὴν αὐτὸ τὸ εἰδέναι· πρὸς δὲ τὸ τὰς ἀρετὰς τὸ μὲν εἰδέναι μικρὸν ἢ οὐδὲν ἰσχύει, τὰ δ' ἄλλα οὐ μικρὸν ἀλλὰ τὸ πᾶν δύναται. Ueber die Bestimmung, dass die sittliche Handlung wesentlich in der Gesinnung liege, vergl. besonders *lib. VI. 12.* §. 7.

*) *Eth. Nicom. VI. 5. Καὶ ἐν μὲν τέχνῃ ὁ ἑκὼν ἁμαρτάνων αἱρετώτερος, περὶ δὲ φρόνησιν ἧττον, ὥσπερ καὶ περὶ τὰς ἀρετάς.*

**) *Polit. I. 2. Ὥσπερ δὲ ἐν ταῖς ὡρισμέναις τέχναις ἀναγκαῖον ἂν εἴη ὑπάρχειν τὰ οἰκεῖα ὄργανα, εἰ μέλλει ἀποτελεσθήσεσθαι τὸ ἔργον, οὕτω καὶ τῶν οἰκονομικῶν.*

sind die sogenannten äusseren Güter, ohne welche man nicht leben, geschweige denn angenehm und schön leben und sittlich handeln kann.*) Es braucht hier natürlich nicht die Aristotelische Lehre von dem Zusammenhang der Güter und von dem Mass in der Bestimmung des wahren Reichthums entwickelt zu werden. Ich verweise darüber auf meine Abhandlung über die Einheit der Aristotelischen Eudämonie S. 142 ff. Für uns ist hier nur der Unterschied der praktischen und technischen Werkzeuge von Wichtigkeit, wie er sich aus dem Begriff dieser beiden Thätigkeiten von selbst ergiebt; denn da beide specifisch verschieden sind, so müssen auch ihre Werkzeuge diesen Unterschied zeigen.**) Da nun die Kunstthätigkeit ihren Zweck ausser sich hat, so müssen auch ihre Werkzeuge derart sein, dass aus ihnen etwas anderes wird, dass sie um eines Anderen willen, nicht bloss ihres Gebrauches selbst wegen da sind, z. B. das Plektrum zum Citherspielen, das Weberschiff zum Spinnen. Dies sind Kunstwerkzeuge. Das Leben aber ist Energie und braucht desshalb solche Organe, die eben nur in diesem Gebrauche ihr Wesen haben z. B. ein Kleid, ein Bett. Diese nennt Aristoteles praktische Werkzeuge oder Besitz (*κτῆμα*).***) Von beiden Arten giebt es leblose

---

*) *Polit.* I. 2. (*Did.* 484. 48.) *Ἄνευ γὰρ τῶν ἀναγκαίων ἀδύνατον καὶ ζῆν καὶ εὖ ζῆν.*

**) *Polit.* I. 2. (*Did.* 485. 16.) *Ἐπεὶ διαφέρει ἡ ποίησις εἴδει καὶ ἡ πρᾶξις, δέονται δ' ἀμφότεραι ὀργάνων, ἀνάγκη καὶ ταῦτα τὴν αὐτὴν ἔχειν διαφοράν.*

***) *Polit.* I. 2. (*Did.* 485. 13.) *Τὰ μὲν οὖν λεγόμενα ὄργανα* (nämlich *κερκίδες, πλῆκτρα*) *ποιητικὰ ὄργανά ἐστι, τὸ δὲ κτῆμα πρακτικόν· ἀπὸ μὲν γὰρ τῆς κερκίδος ἕτερόν τι γίνεται παρὰ τὴν χρῆσιν αὐτῆς, ἀπὸ δὲ τῆς ἐσθῆτος καὶ τῆς κλίνης ἡ χρῆσις μόνον.*

und beseelte, z. B. für den Steuermann das Steuerruder und der Untersteuermann; denn der Arbeiter hat in den Künsten die Stelle und Bedeutung eines Werkzeugs.*) Ebenso ist der Sclave ein beseeltes praktisches Werkzeug.**)

Anmerkung über die abweichende Theorie der *Magna Moralia*.

Aus dem vorigen §. ergiebt sich eine sichere Aristotelische Semiotik zur Unterscheidung von Künsten und Handlungen, und es muss daher als Abweichung von Aristotelischer Lehrweise oder als Missverstand bezeichnet werden, wenn die *Magna Moralia* das Merkmal des Praktischen, dass darin kein andrer Zweck ausser der Handlung vorhanden sei, dazu benutzen, um die Baukunst als Kunst zu erklären, weil das Haus der Zweck ausser der Kunstthätigkeit wäre, das Citherspielen aber als Handlung, weil dabei die Thätigkeit selbst einziger Zweck sei.***) Der Schüler des Aristoteles vergass dabei einmal, dass das Citherspiel das Plektrum also ein Kunstwerkzeug gebraucht, zweitens, dass dabei das Gute nicht im Subject liegt und dessen Gesinnung, sondern in der objectiven Leistung. — Dabei ist eine zweite Abweichung von Aristotelischer Lehre zu bemerken. Der Verfasser der *Magna Moralia* zieht nämlich an dieser

---

*) Ebendaselbst 484. 52. *Τῶν δ' ὀργάνων τὰ μὲν ἄψυχα, τὰ δ' ἔμψυχα, οἷον τῷ κυβερνήτῃ ὁ μὲν οἴαξ ἄψυχον ὁ δὲ πρῳρεὺς ἔμψυχον· ὁ γὰρ ὑπηρέτης ἐν ὀργάνου εἴδει ταῖς τέχναις ἐστίν.*

**) Ebendas. *Διὸ καὶ ὁ δοῦλος ὑπηρέτης τῶν πρὸς τὴν πρᾶξιν.*

***) *Magn. Moral.* I. 35. *Did.* 156. 30. *Ἐπὶ δὲ τῶν πρακτικῶν οὐκ ἔστιν ἄλλο οὐδὲν τέλος παρ' αὐτὴν τὴν πρᾶξιν, οἷον παρὰ τὸ κιθαρίζειν οὐκ ἔστιν ἄλλο τέλος οὐδέν, ἀλλ' αὐτὸ τοῦτο τέλος, ἡ ἐνέργεια καὶ ἡ πρᾶξις.*

Stelle*) das *τεχνάζειν* mit in die Sphäre des Sittlichen hinein und will es nur in höherem Grade oder mehr im Kreise der Kunst als im Praktischen finden. Oder sollte der Ausdruck: *ἐν γαρ τοῖς ποιητοῖς μᾶλλον ἢ ἐν τοῖς πρακτοῖς ἐστὶ τὸ τεχνάζειν* ungenau sein und bloss die Verneinung bedeuten? Da ihm das Citherspiel unter die Handlungen gerathen ist, so halte ich eher auch diese zweite Verwirrung für wahrscheinlich, wobei dann der strenge specifische Unterschied zwischen Kunst und Handlung, wie ihn Aristoteles aufgestellt hat, ebenfalls verloren gegangen wäre.**)

5. In der Kunst giebt es eine Selbständigkeit der dianoetischen und ausübenden Arbeit; das Sittliche besteht in der Durchdringung des Dianoetischen und Ethischen.

Aus dem Begriff der Kunst ergiebt sich noch ein anderer sehr wichtiger Gegensatz zur Handlung. Da nämlich in der Kunst nicht bloss eine Erkenntniss, sondern auch eine äussere Ausübung gegeben ist, so lassen sich diese Elemente mehr oder weniger trennen, und Aristoteles unterscheidet desshalb in jeder Kunst 1. den Ausübenden (*δημιουργός*), 2. den Vorschreibenden oder Anordnenden (*ἀρχιτέκτων*), 3. den kritisch Gebildeten (*πεπαιδευμένος*).***)

a. Begriff des Arbeiters (*δημιουργός*).

Aristoteles schliesst diese Eintheilung zunächst

*) Ebendas. ff.

**) Vergl. Speciell. Th. Nachahm. K. Ueber d. Westphalsche Einth. und die Abweichung der *M. M.*

***) *Polit.* III. 6. (*Did.* 532. 10.) *Ἰατρὸς δ' ὅτε δημιουργὸς καὶ ὁ ἀρχιτεκτονικὸς καὶ τρίτος ὁ πεπαιδευμένος περὶ τὴν τέχνην· εἰσὶ γάρ τινες τοιοῦτοι καὶ περὶ πάσας ὡς εἰπεῖν τὰς τέχνας.*

an dieselben Unterscheidungen bei den Aerzten an. Von dieser engeren Bedeutung ist aber abzusehen; denn wir haben hier eine allgemeine Eintheilung, die bei aller Kunst gültig sein soll. Dem Befehlenden, Vorschreibenden gegenüber ist daher hier unter *δημιουργὸς* im Allgemeinen der Ausübende zu verstehen oder der Handwerker und Arbeiter, welcher sich nicht selbst frei bestimmt, sondern Auftrag, Befehl und Handlohn erhält und daher nach Aristoteles eigentlich in guten Verfassungen Sclave sein müsste. Er rechnet zu den Sclaven also die *χερνῆτες* und erklärt den Begriff etymologisch „die von Handarbeit leben"*) und zu diesen gehören wieder die Handwerker (*ὁ βάναυσος τεχνίτης* oder *ὁ δημιουργὸς*), die desshalb auch vor der Entstehung der äussersten Demokratie zu den Staatsämtern nicht zugelassen wurden.**) Solches banausische Geschäft darf nach ihm kein guter Bürger, geschweige denn Staatsmann betreiben. Denn die Werke der Tugend lassen sich nach seiner Meinung nicht bei der Lebensweise eines Handwerkers, oder Tagelöhners ausüben.***) Darum bedürfen die Sclaven, welche, wie S. 50. bestimmt, Werkzeuge zum Leben (*βίος = πρᾶξις*) sind, mehr Tugend, als die Handwerker, z. B. Schuster, die gewissermassen in einer stückweisen Sclaverei leben und

---

*) *Polit. III. 2. (Did. 524. 32.)* *Δούλου δ' εἴδη πλείω λέγομεν· αἱ γὰρ ἐργασίαι πλείους. Ὧν ἓν μέρος κατέχουσιν οἱ χερνῆτες· οὗτοι δ' εἰσίν, ὥσπερ σημαίνει καὶ τοὔνομα αὐτούς, οἱ ζῶντες ἀπὸ τῶν χειρῶν.*

**) Ebendas. *Ἐν οἷς ὁ βάναυσος τεχνίτης ἐστίν. Διὸ παρ' ἐνίοις οὐ μετεῖχον οἱ δημιουργοὶ τὸ παλαιὸν ἀρχῶν, πρὶν δῆμον γενέσθαι τὸν ἔσχατον.*

***) *Pol. III. 3. (525. 44.)* *Οὐ γὰρ οἷόντ' ἐπιτηδεῦσαι τὰ τῆς ἀρετῆς ζῶντα βίον βάναυσον ἢ θητικόν.*

darum dem Leben ferner stehen.*) Vom Standpunkt des Staatsmanns betrachtet brauchen sie nur soviel Tugend, um nicht durch Zügellosigkeit ihre Arbeit zu versäumen. Auch hier also macht sich die strenge Trennung zwischen dem Gebiete des Lebens und der Kunstthätigkeit geltend. Um nun wieder auf die Aerzte zurückzukommen, so würden unter dieser Rubrik nur die untergeordneten Praktiker, Feldscheerer und dergleichen zu verstehen sein.**) — Das Banausische definirt Aristoteles daher so: „Man muss Alles, Werk, Kunst und Lehre, für b a n a u s i s c h halten, was Leib, Seele und Geist der Freien zu Gebrauch und Handlungen der Tugend unbrauchbar macht. Mithin nennen wir sowohl solcherlei Künste, wie viel ihrer den Leib in eine schlechtere Verfassung bringen, banausisch, als auch die Lohnarbeiten; denn sie nehmen dem Geiste die Musse und erniedrigen ihn.“ ***)

---

*) *Polit.* I. 5. (495. 52.) *Ὁ μὲν γὰρ δοῦλος κοινωνὸς ζωῆς, ὁ δὲ* (nämlich der Handwerker) *ποῤῥώτερον· καὶ τοσοῦτον ἐπιβάλλει ἀρετῆς ὅσον περ καὶ δουλείας· ὁ γὰρ βάναυσος τεχνίτης ἀφωρισμένην τινὰ ἔχει δουλείαν.*

**) Aber in *Natur. Ausc. lib. II.* 3. (265. 6.) *Οἷον ὑγιείας* (sc. *αἴτιος*) *ὁ ἰ α τ ρ ὸ ς καὶ τ ε χ ν ί τ η ς* als Beispiel der *αὐτῶν τῶν ὁμοειδῶν προτέρως καὶ ὑστέρως ἄλλο ἄλλου*, muss *τεχνίτης* als Künstler im allgemeinsten Sinne und *ἰατρὸς* als Art desselben, nämlich als Heilkünstler, verstanden werden.

***) *Polit. VIII.* 2. *Βάναυσον δ' ἔργον εἶναι δεῖ τοῦτο νομίζειν καὶ τέχνην ταύτην καὶ μάθησιν, ὅσαι πρὸς τὰς χρήσεις καὶ τὰς πράξεις τὰς τῆς ἀρετῆς ἄχρηστον ἀπεργάζονται τὸ σῶμα τῶν ἐλευθέρων ἢ τὴν ψυχὴν ἢ τὴν διάνοιαν. Διὸ τάς τε τοιαύτας τέχνας ὅσαι τὸ σῶμα παρασκευάζουσι χεῖρον διακεῖσθαι βαναύσους καλοῦμεν, καὶ τὰς μισθαρνικὰς ἐργασίας· ἄσχολον γὰρ ποιοῦσι τὴν διάνοιαν καὶ ταπεινήν.*

b. Begriff des Kunstmeisters (ἀρχιτεκτονικός).

Durch den Gegensatz zu diesem wird sich nun auch das Wesen des Arbeiters (δημιουργός) noch schärfer bestimmen lassen. Aristoteles sagt: das Werk gehört schlechthin dem Architekten zu; Architekt ist aber die Vernunft (λόγος).*) Unter Vernunft ist hier die logistische oder praktische zu verstehen, wie sie dem Künstler und Sittlichen gemeinsam ist. (Vrgl. S. 32.) An einer andern Stelle protestirt er dagegen, dass man nur das für Handlung halte, was äusserlich in's Werk tritt, da dieser Name im höchsten und eigentlichsten Sinne dem Architekten zukäme, der bloss mit seinen Gedanken arbeitet.**) Wir sehen also klar, dass Aristoteles unter ἀρχιτέκτων das erste Princip der Bewegung versteht; denn die ganze Kunstthätigkeit in ihrer äusseren und materiellen Verwirklichung geht auf die Erfindung und den Befehl des künstlerischen Gedankens zurück, der Princip ist.***) Von diesem muss später ausführlich gehandelt werden. Da er nun aber nach S. 48. der Werkzeuge bedarf, so brauchten, wenn diese sich selbst in Bewegung setzten, um das Werk zu vollbringen, auf Befehl oder indem sie selbst gleich ihre Aufgabe merkten, wie man von den Werkzeugen des Dädalus erzählt oder wie der Dichter von den Dreifüssen des Hephästos sagt, dass „sie von selbst den göttlichen Kampf unternommen", wenn so

---

*) *Polit.* I. 5. *Τὸ γὰρ ἔργον ἐστὶν ἁπλῶς τοῦ ἀρχιτέκτονος, ὁ δὲ λόγος ἀρχιτέκτων.*

**) *Polit. VII.* 3. (*Did.* 605. 9.) *Μάλιστα δὲ καὶ πράττειν κυρίως καὶ τῶν ἐξωτερικῶν πράξεων τοὺς ταῖς διανοίαις ἀρχιτέκτονας.*

***) *De part. an. I.* 1. *λόγος γὰρ οὗτος, ἀρχὴ δὲ ὁ λόγος ὁμοίως ἔν τε τοῖς κατὰ τέχνην καὶ ἐν τοῖς φύσει συνεστηκόσιν.*

die Weberschiffe selbst spännen und die Plektren Cither spielten — dann brauchten die Architekten keine Gehülfen der Arbeit.*) Es wird dadurch also klar, was der Arbeiter (*δημιουργός*) ist, nämlich ein beseeltes Werkzeug (s. oben S. 50.), d. h. ein Werkzeug, das selbst ohne die erfindende Vernunftthätigkeit ist, aber doch diese soweit aufzufassen vermag, um darnach die materiellen Mittel weiter in Bewegung zu setzen und die Vorschrift auszuführen.

c. Begriff des Gebildeten (*πεπαιδευμένος*).

Diese beiden ersten Unterschiede können nun zusammengefasst und dem kritisch Gebildeten entgegengesetzt werden. So findet sich schon bei Plato (*Protagoras 312. B.*) der Gegensatz des eigentlichen Kunstgewerbes und der freien Bildung (*οὐκ ἐπὶ τέχνῃ ἔμαθες, ὡς δημιουργὸς ἐσόμενος, ἀλλ' ἐπὶ παιδείᾳ, ὡς τὸν ἰδιώτην καὶ τὸν ἐλεύθερον πρέπει*). Es kommt dabei nicht mehr auf den Unterschied des Befehlenden oder Ausübenden an; sondern überhaupt nur darauf, ob man selbst Urheber des Werkes ist, oder ob man bloss, ohne selbst hervorzubringen und Fachgenosse zu sein, doch ein richtiges Urtheil über die Leistung hat. Dieser Gegensatz wird von Aristoteles so allgemein gefasst, dass er sich auch in Beziehung auf die Wissenschaften wiederfin-

---

*) *Polit. I. 2. (485. 6.)* *Εἰ γὰρ ἠδύνατο ἕκαστον τῶν ὀργάνων κελευσθὲν ἢ προαισθανόμενον ἀποτελεῖν τὸ αὑτοῦ ἔργον, ὥσπερ τὰ Δαιδάλου φασὶν ἢ τοὺς τοῦ Ἡφαίστου τρίποδας, οὕς φησιν ὁ ποιήτης „αὐτομάτους θεῖον δύεσθαι ἀγῶνα", οὕτως αἱ κέρκιδες ἐκέρκιζον αὐταὶ καὶ τὰ πλῆκτρα ἐκιθάριζεν, οὐδὲν ἂν ἔδει οὔτε τοῖς ἀρχιτέκτοσιν ὑπηρετῶν* — —

det.*) Wird uns z. B. eine Wissenschaft vorgetragen, so ist es Sache der Bildung, nicht etwa die Sache selbst schon auch fachmässig durchforscht zu haben, sondern nur zu verstehen, wann man die Beweisführung annehmen könne; während der Ungebildete nicht weiss, wann zuzustimmen, wann nicht, und bald überall mathematische Beweise verlangt, bald nur durch Beispiele überredet sein will, bald nicht ohne dass das Zeugniss alter Dichtersprüche hinzukomme, die Wahrheit anzuerkennen vermag.**) Von diesem Gegensatze geht auch seine Einleitung in die Untersuchung „über die Theile der Thiere" aus. Er unterscheidet daselbst in jeder Forschung und Untersuchung, möge sie niedrig oder erhabener sein, zwei Arten von Fertigkeit; die Eine sei die Wissenschaft der Sache selbst, die Andre eine gewisse Bildung. Der Gebildete hat treffend zu beurtheilen, was der Vortragende gut und was er nicht gut erklärt, ohne selbst vorher zu wissen, wie sich die Sache in Wahrheit verhält. So unterscheidet er eine allgemeine philosophische Bildung (*ὁ ὅλως πεπαιδευμένος*), welche die kritische Fertigkeit so zu sagen über alle möglichen Gegenstände ist, und eine specielle Bildung, die nur auf einen bestimmten Kreis von Gegenständen geht.***) Wie hier nun die

*) *Metaphys.* α. 3. (488. 14.) *Διὸ δεῖ πεπαιδεῦσθαι πῶς ἕκαστα ἀποδεκτέον, ὡς ἄτοπον ἅμα ζητεῖν ἐπιστήμην καὶ τρόπον ἐπιστήμης* (Methode).

**) Ebendas. *Οἱ μὲν οὖν, ἐὰν μὴ μαθηματικῶς λέγῃ τις, οὐκ ἀποδέχονται τῶν λεγόντων, οἱ δ', ἂν μὴ παραδειγματικῶς, οἱ δὲ μάρτυρα ἀξιοῦσιν ἐπάγεσθαι ποιητήν.*

***) *De part. an.* I. 1. *περὶ πᾶσαν θεωρίαν τε καὶ μέθοδον, ὁμοίως ταπεινοτέραν τε καὶ τιμιωτέραν, δύο φαίνονται τρόποι τῆς ἕξεως εἶναι, ὧν τὴν μὲν ἐπιστήμην τοῦ πράγματος καλῶς ἔχει

Bildung als die allgemeine logische Schule oder Einsicht in die Methoden in Gegensatz gestellt wird gegen die einzelne fachmässige Doctrin mit ihrem bestimmten Inhalt: so sind natürlich die Bedingungen der Bildung auch in Bezug auf die Kunst und speciell für die einzelnen Künste sehr verschieden, und es ist hier natürlich noch nicht unsre Aufgabe, zu untersuchen, ob und wie Aristoteles diese Bedingungen bestimmt habe, sondern nur darüber gewiss zu werden, dass er einen solchen Gegensatz angenommen, und durch welche Merkmale und *termini* er beide Bestimmungen unterschieden hat.

Der *terminus* für die Kunstmeister und Fachleute im Gegensatz zu den kritisch Gebildeten ist nicht fest; im Allgemeinen aber bezeichnet Aristoteles sie als die Wissenden (*εἰδότες*), indem ja auch der Ausdruck Wissenschaft (*ἐπιστήμη*) sehr häufig statt Kunst gebraucht wird. Obgleich es nun scheinen könnte, als wenn diese allein über Fachleistungen sprechen dürften,*) so lässt Aristoteles doch in allen Künsten die Gebildeten (*οἱ πεπαιδευμένοι*) ihnen gegenüber treten mit dem Anspruch, ebenfalls das richtige Urtheil über die Leistung zu haben,**) d. h. zur Kritik

---

προσαγορεύειν, τὴν δ' οἷον παιδείαν τινά. πεπαιδευμένου γάρ ἐστι κατὰ τρόπον τὸ δύνασθαι κρῖναι εὐστόχως, τί καλῶς ἢ μὴ καλῶς ἀποδίδωσιν ὁ λέγων· τοιοῦτον γὰρ δή τινα καὶ τὸν ὅλως πεπαιδευμένον οἰόμεθ' εἶναι, καὶ τὸ πεπαιδεῦσθαι τὸ δύνασθαι ποιεῖν τὸ εἰρημένον, πλὴν τοῦτον μὲν περὶ πάντων, ὡς εἰπεῖν, κριτικόν τινα νομίζομεν εἶναι, ἕνα τὸν ἀριθμὸν ὄντα, τὸν δὲ περί τινος φύσεως ἀφορισμένης κ. τ. λ.

*) *Polit. III. 6.* (532. 4.) *Δόξειεν ἂν τοῦ αὐτοῦ εἶναι τὸ κρῖναι τίς ὀρθῶς ἰάτρευκεν, οὗπερ καὶ τὸ ἰατρεῦσαι καὶ ποιῆσαι ὑγιᾶ τὸν κάμνοντα τῆς νόσου τῆς παρούσης· οὗτος δ' ἐστὶν ἰατρός. Ὁμοίως δὲ τοῦτο καὶ περὶ τὰς ἄλλας ἐμπειρίας καὶ τέχνας.*

**) Ebendas. *Ὁ πεπαιδευμένος περὶ τὴν τέχνην· εἰσὶ γάρ*

befähigt und berechtigt zu sein. Den verkehrten Anspruch der Fachleute, nur von ihres Gleichen beurtheilt zu werden, weist er auf verschiedene Weise zurück. Es könnte, sagt er, über einige Kunstleistungen nicht bloss nicht ausschliesslich, sondern auch nicht einmal am Besten derjenige urtheilen, der ihr Urheber ist, sondern ein Verständniss darüber hätten auch die, welche die Kunst nicht besässen, z. B. über ein Haus urtheilt nicht bloss der es gebaut hat, sondern noch besser, der es bewohnt, über ein Steuerruder der Steuermann besser als der Zimmermann und über eine Mahlzeit nicht sowohl der Koch als der sie verzehrt.*) Freilich aber stimmt Aristoteles denen nicht bei, welche in allen Künsten die eigne Ausübung für unnöthig zur kritischen Befähigung halten. So bilden sich viele ein, wie die Laconier, sie könnten, während sie andre die Musik ausüben liessen, bloss durch Zuhören gute und schlechte Melodien unterscheiden und richtig urtheilen lernen und richtigen Geschmack gewinnen.**) So wie manche auch unsre Vorstellungen von den Göttern hierherzögen, da doch Zeus bei den Dichtern nicht selbst sänge und Cither

---

τινες τοιοῦτοι περὶ πάσας ὡς εἰπεῖν τὰς τέχνας, ἀποδίδομεν δὲ τὸ κρίνειν οὐδὲν ἧττον τοῖς πεπαιδευμένοις ἢ τοῖς εἰδόσιν.

*) *Polit.* III. 6. (532. 26.) *Περὶ ἐνίων οὔτε μόνον ὁ ποιήσας οὔτ' ἄριστ' ἂν κρίνειεν, ὅσων τἆργα γινώσκουσι καὶ οἱ μὴ ἔχοντες τὴν τέχνην, οἷον οἰκίαν οὐ μόνον ἐστὶ γνῶναι τοῦ ποιήσαντος, ἀλλὰ καὶ βέλτιον ὁ χρώμενος αὐτῇ κρίνει — καὶ πηδάλιον κυβερνήτης τέκτονος, καὶ θοίνην ὁ δαιτυμὼν ἀλλ' οὐχ ὁ μάγειρος.*

**) *Polit.* VIII. 4. (628. 35.) *Ταῦτα γὰρ τί δεῖ μανθάνειν αὐτούς, ἀλλ' οὐχ ἑτέρων ἀκούοντας ὀρθῶς τε χαίρειν καὶ δύνασθαι κρίνειν; ὥσπερ οἱ Λάκωνες. ἐκεῖνοι γὰρ οὐ μανθάνοντες ὅμως δύνανται κρίνειν ὀρθῶς, ὥς φασί, τὰ χρηστὰ καὶ τὰ μὴ χρηστὰ τῶν μελῶν.*

spielte. *) Im Gegensatz dazu hält Aristoteles es für unmöglich, oder wenigstens sehr schwierig, ohne sich an der wirklichen Ausübung der Musik zu betheiligen, zu gutem Geschmack und Urtheil zu kommen;**) und verlangt daher ein eigentliches Lernen der Kunst und Betheiligung an dem Hervorbringen der Kunstleistungen freilich nur in der Jugend und mit geeigneter Auswahl der Instrumente, damit die Beschäftigung nicht banausisch werde, und nur bis so weit, dass der Geschmack und das Urtheil gehörig gebildet sei.***) Hierauf müssen wir aber später bei andrer Gelegenheit zurückkommen: was uns hier interessirt, ist bloss der Begriff des *πεπαιδευμένος* und sein Gegensatz gegen die Fachleute der Kunst, der wie mir scheint, zu hinreichender Klarheit nun entwickelt ist.

Ich fasse daher den Gegensatz noch einmal zusammen. Es giebt in der Kunst eine dienende werkzeugliche Thätigkeit und Stellung, das ist die der Arbeiter und ihnen gegenüber die erkennende und befehlende; diese letztere ist doppelt, indem der einsichtige Gebrauch unterschieden werden muss von der Fachkenntniss des befehlenden Meisters. Der Steuermann gebraucht das Steuerruder und erkennt die Beschaffenheit und das Wesen desselben und befiehlt demgemäss die Herstellung; aber er

---

*) Ebendas. *Σκοπεῖν δ' ἔξεστι τὴν ὑπόληψιν ἣν ἔχομεν περὶ τῶν θεῶν· οὐ γὰρ ὁ Ζεὺς αὐτὸς ᾄδει καὶ κιθαρίζει τοῖς ποιηταῖς.*

**) *Polit. VIII. 6. Ἕν γάρ τι τῶν ἀδυνάτων ἢ χαλεπῶν ἐστὶ μὴ κοινωνήσαντας τῶν ἔργων κριτὰς γενέσθαι σπουδαίους.*

***) Ebendas. *Πρῶτον μὲν γάρ, ἐπεὶ τοῦ κρίνειν χάριν μετέχειν δεῖ τῶν ἔργων, διὰ τοῦτο χρὴ νέους μὲν ὄντας χρῆσθαι τοῖς ἔργοις, πρεσβυτέρους δὲ γινομένους τῶν μὲν ἔργων ἀφεῖσθαι, δύνασθαι δὲ τὰ καλὰ κρίνειν καὶ χαίρειν ὀρθῶς διὰ τὴν μάθησιν τὴν γενομένην ἐν τῇ νεότητι.*

versteht es nicht zu machen. Der Meister aber erkennt und befiehlt auch, jedoch so, dass dadurch die Herstellung bewirkt wird, indem er angiebt, aus welchem Holz und durch welche Bewegungen der Werkzeuge es gearbeitet werden soll. Beide letzteren stehen also der ersten Art als die Erkennenden gegenüber*) und auch als die Befehlenden; denn in gewisser Weise ist auch der Gebrauchende ein Befehlender (*ἀρχιτεκτονικός*).

Kennt Aristoteles nun solche dreifache Gliederung auch im Gebiet der Handlung? Die Nikomachien enthalten nicht eine Spur davon, was nicht zu verwundern ist, da Aristoteles das Sittliche in seinem tiefsten Wesen erkannt hat. Denn z. B. im Gebiete der Tapferkeit ist nicht einer, der mit dem Verstande vorschreibt, und ein andrer, der ohne Wissen ausführt und ein dritter, der ohne Selbstausübung richtig urtheilen könnte; sondern von alle diesem das Gegentheil. Denn erstens lehrt Aristoteles ganz scharf, dass Niemand ohne Werke und Gewöhnung tapfer, mässig, gerecht u. s. w. werden könnte; „aber die Menge, sagt er, übt die Handlungen nicht aus, sondern flieht zum Erkennen und glaubt zu philosophiren und so sittlich gut zu werden; sie macht es darin wie die Kranken, welche die Aerzte zwar sorgfältig anhören, aber nichts von dem Vorgeschriebenen thun. Wie nun jene sich leiblich nicht wohl verhalten werden bei solcher Behandlung, so

---

*) *Natur. Auscult. II. 2.* *δύο δὴ αἱ ἄρχουσαι τῆς ὕλης καὶ αἱ γνωρίζουσαι τέχναι, ἥ τε χρωμένη καὶ τῆς ποιητικῆς ἡ ἀρχιτεκτονική. Διὸ καὶ ἡ χρωμένη ἀρχιτεκτονική πως· διαφέρει δὲ ᾗ ἡ μὲν τοῦ εἴδους γνωριστική· ἡ δὲ ἀρχιτεκτονικὴ ὡς ποιητικὴ τῆς ὕλης. Ὁ μὲν γὰρ κυβερνήτης ποιόν τι τὸ εἶδος τοῦ πηδαλίου γνωρίζει καὶ ἐπιτάττει· ὁ δὲ ἐκ ποίου ξύλου καὶ ποίων κινήσεων ἔσται.*

auch diese nicht in Bezug auf ihre Seele durch solches Philosophieren."*) Die Stellung eines Gebildeten (*πεπαιδευμένος*) den Ausübenden gegenüber hat also für das Ethische keinen Sinn. Aber zweitens auch innerhalb der Ausübung ist die Trennung zwischen Arbeit und Verstand für das Gebiet des Sittlichen unstatthaft; denn nach den tiefsinnigen, von wahrer Erkenntniss der Gesinnung zeugenden Untersuchungen des Aristoteles steht ja die Klugheit oder praktische Weisheit als das dianoetische Element (*φρόνησις*) in einem solchen Verhältniss zu der ethischen Tugend, dass sie nur zusammenwirkend das Sittliche enthalten.**) Denn die Klugheit (*φρόνησις*) ist blosse Schlauheit oder Verschlagenheit (*δεινότης*), wenn ihre Thätigkeit nicht durch den sittlichen Willen und das sittliche Gefühl geleitet wird;***) andrerseits ist die blosse ethische Gewöhnung und der Gehorsam gegen ein befehlendes Princip ganz unvollständig und ohne Selbständigkeit und bedarf eben dieses Lichtes der Vernunft, damit die Handlung nach richtiger Einsicht (*κατὰ τὸν ὀρθὸν*

---

*) *Eth. Nicom. II.* 4. (18. 6.) *Εὖ οὖν λέγεται ὅτι ἐκ τοῦ δίκαια πράττειν ὁ δίκαιος γίνεται, καὶ ἐκ τοῦ τὰ σώφρονα ὁ σώφρων· ἐκ δὲ τοῦ μὴ πράττειν ταῦτα οὐδεὶς ἂν οὐδὲ μελλήσειε γενέσθαι ἀγαθός. Ἀλλ' οἱ πολλοὶ ταῦτα μὲν οὐ πράττουσιν, ἐπὶ δὲ τὸν λόγον καταφεύγοντες οἴονται φιλοσοφεῖν καὶ οὕτως ἔσεσθαι σπουδαῖοι, ὅμοιόν τι ποιοῦντες τοῖς κάμνουσιν, οἳ τῶν ἰατρῶν ἀκούουσι μὲν ἐπιμελῶς, ποιοῦσι δ' οὐδὲν τῶν προσταττομένων. Ὥσπερ οὖν οὐδ' ἐκεῖνοι εὖ ἕξουσι τὸ σῶμα οὕτω θεραπευόμενοι, οὐδ' οὗτοι τὴν ψυχὴν οὕτω φιλοσοφοῦντες.*

**) *Eth. Nicom. VI.* 12. (74. 28.) *Ἔτι τὸ ἔργον ἀποτελεῖται κατὰ τὴν φρόνησιν καὶ τὴν ἠθικὴν ἀρετήν· ἡ μὲν γὰρ ἀρετὴ τὸν σκόπον ποιεῖ ὀρθόν, ἡ δὲ φρόνησις τὰ πρὸς τοῦτον.* Vrgl. über den angebl. Cirkel dabei die schöne Erklärung von Trendelenburg Histor. Beitr. z. Ph. II. S. 384 ff.

***) *Eth. Nicom. VI.* 12. (75. 7.) *Ὥστε φανερὸν ὅτι ἀδύνατον φρόνιμον εἶναι μὴ ὄντα ἀγαθόν.*

λόγον) bestimmt werde.*) Beide Elemente sind also im Sittlichen untrennbar verbunden, wie Aristoteles sagt: man kann nicht eigentlich gut sein ohne Klugheit und nicht klug ohne die sittliche Tugend.**) Dies folgt ja auch einfach aus dem früher erörterten Gegensatze, dass die Werthschätzung bei der Kunst das Object treffe, bei dem Sittlichen aber die Gesinnung.

Mithin ist nach Aristotelischer Lehre die Unterscheidung in den Arbeiter, vorschreibenden Meister und Gebildeten der Kunst***) im Gegensatz zur Handlung eigenthümlich und kann daher semiotisch gebraucht werden, wo es sich etwa um zweifelhafte Fälle handelt, z. B. beim Citherspiel, welches von den *Magna Moralia* irrig zu dem Gebiet der Handlung gerechnet wird.

Anmerkung.

Ein fernerer Unterschied zwischen Kunst und Tugend besteht in dem verschiedenen Grade von Genauigkeit (ἀκρίβεια), deren sie fähig sind. Allein davon kann erst später ausführlich gehandelt werden, weil wir erst die Leistung selbst, welche mehr oder weniger genau vollbracht werden soll, gründlicher betrachten müssen.

---

*) Ebendas. (75. 25.) *Τούτων ἡ κυρία* (die sittliche Tugend) *οὐ γίνεται ἄνευ φρονήσεως.*

**) Ebendas. (75. 42.) *Οὐχ οἷόντε ἀγαθὸν εἶναι κυρίως ἄνευ φρονήσεως, οὐδὲ φρόνιμον ἄνευ τῆς ἠθικῆς ἀρετῆς.*

***) Ueber die *Magn. Mor.*, welche es für probabel halten, diese Trennung und Verselbständigung der Momente auch auf das sittl. Gebiet zu übertragen, vrgl. Speciell. Th., Nachah. K., 3. Cap. Schl.

IV. Capitel.

Die Principien des Kunstwerks.

Es könnte fraglich erscheinen, ob man das Wesen des Kunstwerks in seine Principien eher zerlegen dürfe, als man durch Eintheilung die Arten der Kunst bestimmt habe; denn offenbar müssen diese Principien je nach den Arten sich sehr modificiren. Gleichwohl ist doch nicht zu läugnen, dass wenn wirklich bei Aristoteles ein ausgebildeter Begriff der Kunst vorhanden war, dieser auch in seiner Allgemeinheit der Scheidung in die einzelnen Gebiete der Kunst vorhergehen und die gemeinsamen normirenden Bestimmungen enthalten müsse. In dieser Voraussetzung wollen wir daher getrost den allgemeinen Begriff mit Aristotelischen hier und da zerstreuten Belegstellen zur vollen Klarheit zu vollenden suchen.

Das Unbekanntere durch das Bekanntere zu erklären, ist der Grundsatz der Wissenschaft und Aristoteles hat demgemäss, wie Jeder weiss, der nur ein wenig die Geschichte der alten Philosophie berührt, die dunkeln Principien der Natur durch die uns deutlicheren Ursachen des Kunstwerks zu erklären verstanden. Diese Principien sind der Zweck, die wirkende Ursache, die Form und die Materie. Auch die höchsten Gegensätze des Seienden, das Mögliche und Wirkliche, hat er besonders durch die Kunst erläutert. Wir müssen desshalb diese Bestimmungen jetzt einzeln betrachten.

1. Der Stoff des Kunstwerks.

Das Princip der Materie, welche an sich bestimmungsloses Sein, aber für alle möglichen Bestimmungen fähig ist, welche nicht Seiendes *per accidens*, in Wahrheit aber immer auf dem Wege zum Wesen ist*) — dieses Princip gewinnt Aristoteles durch Betrachtung der Kunstwerke. Was ist die Ursache einer Statue? Man kann sagen die Bildhauerkunst; aber auch das Erz.**) Beides nämlich in verschiedener Weise. Das Erz ist das Woraus, aus welchem als dem innewohnenden die Statue wird; wie auch das Silber, aus welchem die Flasche gemacht ist;***) oder wie die Steine, Ziegel und Balken, aus denen das Haus. Denn dies ist nicht dasselbe, wie das, wonach das Werk benannt wird; denn das Werk ist eine Statue, ein Hermes, und man sagt nicht, es sei Erz, sondern aus Erz.†) Dieses selbst ist an sich gestaltlos, nimmt aber Gegensätze auf, die es durch die Kunst oder durch andre Ursachen erhält; an sich aber kann es sowohl in dieser bestimmten Gestalt oder Anordnung, z. B. ein Holz als Stuhl, und die Steine als Haus, als auch in der dieser Bestimmung entgegengesetzten Formberaubung bestehen.††) Denn wenn z. B. aus dem

*) *Natur. Auscult.* I. 9. (II. 259. 46.) *καὶ τούτων τὸ μὲν οὐκ ὂν εἶναι κατὰ συμβεβηκός, τὴν ὕλην.* Ebendas. II. 1. (262. 7.) *Ἔτι δ' ἡ φύσις, ἡ λεγομένη ὡς γένησις, ὁδός ἐστιν εἰς φύσιν.*

**) *Natur. Ausc.* I. 3. (264. 30.) *Οἷον τοῦ ἀνδριάντος καὶ ἡ ἀνδριαντοποιϊκὴ καὶ ὁ χαλκὸς — — ἀλλ' οὐ τὸν αὐτὸν τρόπον.*

***) Ebendas. (264. 10.) *Ἕνα μὲν οὖν τρόπον αἴτιον λέγεται τὸ ἐξ οὗ γίνεταί τι ἐνυπάρχοντος οἷον ὁ χαλκὸς τοῦ ἀνδριάντος καὶ ὁ ἄργυρος τῆς φιάλης —*

†) Ebendas. cap. 7. (275. 15.) *Ἐκ γὰρ χαλκοῦ ἀνδριάντα γίγνεσθαί φαμεν, οὐ τὸν χαλκὸν ἀνδριάντα.* Ausführlich *Metaph.* 1033. a. 6 ff. *οὐκ ἐκεῖνο, ἀλλ' ἐκείνινο.*

††) *Natur. Ausc.* I. 7. (258. 25.) *Ἡ δὲ ὑποκειμένη φύσις ἐπιστητὴ κατ' ἀναλογίαν. Ὡς γὰρ πρὸς ἀνδρίαντα χαλκὸς ἢ πρὸς κλίνην ξύλον ἢ πρὸς τῶν ἄλλων τι τῶν ἐχόντων μορφὴν ἡ ὕλη καὶ τὸ ἄμορφον ἔχει πρὶν λαβεῖν τὴν μορφήν, οὕτως αὕτη πρὸς οὐσίαν ἔχει καὶ τὸ τόδε τι καὶ τὸ ὄν.*

ungeformten Erz das als Hermes geformte wird, so ist zwar das Ungeformte verschwunden, dieses selbst aber ist nicht zum Hermes geworden, sondern der Stoff, welcher ebensowohl geformt als ungeformt sein kann und als das Bleibende zu Grunde liegt. Denn Alles was entsteht, ist entweder Gegensätzliches oder wird aus einem Entgegengesetzten;*) da nun die Gegensätze nicht selbst in einander übergehen,**) z. B. Wärme ist und wird nicht Kälte, aber warme Luft entsteht aus kalter, so muss ein Drittes angenommen werden, was sowohl warm als kalt sein kann und selbst bleibend und ohne Gegensatz mit den Bestimmungen wechselt.***) Und daraus folgt nun umgekehrt, dass Alles, was sich verändert, materiell ist, d. h. einen Stoff hat, der selbst bleibend die Veränderungen trägt.†)

Dieser Stoff, obgleich an sich nicht so oder so bestimmt, muss nun aber doch die Möglichkeit und Fähigkeit zu etwas Bestimmten zu werden, in sich tragen; sonst wäre es eben unmöglich, ihn dazu umzuformen. Aristoteles erläutert dies nun durch die Künste, z. B. man will eine Säge machen; dazu nimmt man aber nicht Holz oder Wolle, sondern Eisen. Wir werden später den Gegensatz zwischen der Entstehung der Form in der Natur und in der Kunst genauer erörtern. Hier genügt die Bemerkung, dass die ver-

---

*) *Natur. Ausc.* I. 5. (254. 50.) *Ὥστε πάντα ἂν εἴη τὰ φύσει γινόμενα ἢ ἐναντία ἢ ἐξ ἐναντίων.*

**) *Metaph.* 1069. b. 6. *Ἀνάγκη ὑπεῖναί τι τὸ μεταβάλλον εἰς τὴν ἐναντίωσιν· οὐ γὰρ τὰ ἐναντία μεταβάλλει.*

***) *Natur. Ausc.* I. 7. (257. 7. 3.) *Καὶ τὸ μὲν ὑπομένει, τὸ δὲ οὐχ ὑπομένει· τὸ μὲν μὴ ἀντικείμενον ὑπομένει.* Ebendas. (Zeile 3) *Δεῖ τι ἀεὶ ὑποκεῖσθαι τὸ γιγνόμενον.*

†) *Metaph.* 1069. b. 14. *Ἀνάγκη δὴ μεταβάλλειν τὴν ὕλην δυναμένην ἄμφω.* b. 24. *Πάντα δ' ὕλην ἔχει, ὅσα μεταβάλλει.*

schiedenen Künste einen verschiedenen Stoff brauchen werden, indem es sich immer darum handeln wird, ob der Stoff dazu geeignet ist, diese oder jene bestimmte Form zu werden. Die Kunst muss also ihren Stoff selbst herstellen oder wenigstens ihn für das Kunstwerk schicklich und handlich machen.*) Der Stoff ist desshalb durchaus relativ, d. h. er hat eine Beziehung zu etwas Anderem,**) auf das er hinweist und wofür er da ist. Auf dieses zweite Princip kommen wir jetzt.

2. Die Form des Kunstwerks.

Der Stoff also ist das, woraus das Kunstwerk durch den Willen des Künstlers geschaffen wird, wie man aus dem Holz ein Bett oder einen Dreifuss machen kann, indem es die Möglichkeit dazu enthält.***) Das aber was es wird, und was es demnach ist, ist nicht Stoff, sondern die Form, z. B eine Säge oder ein Hermes oder ein Haus. Diese Form unterscheidet sich also dadurch von dem Stoff, dass sie das Wesen der Sache enthält; denn der Stoff ist ja gewissermassen ein Nichtseiendes, nämlich die blosse Möglichkeit der Sache;†) zweitens aber auch da-

---

*) *Natur. Ausc. II. 2.* (263. 51.) *ἐπεὶ δὲ ποιοῦσιν αἱ τέχναι τὴν ὕλην, αἱ μὲν ἁπλῶς, αἱ δὲ εὐεργὸν κ. τ. λ.*

**) Ebendas. (263. 44.) *Ἔτι τῶν πρός τι ἡ ὕλη. ἄλλῳ γὰρ εἴδει ἄλλη ὕλη.*

***) *De partib. anim. I. 1.* (*Didot* 221. 38.) *καὶ γὰρ κλίνη καὶ τρίπους τὸ ξύλον ἐστὶν, ὅτι δυνάμει ταῦτά ἐστιν.*

†) Vrgl. a. a. St. *Metaph.* 1049. a. 5. *ὅρος δὲ τοῦ μὲν ἀπὸ διανοίας ἐντελεχείᾳ γιγνομένου ἐκ τοῦ δυνάμει ὄντος, ὅταν βουληθέντος γίγνηται μηθενὸς κωλύοντος τῶν ἐκτός* (Beisp. *οἰκία* und *ὑγίεια*). Ebendas. 1048. a. *Ἔστι δ' ἡ ἐνέργεια τὸ ὑπάρχειν τὸ πρᾶγμα, μὴ οὕτως ὥσπερ λέγομεν δυνάμει. λέγομεν δὲ δυνάμει οἷον ἐν τῷ ξύλῳ Ἑρμῆν.* 1069. b. 36. *Πᾶν γὰρ μεταβάλλει τὶ* (Materie)

durch, dass sie selbst nicht in ihr Gegentheil übergeht.*) Z. B. der Stoff ist das Erz, die Form ist das Runde. Nun wird das Erz rund gemacht, es erhält die Form oder verliert sie — diese Form selbst ist aber weder entstanden, noch vergeht sie; sondern Entstehen und Vergehen und alle Veränderung kommt nur dem schon geformten Stoffe zu, sofern er in seiner Formbestimmung wechselt. Drittens ist die Form immer entgegengesetzt und zwar, da sie das Seiende ist, schlechthin dem Nichtseienden. So dass man das Formprincip auch als doppeltes, als Form und Beraubung (*στέρησις*) bezeichnen kann.**)

Diese beiden Principien müssen nun zusammengefasst werden; denn die Form ist nicht da ohne Materie, und diese wird erst etwas durch die Form. Das aus beiden Bestehende ist ein Dieses, ein sinnliches Wesen, eine bestimmte Substanz. Z. B. indem sich die Steine und das Bauholz mit der Form ver-

---

καὶ ὑπό τινος (bewegende Ursache) *καὶ εἴς τι* (die Form). Die Form ist das *τόδε τι*, sowohl abstract d. i. die Kunsterfindung im Künstler, als auch die im Stoffe ausgeführte und demselben immanente Gestalt. (Vergl. *Metaph.* 1070. a. 11 ff.)

*) *Metaph.* 1070. a. 2. *Εἰς ὃ δὲ, τὸ εἶδος. εἰς ἄπειρον οὖν εἶσιν* (d. i. indirekter Beweis durch den *progressus in infinitum*), *εἰ μὴ μόνον ὁ χαλκὸς γίγνεται στρογγύλος ἀλλὰ καὶ τὸ στρογγύλον ἢ ὁ χαλκός* (d. h. sowohl die Form als die Materie). Darum sagt Aristoteles vorher: *οὐ γίνεται οὔτε ἡ ὕλη οὔτε τὸ εἶδος, λέγω δὲ τὰ ἔσχατα.* Zwischen diese Gränzen, d. h. zwischen das dynamische und energische Sein, welches ewig ist, fällt die Region der Veränderung und des Werdens. Im Gegensatz zu *ἔσχατα* muss man aber etwa an Holz oder Wolle u. s. w. denken, die ja allerdings als schon geformter Stoff ebenfalls der Veränderung preisgegeben sind. Vrgl. auch 1034. b. 10.

**) *Nat. Ausc. II.* 1. *ἡ δέ γε μορφὴ καὶ ἡ φύσις διχῶς λέγεται· καὶ γὰρ ἡ στέρησις εἶδός πως ἐστίν.* (262. 24. II.)

einigen, wird nun beides zusammen dieses betimmte Haus.

Es ist hier nun schon für unsere spätere Untersuchung äusserst wichtig, dass Aristoteles so bestimmt erklärt, dass die Form selbst nicht entsteht und sich nicht verändert z. B. das Runde; denn es ergeben sich daraus die festesten Bestimmungen über die Aufgabe des Künstlers, der die Form in einem gewissen Stoffe ausdrücken soll; denn nichts ist fester, als was keiner Veränderung unterworfen ist. Wie also der Handwerker, der eine Scheibe von Erz rund macht, nicht die Eigenschaften des Kreises zu erfinden hat, sondern sie bloss einzubilden in den Stoff des Erzes, so hat auch der Dichter z. B. nicht das Tragische zu erfinden, sondern dies lässt sich als eine unvergängliche Form der Handlungen erkennen, und der Künstler muss nur die Fabel so bilden, dass sie die Eigenschaften des Tragischen annehme.

Durch diese Betrachtung wurde die Form aber nur ganz abstract gefasst; ihr besondrer Inhalt will noch ausführlich dargelegt werden, und dies wird für unsre specielle Aufgabe natürlich das Wichtigste sein. Hier handelt es sich bloss um das allgemeine Verhältniss von Stoff und Form, und es zeigt sich, dass der Stoff das der Möglichkeit oder Anlage nach ist, was in der Form zur Wirklichkeit kommt; zugleich aber ergiebt sich, dass diese Wirklichkeit nicht sofort und auf ein Mal da ist, sondern erst in der Zeit fertig wird, also erst am Ende des Werdens erscheint. Darin wird nun wieder der Gegensatz der künstlerischen Hervorbringung (ποίησις) gegen das Handeln (πρᾶξις) offenbar, (Vrgl. S. 42 u. 45.) und wird damit auch der Uebergang zu dem dritten Princip gebildet, das zu jedem Kunstwerk erforderlich ist.

3. Die bewegende Ursache des Kunstwerks.

Wenn man fragt, was die Ursache einer Bildsäule sei, so kann man sagen, das Erz, aber auch die Bildhauerkunst. Beides nämlich in verschiedener Weise: das Erz als Materie, die Bildhauerkunst als die bewegende Ursache.*) Dieses Princip ist also von den beiden früheren zu unterscheiden. Aristoteles nennt es das nächste Princip der Veränderung und Ruhe; Ursache z. B. ist so der Berathende, so der Vater des Kindes und schlechthin das Hervorbringende von dem Hervorgebrachten, das Verändernde von dem Veränderten.**) Denn es ist Sache der Materie zu leiden und bewegt zu werden; das Bewegen und Thun gehört aber einer andern Kraft.***) Man kann dies überall sehen, wo etwas durch die Kunst oder die Natur entsteht. Denn nicht das Wasser selbst bringt ein Thier aus sich hervor, und nicht das Holz zimmert den Stuhl, sondern die Kunst.†) Auch wird

---

*) *Natur. Auscult. II. 3.* (264. 30.) *οἷον τοῦ ἀνδριάντος καὶ ἡ ἀνδριαντοποιικὴ καὶ ὁ χαλκός, οὐ καθ' ἕτερον τι, ἀλλ' ᾗ ἀνδριάς* (d. i. nicht in zufälliger Beziehung), *ἀλλὰ τὸ μὲν ὡς ὕλη, τὸ δ' ὡς ὅθεν ἡ κίνησις.*

**) Ebendas. (264. 17.) *Ἔτι ὅθεν ἡ ἀρχὴ τῆς μεταβολῆς ἡ πρώτη ἢ τῆς ἠρεμήσεως, οἷον ὁ βουλεύσας αἴτιος καὶ ὁ πατὴρ τοῦ τέκνου, καὶ ὅλως τὸ ποιοῦν τοῦ ποιουμένου καὶ τὸ μεταβάλλον τοῦ μεταβαλλομένου.*

***) *De gener. et corr. II. 9.* (464. 10.) *Τῆς μὲν γὰρ ὕλης τὸ πάσχειν ἐστὶ καὶ τὸ κινεῖσθαι, τὸ δὲ κινεῖν καὶ ποιεῖν ἑτέρας δυνάμεως.*

†) Ebendas. *Δῆλον δὲ καὶ ἐπὶ τῶν τέχνῃ καὶ ἐπὶ τῶν φύσει γινομένων. οὐ γὰρ αὐτὸ ποιεῖ τὸ ὕδωρ ζῷον ἐξ αὑτοῦ, οὐδὲ τὸ ξύλον κλίνην, ἀλλ' ἡ τέχνη.*

nicht der ganze Stoff verbraucht, sondern sowohl die Kunst als die Natur verarbeitet nur einen Theil desselben und sondert den übrigen als unnütz ab. So ist grade neben dem Stoffe noch die Arbeit des künstlerischen Machens nothwendig.*)

Die Werke der Kunst und Natur sind aber dadurch wesentlich geschieden, dass das Natürliche das Princip der Bewegung und Ruhe in sich hat, das Kunstwerk aber ausser sich. Denn ein Stuhl oder Kleid oder was es auch sein möge, hat, sofern es diese oder jene Benennung trägt und nur von der Kunst herrührt, keinen von Natur ihm innewohnenden Trieb zur Umgestaltung in sich, sondern wenn es sich verändert, thut es dies, sofern es etwa aus Stein, Erde oder einer Mischung natürlicher Stoffe besteht, also sofern es nicht durch Kunst, sondern Natur ist.**) Daher ist die Kunst immer eine Ursache, die von aussen wirkt, nicht als immanentes Princip, es müsste sonst sein, dass sie zufällig *(per accidens)* zugleich immanent wäre, z. B. wenn der Kranke zufällig selbst Arzt ist und sich gesund macht; aber auch in diesem Falle hat er nicht die Heilkunst, sofern er gesund wird, sondern es ist dies nur ein zufälliges Zusammentreffen, dass er geheilt wird und

---

*) *De anim. gener. III.* 11. (*Did.* 390. 6.) *οὐθὲν γὰρ ἐκ παντὸς γίνεται, καθάπερ οὐδ' ἐν τοῖς ὑπὸ τῆς τέχνης δημιουργουμένοις· οὐδὲν γὰρ ἂν ἔδει ποιεῖν· νῦν δὲ τὸ μὲν ἡ τέχνη τῶν ἀχρήστων ἀφαιρεῖ, τὸ δ' ἡ φύσις.*

**) *Natur. Ausc. II.* 1. *init.* *Τὰ μὲν γὰρ φύσει ὄντα πάντα φαίνεται ἔχοντα ἐν ἑαυτοῖς ἀρχὴν κινήσεως καὶ στάσεως. — — Κλίνη δὲ καὶ ἱμάτιον καὶ εἴ τι τοιοῦτο ἄλλο γένος ἐστίν, ᾗ μὲν τετύχηκε τῆς κατηγορίας ἑκάστης καὶ καθ' ὅσον ἐστὶν ἀπὸ τέχνης, οὐδεμίαν ὁρμὴν ἔχει μεταβολῆς ἔμφυτον, ᾗ δὲ συμβέβηκεν αὐτοῖς εἶναι λιθίνοις ἢ γηίνοις ἢ μικτοῖς ἐκ τούτων ἔχει καὶ κατὰ τοσοῦτον κ. τ. λ.*

zugleich Arzt ist, und es lässt sich Beides daher auch trennen.*) Wie es ja überall bei den Werken der Kunst stattfindet, beim Hause und aller Manufactur, wo keins das Princip der Hervorbringung in sich trägt, es sei denn zufällig, sondern alle von aussen und durch ein Andres bewegt werden.**) Da wir später das Verhältniss des Kunstwerks zum Naturproduct genauer untersuchen wollen, so genüge hier diese vorläufige Unterscheidung.

Nun fordert Aristoteles aber, dass wir die Ursachen scharf verfolgen sollen bis zur höchsten und entscheidenden,***) und giebt dadurch eine tiefsinnige Verknüpfung mit dem zweiten Princip. Denn es ist z. B. von einem Hause die Ursache der Mensch, welcher es baut; aber nicht als Mensch, sondern als Baumeister; Baumeister ist er aber wegen der Baukunst; diese also ist die frühere Ursache.†) Die Baukunst ist aber nichts anderes als der Begriff des Hauses††) oder die Einsicht in das Wesen und die Form, d. h. das eben betrachtete zweite Princip, so dass Aristoteles nun wieder sagen kann, dass A l l e s

---

*) Ebendas. *Ὅτι γένοιτ' ἂν αὐτὸς ἑαυτῷ τις αἴτιος ὑγιείας, ὢν ἰατρός· ἀλλ' ὅμως οὐ καθὸ ὑγιάζεται, τὴν ἰατρικὴν ἔχει, ἀλλὰ συμβέβηκε τὸν αὐτὸν ἰατρὸν εἶναι καὶ ὑγιαζόμενον· διὸ καὶ χωρίζεταί ποτ' ἀπ' ἀλλήλων.*

**) Ebendas. *Ἕκαστον τῶν ποιουμένων· οὐδὲν γὰρ αὐτῶν ἔχει τὴν ἀρχὴν ἐν ἑαυτῷ τῆς ποιήσεως, ἀλλὰ τὰ μὲν ἐν ἄλλοις καὶ ἔξωθεν, οἷον οἰκία καὶ τῶν ἄλλων τῶν χειροκμήτων ἕκαστον, τὰ δ' ἐν αὑτοῖς μὲν ἀλλ' οὐ καθ' αὑτά, ὅσα κατὰ συμβεβηκὸς αἴτια γένοιτ' ἂν αὑτοῖς.*

***) *Natur. Ausc. lib. II.* 3. (265. 36.) *Δεῖ δ' ἀεὶ τὸ αἴτιον ἑκάστου τὸ ἀκρότατον ζητεῖν.*

†) Ebendas. *Οἷον ἄνθρωπος οἰκοδομεῖ ὅτι οἰκοδόμος, ὁ δ' οἰκοδόμος κατὰ τὴν οἰκοδομικήν· τοῦτο τοίνυν πρότερον τὸ αἴτιον.*

††) *Metaph.* 1034. a. 24. *ἡ γὰρ τέχνη τὸ εἶδος.*

in der Natur wie in der Kunst durch ein Gleichnamiges hervorgebracht wird, also das Haus durch ein Haus*) d. h. das materielle durch das ideelle in dem Begriff des Baumeisters, und dass mithin das Wesen oder Formprincip nicht bloss als Wesensbestimmung der Grund der Syllogismen ist, sondern auch ebenso beim Werden in der Natur und der Kunst als das Princip gelten muss.**) Und zwar in der Kunst, sofern die Form nicht in dem Werdenden selbst, sondern in einem Andern vorhanden ist,***) z. B. nicht in dem werdenden Gebäude, sondern in dem Baumeister.†)

Dies ist aber nicht so zu verstehen, als sollte damit dies dritte Princip auf das zweite zurückgeführt und darin ausgelöscht werden; denn wenn Aristoteles auch immerfort bemerkt, dass die ideelle Gesundheit als der Begriff im Arzte die reale Gesundheit im Kranken hervorbringt, so tadelt er doch ebensooft den Plato, dass ihm die wirkende Ursache fehle, da die Ideen (das Formprincip) als solche nicht sofort auch Ursachen der Bewegung wären.††) Es muss

---

*) Ebendas. *Τρόπον τινὰ πάντα γίγνεται ἐξ ὁμωνύμου, ὥσπερ τὰ φύσει — οἷον ἡ οἰκία ἐξ οἰκίας.*

**) Ebendas. 1034. a. 31. *ὥστε ὥσπερ ἐν τοῖς συλλογισμοῖς πάντων ἀρχὴ ἡ οὐσία (ἐκ γὰρ τοῦ τί ἐστιν οἱ συλλογισμοί εἰσιν) ἐνταῦθα δὲ αἱ γενέσεις κ. τ. λ.*

***) *De anim. gener. II. 4.* (III. 358. 6.) *ἡ δὲ τέχνη μορφὴ τῶν γινομένων ἐν ἄλλῳ.*

†) *Metaph.* 1019. a. 16. *οἷον ἡ οἰκοδομικὴ δύναμίς ἐστιν, ἣ οὐχ ὑπάρχει ἐν τῷ οἰκοδομουμένῳ.*

††) Vrgl. a. a. St. *De gen. et corr. II.* 9. (463. 38.) *Δεῖ δὲ προσεῖναι καὶ τὴν τρίτην* (bewegende Ursache), *ἣν ἅπαντες μὲν ὀνειρώττουσι, λέγει δ' οὐδείς, ἀλλ' οἱ μὲν ἱκανὴν ᾠήθησαν αἰτίαν εἶναι πρὸς τὸ γίνεσθαι τὴν τῶν εἰδῶν φύσιν κ. τ. λ. — εἰ μὲν γάρ ἐστιν αἴτια τὰ εἴδη, διὰ τί οὐκ ἀεὶ γεννᾷ συνεχῶς;*

desshalb hier für unser Gebiet bemerkt werden, dass Aristoteles nicht die Form als solche als das bewegende Princip setzt, sondern den Künstler oder die Kunst, in welchem die Form in einer später ausführlich zu erörternden Art und Weise massgebend wird.

4. Der Zweck des Kunstwerks.

Das vierte Princip, welches die Philosophen vor Plato nicht erkennen konnten und welches Aristoteles auch bei diesem nicht recht als erkannt einräumen möchte — das Princip des Zwecks ergiebt sich bei Aristoteles auf's Einfachste aus der Betrachtung der Kunst, die er dann auf die Natur überträgt. Unnütz oder vergeblich gemacht, sagt er, ist ein Schuh, den man nicht anziehen kann. Gott aber und die Natur thun nichts vergeblich.*) So ist sofort klar, dass der Zweck in der Kunst das Princip ist, worauf Alles zurückgeführt werden muss, welches die Form bestimmt, die wirkenden Ursachen der Arbeiter und Werkzeuge in Bewegung setzt und auch die Materie des Kunstwerks erzeugt oder für den Gebrauch herrichtet. Denn, sagt er, es sei doch lächerlich, wenn man meinte, es wäre beim Wassersüchtigen das Wasser durch die Lanzette herausgekommen und nicht vielmehr durch die Gesundheit, um derentwillen die Lanzette erst zum Schneiden in Bewegung gesetzt wurde.**) Darum führt die Frage nach dem

---

*) *De coelo* I. 4 Schl. (372. 2.) *μάτην γὰρ ὑπόδημα τοῦτο λέγομεν οὗ μή ἐστιν ὑπόδεσις. Ὁ δὲ θεὸς καὶ ἡ φύσις οὐδὲν μάτην ποιοῦσιν.*

**) *De anim. gener.* V. 8. (430. 30.) *Ὅμοιον δ' ἔοικε τὸ λέγειν τὰ αἴτια ἐξ ἀνάγκης κἂν εἴτις διὰ τὸ μαχαίριον οἴοιτο τὸ ὕδωρ*

Grunde bei allen Werken der Kunst zuletzt auf den Zweck oder das Wesswegen, z. B. beim Spazierengehen auf die Gesundheit. Denn wesswegen geht man spazieren? Indem wir sagen, um der Gesundheit willen, glauben wir den Grund angegeben zu haben. Und so ist auch Alles, was in der Mitte liegt, ehe man bei den Bewegungen der Kunst bis zum Zwecke kommt, um dieses Zweckes willen, z. B. das Austrocknen des Körpers, die Purgationen, die Medicamente und die chirurgischen Werkzeuge — alles dies ist um des Zweckes der Gesundheit willen und unterscheidet sich in Thätigkeiten und Werkzeuge.*)

Da der Zweck der Kunst das entscheidende Princip und darin also auch die Spitze der Aristotelischen Kunstbetrachtung und der Schlüssel für seine ganze Lehre der schönen Künste und speciell der Tragödie enthalten ist: so müssen wir darauf auf's Genaueste eingehen und es wird genügen, wenn hier nur die formalen Bestimmungen desselben gezeigt werden.

Vor allen übrigen Principien hat der Zweck dies Eigenthümliche, dass er ein gültiges *ὕστερον πρότερον* d. i. zugleich Resultat des Werdens und Ursache desselben ist. Denn das Resultat ist das Bezweckte, welches die Form bestimmt, die wirkenden

---

ἐξεληλυθέναι μόνον τοῖς ὑδρωπιῶσιν, ἀλλ' οὐ διὰ τὸ ὑγιαίνειν, οὗ ἕνεκα τὸ μαχαίριον ἔτεμεν.

*) *Natur. Ausc.* II. 3. (264. 20.) *Ἔτι ὡς τὸ τέλος· τοῦτο δ' ἐστὶ τὸ οὗ ἕνεκα, οἷον τοῦ περιπατεῖν ἡ ὑγίεια· διὰ τί γὰρ περιπατεῖ; φαμὲν ἵνα ὑγιαίνῃ, καὶ εἰπόντες οὕτως, οἰόμεθα ἀποδεδωκέναι τὸ αἴτιον. Καὶ ὅσα δὴ κινήσαντος ἄλλου μεταξὺ γίγνεται τοῦ τέλους, οἷον τῆς ὑγιείας ἡ ἰσχνασία ἢ ἡ κάθαρσις ἢ τὰ φάρμακα ἢ τὰ ὄργανα· πάντα γὰρ ταῦτα τοῦ τέλους ἕνεκά ἐστιν. διαφέρει δ' ἀλλήλων ὡς ὄντα τὰ μὲν ἔργα τὰ δ' ὄργανα.*

Ursachen in Bewegung setzt und den Stoff einrichtet. Das Ende ist der Anfang. Zunächst ist also festzustellen, dass das Wesen und die Natur eines Werdenden sich dann als fertig und vollkommen offenbart, wenn das Werden continuirlich fortschreitend endlich aufhört und die gewonnene Form erhält, so ist's bei einem Menschen, Pferde, Hause.*) Dieses Wesen, welches als das Letzte (Resultat) der continuirlichen Bewegung erscheint, ist der Zweck oder das Wesswegen.**) Dieser Zweck ist also nicht mit in Bewegung; er gehört zu dem Gebiete des Unbewegten;***)

---

*) *Polit.* I. 1. (483. 30.) *ἡ δὲ φύσις τέλος ἐστίν· οἷον γὰρ ἕκαστόν ἐστι τῆς γενέσεως τελεσθείσης, ταύτην φαμὲν τὴν φύσιν εἶναι ἑκάστου, ὥσπερ ἀνθρώπου, ἵππου, οἰκίας.*

**) *Natur. ausc.* II. 2. (263. 25.) *Ἡ δὲ φύσις τέλος καὶ οὗ ἕνεκα· ὧν γὰρ συνεχοῦς τῆς κινήσεως οὔσης ἔστι τι τέλος τῆς κινήσεως, τοῦτο ἔσχατον καὶ τὸ οὗ ἕνεκα.*

***) *Metaph.* 1072. b. 1. *ἔστι τὸ οὗ ἕνεκα ἐν τοῖς ἀκινήτοις.* Diese Stelle hat für Auslegung und Textkritik Schwierigkeit. Ich benutze daher die Gelegenheit, meine Interpretation vorzutragen. 1072. b. *ὅτι δ' ἔστι τὸ οὗ ἕνεκα ἐν τοῖς ἀκινήτοις, ἡ διαίρεσις δηλοῖ· ἔστι γάρ τινι τὸ οὗ ἕνεκα, ὧν τὸ μὲν ἔστι τὸ δ' οὐκ ἔστι.* Dass *διαίρεσις* hier nicht Division, sondern Distinction bedeutet, ist unzweifelhaft; aber über das *τινί* entstand Bedenken, da das folgende *ὧν* mit der Disjunction von *μὲν* und *δέ* eine Mehrheit als Beziehungspunkt verlangt. Bonitz erklärt desshalb gradezu: *Vulgatam scripturam, quae explicari nullo modo potest, emendavit Schweglerus hunc in modum: ἔστι γὰρ διττὸν τὸ οὗ ἕνεκα, ὧν* u. s. w. Diese Emendation nimmt Bonitz an; interpretirt aber von Schwegler abweichend so, dass er bei *ὧν τὸ μὲν, τὸ δὲ* die Distinction des *τέλος* in *τὸ μὲν οὗ, τὸ δὲ ᾧ* mit Themistius versteht. Obgleich diese Auslegung offenbar die Sache trifft, so lässt sich doch vielleicht die *Vulgata* dabei halten und zwar so, dass man nicht durch anderweitige Belesenheit die Stelle zu errathen braucht, sondern aus ihr selber diese selbige Erklärung entnimmt. *Ἔστι γάρ τινι τὸ οὗ ἕνεκα.* Heisst das nicht: „das Wesswegen (oder der Zweck) ist für etwas." Das-

setzt aber selbst Alles in Bewegung. Das Wie muss später erörtert werden. Der Zweck ist daher auch nicht Gegenstand der Berathung; denn der Arzt berathet nicht, ob er heilen will; der Redner nicht, ob er überreden will; der Staatsmann nicht, ob er einen schönen gesetzlichen Zustand herstellen will; sondern der Zweck steht fest und wird vorausgesetzt. Die Berathung bezieht sich auf die Mittel, durch welche derselbe erreicht werden könnte.*) Darum ist auch der Zweck in's Unendliche Zweck, z. B. geht die Heilkunst auf das Gesundmachen in's Unendliche; denn so sehr als möglich wollen die Aerzte dieses erreichen; dagegen sind die Mittel durchaus für den Zweck abgegrenzt und beschränkt, und es giebt kein Werkzeug in keiner Kunst, das an Menge und Grösse unbestimmt oder unendlich wäre.**) Der Zweck bestimmt daher

---

jenige aber, für welches der Zweck ist (d. h. welches nach diesem Zwecke strebt, also *ἐν κινήσει* und *ἐν γενέσει* ist), zusammengenommen mit dem Zweck selbst sind doch zwei. Darum werden sie mit dem *ὧν τὸ μὲν — τὸ δὲ* natürlich unterschieden *Τὸ μὲν* ist das *οὗ ἕνεκα*; dieses ist *ἐν τοῖς ἀκινήτοις*; denn es hat sich ja nicht erst zu dem Zweck hinzubewegen, da es selbst der Zweck ist. *Τὸ δὲ* ist das *τί*, für welches der Zweck ist und dieses ist offenbar *ἐν κινήσει*, um des Zweckes theilhaftig zu werden. Zur Bestätigung dieser Auffassung vergleiche man *de coelo* I. 12. *τῷ δὲ ὡς ἄριστα ἔχοντι οὐδὲν δεῖ πράξεως· ἔστι γὰρ αὐτὸ τὸ οὗ ἕνεκα· ἡ δὲ πρᾶξις ἀεί ἐστι ἐν δυσίν, ὅταν καὶ οὗ ἕνεκα ᾖ καὶ τὸ τούτου ἕνεκα.* Das *οὗ ἕνεκα* ist also ohne *πρᾶξις* und *κίνησις*.

*) Vrgl. S. 32.

**) *Polit.* I. 3. (491. 26.) *Ὥσπερ γὰρ ἡ ἰατρικὴ τοῦ ὑγιαίνειν εἰς ἄπειρόν ἐστι καὶ ἑκάστη τῶν τεχνῶν τοῦ τέλους εἰς ἄπειρον (ὅτι μάλιστα γὰρ ἐκεῖνο βούλονται ποιεῖν), τῶν δὲ πρὸς τὸ τέλος οὐκ εἰς ἄπειρον (πέρας γὰρ τὸ τέλος πάσαις).* — (489. 54.) *Κεῖται*

die Materie und die Form; z. B. wenn man schneiden will (Zweck), so muss eine Säge sein, und zwar muss sie Zähne haben (Form), und diese müssen aus Erz (Stoff) bestehen. Diese Principien sind desshalb durch den Zweck nothwendig, und es ist daher durch eine solche teleologische Nothwendigkeit die ganze Kunstthätigkeit gebunden,*) denn auch die wirkende Ursache, der Künstler, wird durch dieses Princip in Bewegung gesetzt. (Vrgl. S. 32. u. 71.) Die Kunst als rationale Potenz (Vrgl. S. 33.) geht also durch eine Reihe von Bewegungen, durch welche Stoff und Form bestimmt werden, zu dem Zwecke hin, der die ganze Thätigkeit zusammenfasst.

Es versteht sich von selbst, dass diese Bestimmungen unter den höchsten Gegensatz von Möglichkeit und Wirklichkeit ebenfalls untergeordnet werden müssen. Es ist also einer ein Baumeister der Möglichkeit oder Wirklichkeit nach. Das Verhältniss aber zum Werke der Kunst ist nach beiden Gesichtspunkten sehr verschieden. Denn das Actuelle ist immer zusammen (ἅμα), z. B. der heilende Arzt und der Geheilte und dieser bestimmte bauende Baumeister mit diesem bestimmten gebauten Werke; aber das Potenziale kann sich trennen; denn Baumeister, sagt Aristoteles kurz, und Haus gehen nicht immer zugleich zu Grunde.**)

γὰρ ὥσπερ καὶ ταῖς ἄλλαις τέχναις· οὐδὲν γὰρ ὄργανον ἄπειρον οὐδεμιᾶς ἐστὶ τέχνης οὔτε πλήθει οὔτε μεγέθει.

*) *Natur. ausc. II.* 9 Schl. (273. 5.) Ἴσως δὲ καὶ ἐν τῷ λόγῳ ἐστὶ τὸ ἀναγκαῖον. Ὁρισαμένῳ γὰρ τὸ ἔργον τοῦ πρίειν (Zweck), ὅτι διαίρεσις τοιαδί· αὕτη δ' οὐκ ἔσται, εἰ μὴ ἕξει ὀδόντας τοιουσδί· οὗτοι δ' οὔ, εἰ μὴ σιδηροῦς.

**) *Natur. ausc. II.* 3. (265. 31.) Διαφέρει δὲ τοσοῦτον, ὅτι

Im Allgemeinen aber gilt sowohl für die Natur als für die Kunst der Aristotelische Gedanke von der Wesensgleichheit des Möglichen und Wirklichen und zwar so, dass das Wirkliche immer als das Princip der Bewegung in dem entsprechenden Möglichen das gleiche Wesen ebenfalls zur Wirklichkeit bringt.*)

V. Capitel.

Verhältniss von Natur und Kunst.

Die Stellung, welche die Kunst zur Natur einnimmt, kann erst vollkommen erkannt werden, wenn die Kunst in ihre beiden Hauptgebiete eingetheilt ist: desshalb wird die hier anzustellende Betrachtung durch die späteren ergänzt werden müssen. Die Erklärung der Principien in der Kunst führt aber schon hier sofort zu einer Vergleichung mit der Natur, die den Aristotelischen Standpunkt in's Licht setzt.

Es ist ja bekannt, dass die vier Principien der Kunst von Aristoteles auch in der Natur nachgewiesen sind. Ich brauche dies desshalb hier nicht auszuführen, sondern nur die Unterschiede hervorzuheben.

Der ganze Process und das Band der Nothwendigkeit, durch welches der Zweck die drei übrigen Principien bindet und bestimmt, findet sich auch in der Na-

τὰ μὲν ἐνεργοῦντα καὶ τὰ καθ' ἕκαστον ἅμα ἐστὶ καὶ οὐκ ἔστι καὶ ὧν αἴτια, οἷον ὅδ' ὁ ἰατρεύων τῷδε τῷ ὑγιαζομένῳ καὶ ὅδε ὁ οἰκοδομῶν τῷδε τῷ οἰκοδομουμένῳ· τὰ δὲ κατὰ δύναμιν οὐκ ἀεί· φθείρεται γὰρ οὐχ ἅμα ἡ οἰκία καὶ ὁ οἰκοδόμος.

*) Vrgl. a. a. St. *de anim. gener. II.* 1. (*Did.* 348. 39.) *ὅσα φύσει γίνεται ἢ τέχνῃ, ὑπ' ἐνεργείᾳ ὄντος γίνεται ἐκ τοῦ δυνάμει τοιούτου.*

tur, so dass Aristoteles sagt: wenn ein Haus oder die andern Kunstwerke nicht bloss durch Kunst, sondern auch durch die Natur entstehen könnten, so würden sie in derselben Weise hervorwachsen und wenn die Naturproducte auch durch die Kunst gemacht werden könnten, so würde man ganz so verfahren, wie sie sich von Natur bilden.*) Der durchgängige teleologische Zusammenhang ist eben in Beiden gemeinsam. Denn überall, wo ein Zweck ist, da geschieht das Frühere und das darauf Folgende der Reihe nach alles um dieses Zweckes willen und dieser Zweck ist gerade in der Natur mächtig; denn es handelt jedes Ding nach seiner Natur, und desshalb ist aus dem Handeln auch auf seine Natur der Schluss erlaubt.**) Diese der Kunstthätigkeit ähnliche Wirksamkeit sieht man nun überall in der Natur; so baut ohne Kunst und Rath die Schwalbe ihr Nest, so arbeiten die Spinnen ihre Gewebe, so die Ameisen, wie die Künstler, und selbst in der vegetabilischen Natur sieht man dasselbe; denn die Hüllblätter der Knospen werden um der Frucht willen geschaffen, und die Wurzeln strecken sich nach unten, nicht nach oben, wegen der Nahrung; kurz es geschieht immer das was als Mittel für den Zweck dienlich ist, und wie in der Kunst, ist auch in der Natur das Princip des Zweckes entscheidend und für die übrigen Principien bestimmend.***)

*) *Natur. auscult. II. 7. (271. 1.)* *Οἷον εἰ οἰκία τῶν φύσει γιγνομένων ἦν, οὕτως ἂν ἐγίγνετο ὡς νῦν ἀπὸ τέχνης· εἰ δὲ τὰ φύσει μὴ μόνον φύσει ἀλλὰ καὶ τέχνῃ γίγνοιτο, ὡσαύτως ἂν γίγνοιτο ᾗ πέφυκεν.*

**) Ebendas. (270. 49.) *Ἐν ὅσοις τέλος ἐστί τι, τούτου ἕνεκα πράττεται τὸ πρότερον καὶ τὸ ἐφεξῆς. Οὐκοῦν ὡς πράττεται, οὕτω πέφυκεν καὶ ὡς πέφυκεν, οὕτω πράττεται ἕκαστον, ἂν μή τι ἐμποδίζῃ.*

***) Ebendaselbst. (271. 10.) *Μάλιστα δὲ φανερὸν ἐπὶ τῶν*

Die Anerkennung der Zweckursache in der Natur findet darin Hindernisse, bemerkt Aristoteles, dass man die Natur nicht überlegen sieht. Dieser Gegengrund ist ihm nun dadurch schon hinfällig, weil ja auch die Kunst nicht eigentlich überlegt. Doch darüber muss weiter unten ausführlich geforscht werden. Es kommt eben darauf an, neben der Aehnlichkeit auch den Unterschied zwischen beiden zu verstehen. Denn die Natur hat ihr Princip in sich, das Kunstwerk aber getrennt ausser sich in einem Andern, dem Künstler. Daher kommt es auch, dass das hervorbringende Princip von dem hervorgebrachten Resultate dem Wesen nach verschieden ist; denn die Heilkunst bringt nicht die Heilkunst hervor durch die Heilung, sondern die Gesundheit; der Mensch aber durch die Zeugung einen Menschen. Das Woher ist für die Natur auch das Wohin des Werdens.*) So bringen wir von Aussen z. B. zum Ziegelstein die angemessene Wärme, um ihn zu härten und zu seinem Gebrauche geschickt zu machen; die Natur aber, wenn sie eine Sehne oder einen Knochen aus der flüssigen Nahrung in eine harte Masse verkochen will, schafft aus sich selbst den geeigneten

---

ζώων τῶν ἄλλων, ἃ οὔτε τέχνῃ, οὔτε ζητήσαντα, οὔτε βουλευσάμενα ποιεῖ — — οἵ τ' ἀράχναι καὶ οἱ μύρμηκες καὶ τὰ τοιαῦτα. Κατὰ μικρὸν δ' οὕτω προϊόντι καὶ ἐν τοῖς φυτοῖς φαίνεται τὰ συμφέροντα γιγνόμενα πρὸς τὸ τέλος, οἷον τὰ φύλλα τῆς τοῦ καρποῦ ἕνεκα σκέπης. Ὥστε εἰ φύσει τε ποιεῖ καὶ ἕνεκά του ἡ χελιδὼν τὴν νεοττιὰν καὶ ὁ ἀράχνης τὸ ἀράχνιον, καὶ τὰ φυτὰ τὰ φύλλα ἕνεκα τῶν καρπῶν καὶ τὰς ῥίζας οὐκ ἄνω ἀλλὰ κάτω ἕνεκα τῆς τροφῆς, φανερὸν ὅτι ἔστιν ἡ αἰτία τοιαύτη ἐν τοῖς φύσει γιγνομένοις καὶ οὖσι.

*) *Natural. ausc. II. 1. οὐ γὰρ ὥσπερ ἡ ἰάτρευσις λέγεται οὐκ εἰς ἰατρικὴν ὁδὸς ἀλλ' εἰς ὑγίειαν· ἀνάγκη γὰρ ἀπ' ἰατρικῆς, οὐκ εἰς ἰατρικὴν εἶναι τὴν ἰάτρευσιν· οὐχ οὕτω ἡ φύσις ἔχει πρὸς τὴν φύσιν κ. τ. λ.*

Grad von Wärme dazu.*) Will man sich desshalb die Natur nach der Analogie mit der Kunst vorstellen, so muss man sie mit Jemand vergleichen, der sich selber heilt.**) Dieses ist wie schon früher S. 63 erwähnt, für die Kunst zufällig, dass der Geheilte zugleich auch der Arzt war: in der Natur aber liegt in dieser Immanenz das Unterscheidende. Denn alle übrigen Bestimmungen ergeben sich daraus.

1. Während ein Kleid, ein Bett als solches unveränderlich ist, so hat alles Natürliche den Trieb zur Veränderung ursprünglich und wesentlich in sich und bewirkt daher, weil die Kunstgegenstände aus natürlichen Stoffen gemacht werden, die Vergänglichkeit derselben.***) 2. Daraus folgt zugleich, dass die Na-

---

*) *De anim. gener. II. 6. Did.* 362. 6. *ἀλλ' ἐνταῦθα μὲν ἡμεῖς τὴν τῆς θερμότητος συμμετρίαν εἰς τὴν κίνησιν παρασκευάζομεν, ἐκεῖ δὲ δίδωσιν ἡ φύσις ἡ τοῦ γεννῶντος.* Dazu die vorhergehende Ausführung.

**) *Metaph.* 1070. a. 7. *ἡ μὲν οὖν τέχνη ἀρχὴ ἐν ἄλλῳ, ἡ δὲ φύσις ἀρχὴ ἐν αὐτῷ.* — *Natur. ausc. II.* 8. (272. 7.) *Μάλιστα δὲ δῆλον, ὅταν τις ἰατρεύῃ αὐτὸς ἑαυτόν. τούτῳ γὰρ ἔοικεν ἡ φύσις.* Bernays hat diese Bemerkung auffallend missverstanden. Er sagt (Wirkung der Trag. S. 144): „Dass die Natur teleologisch wirke ohne transcendent zu werden, kommt ihm kein treffenderes Beispiel in den Sinn, als die ‚instinctive Selbstcur medicinischer Laien‘, die gleichsam von der Krankheit belehrt, blindlings das specifische Heilmittel verlangen.“ Man vergleiche nur das auf S. 70 unten Bemerkte, um zu sehen, dass es sich hier bloss um das accidentelle Zusammentreffen von Arzt und Kranken in Einer Person handelt. Gewöhnlich sind sie getrennt und die Kunst wirkt von Aussen. In jenem Falle aber scheint beides wie in der Natur zusammenzusein. Von „medicinischen Laien“ und „instinctiven Curen“ und „blindlings verlangen“ ist mit keiner Sylbe die Rede.

***) Vrgl. S. 70. *Natur. ausc. II.* 1. (260. 50.) *ὡς οὔσης*

tur, weil nicht von Aussen her für ihre Erschaffung gesorgt wird, selbst für ihre Erzeugung und Erhaltung thätig sein muss. Ein Stuhl, sagt Aristoteles, bringt keinen Stuhl hervor, aber der Mensch einen Menschen.*) 3. Ebenso einleuchtend ist es daher, dass die Kunst sich ihren Stoff selbst herstellt und für das Werk geschickt macht, während die Natur, da sie als bewegendes Princip dem Stoffe innewohnt, diesen voraussetzt. Der Stoff der Natur ist da, ist schlechthin gegeben.**)

Durch diese Beziehungen wird es daher unumstösslich gewiss, dass das Princip der Natur auf den Zweck, d. h. auf das Gute und Vollkommene gerichtet ist, wie auch die Kunst. Sowie man nicht ein Ziel aufstellt, damit es verfehlt werde, so giebt es auch in der Welt keine Natur des Uebels.***) Die

---

τῆς φύσεως ἀρχῆς τινὸς καὶ αἰτίας τοῦ κινεῖσθαι καὶ ἠρεμεῖν ἐν ᾧ ὑπάρχει πρώτως καθ' αὑτό, καὶ μὴ κατὰ συμβεβηκός.

*) Ebendas. (262. 12.) *Γίγνεται ἄνθρωπος ἐξ ἀνθρώπου, ἀλλ' οὐ κλίνη ἐκ κλίνης.*

**) Ebendas. cap. 2. (263. 43.) *Ἐν μὲν οὖν τοῖς κατὰ τέχνην ἡμεῖς ποιοῦμεν τὴν ὕλην τοῦ ἔργου ἕνεκα, ἐν δὲ τοῖς φυσικοῖς ὑπάρχει οὖσα.* Dies ist freilich *cum grano salis* zu verstehen; denn erschaffen kann die Kunst keinen Stoff. Darüber ausführlicher Spec. Th. nachahm. K. Composition Schl.

***) Dies sind Epictet's Worte (Manuale cap. 27): *Ὥσπερ σκοπὸς πρὸς τὸ ἀποτυχεῖν οὐ τίθεται, οὕτως οὐδὲ κακοῦ φύσις ἐν κόσμῳ γίνεται.* Sie sind aber ganz im Geiste des Aristoteles und durften daher hier wohl erwähnt werden. Aristoteles selbst spricht sich übrigens *Metaph.* 1051. a. 17 darüber aus: *δῆλον ἄρα ὅτι οὐκ ἔστι τὸ κακὸν παρὰ πράγματα* (d. h. nur in den Dingen ist das Uebel, nicht in den Principien) *ὕστερον γὰρ τῇ φύσει τὸ κακὸν τῆς δυνάμεως. οὐκ ἄρα οὐδ' ἐν τοῖς ἐξ ἀρχῆς καὶ τοῖς ἀϊδίοις οὐθὲν ἐστιν οὔτε κακὸν οὔτε ἁμάρτημα οὔτε διεφθαρμένον.* Also weder im dynamischen Princip, noch in den ewigen Gründen der Welt.

Natur ist also ihrem Wesen nach immer auf dem Wege zum Ziele; kann es aber gleichwohl, wenn die vorhandenen Bedingungen nicht hinreichen, verfehlen. Solche Fehler sind desswegen sowohl in der Kunst als in der Natur zu finden, z. B. ein Schreibfehler des Sprachmeisters oder eine unrechte Verordnung des Arztes und so auch in der Natur etwa, wenn der Saamen verdorben wird, die sogenannten Missgeburten und Monstra.*) Die organische Natur gehört ja, wie die Kunst und das Sittliche in das Gebiet der Contingenz, in welchem nicht die einfache Nothwendigkeit gebietet, sondern ein Spielraum des Möglichen offen bleibt, so dass der Zufall mitwirken kann. Wie es daher Fehler, also Uebel in der Natur giebt, so auch Gutes und Richtiges, sobald nämlich das Ziel erreicht wird, und daher hat Aristoteles auch für die natürlichen Fertigkeiten, wenn sie zur Energie des Zweckes fähig sind, den Namen Tugenden angewendet, der ebenso im Ethischen das Löbliche und in der Kunst die vollendete Fertigkeit bezeichnet: so spricht er von einer Tugend des Pferdes, die es für seinen Zweck geschickt mache, den Reiter zu tragen, zu laufen, in der Schlacht zu stehen; so von der Tugend des Auges, sofern dadurch dieses selbst tüchtig sei und geeignet sein Werk gut zu vollziehen.**) Und auch darin stimmt die Natur mit dem

*) *Natur. ausc. II. 7. (271. 25.)* Ἁμαρτία δὲ γίγνεται καὶ ἐν τοῖς κατὰ τέχνην· ἔγραψε γὰρ οὐκ ὀρθῶς ὁ γραμματικός, καὶ ἐπότισεν οὐκ ὀρθῶς ὁ ἰατρὸς τὸ φάρμακον· ὥστε δῆλον ὅτι ἐνδέχεται καὶ ἐν τοῖς κατὰ φύσιν. Εἰ δὴ ἔστιν ἔνια κατὰ τέχνην, ἐν οἷς τὸ ὀρθῶς ἕνεκά του, ἐν δὲ τοῖς ἁμαρτανομένοις ἕνεκα μὲν τινος ἐπιχειρεῖται ἀλλ' ἀποτυγχάνεται, ὁμοίως ἂν ἔχοι ἐν τοῖς φυσικοῖς, καὶ τὰ τέρατα ἁμαρτήματα ἐκείνου τοῦ ἕνεκά του κ. τ. λ.

**) *Eth. Nicom. II. 6. (19. 3.)* Πᾶσα ἀρετὴ, οὗ ἂν ᾖ ἀρετὴ,

Sittlichen und Technischen, dass sie das Vollkommene immer als in einer gewissen Mitte,*) einem bestimmten Masse und Verhältnisse bestehend, zu gewinnen sucht. (Vrgl. S. 38.) Doch darüber muss demnächst das Genauere bestimmt werden.

Die Frage, welche Aristoteles aufwirft, wie es zugeht, dass einige Werke der Kunst auch durch Zufall entstehen können, andre niemals z. B. wohl die Gesundheit, aber niemals ein Haus — lässt sich leichter behandeln, wenn die Eintheilung der Kunst vorher erörtert ist, sowie dann auch das Verhältniss der Kunst zur Natur von neuen Seiten sich zeigen wird.**)

VI. Capitel.

Der Zweck und die Eintheilung der Kunst.

Der Zweck der Kunst.

Bisher hatten wir die Betrachtung des Zwecks absichtlich mehr nach der formalen Seite verfolgt: wir müssen nun tiefer in das Wesen desselben dringen und werden dadurch auch zugleich die Uebersicht des ganzen Kunstgebietes gewinnen.

Man darf nämlich nicht glauben, dass Aristoteles

αὐτό τε εὖ ἔχον ἀποτελεῖ καὶ τὸ ἔργον αὐτοῦ εὖ ἀποδίδωσιν, οἷον ἡ τοῦ ὀφθαλμοῦ ἀρετὴ τόν τε ὀφθαλμὸν σπουδαῖον ποιεῖ καὶ τὸ ἔργον αὐτοῦ. τῇ γὰρ τοῦ ὀφθαλμοῦ ἀρετῇ εὖ ὁρῶμεν. Eth. Nic. VI. 5 u. 7. *τέχνης ἀρετή.*

*) Eth. Nic. II. 6. (19. 40.) *ἡ δ' ἀρετὴ — — ὥσπερ καὶ ἡ φύσις τοῦ μέσου ἂν εἴη στοχαστική.*

**) Vrgl. das folg. Cap.

jene Principien des Kunstwerks als blosse formale Gesichtspunkte betrachtet habe, indem es dabei dem Künstler unbedingt überlassen bliebe, was er sich etwa zum Zwecke der Kunstthätigkeit wählen wolle. Eine solche Freiheit würde ihm als Wahnsinn erschienen sein; denn die Kunst ist ihm ein Schaffen nach einer richtigen Einsicht, nach der Wahrheit.*) Sie setzt also eine Erkenntniss voraus und diese wiederum einen Gegenstand, der von unserer Willkür unabhängig ist. Wir sehen sofort, dass wir in Bezug auf den Zweck der Kunst durchaus gebunden sind; aber was ist dieser Zweck? Welchen andern Zweck könnte sich die Heilkunst setzen, als die Gesundheit!**) Sie wählt diese nicht beliebig zum Zweck. Sie findet ihn vor und hat ihn zu erkennen und ihr ganzes Bemühen geht darauf aus, ihn hervorzubringen durch die geeignetsten Thätigkeiten. Wollen wir Aristoteles verstehen, so müssen wir in derselben Weise bei allen Künsten einen objectiven Zweck oder ein Gut suchen***) und dürfen desshalb sofort generalisirend dazu fortschreiten, dass wir behaupten, der Zweck der Kunst sei der objective Zweck oder die reale Idee, welche in der Sphäre der Kunst, d. h. im Gebiete der Contingenz überhaupt herrscht.

Es könnte nun scheinen, als wenn durch diese Forderung eine unübersteigliche Schwierigkeit geschaffen wäre, da der Zweck dieser Welt schwierig zu er-

---

*) *Eth. Nicom. VI.* 4. Ταὐτὸν ἂν εἴη τέχνη καὶ ἕξις μετὰ λόγου ἀληθοῦς ποιητική.

**) *Metaph.* 1070. a. 30. ἡ γὰρ ἰατρικὴ τέχνη ὁ λόγος τῆς ὑγιείας ἐστίν.

***) *Eth. Nicom.* πᾶσα τέχνη — — ἀγαθοῦ τινὸς ἐφίεσθαι δοκεῖ.

kennen sei. Allein hier finden wir grade bei Aristoteles alles geebnet und klar. Er hat diese Frage an verschiedenen Stellen deutlich beantwortet. Wir brauchen auch nicht viel Vorbereitung und Einleitung dazu; denn es gehört dies alles ja nur als Lehnsatz in unser Bereich. Wir haben desshalb hier bloss zu melden, dass Aristoteles die ganze Erdkugel mit Pflanzen und Thieren nur als Grundlage und Mittel für das Menschenleben betrachtet.*) Die Frage ist nun ganz einfach geworden; denn der Zweck des Menschenlebens ist von ihm ausführlich in der Ethik und Politik untersucht, und wir wissen also, dass die Glückseligkeit und die Handlungen nach der Tugend der Zweck alles Contingenten**) und mithin auch Zweck der Kunst sind. Da dieses nun wohl Vielen befremdlich klingen mag, so muss es ausführlicher betrachtet werden.

Zunächst nämlich würde der voreilige Einwand, als wäre darnach das Praktische und Technische durch Einerleiheit des Zwecks vermischt, zu berichtigen sein; denn eine Erinnerung an die vorher durchgeführte Unterscheidung von Kunst und Handlung macht ja schon offenbar, dass dieser Zweck bei der Kunst als ein äusseres Werk bestimmt ist, das seinen Werth nur nach seinem Gelingen, nicht wie bei dem Sittlichen nach der Gesinnung und That gewinnt. Dadurch allein schon fallen bei gleichem Zweck beide Gebiete dennoch klar und deutlich auseinander; denn der Handelnde sucht in seiner Handlung die Glückseligkeit zu besitzen; der Künstler sucht sie hervorzubringen.

---

*) Vrgl. meine Einheit der Aristot. Eudämonie S. 142. §. 4. und *Arist. Polit. I.* 8.

**) *Eth. Nicom. lib. I.* 1 ff.

Nehmen wir nun die einzelnen Künste z. B. den Schuster, Zimmermann, so scheint von Glückseligkeit keine Rede zu sein; sondern die Heilkunst hat nur die Gesundheit vor Augen, die Schiffsbaukunst das Fahrzeug, die Feldherrnkunst den Sieg, die Wirthschaftslehre den Reichthum u. s. w.;*) allein Aristoteles hat dafür gesorgt, dass auch nicht eines dieser untergeordneten Werke ihm aus den Banden des höheren Zweckes entweiche. Durch seine Architektonik der Zwecke lässt er zwar zunächst einer jeden besondern Arbeit ihre Art von eigenthümlicher Selbständigkeit, zeigt aber zugleich, wie sie Befehl und Mass von einer höheren empfange, bis sich alle zusammen unterordnen dem höchsten menschlichen Werke, dem Leben nach der Tugend oder der Eudämonie. So steht die Kunst, Zügel zu machen, unter der Reitkunst, welche die Zügel und alle die anderen Geschirre des Pferdes anwendet; diese aber und die Fechtkunst und was sonst noch zum Kriege geübt wird, unter der Feldherrnkunst;**) und diese wiederum nebst den andern am Meisten geehrten Künsten, als der Finanzwirthschaft und Redekunst unter der Staatskunst.***) Wir kennen schon von S. 54 den Begriff des Architektonischen innerhalb der einzelnen Kunst und haben daher hier, indem dasselbe Verhält-

*) *Eth. Nicom. I. 1.* ἰατρικῆς μὲν γὰρ ὑγίεια, ναυπηγικῆς δὲ πλοῖον, στρατηγικῆς δὲ νίκη, οἰκονομικῆς δὲ πλοῦτος.

**) Ebendas. Ὅσαι δ' εἰσὶ τῶν τοιούτων ὑπὸ μίαν τινὰ δύναμιν, καθάπερ ὑπὸ τὴν ἱππικὴν ἡ χαλινοποιϊκὴ καὶ ὅσαι ἄλλαι τῶν ἱππικῶν ὀργάνων εἰσίν. αὕτη δὲ καὶ πᾶσα πολεμικὴ πρᾶξις ὑπὸ τὴν στρατηγικήν.

***) Ebendas. Ὁρῶμεν δὲ καὶ τὰς ἐντιμοτάτας τῶν δυνάμεων ὑπὸ ταύτην (nämlich τὴν πολιτικήν) οὔσας, οἷον στρατηγικὴν οἰκονομικὴν ῥητορικήν.

niss unter den Künsten selbst geltend gemacht wird, in der Politik oder Staatskunst die oberst entscheidende und höchste architektonische*) vor uns.

Da diese Frage von den früheren Darstellern der Aristotelischen Philosophie noch keiner besondern Behandlung sich erfreut hat, so müssen wir bei der grossen Wichtigkeit derselben, sie von vielen Seiten betrachten; denn nicht nur das Verhältniss der Wissenschaften, sondern auch das richtige Verständniss der Aristotelischen ästhetischen Lehren hängt wesentlich von der Erkenntniss des Zweckes ab, der als das ihr eigenthümliche Gut von der Kunst erstrebt wird. Die Untersuchung kann aber deutlicher werden wenn vorher die beiden Hauptgebiete der Kunst geschieden sind.

Die Eintheilung der Kunst.

Die Eintheilung der Kunst ist, glaube ich, von Aristoteles berührt; aber nirgends mit der wissenschaftlichen Ausführlichkeit, dass man sofort das Eintheilungsprincip, die gemeinsame Grundlage und die specifische Wesenheit als von ihm selbst bezeichnet angeben könnte. Darum hat man bisher darauf verzichtet, dergleichen bei Aristoteles aufzufinden, und stillschweigend vorausgesetzt, der grosse Systematiker habe bei diesen wichtigen Gebieten der Erkenntniss nur so auf's Gerathewohl verfahren. Wenn ich mich bei dieser unwahrscheinlichen Voraussetzung nicht beruhigen kann und desshalb den von Aristoteles gegebenen Andeutungen folgend, hier theils divinirend, theils nach

*) Ebendas. *Δόξειε δ' ἂν τῆς κυριωτάτης καὶ μάλιστα ἀρχιτεκτονικῆς. Τοιαύτη δ' ἡ πολιτικὴ φαίνεται.*

Analogie construirend die, wie ich glaube, ächte Aristotelische Eintheilung wiedergewinne: so wünschte ich, dass die Kenner der Aristotelischen Werke meinen Bemühungen nachhülfen; denn da ich nicht glaube, dass mir alle einschlagenden Stellen schon genügend in die Erinnerung kamen, so möchten sich leicht manche wichtige Bestätigungen und nähere Bestimmungen hier und da zerstreut auffinden lassen.

Der Begriff der Kunst als allen Arten derselben gemeinsam war nach S. 44 „rationale Fertigkeit zu schaffen." Es fehlt dabei wie gesagt der Zweck, welcher dem Schaffen obliegt; wir wissen nur, dass dieser Zweck der Thätigkeit nicht immanent ist, sondern als ein äusseres Werk erscheint, das nach seinem objectiven Werthe gemessen auch der Kunstthätigkeit selbst die Werthschätzung verleiht, und wir sahen soeben zugleich, dass dieses Werk nichts anders sein kann, als das Ziel, welches dem ganzen Gebiete der Contingenz überhaupt als Wesen und Energie zugehört.

1. Die nützliche Kunst.

Blickt man nun vergleichend hin auf die verschiedenen einzelnen Künste, so ist nichts einfacher und begründeter, als die von Aristoteles (Phys. Buch II. 8.)*) gegebene Eintheilung. Denn die Natur hat

*) *Ὅλως τε ἡ τέχνη τὰ μὲν ἐπιτελεῖ, ἃ ἡ φύσις ἀδυνατεῖ ἀπεργάσασθαι, τὰ δὲ μιμεῖται.* Ich würde an dieser Stelle meiner Sache gewisser sein, wenn *τῶν τεχνῶν αἱ μὲν — αἱ δὲ* geschrieben stünde; allein auch so wird die ganze Kunst umfasst und auf zwei verschiedene Berufsfelder vertheilt. Es bleibt dadurch die Einheit der Kunst gewahrt; wie ja auch in den Nikomachien VI. 4. die Definition der Kunst zweifellos die schönen Künste mitumfasst. Ich glaube in dieser Auslegung mit

die Erreichung dieses Zweckes nicht der Freiheit des Menschen allein überlassen, sondern ist ihrem Wesen nach selbst in Bewegung, um zu diesem Ziele hinzukommen; die Kunst muss desshalb als ihre erste Aufgabe und ihr erstes Gebiet dies anerkennen, der Natur zu Hülfe zu kommen und das zum Ziele zu führen, was die Natur ohne diese Hülfe nicht fertig bringen kann (*τὰ μὲν ἐπιτελεῖ ἃ η φύσις ἀδυνατεῖ ἀπεργάσασθαι* II. 271. 5.). So muss die Kunst überall das Mangelnde der Natur ergänzen (*τὸ προσλεῖπον ἀναπληροῦν*),*) z. B. in der

Zeller übereinzustimmen, welcher Ph. d. Gr. 2 Th. 2 Abth. 1862 S. 606 Anm. 3. bemerkt: „Nur auf die Kunst im weiteren Sinne geht *Phys. II.* 8. 199. a. 15 *ὅλως τε ἡ τέχνη κ. τ. λ.* Die schöne Kunst als solche ist bloss Nachahmung; abgeleiteter Weise kann allerdings auch sie Vervollkommnung der Natur sein z. B. durch Ausbildung der Stimme oder der Bewegung.“ Er hätte statt abgeleiteter Weise deutlicher *per accidens* gesagt, da dergleichen ganz ausserhalb des besondern Zwecks jener Künste liegt, während die nützlichen Künste eben darin ihren Zweck haben. — Es ist zu verwundern, dass Brandis diese Begriffe nicht schärfer betrachtet hat, sonst würde er nicht S. 1683 Aristot. u. s. akad. Zeitg. 1857 sagen: „Dass er (Aristoteles) eine Wissenschaft der Kunst für möglich gehalten, ist unzweifelhaft; ob oder wie weit er sie als allgemeine Theorie zu Stande zu bringen unternommen, wie er das Princip derselben, sei es als Geist oder Vermögen oder vielmehr als Ineinander von beiden näher bestimmt, wie dasselbe von der Wahl, als dem Princip der praktischen Thätigkeit, unterschieden, vermögen wir nicht zu bestimmen. Nur dass er sie auf die sogenannten schönen Künste beschränkt und sie von dem, was wir jetzt als technische Fertigkeiten zu bezeichnen pflegen, unterschieden haben werde u. s. w.“ Die Definition der Kunst in den Nikomachien leistet das von Brandis Gewünschte und sie wird daselbst weder als *δύναμις* noch *νοῦς* noch Ineinander von Beiden bestimmt und von *φρόνησις* genau geschieden und dennoch wird sie daselbst nicht von den technischen Fertigkeiten ihrem Begriffe nach getrennt.

*) *Polit. VII.* Schl. (I. 624. 18.) *Πᾶσα γὰρ τέχνη καὶ παιδεία*

Heilkunst das worauf die Natur in ihrer Entwickelung hinzielt, herstellen, nämlich die Gesundheit. Sie kann dies natürlich nicht anders als durch Erkenntniss, sowohl des Zieles und Wesens der Natur, als auch der bewegenden Kräfte, durch welche die Erreichung in der Wirklichkeit möglich ist. Oder z. B. wie die Staatskunst dem, was die Natur schon angebahnt, nachhilft; denn die Natur hat schon den Menschen als politisches Wesen (*ζῶον πολιτικόν*) geschaffen und die Geschlechter vereinigt und die Gewerbe und den Ackerbau durch die Bedürfnisse hervorgelockt, auch schon Freundschaften und Stammgenossenschaften gegründet: die Staatskunst hilft nun weiter den sittlichen Verein zu gründen, als das Ziel dieser ganzen Entwickelung. Alle Künste, welche zu dieser ersten grossen Abtheilung gehören, haben also das Gemeinsame, dass die Natur ihnen die Aufgaben schon gestellt hat und sie bloss einem vorhandenen Bedürfnisse der Wirklichkeit genügen sollen. Ihr Werk beansprucht darum auch nicht, Allgemeines zu enthalten, sondern nur diesem bestimmten Einzelnen zu helfen, wie z. B. nach Aristoteles Wort der Arzt nicht die

---

τὸ προσλεῖπον βούλεται τῆς φύσεως ἀναπληροῦν. Hierbei ist auch der Fall noch in's Auge zu fassen, dass die Natur zuweilen auch zu dem, was sie in der Regel fertig bringen kann, zu schwach ist. So erklärt Aristoteles z. B. die Entstehung der Mondkälber, indem die Natur bisweilen nicht genug Wärme habe und darum die Missgeburt auch als unfertig nicht ausgestossen werden kann, sondern zuweilen zeitlebens in dem Uterus bleibt. *De anim. gen. IV. 7. πάσχει γὰρ ταὐτὸν τὸ κύημα ἐν τῇ μήτρᾳ ὅπερ ἐν τοῖς ἑψομένοις τὰ μολυνόμενα καὶ οὐ διὰ θερμότητα ὥσπερ τινές φασιν, ἀλλὰ μᾶλλον δι' ἀσθένειαν θερμότητος· ἔοικε γὰρ ἡ φύσις ἀδυνατεῖν καὶ οὐ δύνασθαι τελειῶσαι, οὐδ' ἐπιθεῖναι τῇ γενέσει πέρας· διὸ καὶ συγκαταγηράσκει κ. τ. λ.*

Gesundheit überhaupt herstellen soll, sondern diesen bestimmten Kranken gesund machen.*)

2. Die nachahmende Kunst.

Durch die Erkenntniss des Zieles der Natur wird die Kunst aber schon von selbst auf das Allgemeine gerichtet und auch die Definition „rationale Fertigkeit des Hervorbringens oder Schaffens" bezeugt schon, dass sie nicht bloss aushelfend einzutreten berufen ist: sie kann vielmehr versuchen, auch auf eigne Hand die Welt darzustellen, für welche sie bisher als mitwirkend gedacht wurde. Allein durch diese Aufgabe muss sich die zweite Abtheilung der Kunst wesentlich von der ersten entfernen. Denn da die hervorzubringenden Zwecke von der Natur selbst gegeben sind, welche schöpferisch zugleich Stoff**) und immanente Form, Möglichkeit und lebendige Wirklichkeit ist: so kann die Kunst, welche die Natur darstellen wollte, doch dies eben nicht als Wirklichkeit und Natur hervorbringen, da sie ja eben nicht die schöpferische Natur ist. Es bleibt ihr also nichts übrig, als es im Element des Scheins hervorzubringen, d. h. die Natur nachzuahmen (*τὰ δὲ μιμεῖται*).***)

Wir haben hier also die oberste Eintheilung der Kunst. Beiden Abtheilungen ist gemeinsam derselbe Zweck, welcher zugleich der Zweck

---

*) *Eth. Nicom. I.* 6. (II. 5. 35.) *Φαίνεται μὲν γὰρ οὐδὲ τὴν ὑγίειαν οὕτως ἐπισκοπεῖν ὁ ἰατρός, ἀλλὰ τὴν ἀνθρώπου, μᾶλλον δ' ἴσως τὴν τοῦδε. καθ' ἕκαστον γὰρ ἰατρεύει.* Vrgl. *Metaph. I.* 1. 981. a. 17.

**) Vrgl. S. 81 ff.

***) Vrgl. S. 89 Anmerk. *).

der Natur ist. Die eine sucht ihn als einen wirklichen, und da dieser eben nur in der Wirklichkeit wirklich ist, so muss sie sich auf Befriedigung der Bedürfnisse des Lebens beschränken und in die Nothwendigkeiten des Naturlaufs eingehen. Die andre will selbst Natur sein, kann dies aber nur dadurch erreichen, dass sie nachahmend d. h. bloss im Schein den Zweck und die Wahrheit der Natur darstellt.

Unterschied dieser Eintheilung von dem Gegensatz freier und banausischer Kunst.

Es versteht sich von selbst, dass mit dieser Eintheilung nicht die oben S. 52 f. erläuterte in banausische und freie Künste verwechselt werden darf. Denn diese letztere Entgegensetzung giebt nicht verschiedene Gattungen oder Gebiete der Kunst an, so dass demnach einige nur banausisch, andre nur liberal wären, sondern ist eine Eigenthümlichkeit der Kunst als solcher, die sich mithin in allen Künsten ohne Ausnahme finden muss, und geht daher unsrer Eintheilung voran. *) Es erklärt sich dies leicht durch genauere Betrachtung. Denn jede Kunst hat eine Seite, die zuletzt mit den Händen ausgeführt werden muss und durch Körperanstrengung überhaupt, wie das Schuhe machen, so auch das Malen und Musicieren. Und zugleich kann, wer diese Mühe schlechthin nicht übernehmen will, auch keine Kunst ordentlich verstehen. (Vrgl. S. 35 §. 3.) Man wird aber Niemand banausisch nennen, der diese nothwendigen Arbeiten nebenbei mit vollbringt. Aristoteles bestimmt den Begriff des Banausischen ganz scharf durch folgende Beziehungen: 1) banausisch ist, was den Kör-

*) Vrgl. die §§. von S. 51 ff.

per abnutzt, ihm also einen schlechteren *habitus* giebt.*) Offenbar wird Niemand solche Arbeiten um ihrer selbst willen suchen, sondern aus Noth. Daher 2) was für Handlohn gearbeitet wird.**) Dergleichen thut man desshalb nicht gern und aus sittlich-schönen Motiven, sondern durch Zwang der Lebensverhältnisse oder auf Befehl eines Gebietenden. Daher 3) was man nicht aus Tugend thut, sondern als ein wesentlich sclavisches Werk.***) Es ist aber von dem Lebensgeschäft des Sclaven dadurch verschieden, dass es nicht beliebig wechselnde Arbeiten sind, sondern ein abgesondertes Stück davon, losgetrennt vom Ganzen,†) also z. B. nur Schuhe zu machen.

Daher sind z. B. der Sänger und Citherspieler banausisch,††) sofern sie ihren Lebensberuf als ein Stück Sclaverei (*ἀφωρισμένη δουλεία*) daraus machen und ein freier Mann (*ἐλεύθερος*) würde nur im Trunk oder zum Spiel dergleichen ausüben wollen. Wer aber für sich selbst zu seinem Vergnügen oder Nutzen oder für einen Freund oder aus einem sittlich schönen Motiv dergleichen arbeitet, ohne dazu gezwungen zu sein und ohne etwas verdienen zu wollen, bei dem ist es nicht als banausisch zu bezeichnen.†††)

---

*) *Polit. VIII.* 2. (I. 625. 21.) *χεῖρον διακεῖσθαι.*

**) Ebendas. *τὰς μισθαρνικὰς ἐργασίας.*

***) I. 524. 33. *Δούλου δ' εἴδη πλείω — ὧν ἓν μέρος οἱ χερνῆτες — — οἱ ζῶντες ἀπὸ τῶν χειρῶν ἐν οἷς ὁ βάναυσος τεχνίτης ἐστίν.*

†) Vrgl. die Stelle über die *ἀφωρισμένη δουλεία* des Handwerks S. 53. Anm. *.

††) I. 628. 44. *καὶ τὸ πράττειν* (d. h. *τὸ αὐτὸν ᾄδειν καὶ κιθαρίζειν*) *οὐκ ἀνδρὸς μὴ μεθύοντος ἢ παίζοντος.*

†††) Vrgl. S. 59. in Bezug auf die Nothwendigkeit, sich eine gewisse Zeit hindurch auch an der Ausübung zu betheiligen.

Man sieht hieraus zur Genüge, dass diese Unterschiede theils der Kunst als solcher zukommen, sofern sich die Arbeit organisirt in einen architektonischen und ausführenden Theil und daher mit den besondern Arten der Künste nichts zu thun hat, theils bloss von ethisch politischen Gesichtspunkten*) ausgehn und darum weder mit den besonderen Künsten, noch mit der Kunst im Ganzen irgend in einer wesentlichen Beziehung zusammentreffen. Wenn desshalb Ottfried Müller (Archaeologie d. Kunst Einleitung §. 1. 2.) sagt: „nützliche Kunst im Gegensatz der schönen ist nichts als Handwerk," so ist das durchaus schief und entspricht weder der antiken, noch unsrer modernen Auffassung.

Andere Belegstellen für die Aristotelische Eintheilung.

Dagegen scheint mir ein andrer Gegensatz hierherzugehören, den Aristoteles in *Metaph. I. 1.* und anderswo aufstellt. Er theilt dort nämlich alle Wissenschaft oder Erkenntniss ein in solche, die bloss um ihrer selbst willen geliebt und gesucht wird, also Selbstzweck ist — und dies ist die theoretische und also im höchsten Grade die Metaphysik oder Theologik — und zweitens in solche, welche nur als Mittel

---

Ausserd. *Polit. III. 2. (Did. I. 524. 37.)* *Τὰ μὲν οὖν ἔργα τῶν ἀρχομένων οὕτως οὐ δεῖ τὸν ἀγαθὸν οὐδὲ τὸν πολιτικὸν οὐδὲ τὸν πολίτην τὸν ἀγαθὸν μανθάνειν, εἰ μή ποτε χρείας χάριν αὐτῷ πρὸς αὑτόν· οὐ γὰρ ἔτι συμβαίνει γίνεσθαι τὸν μὲν δεσπότην τὸν δὲ δοῦλον.* Das Banausische ist daher wesentlich sclavisch. I. 625. 28. *αὑτοῦ μὲν γὰρ χάριν ἢ φίλων ἢ δι' ἀρετὴν οὐκ ἀνελεύθερον — — κ. τ. λ.*

*) I. 625. 26. *Ἔχει δὲ πολλὴν διαφορὰν καὶ τὸ τίνος χάριν πράττει* d. h. die sittliche Gesinnung ist entscheidend.

dient, damit ein andrer ausser ihr liegender Zweck erreicht werde (*τῶν ἀποβαινόντων ἕνεκεν*).*) Zu diesen letzteren gehören die Kunstwissenschaften (*ἡ ποιητική* oder *τέχνη* im weitesten Sinne), da in diesen, wie wir früher gesehen, das Erkennen nur um des zu schaffenden Werkes willen gesucht wird. Wie soll man aber die Eintheilung, durch die er wiederum diese Künste (*τέχναι*) scheidet, anders deuten, als nach der oben erklärten Entgegensetzung in Künste der Wirklichkeit und der Nachahmung, wenn er sie hier**) als solche bezeichnet, die entweder dem Nutzen oder dem Vergnügen dienen? Denn offenbar haben die, welche um des Nutzens willen (*πρὸς χρῆσιν*) und wegen der Nothdurft des Lebens (*πρὸς τἀναγκαῖα*) erfunden wurden, den oben angegebenen Zweck, dem Mangel der Natur abzuhelfen, und was sie nicht allein fertig bringen konnte, zu ergänzen, also etwa Kleider und Nahrung und Wohnung und Gesundheit und Fahrzeuge u. s. w. zu schaffen. Andererseits kann man doch unter denen, die zur Erholung, zum Spiel und Genuss (*πρὸς διαγωγὴν, πρὸς ἡδονὴν*) erfunden sind, nur die nachahmenden verstehen. Ich glaube zwar nicht, dass dies von selbst einleuchte oder auch nur leicht zu beweisen sei. Es kann nicht dadurch allein zur Ueberzeugung gebracht werden, dass nach Aristo-

---

*) *Metaphys.* I. 1. 982. a. 14. *καὶ τῶν ἐπιστημῶν δὲ τὴν αὑτῆς ἕνεκεν καὶ τοῦ εἰδέναι χάριν αἱρετὴν οὖσαν μᾶλλον εἶναι σοφίαν· ἢ τὴν τῶν ἀποβαινόντων ἕνεκεν.*

**) Ebendas. 981. b. 18. *Πλειόνων δ' εὑρισκομένων τεχνῶν, καὶ τῶν μὲν πρὸς τἀναγκαῖα τῶν δὲ πρὸς διαγωγὴν οὐσῶν, ἀεὶ σοφωτέρους τοὺς τοιούτους ἐκείνων ὑπολαμβάνομεν, διὰ τὸ μὴ πρὸς χρῆσιν εἶναι τὰς ἐπιστήμας αὐτῶν· ὅθεν ἤδη πάντων τῶν τοιούτων κατεσκευασμένων αἱ μὴ πρὸς ἡδονὴν μηδὲ πρὸς τἀναγκαῖα τῶν ἐπιστημῶν εὑρέθησαν.*

teles alle nachahmenden Künste Vergnügen bereiten, und der Mensch von Natur zur Nachahmung geschickt ist, und die schönen Künste aus dem Triebe zur Nachahmung erklärt werden. Denn diese Schlüsse schliessen alle bejahend in der zweiten Figur und sind daher fehlerhaft. Ich will mich hier nur auf die Strenge des Entweder-Oder*) berufen; denn da das erste Glied der Eintheilung hier mit dem ersten Gliede der Eintheilung dort genau congruirt, so ist nicht zu läugnen, dass man einigen Grund hat, auch das zweite Glied der Eintheilung hier mit dem zweiten Gliede der Eintheilung dort zusammenfallen zu lassen. Glaubte man etwa, es sei das Vergnügen theilweise mit unter die Abtheilung des Nutzens zu bringen, da ja die Kochkunst nicht bloss der Nothwendigkeit, sondern auch *per accidens* der Lust diene, wie Aristoteles in den Nikomachien bemerkt: so wird dieser Einwand durch Aristoteles ausdrückliche Erklärung hier abgeschnitten, dass die zweite Abtheilung der Künstler (unter dem Zwecke: Vergnügen) einen Vorzug an Ansehen genössen und als solche, die klüger wären, gälten, weil ihre Wissenschaft keinen Nutzen und Gebrauch hätte.**) Man darf aber doch nicht annehmen, dass derartige nutzlose, nicht nothwendige

---

*) τῶν μὲν πρὸς τἀναγκαῖα τῶν δὲ πρὸς διαγωγὴν οὐσῶν — — und später, wo die rein theoretischen ihnen entgegengesetzt werden als die αἱ μὴ πρὸς ἡδονὴν μηδὲ πρὸς τἀναγκαῖα.

**) Ebendas. 981. b. 19. διὰ τὸ μὴ πρὸς χρῆσιν εἶναι τὰς ἐπιστήμας αὐτῶν. Bonitz hat in seinem vorzüglichen Commentar mit Recht διαγωγή mit ἡδονή verbunden und an die ähnlichen Gegensätze in *Polit. VIII.* erinnert, so dass διαγωγή durchaus nicht so eng wie Biese es nimmt, verstanden werden darf. Leider scheint Bonitz nicht an die von mir hervorgehobene Eintheilung gedacht zu haben; er hätte sonst auch seinen Scharfsinn dem hier behandelten Problem zu Gute kommen lassen.

Künste der nur auf das Nothwendige gerichteten Natur nachhelfen müssten. Wenn desshalb das Vergnügen sich von dem Nothwendigen scheidet (vom *per accidens* Verknüpften ist hier nicht die Rede) und das Nothwendige mit den Künsten des Wirklichen zusammenfällt: so scheint auch das Vergnügen mit der Nachahmung zusammen zu treffen. Auch darf man wohl nicht meinen, dass unter den Künsten oder Wissenschaften (diese Namen werden hier synonym gebraucht), die dem Vergnügen dienen im Gegensatz zum Nutzen, etwa theoretische (astronomische, mathematische u. s. w.) Beschäftigungen gemeint wären; denn Aristoteles lässt diese sich erst später ausbilden. Er sagt: „Erst nachdem alles der Art schon beschafft war, wurden die Wissenschaften gefunden, die weder zum Vergnügen, noch zum Nothwendigen da sind, und zwar zuerst in den Gegenden, wo man Musse hatte. Darum entstanden in Egypten zuerst die mathematischen Künste.“ Wegen des laxen Sprachgebrauchs, nach dem er in diesen Worten beliebig Künste und Wissenschaften vermischt hat, fügt er dann gleich hinzu: „wie sich aber Kunst und Wissenschaft und die andern gleichartigen Begriffe scheiden, ist in der Ethik erörtert.“ Man darf desshalb wohl schliessen, dass er an eine Eintheilung der Künste dabei gedacht und diese nach den beiden Gesichtspunkten des Nutzens (*πρὸς τἀναγκαῖα — χρήσιμον*) und des Vergnügens (*πρὸς ἡδονήν*) vollzogen hat.

Es bestätigt sich diese Erklärung wohl auch durch die Eintheilung der Aemter, die er im VI. Buch Schl. giebt. Zuerst*) nämlich führt er die auf, welche

*) *Polit. VI, 5. (Did. 598. 4.) τῶν μὲν γὰρ ἀναγκαίων ἀρχῶν χωρὶς ἀδύνατον εἶναι πόλιν.*

unumgänglich **nothwendig** zum Leben wären, z. B. Aufseher über den Markt, des Handelsverkehrs und der Ordnung dabei wegen, dann über Häuser- und Wege-Bau, über die Verwaltung der Staatsgelder u. s. w. Während ihm dann als höhere Aemter unter diesen nothwendigen die Befehlshaber der Landarmee und Marine u. s. w. gelten, so unterscheidet er dagegen als **nicht** nothwendig solche, die nur in Staaten vorkommen können, welche durch glücklichen **Reichthum in grösserer Musse leben***), und zu diesen rechnet er wieder neben denen, die auf die Schönheit des sittlichen Lebens gehen, auch die Aemter für **die gymnischen und dionysischen Spiele.****) Man darf daher wohl den einfachen Schluss machen, dass die Künste dieser gymnischen und dionysischen Spiele, da sie keinem **Nutzen** dienen sollen, zum **Vergnügen** da sind und mithin die Eintheilung in dieser Stelle als bestätigt betrachten.

Diese Eintheilung ist eine Mitgift von der Akademie.

Diese Eintheilung ist aber nicht erst von Aristoteles entdeckt, sondern er hat sie, wie das Meiste aus der Platonischen Schule mitgebracht.

1. Die Stelle im Sophisten.

Plato gliedert im Sophisten***) die Kunst in zwei

---

*) Ebendas. (600. 20.) *ἰδίᾳ δὲ ταῖς σχολαστικωτέραις καὶ μᾶλλον εὐημερούσαις πόλεσιν, ἔτι δὲ φροντιζούσαις εὐκοσμίας γυναικονομία κ. τ. λ.*

**) Ebendas. *πρὸς δὲ τούτοις περὶ ἀγῶνας ἐπιμέλεια γυμνικοὺς καὶ Διονυσιακοὺς κἂν εἴ τινας ἑτέρας συμβαίνει τοιαύτας γίνεσθαι θεωρίας.*

***) *Sophista* 219.

Arten, wovon er die eine Poetik, die andre Ktetik (d. i. Erwerbskunst) nennt. Letztere, wie die Jagd, Fischerei u. s. w., bringt nichts hervor, sondern bemächtigt sich bloss dessen, das schon ist oder war. Uns geht daher nur die Poetik an. In Bezug auf diese definirt er so, dass wir überall da, wo etwas, das früher nicht war, später in's Wesen gebracht wird, den es dahin Bringenden schaffend (*ποιεῖν*) nennen, und das was dahin gebracht wird, geschaffen.*) Das ist die Kunst, mit der wir uns beschäftigen. Unmittelbar vorher hat er diese nun wieder gegliedert, indem er diejenigen Künste scheidet, welche wie der Ackerbau sich alle auf den Dienst des sterblichen Leibes beziehen, und ihnen die Künste entgegensetzt, welche die Geräthe (*σκεῦος*) verfertigen und drittens die nachahmende Kunst (*μιμητική*).**) Fasst man die ersten beiden zusammen, wie er es anderswo thut, so hat man die Aristotelische Eintheilung.

2. Die Stelle in den Gesetzen.

So stellt Plato z. B. in den Gesetzen***) die Natur voran und lässt dann emphatisch als ein Späteres

---

*) Ebendas. 219. B. *πᾶν ὅπερ ἂν μὴ πρότερόν τις ὂν ὕστερον εἰς οὐσίαν ἄγῃ, τὸν μὲν ἄγοντα ποιεῖν, τὸ δὲ ἀγόμενον ποιεῖσθαί πού φαμεν.*

**) Ebendas. A. *γεωργία μὲν καὶ ὅση περὶ τὸ θνητὸν πᾶν σῶμα θεραπεία, τὸ τε αὖ περὶ τὸ ξύνθετον καὶ πλαστὸν, ὃ δὴ σκεῦος ὠνομάκαμεν, ἥ τε μιμητική, ξύμπαντα ταῦτα δικαιότατα ἑνὶ προσαγορεύοιτ' ἂν ὀνόματι.*

***) *Legg.* 889. C. *τέχνην δὲ ὕστερον ἐκ τούτων ὑστέραν γενομένην, αὐτὴν θνητὴν ἐκ θνητῶν, ὕστερα γεγεννηκέναι παιδιάς τινας ἀληθείας οὐ σφόδρα μετεχούσας, ἀλλ' εἴδωλα ἄττα ξυγγενῆ ἑαυτῶν, οἷ' ἡ γραφικὴ γεννᾷ καὶ μουσικὴ καὶ ὅσαι ταύταις εἰσὶ συνέριθοι*

und Sterbliches die Kunst ihre Erzeugnisse wirken, und zwar scheidet er sie doppelt. Die Einen bringen nur Spass hervor, nur Scheinbilder der Wahrheit, nicht sehr an dieser theilhabend, wie die Zeichenkunst, Musik und die andern damit wetteifernden Künste — offenbar hat er die Mimetik hierdurch bezeichnet — zu den andern aber, die etwas Ernstliches (σπουδαῖον) hervorbringen, gehören alle, soviele ihre Kraft mit der Natur verbinden, z. B. die Heilkunst, der Ackerbau, die Gymnastik und auch die Staatskunst. Offenbar beschreibt er durch diese zweite Art die Künste, welche, wie Aristoteles sagt, das Mangelnde der Natur ausfüllen und was sie nicht vollenden kann, ergänzen, also die nützlichen Künste der Wirklichkeit, die daher auch den Charakter des Ernstes (σπουδαῖον) haben im Gegensatz zu den ersteren, dem Vergnügen (παιδιά) dienenden.

3. Die Stelle im Staat.

Damit stimmt die berühmte Eintheilung aus dem Staat,*) wo er drei Künste unterscheidet, die gebrauchende, schaffende und nachahmende. Die Gebrauchende hat die Wissenschaft der Sache und steht daher mit dem Phyturgen in einer Linie, der das Wesen oder die Idee schafft und weiss. Die beiden andern bilden die im eigentlichen Sinne sogenannte Kunst. 1. Die Schaffende (ποιήσουσα) arbeitet bloss

---

τέχναι· αἱ δέ τι καὶ σπουδαῖον ἄρα γεννῶσι τῶν τεχνῶν εἶναι ταύτας, ὁπόσαι τῇ φύσει ἐκοίνωσαν τὴν αὑτῶν δύναμιν, οἷον αὖ ἰατρικὴ καὶ γεωργικὴ καὶ γυμναστική καὶ δὴ καὶ τὴν πολιτικὴν σμικρόν τι μέρος εἶναί φασι κοινωνοῦν φύσει —

*) Resp. 601. D. περὶ ἕκαστον ταύτας τινὰς τρεῖς τέχνας εἶναι, χρησομένην, ποιήσουσαν, μιμησομένην.

mit richtiger Meinung auf Glauben (*πίστις*) und sucht viele Abbilder nach den Ideen hervorzubringen; sie ist daher Sache des Demiurgen. Dahin gehört der Schuster, Zimmermann, Flötenmacher u. s. w.*) 2) Zweitens die Nachahmende; sie blickt nicht mehr auf das Sein hin, sondern auf die Abbilder und bringt so eine von der Natur in drittem Grade abstehende Geburt hervor, wie der Maler und Tragödiendichter.**) — Das Verhältniss der Platonischen und Aristotelischen Kunstlehre ist später zu betrachten; hier wollen wir bloss die Mitgift erkennen, welche Aristoteles aus der Akademie davontrug. Auch die fernere Unterscheidung durch Ernst (*σπουδή*) und Spass (*παιδιά*) wird hier***) wiederholt und es wird ebenfalls der Gegensatz hervorgehoben, dass die Nachahmer nicht wie die Demiurgen ein nützliches Werk der Wirklichkeit hinterlassen; wobei Homer übel wegkommt, da er nicht wie Aesklepios andre Aerzte gebildet und nicht wie Feldherrn und Gesetzgeber die Menschen privatim oder zum Heil des Staats gebessert oder gehoben und mit Verfassungen versehen habe.†)

Eine Instanz durch Distinction beseitigt.

Man muss sich aber nicht irre machen lassen, wenn Aristoteles an andern Stellen††) auch von der

---

*) Aristoteles geht ganz in diese Unterscheidungen ein und braucht sie wie ein feststehendes Schulbeispiel, z. B. *Polit. III.* 4. (I. 525. 10.) *ἀρχομένου δέ γε οὐκ ἔστιν ἀρετὴ φρόνησις, ἀλλὰ δόξα ἀληθής· ὥσπερ αὐλοποιὸς γὰρ ὁ ἀρχόμενος, ὁ δ᾽ ἄρχων αὐλητὴς ὁ χρώμενος.*

**) Vrgl. ebds. 597. B. ff.

***) Ebendas. 602. B.

†) Ebendas. 599. C. ff.

††) Z. B. *Natur. ausc. II.* 2.

Heilkunst und Baukunst sagt, dass sie der Natur nachahmten; denn es wird da Nachahmen in anderm Sinne genommen. Wir wissen ja (Vrgl. S. 79), dass zwischen künstlerischem und natürlichem Werden eine genaue Analogie besteht, und dass beides auf denselben Principien beruht. Wenn daher die Natur so schafft, wie auch wir, wenn es ginge, dasselbe durch die Kunst hervorbringen würden: so muss andrerseits die Kunst den schöpferischen Vorgang nachahmen. Aber diese Nachahmung ist eine wirkliche mit realen Kräften und anders als die im Schein bildende, nachahmende Kunst, die nicht bewohnbare Häuser malt oder dichtet. Man könnte den Einfall haben, die Stelle der Physik, welche ich der Eintheilung der Kunst zu Grunde lege, folgendermassen zu deuten: Alle Kunst ahmt Einiges der Natur nach, Anderes vervollkommnet sie; die nützliche Kunst ahmt in einigen Stücken nach, in andern hilft sie der Natur weiter; die schöne Kunst ahmt Einiges der Wirklichkeit nach, Andres idealisirt sie. Es würde dadurch also das Princip der Eintheilung, nämlich der Gegensatz zwischen nützlichem Beistand, welchen die Kunst der die Wirklichkeit bildenden Natur leisten soll, und der Nachahmung aufgehoben. Allein zweierlei kommt uns gleich zu Hülfe; denn erstens besteht in der nützlichen Kunst kein Gegensatz zwischen Nachahmen und Nachhelfen, da das Nachahmen ein Nachhelfen und umgekehrt ist. Wer Kleider aus Wolle macht, ahmt der Natur nach, welche die Thiere mit Haaren schützt, und hilft zugleich der Natur nach, da sie uns nicht selbst bekleiden wollte oder konnte u. s. w. Zweitens ist auch in der schönen Kunst dieser angebliche Gegensatz nicht vorhanden; denn der idealisirende Maler oder Dichter ahmt auch nach, wie

Aristoteles sagt, nur nicht die gemeinere, sondern die edlere Natur. Wir kommen daher auf den Gegensatz zurück, der wirklich Gegensätzliches enthält und die Eintheilung begründet.

Ueberlieferung eines Grammatikers abgeschätzt.

Ebensowenig verschlägt es, wenn der Scholiast zur Grammatik des *Dionysius Thrax* als Aristotelische Definition der Kunst*) anführt, sie sei „die Fertigkeit, welche schaffe den Weg des Nützlichen;“ denn schon die hinzugefügte Definition der Fertigkeit, dass sie „ein beständiges, schwer zu entfernendes Ding“ sei, bezeugt, dass er nur die Glocke hat läuten hören. Wir wissen aus Aristoteles nicht bloss ein *proprium* der Fertigkeit, sondern ihre ganze Natur und Genesis, und ebenso ist auch jene unvollständige Definition der Kunst entweder nur ein Lappen vom Kleide der Kunst oder bezieht sich bloss auf die nützlichen Künste.

Das Ziel der Kunst und sein Gegentheil.

Wir können nun, nachdem die Eintheilung der Kunst zur Klarheit gekommen, noch einmal zur Betrachtung des Zwecks derselben zurückkehren. Wir sahen, dass beide Gebiete der Kunst denselben Zweck haben; das eine hat ihn als wirklichen in der Wirklichkeit, das andre als einen idealen im Elemente des Scheins. Dieser Zweck ist der Zweck der ganzen Naturbewegung überhaupt, das Vollkommene, d. h. das

---

**) *Imm. Bekkeri Anecdota Graeca II.* S. 649. 29. *ὁ δὲ Ἀριστοτέλης οὕτως· τέχνη ἐστὶν ἕξις ὁδοῦ τοῦ συμφέροντος ποιητική· ἕξις δ᾽ ἐστὶ πρᾶγμα μόνιμον καὶ δυςκατάληπτον.*

sittliche Leben, Glückseligkeit. *Je nach den gegebenen Bedingungen* wird derselbe dann modificirt werden; denn der Arzt kann oft nicht die Gesundheit wiederherstellen, aber wenigstens so viel als möglich. So kann auch die nachahmende Kunst nicht bloss die Glückseligkeit darstellen, sondern wird, wie später ausführlich zu untersuchen ist, um der Wahrscheinlichkeit der Charaktere und Handlungen willen auch die Zerstörung des Glückes und Lebens zum Objecte wählen. Ich wollte hier nur einen *neuen Gesichtspunkt* einführen, nämlich durch das Problem, *was das Gegentheil von dem Zweck der Kunst sei.* Hat Aristoteles sich darüber ausgesprochen?

Wir müssen hier zunächst das Verhältniss von *Kraft* (δύναμις) und *Kunst* (τέχνη) nach Aristoteles feststellen. Aus der Definition der Kunst ersieht man, dass sie eine *Fertigkeit* (ἕξις) ist. Während nun die *Kraft* dies an sich hat, dass ihr Gebrauch noch nicht entschieden ist und sie daher Gegensätze zulässt, also so und anders, gut und schlecht angewendet werden kann: so ist umgekehrt die *Fertigkeit die in Bezug auf den Gebrauch entschiedene Kraft, die durch Uebung eine Beschaffenheit und Richtung erhalten hat und festbewahrt.* Die Fertigkeit wird desshalb nur bestimmt qualificirte Werke liefern. Diese Qualität ist also entweder das gute und richtige oder das schlechte und verkehrte Verhalten.*) Nun wird von der Kunst ausdrücklich gesagt, dass sie *nach der Wahrheit* (μετὰ λόγου ἀληθοῦς) schaffe, und die Wahrheit ist eben die Er-

---

*) *Metaph.* 1022. b. 10. ἕξις λέγεται διάθεσις καθ' ἣν εὖ ἢ κακῶς διάκειται τὸ διακείμενον.

kenntniss des Guten und Richtigen und Wahren. Wir müssen also in der Kunst als Zweck nichts setzen, was mit der Wahrheit im Widerstreit liegt. Und die Kunst wird desshalb in der Fertigkeit bestehen, den richtigen Zweck zu sehen und diesen Zweck dann durch die richtigen Mittel zur Verwirklichung zu bringen.*)

Wenn wir nun vorläufig nach der Theilung der Künste diese Zwecke betrachten, so ist bei den nützlichen Künsten, welche der Natur nachhelfen sollen, sofort klar, dass sie auf die vollkommene Thätigkeit hinzielen müssen, welche die Natur selbst zu erreichen sucht. Das Gegentheil derselben ist aber die Kraftberaubung (*ἀδυναμία* oder *στέρησις*). Z. B. irrt man sich kaum darüber, dass die Heilkunst nicht die Krankheit zum Zwecke habe, sondern mehr über die Mittel, wie die Gesundheit zu erreichen; die Baukunst kann sich nicht ein schlechtes, sondern nur ein gutes Haus**) als Zweck setzen, die Staatskunst nicht die Zerstörung der Sitten und des Glücks, sondern den schönsten gesetzlichen Zustand u. s. w. Die Kraftberaubung ist aber das strenge Gegentheil von diesem Zwecke der Kunst; denn sie bedeutet überall die Verneinung, sowohl einfach des Vermögens, z. B. überall nicht sehen zu können wie die Blindmaus, als auch

---

*) *Magn. mor. I.* 18. (II. 144. 50.) *Πότερον τῆς οἰκοδομικῆς ἐστὶν ἐπιστήμης τὸ τέλος καλῶς προθέσθαι ἢ τὰ πρὸς τὸ τέλος ἰδεῖν; ἂν γὰρ τοῦτο καλῶς προθῆται, οἷον καλὴν οἰκίαν ποιῆσαι, καὶ τὰ πρὸς τοῦτο οὐκ ἄλλος τις εὑρήσει καὶ ποριεῖ ἢ οἰκοδόμος.*

**) *Magn. Mor. I.* 18. (II. 144. 12.) *ταῦτα μὲν γὰρ ἅπαντες ὁμογνωμονοῦσιν οἷον τὴν ὑγίειαν ὅτι ἀγαθόν, ἀλλ' ἤδη τὰ πρὸς τὸ τέλος, οἷον πότερον ἀγαθὸν πρὸς ὑγίειαν φαγεῖν τοῦτο ἢ οὔ.* — — Ferner *Ἂν γὰρ τοῦτο καλῶς προθῆται, οἷον καλὴν οἰκίαν ποιῆσαι κ. τ. λ.*

die theilweise Aufhebung oder Schwächung und Verschlechterung desselben, z. B. Einäugigkeit und endlich auch die gänzliche Zerstörung, z. B. gänzliche Erblindung.*) Die Aufgabe der Kunst kann eben nur, wenn sie der Natur nachhelfen soll, in dem Gegensatze zu dieser Vernichtung des vollkommenen Lebens bestehen.

Da nun aus den Definitionen der Metaphysik**) klar hervorgeht, dass diese Kraftberaubung (στέρησις) das Unvermögen (ἀδυναμία) zur Folge oder Ursache habe, so darf es nicht auffallen, wenn es auch für die nachahmenden Künste als ein Verfehlen des Zwecks bestimmt wird, wenn man sich ein Unvermögen (ἀδυναμία) zum Gegenstande und Ziel der Nachahmung wählen wollte.***) Denn hier wie dort kann das Ziel nichts anderes als das Schönste und Vollendetste sein.†) Genauer ist darüber im speciellen Theile zu handeln; hier musste nur allgemein der Zweck und sein Gegentheil deutlich erkannt werden.

Ideal und bedingte Form.

Es treten also für die Kunst, wie für das ganze Gebiet der Contingenz, nach Aristotelischer Lehre das Ideal und die bedingte Form als die zwei nothwendigen Richtungen auseinander. Den besten Staat zu erreichen ist vielleicht nicht möglich, aber einen, der dem ge-

---

*) Vrgl. *Metaph. Δ.* 22. στέρησις λέγεται κ. τ. λ.

**) Vrgl. ebendas. 12 über die δύναμις u. 1019. b. 15 ff. über ἀδυναμία.

***) *Poet. cap. XXVI.* §. 6. ἀδυναμία Vrgl. meine Beiträge z. Erkl. d. P. S. 146. 5. ὡς παρὰ τὴν ὀρθότητα τὴν κατὰ τέχνην.

†) *Magn. mor. I.* 19. (145. 20.) τὰ κάλλιστα μιμεῖσθαι.

gebenen Volke und seinen socialen Verhältnissen entspricht; so auch kann der Arzt vielleicht nicht gesund machen, aber doch lindern; so kann der Dichter vielleicht nicht die höchste Tragödie erreichen, aber doch die, welche nach dem gegebenen Mythus möglich ist, oder er darf, wenn er auch nicht durch den reinen Anblick des Schönen die Gebildeten glückselig macht, doch wenigstens durch Spass und Aufregung die Menge von den anspannenden Mühen des Lebens in süsser Erholung befreien.

Anhang zum V. Capitel.

Von den Werken der Kunst, die durch Zufall entstehen können.

Es wurde S. 84 das Problem erwähnt, wie es zugehe, dass einige Werke der Kunst auch durch Zufall entstehen können, andre niemals, z. B. wohl einmal die Gesundheit, aber niemals ein Haus oder Tanz.*) Die Aristotelische Erklärung desselben ist jetzt sehr einfach. Es liegt nämlich auf der Hand, dass dies nur geschehen kann, wo der Stoff selbst die Möglichkeit der Bewegung und daher einen Theil oder die meisten der Bedingungen in sich enthält, durch welche das Werk entsteht.**)

---

*) *Metaphys.* Buch VII. 9. 1034. a. 9. *Ἀπορήσειε δ' ἄν τις, διὰ τί τὰ μὲν γίγνεται καὶ τέχνῃ καὶ ἀπὸ ταὐτομάτου, οἷον ὑγίεια, τὰ δ' οὐ, οἷον οἰκία.*

**) Ebendas. *Αἴτιον δ' ὅτι τῶν μὲν ἡ ὕλη ἡ ἄρχουσα τῆς γενέσεως — — ἐν ᾗ ὑπάρχει τι μέρος τοῦ πράγματος, ἡ μὲν τοιαύτη ἐστὶν οἵα κινεῖσθαι ὑφ' αὑτῆς — —*

Z. B. wenn die Gesundheit wiederhergestellt werden soll durch die Kunst, und dies etwa durch Erzeugung von Wärme erreicht werden kann, so enthält der Körper die Möglichkeit derselben schon in sich, und sie kann durch eine zufällige Bewegung oder ein zufälliges Annähern von Feuer erzeugt werden. Derjenige Umstand wird desshalb dieses Werk der Heilkunst, die Gesundheit, zufällig hervorbringen, welcher Wärme in seinem Gefolge hat*) und daher das thut, was die Kunst als rationales Vermögen vorschreiben würde. — Einige Stoffe haben nun zwar die Möglichkeit, sich aus sich selbst zu bewegen, aber nicht in der bestimmten Form, z. B. nicht in der Form der Tanzbewegungen**) und können desshalb niemals ohne rationale Leitung das fragliche Werk der Kunst erzeugen. Andre können überhaupt in einer gewissen Form und Richtung nur von Aussen bewegt werden, z. B. die Steine zwar nach Unten von selbst, aber nach Oben zu der Form des Hauses nur durch eine äussere Ursache.***)

Es ist daher klar, dass durch diese scheinbare Ausnahme das Grundgesetz des gleichnamigen Entstehens†) nur bestätigt wird; denn auch hier ist nicht der Zufall der Grund für das Werk der Kunst, sondern dieses lag in der dem lebendigen Stoffe immanenten Form, die zur Entbindung für gewöhnlich die

---

*) Ebendas. *θερμότης γὰρ ἡ ἐν τῇ κινήσει θερμότητα ἐν τῷ σώματι ἐποίησεν, αὕτη δ' ἐστὶν ἢ ὑγίεια ἢ μέρος κ. τ. λ.*

**) Ebendas. 1034. a. 14. *Πολλὰ γὰρ δύναται μὲν ὑφ' αὑτῶν κινεῖσθαι, ἀλλ' οὐχ ὡδί, οἷον ὀρχήσασθαι.*

***) Ebendas. a. 16. *Ὅσων οὖν τοιαύτη ἡ ὕλη, οἷον οἱ λίθοι, ἀδύνατον ὡδὶ κινηθῆναι εἰ μὴ ὑπ' ἄλλου, ὡδὶ μέντοι ναί.*

†) Vrgl. S. 72 oben.

Hülfe der Kunst erwartet, aber auch durch einen zufälligen Umstand zur Selbstdarstellung gebracht werden kann. Da also diese natürliche organische Disposition die Voraussetzung der zufälligen Hervorbringung ist, so kann dasselbe auch nur in den Künsten der Wirklichkeit eintreten und zwar nur in denen, welche zu der Wirksamkeit der natürlichen Kräfte bloss einen oder wenige Reize hinzuzubringen brauchen.

Specieller Theil.

Erste Abtheilung.

Von der nützlichen Kunst.

Der systematische Zusammenhang.

Obgleich das Hauptinteresse in dieser ganzen Untersuchung die Theorie der Tragödie bildet, so schien es mir doch unumgänglich, die bisher vernachlässigte Philosophie der Kunst im Ganzen soweit wieder nach ihren Gränzen und Gliedern aufzuzeigen, dass die besonderen Oerter dadurch ihr Licht auch nicht bloss von zufälligen Reflexen her, sondern aus dem Ganzen und der Quelle erhalten könnten. Ich habe daher, soweit dies an und für sich möglich und durch die Aristotelische analogisirende Betrachtungsweise indicirt war, in dem allgemeinen Theile alle gemeinsamen Grundlagen der beiden Kunstrichtungen erörtert und wende mich nun zu dem speciellen Theile. Wenn ich hier demgemäss auch den nützlichen Künsten der Wirklichkeit eine kurze Betrachtung gönnen musste, so geschah dies natürlich nur, um den systematischen Zusammenhang dieser Gebiete untereinander und mit der praktischen Philosophie desto klarer zur Anschauung zu bringen. Ehe ich nun auf diese speciellen Theile näher eingehe, muss ich hier nochmals hervorheben, wie gross die systematische Kraft unseres Philosophen war, dass er den von den späteren Philosophen gänzlich vernachlässigten zweiten Theil der Künste, nämlich der nützlichen, mit unter den Grundbegriff der Kunst eingeordnet und dadurch für sie, die sonst für die Wissenschaft ganz wegfielen oder nur nebenbei erwähnt wurden, den ihnen zukommenden systematischen Ort genau beschrieben und festgestellt hat. Dies allein verdient schon die grösste Aufmerksamkeit, und die Lehrbücher der Geschichte der Philosophie, welche bisher von der Kunstphilosophie des Aristoteles entweder gar keine Notiz nahmen oder bloss an seine Theorie der Tragödie dachten, werden ihm hierin nachträglich die gebührende Genugthuung zukommen lassen müssen.

1. Die Architektonik der Künste.

Die Kunst hat, wie wir sahen, darin ihren Ursprung, dass die Natur den Menschen nicht vollkommen machen konnte. Sie erzeugt ihn ohne Schuhe und ohne Kleider und ohne Waffen; aber sie gab ihm dafür das Vermögen zu sehr vielen Künsten und rüstete ihn mit einem Werkzeug vor allen Werkzeugen aus, mit der Hand, um sich nach Wunsch und Bedürfniss alles das hervorzubringen, was sie ihm nicht selbst fertig bringen konnte. Darum geht es dem Menschen besser, als den Thieren, welche die Schuhe, die ihnen die Natur gegeben, auch beim Schlafen nicht ablegen und ihre Kleider bei keiner Gelegenheit ausziehen und die Waffen nicht je nach dem Zweck des Gebrauches wechseln können.*) Die

*) *De part. anim. IV.* 10. *ὁ γὰρ φρονιμώτατος πλείστοις ἂν ὀργάνοις ἐχρήσατο καλῶς, ἡ δὲ χεὶρ ἔοικεν εἶναι οὐχ ἓν ὄργανον, ἀλλὰ πολλά· ἔστι γὰρ ὡσπερεὶ ὄργανον πρὸ ὀργάνων. Τῷ οὖν*

Thiere müssen auch die Nahrung nehmen, wie sie dieselbe finden; der Mensch aber durch die Kunst zähmt und veredelt selbst die Früchte des Feldes, deren die Natur nicht Herr werden und sie nicht gehörig zu ihrer Vollkommenheit verkochen konnte.*) Die scheinbare Unfertigkeit und Unvollkommenheit also, in welcher die Natur des Menschen gelassen ist, darf vielmehr als eine grössere Vollkommenheit betrachtet werden, da der Mensch in dem Vermögen zur Kunst das Mittel erhielt, um alle seine Bedürfnisse durch eigne Arbeit und nach eigenem Ermessen, je nach den obwaltenden Umständen, zu befriedigen. Sehr anschaulich erläutert es auch Aristoteles, dass die Künste als rationale Vermögen in der Erkenntniss des Allgemeinen und in der bleibenden Fertigkeit für jeden Fall das Nützliche hervorzubringen, bestehen. Wenn uns jemand, sagt er, eine Kunst zu überliefern verspricht, wodurch die Füsse vor Schmerz geschützt werden, dann aber nicht die Schusterkunst lehrt, und nicht eine Fertigkeit, durch welche man dergleichen sich jedesmal verschaffen kann, sondern statt dessen viele verschiedene Sorten von Schuhen

---

πλείστας δυναμένῳ δέξασθαι τέχνας τὸ ἐπὶ πλεῖστον τῶν ὀργάνων χρήσιμον τὴν χεῖρα ἀποδέδωκεν ἡ φύσις. Ἀλλ' οἱ λέγοντες ὡς συνέστηκεν οὐ καλῶς ὁ ἄνθρωπος, ἀλλὰ χείριστα τῶν ζῴων (ἀνυπόδητόν τε γὰρ αὐτὸν εἶναί φασι καὶ γυμνὸν καὶ οὐκ ἔχοντα ὅπλον πρὸς τὴν ἀλκήν), οὐκ ὀρθῶς λέγουσιν· τὰ μὲν γὰρ ἄλλα μίαν ἔχει βοήθειαν, καὶ μεταβάλλεσθαι ἀντὶ ταύτης ἑτέραν οὐκ ἔστι, ἀλλ' ἀναγκαῖον ὥσπερ ὑποδεδεμένον ἀεὶ καθεύδειν κ. τ. λ.

*) *Problem.* XX. 12. — οὐ μὴ ἐδύνατο κρατῆσαι ἡ φύσις — — — ἡ δὲ γεωργία πέττει καὶ ἐνεργὸν ποιεῖ τὴν τροφήν· ἐξ ἧς συνίστανται οἱ ἥμεροι καρποί. Ἃ μὲν οὖν ἐκ τοιαύτης γίνεται ἡμερότητος, ἥμερα καλεῖται διὰ τὸ ἀπὸ τέχνης ὠφελεῖσθαι, ὥσπερ παιδευόμενα.

hergiebt, so hat dieser zwar dem Bedürfniss abgeholfen, aber keine Kunst überliefert.*)

Wir sahen in Capitel IV. des allg. Th., dass die ganze Kunstthätigkeit von dem Princip des Zwecks beherrscht wird; in Capitel VI. bei der Betrachtung des Zwecks der Kunst zeigte sich, dass die einzelnen Zwecke der verschiedenen Künste zu einander in Ueber- und Unterordnung stehen und dass alle nützlichen Künste einem höchsten Zwecke dienen, nämlich der Glückseligkeit. In diesem Verhältniss besteht nun die Architektonik der Künste; ein Ausdruck, der Holzbearbeitung entlehnt, und ebenso auf die Heilkunst (Vrgl. III. Cap. No. 5.) und auf alle Künste angewendet.

Nun ist jede Kunst auf ihren eignen besondern Zweck hingewiesen und es nützt ihr nichts, die andern Zwecke oder die Allgemeinheit aller zu erkennen. Der Weber, der Zimmermann, der Arzt, der Feldherr u. s. w. werden nicht klüger dadurch in ihrer besondern Aufgabe, wenn sie die Idee des Guten erkennen, sondern jeder hat sein eignes Gut als Ziel, z. B. Gesundheit, Sieg, Haus u. s. w. Jeder bekommt aber Belehrung und Befehl von der nächst übergeordneten Kunst.**) Und da alle Künste nur den Bedürfnissen des menschlichen Lebens dienen, so muss das menschliche Gut, zu dessen

---

*) *De sophist. elench.* 34 Schl. *ὥσπερ ἂν εἴ τις ἐπιστήμην φάσκων παραδώσειν ἐπὶ τὸ μηδὲν πονεῖν τοὺς πόδας, εἶτα σκυτοτομικὴν μὲν μὴ διδάσκοι, μηδ᾽ ὅθεν δυνήσεται πορίζεσθαι τὰ τοιαῦτα, δοίη δὲ πολλὰ γίνη παντοδαπῶν ὑποδημάτων· οὗτος γὰρ βεβοήθηκε μὲν πρὸς τὴν χρείαν, τέχνην δ᾽ οὐ παρέδωκεν.* Die Stelle dient zur Kritik der unwissenschaftlichen Lehrmethode des Gorgias.

**) *Eth. Nicom. I.* 4.

Gunsten sie schaffen, schliesslich eine selbständige Fülle oder Autarkie des Lebens enthalten.*) Und die Erkenntniss dieses höchsten autarkischen menschlichen Gutes wird daher massgebend sein für das ganze System aller Künste, von denen jede an ihrer Stelle nur einen kleinen Dienst beiträgt. Diese architektonische Erkenntniss hat der Staatsmann.**) Das Gut, das er erkennt und darzustellen sucht, umfasst alle die Güter, welche die Zwecke der einzelnen Künste sind. Es entsteht hier nun die interessante Frage, ob diese Staatsweisheit selbst eine Kunst ist oder eine Tugend? ob daher die Kunst dem Handeln untergeordnet ist und wie diese Beziehung genauer festzustellen?

2. Die vier Lebensweisen und die Kunst.

Vorher betrachten wir aber die merkwürdige Eintheilung der Lebensweisen, welche Aristoteles in den Nikomachien giebt. Er spricht dort 1. vom Genussleben und findet dies des Menschen unwürdig. 2. Das politische Leben hat seine Ziele in der Ehre und der Tugend; aber auch darin liegt noch nicht die Erfüllung. 3. Das theoretische Leben allein er-

---

*) Ebendas. cap. 5. *φαίνεται μὲν γὰρ ἄλλο ἐν ἄλλῃ πράξει καὶ τέχνῃ — — ἐν ἰατρικῇ μὲν ὑγίεια, ἐν στρατηγικῇ δὲ νίκη, ἐν οἰκοδομικῇ δ' οἰκία, ἐν ἄλλῳ δ' ἄλλο, ἐν ἁπάσῃ δὲ πράξει καὶ προαιρέσει τὸ τέλος — — ὥστ' εἴ τι τῶν πρακτῶν ἁπάντων ἐστὶ τέλος, τοῦτ' ἂν εἴη τὸ πρακτὸν ἀγαθόν — — — τὸ δ' αὔταρκες τίθεμεν, ὃ μονούμενον αἱρετὸν ποιεῖ τὸν βίον καὶ μηδενὸς ἐνδεᾶ.*

**) *Eth. Nicom. VII. 12. περὶ ἡδονῆς καὶ λύπης θεωρῆσαι τοῦ τὴν πολιτικὴν φιλοσοφοῦντος· οὗτος γὰρ τοῦ τέλους ἀρχιτέκτων, πρὸς ὃ βλέποντες ἕκαστον τὸ μὲν κακὸν τὸ δ' ἀγαθὸν ἁπλῶς λέγομεν.*

hält den höchsten Preis. Neben diesen Dreien unterscheidet er nun noch 4. das Leben zum Gelderwerb. Seine Beurtheilung desselben ist vielfach missverstanden.*) Er nennt es *βίαιος*. Man hat dies Wort activisch genommen und darin eine Neigung zu Gewaltthätigkeiten gefunden, weil die Kaufleute betrügerisch und räuberisch wären *(quae autem vita in pecuniae quaerendae studio consumitur, ea latrocinium sapit)*. Nichts spasshafter als diese Deutung. Der Sinn ist höchst einfach zu erkennen, wenn man nur bedenkt, dass der Gelderwerb wegen der nothwendigen Lebensbedürfnisse stattfindet, also nur erzwungen ist, da Niemand zum Vergnügen, um der Sache selbst willen sich mit derlei Arbeiten plagen würde. Aristoteles will also sagen, es sei das ein Nothstand. Wie Plato im Phädon sagt: „Geld zu erwerben werden wir durch den Leib gezwungen, als Sclaven in seinem Dienste.“**) Ebenso spricht Aristoteles in der Politik von *βίαιος τροφή* oder *ἀναγκοφαγίαι*,***) indem nicht die Nahrung gewaltthätig ist und räuberisch, sondern weil wir zu ihr gezwungen werden, um stärkere Kräfte zu gewinnen. Es ist das erzwungene Essen gemeint. Am deutlichsten sieht man seine Auffassung durch die Paraphrase der Eudemien, wo diese vierte Lebensweise von vornherein von dem Anspruch auf ein glückseliges Leben abgewiesen wird, weil „man sich darin nur um der noth-

---

*) *Eth. Nicom.* I. 3. ὁ δὲ χρηματιστὴς βίαιός τίς ἐστιν, καὶ ὁ πλοῦτος δῆλον ὅτι οὐ τὸ ζητούμενον ἀγαθόν· χρήσιμον γὰρ καὶ ἄλλου χάριν.

**) *Phaed.* 66. *D.* τὰ δὲ χρήματα ἀναγκαζόμεθα κτᾶσθαι διὰ τὸ σῶμα, δουλεύοντες τῇ τούτου θεραπείᾳ.

***) *Polit.* VIII. 4.

wendigen Lebensbedürfnisse willen bemühte."*) Der Gegensatz liegt also überall in dem Freiwilligen (ἑκουσίως) und dem Selbstzweck.

Fragt man nun, zu welcher Lebensweise Aristoteles die Kunst gerechnet habe, so bleibt nur eine Auswahl zwischen der politischen, theoretischen oder chrematistischen. Es ist aber schwer da zu wählen. Theilen wir lieber die Betrachtung nach der nachahmenden und nützlichen Kunst. Die nachahmenden Künstler treiben zwar keine Staatsgeschäfte und sorgen weder für das Heilsame des Gemeinwesens in den berathenden Versammlungen, noch für die Gerechtigkeit in den Gerichtshöfen; aber man kann doch nicht läugnen, dass ein freier Mann, auch ein Staatsmann, sich mit Dichtkunst und Citherspiel und Malerei abgeben darf, da Aristoteles ja selbst in seinem besten Staat die Erziehung in diesen Künsten fordert. Das politische Leben verhält sich nicht ausschliessend dagegen. Auch zum theoretischen Leben kann die nachahmende Kunst in Beziehung gesetzt werden, da sie nach der Wahrheit darstellt und sogar einen höheren Rang als die historische Kenntniss des Wirklichen einnimmt. Sie kann freilich auch chrematistisch werden in den Bänkelsängern u. s. w.; allein dieser Gelderwerb ist nicht ihre eigenthümliche Aufgabe und Leistung. Kurz wir müssen sagen: *Aristoteles hat für die schöne Kunst keine besondere Lebensweise angenommen, aber sie doch auch nicht, soweit sie nicht agonistisch und banausisch wird, aus dem glückseligen Leben verbannt.*

Mit den nützlichen Künsten steht es anders. Die

---

*) *Eth. Eud. I. 4.* ἀλλ' ὡς τῶν ἀναγκαίων χάριν σπουδαζομένων.

meisten derselben betreiben an und für sich sclavische Werke, und Aristoteles fordert mit aristokratischer Strenge, dass der Handwerker und Lohnarbeiter in guten Verfassungen Sclave sein solle, weil seine Beschäftigung sich mit dem Beruf des Staatsbürgers nicht verträgt. Aber auch dies gilt nicht von allem Technischen; denn es giebt auch höchst geehrte Künste im Staate, wie die Staatswirthschaftskunst und die Redekunst, deren Betrieb nicht banausisch ist, sondern ebenfalls an dem politischen Leben und an dem theoretischen Theil hat. Auch die Feldherrnkunst ist dahin zu rechnen. Für diese alle ist das Chrematistische nicht wesentlich. Man muss also auch von den nützlichen Künsten sagen, dass sie von Aristoteles nur zum Theil aus dem Kreise der würdigen Thätigkeit des freien Staatsbürgers ausgeschieden sind. Und wie schon oben bewiesen, hat die Eintheilung in schöne und nothwendige Kunst nichts gemein mit der in die freien und banausischen Beschäftigungen.

Das Resultat dieser Betrachtungen ist also, dass Aristoteles kein blosses Künstlerleben kennt, sondern die schöne Kunst als einen Theil des sittlich politischen und theoretischen Lebens auffasst und ebenso auch diejenigen nützlichen Künste, welche mit dem Staate in nächster Beziehung stehen und nur von freien Staatsbürgern ausgeübt werden können. Das Chrematistische mit seinem Prädicat „Nothstand" (*βίαιος*) darf daher nicht bloss auf die nützlichen Künste bezogen werden, sondern gilt ebenso von den schönen Künsten, wenn sie agonistisch werden und ist überhaupt ein blosses *accidens*, das auch der

Wissenschaft zukommen kann, wie Plato schon längst gezeigt hatte.

3. Verhältniss des Technischen zur Politik.

Es ist dies die einzige Frage, mit der wir uns noch zu beschäftigen haben; denn S. 22 f. wurde sie nur berührt. Die geehrtesten nützlichen Künste*) greifen so in das eigentlich sittlich-politische Handeln hinein, dass sie schwer davon zu trennen sind. Wir wollen das Verhältniss an dem Beispiel der Erwerbskunst studieren.

Zuerst müssen wir uns an den Gebrauch der Terminologie bei Aristoteles erinnern, um nicht durch die scheinbaren Widersprüche erdrückt zu werden. Denn *Politik I. 4.* (I. 484. 47.) wird der Besitz ein Theil des Hauses genannt, (sowie I. 3 (I. 489. 45) die Erwerbskunst ein Theil der Regierung des Hauses,) und dennoch *VII. 8.* (609. 39) gründlichst gezeigt, dass er kein Theil desselben sei. Und beides mit Recht, aber in verschiedenem Sinne; da Aristoteles die nothwendigen Bedingungen (*τὰ ὧν οὐκ ἄνευ*) oder Werkzeuge (*ὄργανα*) oft als Theile (*μέρη*) schlechthin bezeichnet, während er strenggenommen nur die Wesenstheile, die im Staate also die freien und gleichen Bürger sind, darunter versteht. Ebenso verhält es sich mit der Erwerbskunst, die bald als ein Theil der Oekonomik gilt, bald wieder nicht.

Der Staat also wie das Haus bedürfen einen hinreichenden Besitz, die Fülle der Mittel (*πλοῦτος*), welche zu den sittlichen Handlungen erforderlich sind. Die Anwendung dieser Mittel ist daher ein

*) *Eth. Nicom. I. 1.*

Theil des staatsmännischen und hausherrlichen Lebens.*) Aber nicht überall sind die Mittel von Natur vorhanden; in vielen Staaten und Haushaltungen muss für den Erwerb derselben gesorgt werden.**) So kommt es, dass die Erwerbskunst (κτητική), welche erforscht, woher Reichthum entsteht, mit zu dem Werke des Staatsmanns will gerechnet sein und Aristoteles sieht sich genöthigt, diese Ansprüche zu prüfen. Dazu theilt er den Erwerb ein in den natürlichen, wodurch der wahre Reichthum geschaffen wird, der durchaus begränzt und bestimmt ist als Werkzeug für das sittlich-politische Leben***) und in den chrematistischen, der auf Geld ausgeht und daher ziellos ist und der natürlichen und sittlichen Grundlage ermangelt. Da der Staat nun der Mittel bedarf, so gehört die lobenswürdige Erwerbskunst auch zum Werk des Staatsmanns. Aristoteles limitirt diesen Satz aber erstens dadurch, dass Alles in dieser Kunst, soweit es Erkenntniss ist, auch würdig und anständig ist;†) während die Ausübung häufig schmutzigen und niedrigen Charakter hat; zweitens dadurch, dass der Staatsmann als solcher strenggenommen auch nur den Gebrauch der Mittel

*) Polit. I. 8. τίς γὰρ ἔσται ἡ χρησομένη τοῖς κατὰ τὴν οἰκίαν παρὰ τὴν οἰκονομικήν;

**) Polit. I. 11. (I. 494. 9.) χρήσιμον δὲ γνωρίζειν ταῦτα καὶ τοῖς πολιτικοῖς· πολλαῖς γὰρ πόλεσι δεῖ χρηματισμοῦ καὶ τοιούτων πόρων, ὥσπερ οἰκίᾳ, μᾶλλον δέ.

***) Polit. I. 8. ἓν μὲν οὖν εἶδος κτητικῆς κατὰ φύσιν τῆς οἰκονομικῆς μέρος ἐστίν· ὃ δεῖ ἤτοι ὑπάρχειν ἢ πορίζειν αὐτὴν ὅπως ὑπάρχῃ, ὧν ἐστὶ θησαυρισμὸς χρημάτων πρὸς ζωὴν ἀναγκαίων καὶ χρησίμων εἰς κοινωνίαν πόλεως ἢ οἰκίας.

†) Polit. I. 11. (I. 492. 44.) πάντα δὲ τὰ τοιαῦτα τὴν μὲν θεωρίαν ἐλεύθεραν ἔχει, τὴν δ' ἐμπειρίαν ἀναγκαῖαν.

zu besorgen hat, den Erwerb aber ebensowenig, wie er die Heilkunst zu verstehen braucht, obwohl er doch auch für die Gesundheit der Stadt zu sorgen berufen ist.*) Er will daher, dass die Erwerbskunst der Staatsweisheit als dienend untergeordnet werde und zwar in der Art, dass sie entweder wie die Spindelbereitungskunst Werkzeuge (zum Spinnen) oder wie die Schmiedekunst den Stoff (für die Statue) liefere.**) Er löst diese Alternative zwar nicht, aber zwischen den Zeilen ist die Antwort zu lesen; denn die Werkzeuge der Kunst dienen zur Hervorbringung von etwas anderem; die Werkzeuge des Lebens aber haben ihren Zweck in ihrem Gebrauche. Durch diesen Unterschied fliesst das Werkzeugliche mit dem Stoff in eine Bedeutung zusammen. Und wir sehen an diesem Beispiele, dass die nützliche Kunst schliesslich das praktische Werkzeug zu den Handlungen liefert und insofern dem sittlichen Leben und seiner Weisheit zum Dienste untergeordnet ist und zwar in despotischer Weise. Denn nicht wird Einwilligung oder freiwilliger Gehorsam verlangt, wie in der königlichen Regierung oder in der Herrschaft der Eltern über die Kinder, und nicht herrscht Gleichheit, wie in der idealen Verfassung, sondern wie die Seele dem

---

*) *Polit. I.* 10. (I. 492. 10.) οὐ γὰρ τῆς ὑφαντικῆς ἔρια ποιῆσαι ἀλλὰ χρήσασθαι αὐτοῖς — — καὶ γὰρ ἀπορήσειεν ἄν τις, διὰ τί ἡ μὲν χρηματιστικὴ μόριον τῆς οἰκονομίας, ἡ δ' ἰατρικὴ οὐ μόριον· καί τοι δεῖ ὑγιαίνειν τοὺς κατὰ τὴν οἰκίαν — — ἐπεὶ δ' ἔστι μὲν ὡς τοῦ οἰκονόμου καὶ τοῦ ἄρχοντος καὶ περὶ ὑγιείας ἰδεῖν, ἔστι δ' ὡς οὔ, ἀλλὰ τοῦ ἰατροῦ οὕτω καὶ περὶ χρημάτων ἔστιν μὲν ὡς τοῦ οἰκονόμου ἔστι δ' ὡς οὔ, ἀλλὰ τῆς ὑπηρετικῆς.

**) *Polit. I.* 8. Anf. ὑπηρετική.

Leibe despotisch gebietet, so der Herr dem Sclav und die Politik den Handwerken und nützlichen Künsten überhaupt, *als welche nur einem ausser ihnen liegenden Zweck dienen und nicht Selbstzweck sind.**) Es stimmt damit völlig überein, dass Aristoteles die ganze nützliche Kunst, *soweit sie nicht bloss theoretisch ist und befehlend*, in den Zustand politischer und socialer *Sclaverei* gebracht hat; denn nur das, womit sich ein freier Bürger beschäftigen kann, ohne für die höhere sittliche und dianoetische Tugend Schaden zu leiden, nur das hat bei ihm Theil an der Regierung.

Scheinbare Inconsequenz.

Es ist natürlich, dass er diesen Standpunkt nicht ohne grosse Schwierigkeiten festhalten konnte; denn wie er schon mit der sogenannten *Nationalökonomie* in's Gedränge gerieth, die er für den Staatsmann fordern und doch wieder ihm absprechen musste: so findet dasselbe auch mit der *Kriegskunst* statt; denn die militärische Waffengeschicklichkeit kann auch dem Gesinnungslosen innewohnen, ist also Kunst zu nennen; gleichwohl hat er ihr Theil am Staat geben müssen, weil nur die Mehrheit der Schwerbewaffneten die Verfassung zu erhalten im Stande, und weil die Ausbildung der ethischen Tugend der Tapferkeit mit jener Kunst verwachsen ist. Allein genau genommen

---

*) Daher ist die ganze Lehre vom Besitz oder den praktischen Werkzeugen gewissermassen δεσποτική, obgleich nach dem nächsten Sinne allerdings nur das lebendige praktische Werkzeug dadurch regiert wird. Aristoteles aber hat diese Verhältnisse durchaus auf *einen* Gattungsbegriff gebracht und sie nach dem Bekanntesten benannt.

ist kein Widerspruch vorhanden; denn 1) die Kriegskunst hat nur Antheil am Staat wegen der Bürger, die sie betreiben; 2) zweitens verlangt er für diese keine gladiatorische Kunstausbildung, sondern nur die vollkommene menschliche Entwickelung. 3) Drittens ist diese Kunst nur eine der Tugend in despotischer Weise untergeordnete Macht (δύναμις), ebenso wie auch der Gebrauch des Heeres von der Entscheidung der souveränen Gewalt im Staate abhängt.

Nothwendiger Weise mussten sich auch Schwierigkeiten in dem Begriff des Ethischen und Politischen selber einstellen; denn da das Ethische aus der Innerlichkeit der Gesinnung in die Wahrnehmung tritt und bestimmte äussere Erfolge hervorbringt, so hat Aristoteles die Kräfte, wodurch dieser Erfolg möglichst gelungen erreicht wird, mit in das Ethische und Politische aufnehmen und darin binden müssen; also die nicht-ethische Klugheit (δεινότης) und in der Politik auch den Verstand, welcher für jeden beliebigen (auch widernatürlichen und widerrechtlichen) Zweck (καϑ' υπόϑεσιν) die hinreichenden Mittel und Wege zu finden weiss. Er nennt diese Kräfte aber nicht Künste, weil er sie nicht verselbständigen will, sondern sie richtig verstanden als blosse Momente in der praktischen Weisheit und der wahren Staatswissenschaft mit eingeschlossen hält. Gleichwohl ist es doch unzweifelhaft, dass die Handlung, wenn sie zum äusseren Erfolg wird und als solcher, nicht bloss nach der Absicht, beurtheilt wird, eine Lebenskunst und im politischen Gebiete eine Staatskunst voraussetzt. Man mag dabei immer anerkennen, dass Aristoteles mit eindringender Schärfe für alle diese Kräfte die Norm allein in die Erkenntniss des sittlich Weisen und seine

Gerechtigkeit gesetzt hat: man muss doch zugleich behaupten, dass von ihm der feinere Zusammenhang der Kunst und der Handlung, welcher durch die modernen Controversen problematisch wurde, philosophisch nicht weiter aufgeschlossen ist. Es bietet sich auch in seinem Systeme kein Platz, das Sittliche mit der schönen Kunst näher in Beziehung zu setzen, und Aristoteles würde die moderne Auffassung von einer schönen Sittlichkeit und die Anwendung des Aesthetischen auf die Gestalt des geselligen und öffentlichen Lebens als eine Begriffsverwirrung betrachtet haben, da soweit die Kunst an der Handlung betheiligt ist, um den schönen Schein zu weben, ebensoweit auch die Sittlichkeit zurücktritt, welche nur aus der Gesinnung handelt; die Kunst als bloss nachahmend hat nach ihm auch nicht wie die Tugend die Aufgabe, Wirklichkeit zu bilden, und die Grazien und der Takt, welche die Modernen für das Schöne reserviren, sind für ihn immanente Attribute des Guten.

4. Die Baukunst.

Es ist interessant zu betrachten, welche Stellung die Baukunst bei Aristoteles erhalten muss. Die neueren Aesthetiker haben sie meistens obwohl mit einigen einschränkenden Worten zu den schönen Künsten gezählt, und zwar die Einen, weil ihr Begriff von denselben nicht bestimmt genug war, die Andern, weil sie von der eminenten ästhetischen Wirkung der Bauwerke getroffen lieber inconsequent sein wollten, noch andre endlich verstehen unter Nachahmung etwas ganz Besonderes. Für Aristoteles konnte bei seinem bestimmten Begriff von der Nachahmung gar kein Zweifel entstehen. Dass die Gebäude nicht nachahmen, und speciell nicht Handlungen und das menschliche

Schicksal darstellen, liegt zu sehr auf der Hand; ebensowie andrerseits die Abhängigkeit des Hauses von den äusseren Zwecken, wodurch die Baukunst durchaus mit den andern nützlichen Künsten auf eine Linie tritt. Er spricht daher niemals von ihr, wenn er die schönen Künste gliedert und vergleicht, und nichts ist so sehr gegen den Sinn des Aristoteles, wie Westphal's moderne, angeblich antike Eintheilung, nach welcher Architektur, Plastik und Malerei zusammengehören sollen als apotelestische Künste. Ich werde darüber ausführlich handeln, und bemerke hier nur, dass die Baukunst allerdings apotelestisch ist, aber so wie andre nützlichen Künste mehr z. B. die Schusterkunst, welche auch ein äusseres Werk fertig macht.

Die Zwecke der Baukunst hat Aristoteles nicht einzutheilen versucht, sondern bemerkt nur beiläufig, *(Phys. III. 9.* Anf.*)*, dass man baue etwa um etwas zu verbergen oder zu erhalten (*ἕνεκα τοῦ κρύπτειν ἄττα καὶ σώζειν*) und an einer andern Stelle *(Polit. VII. 11.)* um Schutz gegen Angriffe zu gewähren (*πρὸς ἀσφάλειαν*); wieder an einer andern *(De anim. I. 1.)* definirt er so, es bestehe der Zweck des Hauses in einer bedeckenden Einschliessung, welche im Stande sei, den von Wind und Regen und Sonnengluth drohenden Verderb abzuhalten.*) Man sieht leicht, dass diese Zwecke nur darauf gehen, wie er es ausdrückt, dem Mangelnden der Natur, die den Menschen ohne Schuhe und Kleider erzeugt, **) nachzuhelfen und das zu vollenden, was die Natur allein nicht fertig bringen konnte. Nebenbei entgeht es ihm nicht, dass diese

*) *ὥσπερ οἰκίας ὁ μὲν λόγος τοιοῦτος ἂν εἴη, ὅτι σκέπασμα κωλυτικὸν φθορᾶς ὑπ' ἀνέμων καὶ ὄμβρων καὶ καυμάτων.*

**) *De part. anim. IV.* 10. *(Did. III.* 290. 33.)

Werke ausserdem noch einer Verschönerung fähig sind, und so setzt er es ausdrücklich als Polizei-Maxime in seinem Idealstaat fest, dass sowohl an den Befestigungen, als in der Anlage der Privatwohnungen das Schmückende (*κόσμος*) als zweiter Gesichtspunkt berücksichtigt werden müsse neben der Sicherheit. Unter diesem Schmuck sind wohl die allgemeinsten mathematischen Bedingungen des Schönen verstanden. Es ist merkwürdig, dass Aristoteles von dieser Wahrnehmung aus nicht auch das Nachahmende in der Baukunst fand, da er doch z. B. die Musik als eine im eminenten Sinne nachahmende Kunst betrachtet. Wir wollen bei der Theorie der Musik auf diese Frage zurückkommen.

Die Baukunst gilt ihm sonst als ein deutliches Beispiel für die Zucht, welche der Zweck über die wirkenden Ursachen ausübt. Er zeigt an ihr die Verkehrtheit, die Welt bloss aus Kräften und blinder Nothwendigkeit zu erklären; es wäre das ebenso, sagt er, wie wenn man behauptete, es sei im Gebäude das Fundament und die Quadersteine unten, weil sie am Schwersten wären und die leichtere Erde höher und das Leichteste, das Holz, am Obersten.*) — Vom leitenden Baumeister verlangt Aristoteles, er müsse, da die Kunst es macht wie die Natur, und die Natur sowohl Formprincip als auch Materie ist, nicht bloss die Form des Hauses wissen, sondern auch Einsicht

*) *Phys. II.* 9. Anf. Mit der Erde (*γῆ*) meint er wohl den Fussboden über dem Fundament. In den Privathäusern waren übrigens auch die Wände, wie noch jetzt in Egypten, von Erde (Lehm). — Auch diese Analogie des Gebäudes mit der idealen Ordnung im Weltbau verführt Aristoteles nicht, der Baukunst den Charakter einer nachahmenden Kunst zuzuschreiben.

von dem Baumaterial haben, von den Ziegeln und dem Holz, wie der Arzt nicht bloss das Wesen der Gesundheit zu erkennen hat, sondern auch die Beschaffenheiten von Galle und Schleim.*) Eine Forderung, die bei Vitruvius nachdrücklich geltend gemacht wird und zu ihrem Rechte kommt. — Die Baukunst ist Aristoteles auch das deutlichste Beispiel für den Charakter der Kunst als Bewegung im Gegensatz zu der vollkommenen Thätigkeit (ἐνέργεια); denn ihre Arbeit zerlegt sich in eine bestimmte Reihenfolge einzelner Verrichtungen, wie z. B. erst die Tambourstücke der Säule gelegt werden müssen, ehe die Canellirung (ῥάβδωσις) beginnt, und wie Basis und Triglyph nur ein Stück der Arbeit sind. Die Kunstleistung schliesst in diesen Bewegungen ab, da das fertige Werk als Zweck der Arbeit äusserlich bleibt.**) Die Säulen sind bei Aristoteles nicht ein Luxus, sondern er fasst sie wesentlich als Stützen. Die schweren Decken, welche der Bestimmung des Hauses gemäss schützen und verbergen sollen, würden ihrer eigenen Bewegung folgend zu Boden stürzen, wenn nicht ein kräftiger Widerstand sie in ihrem Naturtriebe hinderte und es steht in der nächsten Analogie damit die von den Dichtern besungenen Arbeit des Atlas, der den Himmel hindert, zur Erde zu stürzen.***) Man erkennt, wie leicht von dieser Analogie aus ein Schritt weiter gethan und die Baukunst in der That als eine Nachahmung der Natur aufgefasst werden konnte, freilich nicht als Nachahmung des menschlichen Lebens, aber doch als Nachahmung der elementaren Naturkräfte,

*) *Phys. II. 2. De anim. I. 1. §. 11.* Vrgl. über diese Art von Nachahmung der Natur oben S. 103.

**) *Eth. Nicom. X. 3.* Vrgl. oben S. 46.

***) *Metaphys. Δ.* 1023. a. 19.

welche drücken und widerstehen und dadurch wenigstens die Gestalt der Erde bedingen. Allein diesen Schritt that Aristoteles nicht und würde manch kritisches Wort dagegen übrig haben, besonders da für ihn der Himmel nicht auf die Erde drückt, sondern seiner Natur gemäss wie die Erde einen bestimmten Platz inne hat.

5. Stellung der Redekunst.
Warum keine schöne Kunst.

Mit Recht wird man fragen, welche Stellung Aristoteles der Redekunst gegeben habe? Dass sie keine schöne Kunst ist, versteht sich nach seiner Definition gleich von selbst; denn es fällt dem Redner, welcher das Volk zu berathen sucht oder einen Angeklagten vertheidigt oder eine Lobrede hält, nicht im Entferntesten ein, nachzuahmen. Vielmehr hat der Redner immer damit zu thun, einen historisch gegebenen Fall unter allgemein zugestandene Gesichtspunkte zu bringen, und dadurch die Zuhörer zu einem Urtheil zu bewegen. Während die schöne Kunst ein allgemein Mögliches in Form eines Einzelnen für die Phantasie darstellt: so hat die Redekunst immer nur mit der Wirklichkeit zu thun und zwar mit der Beurtheilung der Wirklichkeit. Denn des Redners Aufgabe ist gelöst, wenn dem Zuhörer, welcher Richter ist, die Ueberzeugung entsteht, dass nützlich oder schädlich, gerecht oder ungerecht, löblich oder schändlich das sei, was der Redner ihm als solches dargestellt hat. Es handelt sich also für die Redekunst nur um die sittlich-politische Beurtheilung des wirklichen Lebens und es ist Aristoteles daher auch nicht einmal der Gedanke gekommen, diese Aufgabe mit dem Ziele der schönen oder nachahmenden Künste zu vergleichen. Diejenigen, welche wegen der bis zu einem gewissen Grade erlaubten Anwendung poetischer Redemittel, oder „allein wegen ihrer Formvollendung“ sie „auf eine Rangstufe mit der Poesie und Malerei“ bringen wollen,*) verkennen durchaus die Aristotelische Lehre und argumentiren überhaupt ohne ersichtlichen systematischen Zusammenhang.

Ist sie Kunst, Kraft oder Wissenschaft?

Es folgt aus diesen Betrachtungen unmittelbar, dass sie eine nützliche Kunst ist. Denn kaum dürfte man es in Frage stellen wollen, sie überhaupt unter die Künste zu zählen. Zwar wird sie von Aristoteles nicht als Kunst (τέχνη) definirt, sondern als Vermögen (δύναμις), aber dies that er bloss desswegen, weil der Gegenstand, über welchen der Redner zu sprechen hat, erst immer von der Gelegenheit dargeboten werden muss. Auf dieses mögliche Object kann daher nur eine Kraft gerüstet sein, d. h. nicht ein bestimmtes Formprincip. Aber diese Kraft ist wirksam gemäss der Kunst (τέχνη) d. h. gemäss den allgemeinen Regeln, die aus der Beobachtung und Erfahrung über die Gründe der Ueberzeugung (πίστις) entstanden sind, so dass die Rhetorik doch immerhin eine Kunst wie die andern auch genannt werden muss. Sie als Wissenschaft zu betrachten, weil sie halb der Politik, halb der Dialektik ihre Prämissen

*) Joseph Liepert: Aristoteles und der Zweck der Kunst. Passau 1862. S. 26. Die neuen, aber bloss Ferment bietenden Ansichten, welche Liepert in diesem kleinen geistreich geschriebenen Aufsatz über die Furcht und die Katharsis entwickelt, werde ich im folgenden Bande berücksichtigen.

verdankt,*) wird wohl niemandem einfallen; da sie ja nicht wie die Wissenschaften Selbstzweck ist, nicht um der Erkenntniss selbst willen gesucht wird, sondern nur um des Nutzens willen.

Zweck der Rhetorik.

Aristoteles bezeichnet ihren Nutzen in tiefsinniger Weise. Er stellt sie als eine der geehrtesten Künste in den Dienst der Politik, d. h. der Staatsweisheit, indem ihr privater Gebrauch ja denselben Gesichtspunkten unterliegt.**) Da die Handlungen der Menschen von der Ueberzeugung (*πίστις*) abhängen und die Ueberzeugung von der Erkenntniss der Sache, aber auch von unsern Affekten bedingt ist, so kann der Fall eintreten, dass unsre Ueberzeugung irregeleitet nicht nach der Wahrheit und Gerechtigkeit sich bestimmt. In dem Wahren und Gerechten aber liegen die objectiven Güter des Staats, und wir erleiden Schaden durch die Urtheilssprüche der gesetzgebenden

---

*) *Rhetor. I. 2. (Did. I. 313. 43.)* *ὥστε συμβαίνει τὴν ῥητορικὴν οἷον παραφυές τι τῆς διαλεκτικῆς εἶναι καὶ τῆς περὶ τὰ ἤθη πραγματείας.*

**) *Eth. Nicom. I. 1.* *ὁρῶμεν δὲ καὶ τὰς ἐντιμοτάτας τῶν δυνάμεων ὑπὸ ταύτην* (d. h. unter der Politik) *οὔσας, οἷον στρατηγικὴν, οἰκονομικὴν, ῥητορικήν.* Wenn er dann fortfährt: *Χρωμένης οὖν ταύτης ταῖς λοιπαῖς πρακτικαῖς τῶν ἐπιστημῶν κ. τ. λ.* so ist das wieder ein Beispiel für die gänzliche Verwirrung, in welche man gerathen müsste, wollte man ihn nach seiner eigenen Terminologie erklären. Denn die *ἐπιστῆμαι* haben nichts mit *πρᾶξις* zu thun und die oben erwähnten *δυνάμεις* sind keine *ἐπιστῆμαι.* Der Sinn ist aber trotzdem sehr klar. Er versteht unter Wissenschaften eben jene Kräfte oder Künste, nämlich Finanzwirthschaft, Feldherrnkunst und Redekunst und nennt diese praktisch, nicht weil sie handelten, sondern weil sie zur Handlung instrumental dienen.

Versammlungen und der Gerichte, wenn in diesen nicht das, was die Natur zum Stärkeren gemacht hat, zum Siege kommt, sondern das an sich schwächere Unwahre und Ungerechte.*) Und Aristoteles bezeichnet es als tadelnswürdig, wenn wir im Besitze der grösseren Kraft, welche die Natur der Gerechtigkeit verliehen hat, uns dennoch von der an sich schwächeren Unwahrheit aus Nachlässigkeit besiegen lassen. Die Rhetorik hat also wie alle nützlichen Künste, den Zweck, der Natur zu Hülfe zu kommen, um das, was diese allein nicht fertig bringen kann, zu ermöglichen, nämlich dass die Ueberzeugung von dem Wahren und Gerechten auch in jedem gegebenen Falle stärker als das Ungerechte und massgebend für unsre Handlungen werde.**)

---

*) *Rhetor.* I. 1. *χρήσιμος δ' ἐστὶν ἡ ῥητορικὴ διά τε τὸ φύσει εἶναι κρείττω τἀληθῆ καὶ τὰ δίκαια τῶν ἐναντίων, ὥστε ἐὰν μὴ κατὰ τὸ προσῆκον αἱ κρίσεις γίγνωνται, ἀνάγκη δι' αὐτῶν* (ich supplire: *διὰ τῶν φύσει ἡττόνων*) *ἡττᾶσθαι· τοῦτο δ' ἐστὶν ἄξιον ἐπιτιμήσεως.*

**) Ebendas. *Τὰ μέντοι ὑποκείμενα πράγματα οὐχ ὁμοίως ἔχει, ἀλλ' ἀεὶ τἀληθῆ καὶ τὰ βελτίω τῇ φύσει εὐσυλλογιστότερα καὶ πιθανώτερα ὡς ἁπλῶς εἰπεῖν.* Diese ganze Ansicht ist nicht speciell Aristotelisch, sondern schon durch Sokrates vorbereitet. Ich erinnere an Xenophons und Platos Apologie, dann aber auch an Aristophanes Wolken. Die ungerechte Rede sagt dort: „ich ward aus dem Grunde bei den Denkern die schwächere Rede genannt, weil ich zuerst erdachte, in den Processen dem Rechten das Gegentheil entgegenzustellen"

(*ἐγὼ γὰρ ἥττων μὲν λόγος δι' αὐτὸ τοῦτ' ἐκλήθην*
ἐν τοῖσι φροντισταῖσιν, ὅτι πρώτιστος ἐπενόησα
τοῖσι νόμοις ἐν ταῖς δίκαις τἀναντί' ἀντιλέξαι.) v. 1038.

Th. Kock fasst *τοῖς νόμοις* als „den Gesetzen"; allein die Gesetze als solche sind dem Ungerechten nicht verhasst, er kann sie oft sogar zu seiner Deckung brauchen; mir scheint richtiger

Nicht Tugend, sondern Werkzeug.

Sollte noch Jemand fragen, ob die Beredtsamkeit sich nicht auch als sittliche That auffassen liesse, so diene ihm zur Antwort, dass das Sittliche aus der Tugend hervorgeht und die Tugend nicht fähig ist, das Gegentheil des Guten zu wirken, sondern in ihrer Richtung fest und bestimmt, wie die Natur, ist. Die Rhetorik aber kann wie alle Künste und Werkzeuge in entgegengesetzter Weise gebraucht werden, d. h. zum Schaden wie zum Nutzen.*) Sie hat daher den Charakter des blossen Mittels. Als solches ist sie aber eben von Natur dazu bestimmt, werkzeuglich der Tugend zu dienen**) und das was die Natur zum

---

an die allgemeinere Bedeutung von dem Rechten zu denken, wie auch aus dem *νόμιζε μηδὲν αἰσχρόν* v. 1078 und aus den Worten *ἐδιδαξάμην τοῖσιν δικαίοις ἀντιλέγειν* v. 1339 zu sehen. Es wäre dann damit gemeint, was Aristoteles *τἀληθῆ καὶ τὰ δίκαια* nannte, und was *φύσει κρείττω τῶν ἐναντίων* sein soll; freilich mit der Aristophanischen Verwechselung, dass die gute alte Sitte das ewig Rechte darstellt. Die ungerechte Rede fasst es nun gerade als ehrenvoller auf, die schwächere Sache zu vertreten und dennoch zu siegen (v. 1043 *αἱρούμενον τοὺς ἥττονας λόγους ἔπειτα νικᾷν*). Die gerechte Rede aber, welche das von Natur Stärkere vertritt, will an das Publicum appelliren, das doch die Wahrheit und Gerechtigkeit anerkennen müsste, findet jedoch überall *εὐρύπρωκτοι* und erklärt sich besiegt (v. 1102 *ἡττήμεθα*). — Dies Schimpfliche soll nun nach Aristoteles die Redekunst verhüten, dass wer die besseren Waffen hat, dennoch besiegt wird.

*) *Rhet. I.* 1. *Τοῦτό γε κοινόν ἐστι κατὰ πάντων τῶν ἀγαθῶν πλὴν ἀρετῆς, καὶ μάλιστα κατὰ τῶν χρησιμωτάτων, οἷον ἰσχύος, ὑγιείας, πλούτου, στρατηγίας· τούτοις γὰρ ἄν τις ὠφελήσειε τὰ μέγιστα χρώμενος δικαίως καὶ βλάψειεν ἀδίκως.*

**) *Rhet. II.* 5. 15. Daher wird hier wie überall der sittliche Zweck (*ὅταν ᾖ βέλτιον*) als massgebend betrachtet.

Stärkeren gemacht hat, auch für uns zum Siege zu bringen.*)

Die ihr untergeordnete Technik.

Dieser Zweck bedarf nun vieler Mittel, die ihrerseits wieder zu besonderen Zwecken werden, z. B. wenn es besser ist, dass die Volksversammlung in Furcht gerathe, etwa um nicht durch Uebermuth zur richtigen Beurtheilung der Lage des Staates unfähig zu werden, so muss die Kunst dieses Mittel besitzen, durch die Rede Furcht zu erregen. Der Besitz dieses Mittels ist ein besonderer Zweck. Ebenso können alle Eigenschaften der Rede, auch z. B. ihre Erhabenheit als besonderer Kunstzweck gesucht werden. Diese Aristotelische Auffassung liegt auch bei Longinus zu Grunde, der desshalb die Theorie des Erhabenen von Caecilius tadelt, weil sie keinen grossen Nutzen bringe, da er bloss lehre, was das Erhabene sei; aber nicht das Wichtigere, durch welche Mittel wir es in unsere Macht bekommen.**)

6. Ob die Tragödie ein Werk der nützlichen Kunst ist?

Diese Frage klingt absurd genug; denn es ist dasselbe, als ob man fragte, ob die nachahmenden Künste zu den nützlichen Künsten, oder ob die graden Zahlen zu den ungraden gehörten. Nichtsdestoweniger haben höchst bedeutende Männer bejahend hierauf ge-

---

*) Dieser Gegensatz wird dialektisch behandelt und ausführlich exemplificirt *De soph. elench.* 25.

**) *Long. de sublim.* I. 1. *οὐ πολλὴν ὠφέλειαν — — ἐπὶ πάσης τεχνολογίας — — πῶς ἂν ἡμῖν αὐτὸ τοῦτο καὶ δι' ὧν τινων μεθόδων κτητὸν γένοιτο.*

antwortet; doch wie ich glaube, nur weil sie die Frage nicht in der eben vorgestellten allgemeinen Fassung erkannten. Ich meine nämlich alle diejenigen, welche der Tragödie eine Wirkung moralischer oder medicinischer Art zum Endzweck gaben. Denn es ist lehrreich zu sehen, wie diejenigen, welche mit so grossem Nachdruck und so geistreicher Rede über Lessing herfallen, weil er durch die Tragödie die Menschen habe moralisch bessern wollen, selbst genau innerhalb desselben Gesichtsfeldes bleiben und nur diesen Anspruch etwas herabsetzen, indem sie von der Tragödie nur noch eine zeitweilige Entladung und Erleichterung des bedrückten Gemüthes verlangen.*)

---

*) Jacob Bernays, Wirkung der Tragödie. S. 184. „Die Tragödie und das letzte Ziel, auf welches Alles in ihr hinblickt, die tragische, vom Mitleid angefachte „Furcht" erschien dem Aristoteles zu moralischer Besserung oder intellectueller Aufklärung weder befähigt noch berufen; für solche Zwecke wollte er andere Mittel aufgeboten wissen; er würde Wort für Wort dem beigestimmt haben, was ein Künstler wie Goethe zu bekennen aufrichtig genug war: „keine Kunst vermag auf Moralität zu wirken; Philosophie und Religion vermögen dies allein." Dagegen weist Aristoteles der Tragödie die gewiss nicht niedrige Aufgabe zu, dem Menschen sein Verhältniss zum All so darzustellen, dass die von dorther auf ihn drükkende Empfindung, unter deren Wucht die Menge dumpf dahinwandelt, während die edleren Gemüther sich gegen dieselbe eben an Religion und Philosophie aufzurichten streben, für Augenblicke in lustvolles Schaudern ausbreche." — Es ist hier natürlich nicht der Ort, die Bernays'sche Auffassung im Ganzen zu würdigen. Erst im dritten Bande bei der Lehre von der Wirkung der Tragödie werde ich ausführlich allen seinen Conjecturen und Meinungen gerecht werden. Ich kann aber nicht sagen, dass es ein günstiges Vorurtheil für seine Auslegung erweckte, wenn nach ihm Aristoteles jenem Goetheschen Impromptu Wort für Wort beistimmen soll, wonach nur Philosophie und Religion auf Moralität wirken. Solche flüchtige Behauptungen

Nach der ersteren Auffassung erscheint die Tragödie als ein Instrument in der Hand des Staatsmannes, so weit er zugleich Erzieher der Bürger zur Tugend ist, nach der letzteren, sofern er auch, wie Aristoteles sagt,*) als Arzt für die Gesundheit und Annehmlichkeit des Lebens zu sorgen hat. In beiden Fällen aber ist der Dichtkunst die Freiheit genommen: sie ist aus einer schönen und freien Kunst zu einer nützlichen geworden, welche ihren Zweck sich von Auswärts, durch die Wirklichkeit, durch die Nothstände der Natur in despotischer Weise vorgeschrieben findet. Weil die Natur die Menschen nicht gut liefern kann, soll die Dichtkunst nachhelfen, um diesen ihr völlig fremden Zweck durch Verwandlung der Affekte in den tugendhaften Habitus zu ermöglichen; weil die Menschen durch ihr Verhältniss zum All in eine drückende Furchtempfindung gerathen, unter deren Wucht die Menge dumpf dahinwandelt, so muss die Tragödie bei diesem Nothstand, der mit ihrem speciellen Kunstzwecke in keinem directen Zusammenhange steht, der Natur zu Hülfe kommen, indem sie den Menschen ihr Verhältniss zum All so darstellt, dass sie für Augenblicke in lustvolles Schaudern ausbrechen und dadurch von dem Druck zeitweilig geheilt und erleichtert werden. Man sieht, dass in beiden Auffassungen, sowohl in der, welche grössern Erwartungen von der Kraft der Dichtkunst hegt, als in der, welche geringer von ihr denkt und sie nur als Maschinist braucht, um bei dem gefährlichen Druck der Furchtempfindung zuweilen das

---

können nur von denen Beifall erwarten, die nicht bei Aristoteles selbst gelesen haben, was er unter Tugend versteht und auf welche Weise sie erworben wird. Vrgl. oben S. 60.

*) Vrgl. S. 123 oben.

Ventil zu öffnen — doch das Gesichtsfeld dasselbe bleibt, nämlich den Bedürfnissen der Wirklichkeit durch die Dichtkunst abzuhelfen. Das war aber die Aufgabe der nützlichen Kunst. In der That also sehen wir die Frage als durch so herrliche Männer veranlasst wieder hervortreten, ob denn die nachahmende Kunst zu den nützlichen Künsten gehöre?

Der Zweck der Kunst.

Wir wollen die Frage etwas ausführlicher betrachten. Zuerst könnte es nämlich nach S. 49 scheinen, als wären die sogenannten nützlichen Künste und die nachahmenden in Bezug auf Nützlichkeit gleich, indem beide ihren Zweck ausser sich haben, da ja die Kunst allgemein als solche in ihrem Schaffen den Zweck nicht immanent hat.*) Allein dabei wird ein Grosses übersehen; die Sache liegt aber etwas tief und ist wichtig genug, wenn Aristoteles sich uns nicht in lauter Widersprüchen verbergen soll.

Fassen wir also den Lehrsatz streng auf, dass alle Kunst ohne Ausnahme ihren Zweck ausserhalb, nicht immanent hat. Wollten wir nun tumultuarisch oder sophistisch schliessen, so würden wir sagen: von derlei Art sei das Nützliche, welches ja nicht wie das Gute Selbstzweck ist, und mithin gäbe es nur nützliche Kunst, und die Dichtkunst müsse geschwind zusehen, welchem äusseren Lebenszweck sie zu dienen am Geschicktesten sei. Allein wir haben einen weiteren Weg. Unterscheiden wir zunächst die Thätigkeit oder das Schaffen (ποιεῖν)

---

*) Vrgl. S. 45 f.

von dem Zweck (τέλος, ἔργον). Nun spricht jener Aristotelische Lehrsatz nicht von den Zwecken, sondern von den Thätigkeiten. Jede Kunstthätigkeit hat einen transcendenten Zweck, z. B. der Baumeister und Schuster arbeiten so lange, bis ihr Zweck, das Haus oder die Schuh, fertig sind: dieser Zweck liegt ganz ausserhalb ihrer Thätigkeit, welche vielmehr sofort aufhört, sobald der Zweck erreicht ist. Ebenso ist es mit der Dichtkunst und Bildhauerkunst; denn nur solange wird gedichtet, erfunden und Verse geformt oder gemeisselt, bis die Tragödie und die Statue fertig. Das Ganze als der Zweck bleibt der Thätigkeit äusserlich; in strengem Gegensatz zum ethischen Handeln, welches keinen Zweck ausserhalb der Thätigkeit selbst hat.*)

Wir kommen nun zu den Zwecken. Verhält es sich bei diesen ebenso, dass keiner derselben ein absoluter oder Selbstzweck ist? Gilt auch da ein solches Gesetz, dass alle Zwecke aller Kunst bloss Mittel für einen ausserhalb liegenden Lebenszweck sind? Die Antwort ist in den früheren Untersuchungen schon gegeben. Diejenigen Künste, deren Zweck einem andern Zwecke dient, sind nützliche Künste; man würde sie nicht um ihrer selbst willen suchen, z. B. die Schusterkunst und Heilkunst u. s. w. Daher sind sie alle der Staatsweisheit als ihrer Herrin untergeordnet. Diejenigen aber, deren Zweck Selbstzweck ist, sind die nachahmenden Künste. Im letzten Grunde ist zwar Alles der Eudämonie untergeordnet, aber in verschiedener Weise; einiges werkzeuglich (ὀργανικῶς), wie die nützlichen Künste, anderes aber als Theil (ὡς μέρη), wie alle

*) Vgrl. S. 42.

die einzelnen Thätigkeiten, in denen die Glückseligkeit besteht.*) Den Unterschied pflegt Aristoteles so auszudrücken: die Glückseligkeit werde schlechthin um ihrer selbst willen begehrt, die Theile derselben aber sowohl um ihrer selbst willen, als auch um der Glückseligkeit willen. Die nützlichen Künste, deren Zwecke blosse Mittel des Lebens sind, haben desshalb an der Glückseligkeit keinen Antheil; die nachahmenden aber durch ihre Zwecke, welche um ihrer selbst willen gesucht werden; denn alle Menschen, sagt Aristoteles, haben, ohne dass weiter ein Vortheil davon erwartet wird, Freude an den Nachahmungen, ebenso wie sie am Erkennen sich freuen.**) Und in der Politik untersucht er genau, welcher Antheil an der Bildung (*παιδεία*) und dem glückseligen Leben (*διαγωγή*) ihnen zukommt. Ihre Zwecke sind also Theile des vollkommenen Lebens, nicht Mittel.

Die Frage ist hiermit beantwortet. Aristoteles verbirgt sich nicht in dem Dunkel scheinbar widersprechender Aeusserungen. Die Künste sind klar geschieden und wie sehr Lessing und Bernays sich auch widersprechen mögen, für uns können das nur untergeordnete Differenzen sein, da sie beide darin übereinstimmen, den Zweck oder die Wirkung der Tragödie nur als Mittel für einen ausserhalb des specifischen Kunstzweckes liegenden praktischen Lebenszweck zu begreifen. Der Aristotelische Gesichtskreis ist weiter, ist philosophischer. Es wird daher später

---

*) Vrgl. meine Abhandl. über die Einheit der Arist. Eudäm. S. 120 und 127.

**) *Poet.* 4. *τὸ χαίρειν τοῖς μιμήμασι πάντας. Rhet. I.* 11. (I. 337. 16.) *ἐπεὶ τὸ μανθάνειν ἡδὺ — — — καὶ τὰ τοιάδε ἀνάγκη ἡδέα εἶναι οἷον τό τε μεμιμημένον —*

unsre Aufgabe sein, den Zweck der Tragödie in Aristotelischer Weise zu untersuchen.

Constitutive und Consecutive Bestimmungen.

Um jedoch hier gleich den gewonnenen Ueberblick zur Feststellung der verschiedenen Gesichtsfelder zu benutzen, müssen wir mit Aristoteles die constitutiven Bestimmungen, durch welche die Definition des Wesens gegeben wird, von den consecutiven unterscheiden, welche die Beziehungen zu dem ausser dem Wesen der Sache liegenden Gegenständen enthalten.*) Diese wie Zeller sich ausdrückt, „in abgeleiteter Weise" der Sache zukommenden Bestimmungen sind dreifach: entweder allgemeine (*κοινά*), wie z. B. die Bestimmung der Musik, dass sie laut ist; denn auch der Schmiedekunst und Zimmermannskunst kommt dasselbe zu; oder ausschliesslich eigenthümliche (*ἴδια*), wie z. B. die Bestimmung des Dreiecks, dass seine Winkel gleich zwei Rechten sind; oder zufällige (*συμβεβηκότα*), wie z. B. die Bestimmung des Reichthums, dass er den Tod bringt, weil schon einmal einige desswegen umgebracht sind.

Es wird daher die Frage sein, ob die Tragödie und die nachahmende Kunst überhaupt ausser ihrem wesentlichen Zwecke noch Wirkungen consecutiver Art hat, welche für die Politik von Bedeutung sind. Dass bloss zufällige Wirkungen dabei nicht in Betracht kommen, versteht sich von selbst, und es ist ein starkes Stück, dass Bernays die von Lessing mit so viel

---

*) Vrgl. hierüber die scharfen Erklärungen bei Trendelenburg, Log. Untersuchungen. 2. Aufl. Bd. II. S. 232. und Zeller, Gesch. der Phil. der Gr. II. 2. S. 142 ff.

Geist und Einsicht erklärte Katharsis der Leidenschaften bloss für eine zufällige Wirkung ausgiebt.*) Wir wollen gegen ihn selbst gerechter sein. Denn es wäre immerhin von der grössten Bedeutung, wenn die Kunst sowohl durch ihre eigenthümlichen, als durch ihre allgemeinen, aber nothwendigen Wirkungen theils zur Entladung und Erheiterung des Gemüthes, theils zur sittlichen Verbesserung beitrüge, d. h. wenn die nachahmende Kunst „in abgeleiteter Weise" auch eine nützliche Kunst wäre. Dass Aristoteles diese consecutiven Wirkungen, die dem Zweck der Nachahmung ganz fremdartig und zufällig, und dennoch mit ihr regelmässig verbunden sind, für den Staatsmann und Gesetzgeber und Erzieher der Aufmerksamkeit werth hielt, braucht kaum bemerkt zu werden, da fast jede Schrift desselben ein Zeugniss dafür ablegt. Und dass die feindlichen Theorien der moralischen und medicinischen Katharsis sich wie die streitenden Parteien im Schauspiel schliesslich versöhnen lassen, wird hiernach wohl auch nicht für unwahrscheinlich gelten. — Doch davon haben wir hier nicht zu handeln. Es schien mir nur erlaubt, über das Terrain der Frage einen kurzen Recognoscirungs-Streifzug zu thun, um dadurch der Eintheilung der nützlichen und nachahmenden Künste noch einiges Licht zu verschaffen und die Wichtigkeit ihrer Anwendung an einem Beispiel zu zeigen.

---

*) Bernays Wirk. der Trag. S. 184. „seine allerdings zufällige moralische Katharsis"

Zweite Abtheilung.

Von der nachahmenden Kunst.

I. Capitel.

Das gemeinsame Wesen aller schönen Künste oder über den Begriff der Nachahmung.

Zuerst müssen wir das Wesen der Nachahmung betrachten; denn in diesem Punkte stimmen als in ihrer gemeinsamen Grundlage alle die verschiedenen freien Künste überein, da sie sich grade hierdurch aus dem Gebiete der allgemeinen Kunstthätigkeit ausscheiden. Erst wenn dieser Gattungsbegriff vollständig erörtert ist, dürfen wir uns zu dem Princip wenden, welches nun von Neuem eine Differenzirung in der nachahmenden Kunst d. h. eben die verschiedenen Arten derselben hervortreibt.

Die verschiedenen Bedeutungen des Wortes Nachahmung.

Was ist nun Nachahmung? Aristoteles braucht das Wort in der allgemeinsten Bedeutung, wie es die Sprache überhaupt zulässt, ohne verschiedene Sphären für dasselbe hervorzuheben. Daher auch z. B. von dem sittlichen Handeln, indem wir „nicht die schlechteren Naturen, sondern in allen Dingen immer den besseren Mann nachahmen müssen."*) Er hat aber

*) *Eth. Nic. IX. 11.* (*Did.* 115. 29.) *Μιμεῖσθαι δ' ἐν ἅπασι δεῖ δῆλον ὅτι τὸν βελτίω.*

aus diesem Begriff nicht etwa eine **Lebenskunst** gemacht (vergl. S. 126); sondern es handelt sich hier, wie auch bei den Aerzten und Baukünstlern, die der Natur nachahmen sollen, immer um eine **Bestimmung der Wirklichkeit nach der Analogie mit einem Vorbilde** (Vrgl. S. 103). Der Gegensatz zur **eigentlichen** Nachahmung wird daher sehr deutlich, wenn es von Homer heisst, er habe die alten Verfassungen nachgeahmt *(Eth. Nic. III. 5.)*; denn Aristoteles will damit nicht sagen, Homer hätte bei irgend einem Volke analoge Verfassungen wirklich begründet. — Eine zweite häufige Bedeutung ist die von den **Pythagoreern** überlieferte, wornach die **Dinge die Nachahmungen der Zahlen** sind,*) woraus **Plato** die Theilnahme an den Ideen machte. Dass die Wirklichkeit eine Wiederholung und schwächere Nachbildung eines idealen Urbildes sei, entspricht zwar nicht der Weltansicht des Aristoteles, führt aber leicht zu der dritten Bedeutung hinüber, wornach **speciell die Kunstthätigkeit als Nachahmung in eigentlichem Sinne** zu betrachten ist. Denn obwohl Aristoteles nirgends das Wesen der Nachahmung genau definirt hat, so können wir doch aus den vielen Anwendungen leicht seine Auffassung erkennen.

Diesen Begriff werden wir nun als die specielle Anwendung der im allgemeinen Theile ausgeführten Principienlehre studieren müssen und daher in **zwei besondre Fragen** gliedern, nämlich 1. Was ist Gegenstand und Zweck der Nachahmung? 2. In welcher Gestalt ist das Kunstwerk eine Nachahmung zu nennen? — Fangen wir mit der letzten Frage an.

---

*) *Metaphys.* 987. b. 11. *οἱ μὲν γὰρ Πυθαγόρειοι μιμήσει τὰ ὄντα φασὶν εἶναι τῶν ἀριθμῶν κ. τ. λ.*

§. 1. Die Kunstwerke sind Ebenbilder der in der Phantasie gegebenen Wirklichkeit.

Aristoteles hat diese Frage, welche in neuester Zeit als über den Schein in der Kunst und über das Recht allegorischer Darstellung und unter andern Titeln behandelt ist, in seiner Weise gekannt und gelöst. Da man bisher aber hierüber nichts geschrieben hat, so darf ich etwas gründlicher darauf eingehen.

Gegensatz von Zeichen und Ebenbild.

Man wird bei Aristoteles überall den wichtigen Gegensatz von Zeichen (σημεῖον) und Aehnlichkeit (ὁμοίωμα) finden. Beide stimmen darin überein, dass eine Sache *a* sich zu einer Sache *b* so verhält, dass wir durch *a* an *b* erinnert werden; der Unterschied liegt aber darin, dass *a* als Zeichen von *b* mit diesem dem Wesen nach nichts zu thun hat, als Aehnlichkeit desselben aber mit ihm verwechselt werden kann und zwar je ähnlicher es ist, um desto mehr und überhaupt soviel möglich mit ihm eines Wesens ist oder zu sein scheint. Es ist dieser Gegensatz jetzt als Aristotelisch nachzuweisen. Zuerst muss an die gewöhnliche logische Bedeutung des Zeichens (σημεῖον) erinnert werden; denn unter Zeichen (σημεῖον und als sicheres oder unauflösliches: τεκμήριον) versteht Aristoteles im Gegensatz zur Ursache (αἰτία oder ἀρχή), welche eine Wirkung hervorbringt, umgekehrt die Angabe von Wirkungen oder Folgen, aus denen man auf eine Ursache zurückschliessen kann.*) Das Zeichen oder Symbol

*) Vrgl. auch Trendelenburg *de anim. III.* 11. §. 8. und daselbst *Philoponus.*

braucht daher mit dem, dessen Zeichen es ist, gar keine Verwandschaft und Aehnlichkeit zu haben, wie z. B. die Sonnenfinsterniss eine Folge der Stellung von Sonne, Mond und Erde ist und mithin als Zeichen darauf hindeutet, während sie doch als Erscheinung keine Aehnlichkeit damit hat; ja es kann das Zeichen auch bloss auf conventionelle Weise mit dem, wofür es Zeichen ist, vereinigt sein; nur wird, je mehr die Nothwendigkeit der Verknüpfung sich löst, auch der logische Werth des Zeichens geringer werden. So nennt Aristoteles nun die gesprochenen Worte Symbole oder Zeichen der Seelenzustände und die geschriebenen Worte Symbole oder Zeichen der gesprochenen.*) Die Seelenzustände sind natürlich früher da; die ihnen folgende conventionelle Bezeichnung, welche mit dem Bezeichneten gar keine Aehnlichkeit und Verwandschaft hat, ist eben die Sprache und Schrift.**) Die Seelenzustände oder Vorstellungen aber setzt Aristoteles in Beziehung auf die wirklichen Dinge, jedoch nicht als Zeichen, sondern als Gleichnisse oder Aehnlichkeiten***) derselben. Während also das Zeichen in den verschiedenen Sprachen, wie Aristoteles an den unten citirten Stellen bemerkt, verschieden sein kann und nur conventionell mit der Vorstellung vereinigt ist: so wissen wir ja, dass die Dinge ihr ganzes Wesen bis

*) *Arist. de interpret. I.* ἔστι μὲν οὖν τὰ ἐν τῇ φωνῇ τῶν ἐν τῇ ψυχῇ παθημάτων σύμβολα καὶ τὰ γραφόμενα τῶν ἐν τῇ φωνῇ. Dafür auch σημεῖα gebraucht: ὧν μέντοι ταῦτα σημεῖα πρώτως. So sind auch die Sätze Symbole der Urtheile *cap. 14 sub f.*

**) Ebendas. cap. II. τὸ δὲ κατὰ συνθήκην (conventionell), ὅτι φύσει τῶν ὀνομάτων οὐδέν ἐστιν, ἀλλ' ὅταν γένηται σύμβολον.

***) Ebendas. cap. I. τὰ αὐτὰ παθήματα τῆς ψυχῆς, καὶ ὧν ταῦτα ὁμοιώματα, πράγματα (die wirklichen Dinge) ἤδη ταὐτά.

auf ihre materielle Realität in der sinnlichen Wahrnehmung abdrücken, so dass die Wahrnehmung und das Wahrgenommene gewissermassen dasselbe sind. Ist nun das Kunstwerk ein Zeichen oder Ebenbild dessen, das es vorstellt?

Beweis, dass die Künste Ebenbilder der Wirklichkeit geben.

Wir müssen die Stellen zusammensuchen, wo Aristoteles diese Beziehungen bespricht. Und zwar zunächst in Betreff der Musik, über welche eine direkte Aeusserung vorliegt. In Politik VIII. 5. bemerkt er, dass in den Gegenständen des Tastsinns, des Geschmacks und Geruchs kein Ebenbild (ὁμοίωμα) des Sittlichen vorkäme*) und selbst im Gebiete des Sichtbaren nur in geringem Grade, da nämlich auch die Gebärden und Farben fast mehr Zeichen (σημεῖα) als Ebenbilder der sittlichen Zustände wären.**) Nur der Musik will er die unmittelbare Aehnlichkeit mit dem Ethischen einräumen, da die Melodie, wie er in den Problemen sagt, auch ohne Textworte Charakter hat und den Charakteren ähnlich ist.***) Man darf hieraus nicht den Schluss ziehen, als wenn nach Aristoteles einige Künste bloss durch Zeichen, andere durch

---

*) *Polit. VIII. 5. (Did. 630. 4.)* συμβέβηκε δὲ τῶν αἰσθητῶν ἐν μὲν τοῖς ἄλλοις μηδὲν ὑπάρχειν ὁμοίωμα τοῖς ἤθεσιν, οἷον ἐν τοῖς ἁπτοῖς καὶ τοῖς γευστοῖς.

**) Ebendas. ἀλλ' ἐν τοῖς ὁρατοῖς ἠρέμα. σχήματα γάρ ἐστι τοιαῦτα, ἀλλ' ἐπὶ μικρόν. — Ἔτι δὲ οὐκ ἔστι ταῦτα ὁμοιώματα τῶν ἠθῶν, ἀλλὰ σημεῖα μᾶλλον κ. τ. λ.

***) *Problem. sect. XIX. 27.* Διὰ τί τὸ ἀκουστὸν μόνον ἦθος ἔχει τῶν αἰσθητῶν; καὶ γὰρ ἐὰν ᾖ ἄνευ λόγου μέλος, ὅμως ἔχει ἦθος. Und 29. Διὰ τί οἱ ῥυθμοὶ καὶ τὰ μέλη φωνὴ οὖσα ἤθεσιν ἔοικεν (27. ἔχει ὁμοιότητα).

Ebenbilder nachahmten; sondern nur, dass nicht alle Künste alle Gegenstände z. B. nicht auch das Ethische unmittelbar abbilden können; denn die Malerei und Bildhauerkunst giebt ja den ganzen Körper der Menschen und Thiere als Ebenbild wieder und nur das Ethische muss sie mehr mittelbar anzeigen. Diese Deutung bewährt sich durch Betrachtung der Aristotelischen Auffassung der Phantasie und des Gedächtnisses. Aristoteles weiss nämlich zur deutlichen Bezeichnung der sinnlichen Vorstellung und des im Gedächtniss zurückbleibenden Phantasiebildes keinen besseren vergleichenden Ausdruck, als grade „Gemälde" (ζωγράφημα) und „Ebenbild" (εἰκών).*) Er nimmt an, dass die wirklichen Dinge bei der Wahrnehmung in uns ein wie mit dem Siegelring geprägtes Bild oder Gemälde in der Seele und dem ihr entsprechenden Körpertheile zurücklassen.**) Dieses von dem wirklichen Ding nun abgetrennte Phantasiebild (φάντασμα) kann doppelt betrachtet werden, einmal an und für sich und zweitens auch als das Bild von etwas Anderem, nämlich von jenem einst in der sinnlichen Wahrnehmung gegenwärtigen Gegenstande.***) Oft aber verwischt sich die Erinnerung

---

*) *Arist. de mem. et remin. 1.* (*Did.* 495. 23.) δεῖ νοῆσαι τοιοῦτον τὸ γινόμενον διὰ τῆς αἰσθήσεως ἐν τῇ ψυχῇ καὶ τῷ μορίῳ τοῦ σώματος τῷ ἔχοντι αὐτὴν, οἷον ζωγράφημά τι τὸ πάθος, οὗ φαμὲν τὴν ἕξιν μνήμην εἶναι.

**) Ebendas. ἡ γὰρ γινομένη κίνησις ἐνσημαίνεται οἷον τύπον τινὰ τοῦ αἰσθήματος, καθάπερ οἱ σφραγιζόμενοι τοῖς δακτυλίοις — — und weiter unten ὅμοιον ὥσπερ τύπος ἢ γραφὴ ἐν ἡμῖν.

***) Ebendas. Zeile 51. οἷον τὸ ἐν τῷ πίνακι γεγραμμένον ζῷον καὶ ζῷον ἐστὶ καὶ εἰκὼν καὶ τὸ αὐτὸ καὶ ἓν τοῦτ' ἐστὶν ἄμφω, τὸ μέντοι εἶναι οὐ ταὐτὸν ἀμφοῖν καὶ ἔστι θεωρεῖν καὶ ὡς ζῷον καὶ ὡς εἰκόνα, οὕτω καὶ τὸ ἐν ἡμῖν φάντασμα δεῖ ὑπολαβεῖν καὶ αὐτό τι καθ' αὑτὸ εἶναι θεώρημα καὶ ἄλλου φάντασμα.

an die frühere Wahrnehmung und es treten daher Verwechselungen ein, so dass man wie z. B. Antipheron im Wahnsinn die Phantasiebilder für wirkliche Erlebnisse hält, d. h. als Abbild der Wirklichkeit betrachtet, was blosse Phantasievorstellungen*) für sich, also keine Abbilder oder Ebenbilder sind. — Hierdurch wird nun klar: 1) dass die Phantasiebilder selbst mit Gemälden und von der Kunst hervorgebrachten Zeichnungen verglichen werden; denn unter Ebenbild (*εἰκών*) in der eigentlichsten Bedeutung versteht er grade das durch Nachahmung entstehende Kunstwerk**) — und 2) dass sie von diesen sich nicht an sich unterscheiden, sondern nur durch die nebenher gehende Erinnerung oder Betrachtung der Realität. Dies wollen wir gleich näher untersuchen; ich folgere nur erst noch, dass mithin die Kunst, wenn sie die in der Seele vorhandenen Bilder der Wirklichkeit nachahmen will, nicht Zeichen wie die Wortschrift geben darf, sondern Ebenbilder jener Phantasievorstellungen, mit denen sie verglichen und verwechselt werden können. Es bezieht sich diese Betrachtung aber zunächst nur auf die bildenden Künste; von der Musik haben wir schon gesprochen, von der Poesie muss noch besonders gehandelt werden.

Verhältniss von Phantasiebild und Kunstwerk.

Wir müssen nun erst genauer durch eine andre

---

*) Ebendas. *τὰ γὰρ φαντάσματα ἔλεγον ὡς γενόμενα καὶ ὡς μνημονεύοντες· τοῦτο δὲ γίνεται, ὅταν τις τὴν μὴ εἰκόνα ὡς εἰκόνα θεωρῇ.*

**) *Topic. VI. 2. §. 6.* (*Did. I.* 236. 45.) *εἰκὼν γάρ ἐστιν, οὗ ἡ γένεσις διὰ μιμήσεως.*

Aristotelische Stelle das Verhältniss von Phantasiebild und Kunstwerk zu bestimmen suchen. Dies geschieht durch seine Erklärungen über die Phantasie in den Büchern über die Seele. Er zeigt dort, dass die Phantasie nicht Meinung (*δόξα*) sei; denn diese ist ein Urtheil (*ὑπόληψις*) und daher nothwendig entweder wahr oder falsch, da es von der Realität der Dinge abhängt. Der Phantasievorstellung braucht aber nichts Reales zu entsprechen, und während es nicht in unsrer Freiheit liegt, wie wir urtheilen (*δοξάζειν*) wollen, so steht es umgekehrt bei uns (er erinnert an die mnemotechnischen Künste), Phantasievorstellungen in uns hervorzurufen.*) Wir sehen also, dass die Phantasie zwar eine Bewegung ist, die durch eine einst wirkliche Wahrnehmung entstand,**) aber nun auch abgelöst von dieser ohne Beziehung auf die Existenz ihres Gegenstandes fortdauert.***) Der Ge-

---

*) *De anim. III.* 3. §. 4. *τοῦτο μὲν γὰρ τὸ πάθος* (nämlich die *φαντασία*) *ἐφ' ἡμῖν ἐστίν, ὅταν βουλώμεθα* (*πρὸ ὀμμάτων γὰρ ἔστι ποιήσασθαι, ὥσπερ οἱ ἐν τοῖς μνημονικοῖς τιθέμενοι καὶ εἰδωλοποιοῦντες*), *δοξάζειν δ' οὐκ ἐφ' ἡμῖν· ἀνάγκη γὰρ ἢ ψεύδεσθαι ἢ ἀληθεύειν.*

**) Ebendas. §. 13. *ἡ φαντασία ἂν εἴη κίνησις ὑπὸ τῆς αἰσθήσεως τῆς κατ' ἐνέργειαν γιγνομένη.*

***) Aehnlich erklärt Aristoteles auch den Schein (*φαίνεσθαι*), als wenn die Fixsterne zitterndes Licht hätten. Denn nicht das Gesehene, sondern nur unser Sehen habe diese zitternde Bewegung wegen der grossen Entfernung des Gegenstandes. Es sei aber einerlei, ob die Bewegung dem Sehen oder dem Gesehenen zukomme — einerlei nämlich für die Erscheinung selbst, indem die Entscheidung, ob die Ursache derselben subjectiv oder objectiv sei, eben nur dem Urtheil zukommt, welches an der Erscheinung nichts ändert. *De coelo II.* 8. (II. 398. 15.) *ὁ δὲ τρόμος αὐτῆς* (sc. *τῆς ὄψεως*) *ποιεῖ τοῦ ἄστρου δοκεῖν εἶναι τὴν κίνησιν· οὐδὲν γὰρ διαφέρει κινεῖν τὴν ὄψιν ἢ τὸ ὁρώμενον. — ὅπερ αἴτιον ἴσως καὶ τοῦ στίλβειν φαίνεσθαι*

gegensatz zur Phantasie ist daher das Urtheil, sofern dieses über die Wirklichkeit recht oder falsch aussagt. Diesen Gegensatz erläutert Aristoteles noch durch eine Beobachtung, die zugleich die Phantasievorstellung wieder mit dem Kunstwerk in Parallele stellt. Er sagt nämlich, dass wir immer wenn wir die Meinung (*δοξάζειν*) hätten, es sei etwas Gefährliches oder Hülfreiches wirklich für uns vorhanden, sofort in Gemüthsbewegung geriethen, also entweder fürchteten oder Vertrauen fassten; dass wir aber die blosse Phantasievorstellung von dergleichen Dingen ohne begleitendes Urtheil von ihrer Wirklichkeit ebenso betrachteten wie die Furcht oder Zutrauen-erweckenden Gegenstände in einem Gemälde.*) Diese Stelle lehrt

---

τοὺς ἀστέρας τοὺς ἐνδεδεμένους κ. τ. λ. Dasselbe gilt für die Poesie, wie er es z. B. an den Solöcismen zeigt; denn man kann, wenn *μῆνις* männlich ist, einen Solöcismus zu begehen scheinen, ohne ihn wirklich zu begehen, indem man *οὐλόμενον* sagt und umgekehrt, wenn man *οὐλομένην* sagt, zwar nicht scheinen, aber doch wirklich begehen. Der Kunst kommt es nur auf diesen Schein an, wie Aristoteles dies an Homer als dem grossen Paralogistiker der Poesie so einleuchtend nachweist. (Vrgl. *De soph. elench. XIV.* Anf. *Did. I.* 291. 18.)

*) *De anim. III.* 3. §. 4. *ἔτι δὲ ὅταν μὲν δοξάσωμεν δεινόν τι ἢ φοβερὸν εὐθὺς συμπάσχομεν, ὁμοίως δὲ κἂν θαῤῥαλέον· κατὰ δὲ τὴν φαντασίαν ὡσαύτως ἔχομεν ὥσπερ ἂν οἱ θεώμενοι ἐν γραφῇ τὰ δεινὰ ἢ θαῤῥαλέα.* Die Wirkungen, welche die Kunstwerke hervorbringen, werden später zu erörtern sein. Hier ist nur das Pathologische abzustreifen, das durch Annahme wirklicher Gefahr oder Hülfe hinzukommt. Trendelenburg bezeichnet dies sehr schön: *Δοξάζειν ita verum respicit, ut nos socio quodam sive timoris sive doloris affectu perfundat; phantasia adeo ad lusum quendam accedit, ut nos teneat, nec vero moveat.* Hierher gehört auch die Stelle Poetik cap. 4, dass wir selbst widerwärtige Thiere mit Vergnügen sehen, wenn sie bloss als Bild nicht als Wirklichkeit gegeben sind.

uns desshalb, dass Aristoteles die Nachahmungen oder die Kunstwerke als äusserlich durch die Technik vorhandene Phantasievorstellungen ansieht, sie also nicht als Zeichen, sondern als Ebenbilder derselben überall betrachtet und dass beide daher ihren Gegensatz in der Wirklichkeit haben.

Beweis, dass diese Bestimmung auch für die Poesie gilt.

Es bleibt nun übrig, auch in der Poesie diesen Gegensatz wahrzunehmen. Natürlich wendet sich hier das Verhältniss etwas, da in die Rede auch die Dialektik und also auch das Abstracte und der reine Gedanke mitaufgenommen wird. Allein man wird den in den andern Künsten besprochenen Gegensatz leicht auch hier wiedererkennen, wenn man sich daran erinnert, dass Aristoteles die Aehnlichkeit (ὁμοιότης) zum Gesetze der dramatischen Poësie macht; denn unter dieser Aehnlichkeit versteht er offenbar, was wir Illusion nennen, d. h. dass die Personen so sprechen und die Handlungen so geschehen, wie es auch uns möglich und natürlich erscheint, so dass wir also nicht den Widerspruch gegen Erfahrung und Urtheil empfinden und nicht immer merken, dass die vorgestellte Handlung ja nur ein Scheinbild der Kunst, und keine Wirklichkeit sei. Es kommt hier zugleich die mangelhafte Psychologie des Aristoteles zur Anschauung; denn seine Erklärungen im dritten Buche der Seelenlehre betrachten die Phantasie fast nur in Bezug auf den Gesichtssinn, aus dem auch die Etymologie hergeholt wird; das Zusammenwirken aber der verschiedenen Sinne und der Gefühle, ferner das Eingreifen der Verstandesthätigkeit und Vernunft, der

Erfahrung und Wissenschaft, und wie alle diese Thätigkeiten sowohl bei der Erzeugung als bei der vollständigen Auffassung eines Kunstwerkes zusammen thätig sein müssen, diese tieferen Untersuchungen hat er nicht geführt. Darum können wir bei ihm keine vollständige Erklärung der Phantasie suchen und müssen uns begnügen aus mehreren Spuren wahrzunehmen, dass er auf dem richtigen Wege war.*)

Dass Aristoteles unter der Nachahmung, zu welcher auch die Poësie gehört, dieselbe ebenbildliche Darstellung verstanden habe, wie in den bildenden Künsten, geht schon aus der fortwährenden Vergleichung beider hervor.**) Natürlich kann hier nicht derselbe Gegenstand in gleicher Weise nachgeahmt werden. Wir haben zwar keine ausdrückliche Verwerfung der malen wollenden Dichtungen; die didaktische aber verurtheilt er bestimmt, da sie nicht Nachahmung, sondern Wissenschaft erstrebe.***) Indirect können wir aber auf's Deutlichste sehen, dass er als den eigentlichen Gegenstand der Poësie das hinstellt, was eben durch Worte ebenbildlich ausgedrückt werden kann, die Charaktere, Handlungen und Leiden der Menschen.†) Die Charaktere nun sollen ähnlich sein, d. h. so wie die Menschen wirklich sind, sprechen und handeln;††) darum muss z. B. das Metrum

*) Ausführlich werde ich weiter unten in der Theorie der Composition von der Phantasie handeln.

**) Z. B. *Arist. Poet.* cap. 2. 4. 15. 26. Vrgl. Band I. S. 156.

***) Z. B. cap. 1. *τὸν μὲν ποιητὴν δίκαιον καλεῖν, τὸν δὲ φυσιολόγον μᾶλλον ἢ ποιητήν.* Vrgl. meinen ersten Band S. 13 ff.

†) cap. 2 Anf. u. cap. 6.

††) *Poet.* 15. *τὸ ὅμοιον — ἀποδιδόντες τὴν ἰδίαν μορφήν, ὁμοίους ποιοῦντες.*

des dramatischen Dialogs jambisch sein, weil dieses am Meisten dem natürlichen Sprechen gemäss und ähnlich ist;*) darum darf die Poësie dreist Figuren anwenden, weil sie leidenschaftlich Redende abbildet, die ja auch in Wirklichkeit figürlich sprechen.**) Ebenso müssen die Handlungen so motivirt sein, dass sie natürlich oder nothwendig zusammen zu hangen scheinen, da die Dichtung zwar nicht historisch Einzelnes zu melden, aber doch eine ebenbildliche Darstellung des Wirklichen zu geben hat.***) Darum tadelt Aristoteles auch die andern Ependichter, welche nicht wie Homer das Wesen der Nachahmung verstanden hätten, und vielmehr selbst sprächen, statt die erdichteten Personen auftreten zu lassen.†) Und es gilt ihm daher auch für ausgemacht, d a s s d i e p o ë t i s c h e N a c h a h m u n g e r s t i m D r a m a v o l l s t ä n d i g i s t, da erst die dramatischen Personen sprechen und hantieren wie wirkliche und eine ebenbildliche zusammenhängende Handlung des Lebens vollziehen.

Resultat.

Wir dürfen aus diesen Stellen also den Schluss ziehen, dass A r i s t o t e l e s d a s K u n s t w e r k i n s o f e r n a l s N a c h a h m u n g b e z e i c h n e t, a l s d a r i n e i n E b e n b i l d (*ὁμοίωμα*), n i c h t Z e i c h e n d e r n a c h g e a h m t e n G e g e n s t ä n d e g e g e b e n i s t.

---

*) Ebend. cap. 4. *Μάλιστα γὰρ λεκτικόν — — πλεῖστα γὰρ ἰαμβεῖα λέγομεν ἐν τῇ διαλέκτῳ τῇ πρὸς ἀλλήλους.*

**) Vrgl. ersten Band S. 118.

***) *Arist. Poet. IX. οἷα ἂν γένοιτο.*

†) Ebendas. *XXV. αὐτὸν γὰρ δεῖ τὸν ποιητὴν ἐλάχιστα λέγειν· οὐ γάρ ἐστι κατα ταῦτα μιμητής.*

Und zwar ist dieser Begriff derselbe in allen Künsten, ohne dass dadurch freilich eine ausdrückliche Beschränkung der Gegenstände für eine jede direkt von ihm ausgesprochen wäre. Wir pflegen diesen Begriff jetzt meistens Schein oder Illusion zu nennen, ohne jedoch bei der letzteren z. B. im Theater die gleichzeitige Erkenntniss der Unwirklichkeit zu läugnen. Wir werden bald sehen, wie auch Aristoteles durchaus nicht absolute Täuschung durch die Kunst verlangt, sondern nur eine gewisse, welche die Hingebung ermöglicht und dem Kunstwerk den Charakter der Wahrscheinlichkeit giebt.

§. 2. Gegenstand der nachahmenden Kunst.

Die eben erörterte Bestimmung der Nachahmung weist auf die allgemeine Lehre zurück; denn der Schein oder das Ebenbild bedeutet grade, dass für unsre Auffassung eine Form (εἶδος) in einem Stoffe (ὕλη) erscheine. Die Kunst hat ihren Stoff so umzuwandeln, dass er Ebenbild d. h. verwirklichte Form wird. Wir müssen nun diese Form als den Gegenstand der Kunst genauer betrachten und können uns auch hier zunächst ganz auf die allgemeine Theorie berufen.*) Wir sahen, dass alle Kunst, sowohl die nothwendige als die freie auf Verwirklichung durch Bewegung hinausgeht, also immer an die Sinnlichkeit gebunden bleibt. Von der nachahmenden Kunst sind desshalb von vornherein alle Gegenstände ausgeschlossen, welche dem reinen Gedanken angehören und daher nur von der ersten Philosophie erkannt werden, und ebenso das Gebiet des Mathematischen,

*) Vrgl. S. 64 ff. u. S. 42.

denn auch dieses ist ja nach Aristoteles von der Bewegung frei.

Natur und Kunst hat dasselbe Ziel.

Ausser diesen Gebieten bleibt aber nichts anderes übrig, als die Welt der einzelnen Existenzen. Da nun die nachahmenden Künste nicht selbst der real thätigen Natur zu Hülfe kommen sollen, sondern eben sie bloss nachahmen, so versteht sich's auch ohne ausdrückliches Zeugniss, dass die nachahmende Kunst denselben Zweck, dasselbe Ziel hat, als die wirkliche Natur, und dass in ihr dieselbe Werthordnung und Gliederung von Mitteln und Zwekken gilt, wie in jener.*) Für jene ist nun das Leben der Menschen und die Glückseligkeit das höchste Ziel; kein Wunder, wenn daher Aristoteles ohne weitere Begründung dies auch von der Kunst behauptet. Und zwar sagt er nicht nur von der Tragödie, dass sie Nachahmung von Handlung, von menschlichem Leben und Glückseligkeit**) sei, dass desshalb in der Fabel ihr Princip und ihre Seele***) bestehe, sondern gradezu auch von den andern Kün-

*) In formaler Beziehung wird dies *Natur. Auscult. II. 8.* ausgesprochen: *Εἰ οὖν τὰ κατὰ τὴν τέχνην ἕνεκά του, δῆλον ὅτι καὶ τὰ κατὰ τὴν φύσιν· ὁμοίως γὰρ ἔχει πρὸς ἄλληλα ἐν τοῖς κατὰ τέχνην καὶ ἐν τοῖς κατὰ φύσιν τὰ ὕστερα πρὸς τὰ πρότερα.* Der Inhalt der Zwecke aber ist von Aristoteles nirgends für die Kunst im Ganzen behandelt, muss daher durch andre Schlussfolgen ermittelt werden.

**) *Arist. Poet.* cap. 6. *ἡ γὰρ τραγῳδία μίμησίς ἐστιν οὐκ ἀνθρώπων ἀλλὰ πράξεως καὶ βίου καὶ εὐδαιμονίας — — καὶ τὸ τέλος πρᾶξίς τις ἐστίν.*

***) Daselbst weiter unten *ἀρχὴ μὲν οὖν καὶ οἷον ψυχὴ ὁ μῦθος τῆς τραγῳδίας.*

sten ohne Unterschied, dass die Nachahmenden immer Handelnde nachahmen,*) indem er diese Behauptung eben zunächst durch die bildenden Künste und die Musik und Tanzkunst erläutert. Obgleich wir daher leider keine eigne Untersuchung über diese principielle Frage bei ihm finden, so können wir doch theils auf die angeführten Stellen, theils auf den systematischen Zusammenhang gestützt, mit genügender Sicherheit dieses als Aristotelische Lehre betrachten. Und wir hätten also hierin den Gegenstand der Kunst, d. h. nach seinem Ausdruck ihren Zweck als Princip im allgemeinsten Umrisse erkannt. Suchen wir nun die genauere Bestimmung.

Der Gegenstand der Nachahmung wird durch die beiden Normen der Wahrheit und Schönheit näher bestimmt.

Man könnte zunächst nach modernen Voraussetzungen und nach dem Vorgange Plato's vermuthen, Aristoteles würde sofort eine doppelte Möglichkeit aufstellen, da es scheint, dass man entweder die einzelne Wirklichkeit (die *natura naturata*) copiren oder vielmehr sein Augenmerk auf die erschaffende Natur und ihr Vorbild selbst richten kann. Allein diesen Weg geht Aristoteles nicht, um die Kunst vor dem geist- und kritiklosen Nachmachen zu schützen, sondern ihm scheint es zunächst in der That als ausgemacht, dass man nur die wirklich existirende Welt zum Gegenstande der Nachahmung nehmen kann. Er gewinnt aber die Berichtigung seines Princips durch zwei andere Gesichtspunkte.

---

*) Ebendas. cap. 2. Ἐπεὶ δὲ μιμοῦνται οἱ μιμούμενοι πράττοντας — — Die nächste Anwendung durch Polygnot, Pauson und Orchestik und Kitharistik.

A. Die Wahrheit im Gebiete der Contingenz.

Zuerst nämlich wird man sehen (zwar nur bei Gelegenheit der Poësie, aber ohne dass man genöthigt wäre, diese Betrachtung eben auf die Poësie zu beschränken und nicht vielmehr auf das ganze Gebiet der Kunst auszudehnen), dass Aristoteles die Dichtkunst und wie wir behaupten müssen, die ganze Kunst in Gegensatz stellt zur Geschichte. Diese hat mit dem zufälligen Einzelnen zu thun, also mit bestimmten Namen und Thatsachen z. B. was Alcibiades that oder litt; die Poësie soll aber sowohl Namen als Geschichten erfinden dürfen und überhaupt nicht an das wirklich Geschehene gebunden sein.*) So gern wie man diese Behauptung auch zugeben möchte, so würde man doch vor Allem verlangen, dass sie aus einem früheren Princip deducirt wäre, noch dazu, da Aristoteles selbst sagt, es sei dies aus dem früher Gesagten klar.**) Allein das Vorhergehende bewegt sich schon mitten in den Compositionsgesetzen der Tragödie, und wir müssten darnach die obige Behauptung aus dem Princip der Einheit des Kunstwerks ableiten, welche die blosse Geschichte nicht erreichen kann und um derentwillen daher der Dichter von der Beobachtung des bloss Geschichtlichen befreit würde. Obgleich diese Begründung an sich richtig ist, so geht sie doch nur den

---

*) *Arist. Poet.* cap. 9. *τούτῳ διαφέρει, τῷ τὸν μὲν τὰ γινόμενα λέγειν, τὸν δὲ οἷα ἂν γένοιτο — — Τὰ δὲ καθ' ἕκαστον, τί Ἀλκιβιάδης ἔπραξεν ἢ τί ἔπαθεν.*

**) cap. 9 Anf. *φανερὸν ἐκ τῶν εἰρημένων.* Daher habe ich im ersten Bande S. 59 gezeigt, dass diese Untersuchung mit der in cap. 8 zusammengehöre, und dass man nicht annehmen dürfe, es sei der Vergleich mit der Geschichte der Zweck des Capitels.

regressiven Weg; wir finden aber in dem 9. Capitel selbst noch andre Bestimmungen gegeben, die unmittelbar auf die ersten Principien der Kunst hinweisen.

Aristoteles erklärt hier nämlich, dass die Poësie mehr das Allgemeine (*μᾶλλον τὸ καθόλου*) zum Gegenstand hätte, d. h. nicht das Allgemeine, wie es ohne Materie in abstracter oder speculativer Forschung erkannt wird, sondern das allgemeine Bild des Wirklichen (*οἷα ἂν γένοιτο*).*) Hierdurch sei die Dichtkunst philosophischer als die Geschichte. Das Prädicat „philosophischer" führt uns weiter; denn die Philosophie sucht die Wahrheit; diese aber sofern sie in einfacher Nothwendigkeit und deductiver Gewissheit besteht, ist in dem Wirklichen überhaupt nicht zu suchen; andrerseits besteht die Wahrheit des Wirklichen auch nicht in dem einzelnen Existiren und Geschehen; denn innerhalb desselben ist der Zufall und mit diesem auch unnatürliche Bildungen und Fügungen oder Verstümmelungen möglich. Die Wahrheit in diesem Gebiete besteht in den beiden Bedingungen, der physischen Nothwendigkeit und der Regel.**) Und nach diesen wäre die Welt auch anders möglich als sie ist. Das

---

*) Man sieht dies auch sehr deutlich in *Poet. c.* 17, wo er das *καθόλου* an einzelnen Kunstwerken nachweist, nämlich an der Iphigenia und der Odyssee. Das Allgemeine ist darin das concret Allgemeine d. h. noch immer als einzeln Geschehenes gedacht, nicht als abstracter Begriff.

**) *Poet.* c. 9. *Διὸ καὶ φιλοσοφώτερον καὶ σπουδαιότερον ποίησις ἱστορίας ἐστίν. ἡ μὲν γὰρ ποίησις μᾶλλον τὰ καθόλου, ἡ δ' ἱστορία τὰ καθ' ἕκαστον λέγει. Ἔστι δὲ καθόλου μέν, τῷ ποίῳ τὰ ποῖ' ἄττα συμβαίνει λέγειν ἢ πράττειν κατὸ τὸ εἰκὸς ἢ τὸ ἀναγκαῖον.* Ueber die Bedeutung des *σπουδαιότερον* sieho weiter unten die ausführliche Erörterung.

enge Gebiet der einzelnen Wirklichkeit muss also durchbrochen werden; man schreitet mit Aristoteles hinaus in die weiteren Gränzen des Möglichen, bestimmt diese Gränzen scharf durch die physische Nothwendigkeit und die Wahrscheinlichkeit*) und giebt der Kunst diesen ganzen Umkreis zu eigen. — Dass die Kunst nicht das historisch Wirkliche, sondern das Mögliche zum Gegenstand habe, sieht man theils aus den eben citirten Stellen, die allerdings bloss von der Poësie handeln, aber ohne dass diese Regel ausdrücklich auf die Poësie eingeschränkt würde, da ja in der ganzen Poëtik die Künste sich immer wechselsweise erläutern müssen; theils aus der Definition der Kunst in den Nikomachien, die ausdrücklich das ganze Gebiet des Möglichen,**) in welchem der Zufall seine

---

*) Ebendas. *τὰ δυνατὰ κατὰ τὸ εἰκὸς ἢ τὸ ἀναγκαῖον.* (*Did.* 464. 3.) und (Zl. 37.) *τοιαῦτα οἷα ἂν εἰκὸς γενέσθαι καὶ δυνατὰ γενέσθαι καθ' ὃ ἐκεῖνος αὐτῶν ποιητής ἐστιν.*

**) *Eth. Nicom. VI.* 4 Schl. *περὶ τὸ ἐνδεχόμενον ἄλλως ἔχειν.* Bei dieser Gelegenheit möchte ich eine Frage der Textkritik besprechen. Trendelenburg will nämlich an der Stelle: *ἔστι δὲ τέχνη πᾶσα περὶ γένεσιν καὶ τὸ τεχνάζειν καὶ θεωρεῖν ὅπως ἂν γένηταί τι τῶν ἐνδεχομένων καὶ εἶναι καὶ μὴ εἶναι καὶ ὧν ἡ ἀρχὴ ἐν τῷ ποιοῦντι ἀλλὰ μὴ ἐν τῷ ποιουμένῳ*, das *καὶ* vor *θεωρεῖν* streichen. Er erklärt das *τεχνάζειν* für eine Art des *θεωρεῖν* und fasst den Genitiv *τῶν ἐνδεχομένων* wie alle früheren Commentatoren als abhängig von *τί.* So sehr ich Trendelenburg überall bewundere, so konnte ich doch über diese Conjectur nur in's Schwanken gerathen und bleibe schliesslich wegen folgender Bedenken bei dem überlieferten Text. 1. Erstens ist *τεχνάζειν* nicht bloss *θεωρεῖν*, sondern umfasst wohl auch die Manipulationen mit. 2. Zweitens wäre dieser lange von *τι* abhängige Genitiv höchst überflüssig; denn wenn man forscht, wie wohl eine Sache werden könnte, so versteht sich's von selbst, dass die Sache nicht nothwendig und ewig oder unmöglich ist. Zu sagen also: „wie wohl eine Sache werden

Rolle spielt, in sich fasst, und man hat kein Recht, dieses weite Gebiet bloss den nothwendigen Künsten zu lassen, für die nachahmenden aber einzuschränken.

1. Das Nothwendige und das Unwahre.

Was aber die beiden normirenden Bestimmungen

---

könnte aus dem Gebiete der Sachen, die werden können", scheint mir unstatthaft. 3. Drittens und dies ist das Wichtigste, beachte man doch die syllogistische Absicht des Aristoteles. Er will zeigen, dass die Kunst sich auf das Gebiet des Werdens bezieht (*περὶ γένεσιν*). Statt *περὶ* mit dem *Accusativ* braucht er dabei zur Abwechslung auch den *Genitiv*. Dieser *Genitiv* braucht daher nicht von *τι* abhängig zu sein, und der Nebensatz kann mit den Worten *ὅπως ἂν γένηται τι* abschliessen. Dass die folgenden Worte *τῶν ἐνδεχομένων κ. τ. λ.* soviel bedeuten, als *περὶ τὰ ἐνδεχ.* sieht man deutlich aus der hinzugefügten *ex contrario* argumentirenden Begründung: *οὔτε γὰρ τῶν ἐξ ἀνάγκης ὄντων ἢ γινομένων ἡ τέχνη ἐστίν, οὔτε τῶν κατὰ φύσιν*, wo der *Genitiv* zweifelsohne gleich *περὶ τὰ κ. τ. λ.* ist und wo auch augenscheinlich wird, das dieses *οὔτε, οὔτε* sein Gegentheil in dem Vorhergehenden haben müsse, nämlich in dem *τῶν ἐνδεχομένων κ. τ. λ.*, wie denn in der That der Schluss des Capitels das Resultat der Betrachtung recapitulirt: *ἡ τέχνη — — περὶ τὸ ἐνδεχόμενον ἄλλως ἔχειν*. Der Sinn wird dadurch auch viel schöner; denn nun liegt in dem Satze *τὸ τεχνάζειν καὶ θεωρεῖν ὅπως ἂν γένηται τι* logisch die Begründung. Jeder giebt ja zu, dass der Künstler etwas entstehen lassen will: daraus aber folgt, dass die Kunst als Gebiet das Mögliche habe. Die Bedenken also, von denen Trendelenburg „Vermischte Abhandl." II. S. 368—370 ausgeht, sind unleugbar vorhanden. 1. Die „gehäuften Prädicate *περὶ γένεσιν καὶ τὸ τεχνάζειν καὶ θεωρεῖν*" mit dem daran gehängten langen Relativsatze sind unerträglich; 2) ebenso die Tautologie *τέχνη περὶ τὸ τεχνάζειν*. Mithin muss man entweder mit Trendelenburg die Conjectur machen; aber dann sind meine drei Bedenken erst zu beseitigen: oder mit mir bloss ein Komma hinter *γένηται τι* setzen, um alle bisherigen Schwierigkeiten zu vermeiden.

betrifft, so ist darin die Wahrheit dieses Gebietes enthalten. Zuerst also das Nothwendige (τὸ ἀναγκαῖον); diesem entspricht als Fehler das Unmögliche (τὸ ἀδύνατον),*) welches daher für die Kunst ein massgebender Gesichtspunkt bleibt; denn da sie nachahmen will, darf sie nichts darstellen, was der nothwendigen Natur der Dinge widerspricht. Und Aristoteles führt es desshalb als einen berechtigten Grund zum Tadel auf, wenn eine Darstellung nicht wahr (οὐκ ἀληθές) ist.**) Das Nothwendige und Wahre muss man aber streng Aristotelisch verstehen. Es ist nicht etwa die Nothwendigkeit aus dem Zweck und die sittliche Wahrheit gemeint, sondern beide Begriffe sind auf den Kreis des thatsächlichen Geschehens einzuschränken und daher nur auf den Stoff und die wirkende Ursache zu beziehen. Das Feuer brennt, der Schnee ist kalt: das ist nothwendig und wahr. Darum gehört auch das Geschichtliche und die Ueberlieferung der Mythen hierher. So sagt Aristoteles, man könne die Mythen nicht auflösen, z. B. Klytämnestra muss durch Orestes ermordet werden, Eriphyle durch Alcmäon;***) das ist einmal so und nicht anders überliefert worden und mithin kann eine Unwahrheit darin, wenn sie nicht fehlerhaft sein soll, nur absichtlich, d. h. nur in der Komödie vorkommen, z. B. dass Orest und Aegisth schliesslich gute Freunde werden.†) Dahin gehören auch Wahrheiten, wie z. B.

*) *Poet.* 26 Schl. ἐπιτιμήματα ἐκ πέντε εἰδῶν φέρουσιν· ἢ γὰρ ὡς ἀδύνατον ἢ — —

**) *Poet.* 26. (479. 25.) ἐπιτιμᾶται ὅτι οὐκ ἀληθῆ. — (479. 31.) ἀλλ' οὕτως εἶχεν.

***) *Poet.* 14. τοὺς παρειλημμένους μύθους λύειν οὐκ ἔστιν.

†) *Poet.* 13. Vrgl. meine Beiträge zur Erkl. d. A. P. S. 77.

dass die Hirschkuh kein Geweih hat, dass die Pferde nicht den Passgang des Kameels haben, dass die Illyrier solche und solche und keine andern Waffen tragen u. s. w. Darum erinnert Aristoteles an die einzelnen Wissenschaften, welche jede nach ihrem Kreise zur Kritik beitragen und ihr „Unmöglich"! oder „Nicht wahr"! hineinrufen.*) Es versteht sich freilich, wie wir sehen werden, dass es für die Kunstkritik nicht auf subtile Kenntnisse von der Natur und Geschichte ankommen darf, da die Kunst für das grosse Publicum ist, sondern dass der Künstler nur nicht etwas darstellen darf, was von den Meisten sofort für unmöglich oder unwahr erklärt werden würde. Denn Aristoteles gestattet z. B. sogar auch die überlieferten Mythen umzudichten, aber freilich nur unter der Voraussetzung, dass und soweit die feste Form der Ueberlieferung den Meisten unbekannt wäre;**) von anderweitigem Gebrauch und Verbergung des Unmöglichen soll gleich weiter gesprochen werden.

2. Die Regel und das Unwahrscheinliche und Paradoxe.

Verschieden von der Nothwendigkeit ist die Regel. Diese sucht nämlich auch die Gestaltungen der Wirklichkeit, welche dem Zufall preisgegeben sind und bald so, bald anders erscheinen, durch ein Gesetz zu binden.***) Es ist aber eben wegen der Wandelbarkeit dieser Dinge an kein strenges Allgemeines zu denken. Wesshalb Aristoteles auch sehr bezeichnend

*) Vrgl. meine Beiträge S. 89 ff.

**) *Poet.* 9. *ἐπεὶ καὶ τὰ γνώριμα ὀλίγοις γνώριμά ἐστιν.*

***) *Poet.* 7. *ἢ ἐξ ἀνάγκης ἢ ὡς ἐπὶ τὸ πολύ.*

immer nur den Comparativ braucht: „philosophischer als die Geschichte“ und „mehr das Allgemeine“ (*μᾶλλον τὸ καθόλου*), da die Akribie apodiktischer Erkenntniss bei diesen Gegenständen nicht stattfindet. Die Allgemeinheit ist hier also nur die durchschnittliche Mehrheit oder die Regel (*τὸ ὡς ἐπὶ τὸ πολύ*). Während es z. B. nothwendig ist und darum immer und überall eintritt, dass das Feuer nach oben, der Stein dagegen nach unten strebt: so ist es doch nur in der Mehrheit der Fälle richtig, dass der Mann ein behaartes Kinn hat, dass die rechte Hand stärker ist als die linke und dass der Mann besser ist als das Weib, und dass der Sclav schlecht ist; es kann in allen diesen Beispielen auch das Umgekehrte eintreten, und die Allgemeinheit ist daher nur eine Regel, welche Ausnahmen als mögliche involvirt.*) Dieses ganze Gebiet ist daher nicht der strengen apodiktischen Wissenschaft (*ἐπιστήμη*) zuzuweisen, sondern gehört der Meinung (*δόξα*) und es ist demgemäss die erkannte Regel als das Wahrscheinliche (*τὸ εἰκός*) zu bezeichnen,**) die Ausnahmen aber als unwahrscheinlich (*ἄλογον*). Betrachtet man dasselbe von der Seite der Ueberzeugungskraft, so ist das Eine einleuchtend und verdient Glauben (*πιθανόν*); das andre aber ist unglaublich (*ἀπίθανον*). Was durch keine Regel bestätigt wird, ist ohne Beglaubigung durch die herrschende Meinung (*ἄδοξον*); was aber dieser gradezu zuwiderläuft, ist wider Erwarten und der Ueberzeugung widersprechend (*παρὰ δόξαν* und *παράδοξον*).

---

*) *Poet.* 18. (471. 49.) *εἰκὸς γίνεσθαι πολλὰ καὶ παρὰ τὸ εἰκός.* *Analyt. post. II.* 12. (*Did. I.* 164. 24.) *οὐ πᾶς ἄνθρωπος ἄῤῥην τὸ γένειον τριχοῦται, ἀλλ' ὡς ἐπὶ τὸ πολύ.*

**) *Poet.* 15. *χρὴ — — ἀεὶ ζητεῖν ἢ τὸ ἀναγκαῖον ἢ τὸ εἰκός.* *Poet.* 7.

Vorzug des Wahrscheinlichen vor dem Wahren.

Wenn Aristoteles daher das ganze Gebiet der Möglichkeit als Gegenstand der Kunst durch die Normen der Nothwendigkeit und Wahrscheinlichkeit genauer bestimmt, so zeigt er zugleich, dass beide Normen nicht immer in Bezug auf dasselbe Beispiel in Uebereinstimmung sind, da selbst ein an sich Unmögliches (*ἀδύνατον*) doch den Schein für sich haben und also Glauben gewinnen kann (*πιθανόν*).*) Dies erklärt sich eben aus der Natur der Meinung, welche die Phantasie voraussetzt. Durch letztere wird nämlich, da sie meistens Täuschungen unterliegt,**) das Urtheil irregeführt. Es ergiebt sich daraus ebenfalls für die Kunst das Gesetz, dass sie womöglich nichts Unwahres oder Unmögliches darstellen, wenn dies aber aus anderen Rücksichten unvermeidlich, dann jedenfalls das Wahrscheinliche dem Wahren vorziehen soll;***) und wo der Stoff selbst diese Wahrscheinlichkeit nicht bietet, hat der Künstler durch seine Kunstmittel die Täuschung hervorzubringen,†) so dass sein Gegenstand vor Allem durch die Illusion gedeckt werde.

Die neueren Aesthetiker, welche von Aristoteles Notiz nehmen, merken an, dass er der Kunst das Allgemeine zum Gegenstand gegeben habe, aber das Wichtigste, dass Aristoteles das Allgemeine im

---

*) Vrgl. meinen ersten Band S. 138 ff.

**) *De anim.* III. 3. *αἱ δὲ φαντασίαι γίνονται αἱ πλείους ψευδεῖς.*

***) *Poet.* 25. (478. 25.) *Προαιρεῖσθαί τε δεῖ ἀδύνατα εἰκότα μᾶλλον ἢ δυνατὰ ἀπίθανα.*

†) Ebendas. *Δεδίδαχε δὲ μάλιστα Ὅμηρος καὶ τοὺς ἄλλους ψευδῆ λέγειν ὡς δεῖ.*

Kreise des Wandelbaren (ὡς ἐπὶ τὸ πολύ) von dem wissenschaftlich Allgemeinen und Ewigen und auch von dem Schönen oder Idealen unterschieden hat, haben sie das nicht gesehen? oder es als eine Peripatetische Antiquität ihrer Aufmerksamkeit für unwürdig gehalten? So sagt z. B. Frauenstädt:*) „dem Aristoteles ist die künstlerische Nachahmung Abbildung des Wesentlichen, Allgemeinen, Ewigen, Idealen, das in den einzelnen Dingen und Verhältnissen zur Erscheinung kommt.“ Dies ist unrichtig, weil dergleichen in den einzelnen Dingen und Verhältnissen nicht zur Erscheinung kommt, sonst würde die Geschichte ebenso wie die Poesie davon handeln; unrichtig zweitens, weil Frauenstädt das Allgemeine und Ewige als gleichbedeutend fasst. Daher ist seine Entgegensetzung von Plato und Aristoteles sehr modern. Er sagt S. 79: „Der wahre Nachahmer ist grade mit dem in der Natur Ersten, den ewigen Ideen der Dinge beschäftigt, die er uns im Einzelnen zur Anschauung bringt. In diesem Sinne fasste daher Aristoteles die Nachahmug als das Wesen der Kunst auf.“ Aristoteles würde dies nicht zugeben, da nur die Wissenschaft (ἐπιστήμη, σοφία) mit dem Ewigen zu thun hat. Er will wirklich den Künstler mit dem „dritten Erzeugniss von der Natur an“ beschäftigen; denn die Kunst bietet weder reines Wissen, noch reale Wirklichkeit, sondern bloss den Schein der Wirklichkeit (φαντασία); aber freilich will er keine zufällige Nachahmung von Diesem oder Jenem, sondern nach der Regel und nach dem Besseren; seine Sphäre ist das Bessere und Mögliche.

In derselben Weise scheint mir auch Fr. Th. Vi-

*) Aesthet. Fragen S. 80.

scher zu fehlen. Er schreibt:*) „Aristoteles sagt, die Dichtkunst stelle mehr das Allgemeine dar, die Geschichte das Einzelne, und das Allgemeine bestimmt er näher dahin, dass die Reden oder Handlungen, die einem bestimmten Manne beigelegt werden, Möglichkeit und Wahrscheinlichkeit haben. — — Eine logische Verwirrung liegt aber darin, dass durch die Worte: „einem bestimmten Manne" der Begriff des Einzelnen, der vorher die Geschichte von der Poesie unterscheiden sollte, gerade auch in diese aufgenommen ist. Aristoteles stellt hiemit die Forderung auf, dass die allgemeine, innere Wahrheit vereinigt sei mit dem überzeugenden Ausdruck der Individualität; dass das Ewige sich darstelle als ein Solches, was auch die Energie hat, unter den Bedingungen der Wirklichkeit zu sein." — Von der Verwechselung des Ewigen mit dem Allgemeinen im Kreise des Wandelbaren ist schon gesprochen; aber Vischer hat auch die „logische Verwirrung" erst geschaffen; denn bei Aristoteles steht am angeführten Orte nichts von „einem bestimmten Manne", der unter den „Begriff des Einzelnen" fiele. Er sagt vielmehr: „Allgemein ist das so Beschaffene, wie es Einem von bestimmter Beschaffenheit zu reden oder zu thun nach Wahrscheinlichkeit oder Nothwendigkeit zukommt."**) Da ist kein „Begriff des Einzelnen", wie in den Worten: „was Alcibiades that oder litt"; sondern nur von Beschaffenheit (*ποίῳ ποῖα*) ist die Rede. Die Beschaffenheit mit ihren Consequenzen ist das Allgemeine. Darum ist auch die Vischer'sche Lösung des angebli-

*) *Aesthetik III.* 2. S. 1207.

**) *Poet. IX.* *Ἔστι δὲ καθόλου μέν, τῷ ποίῳ τὰ ποῖ' ἄττα συμβαίνει λέγειν ἢ πράττειν κατὰ τὸ εἰκὸς ἢ τὸ ἀναγκαῖον.*

chen Widerspruchs nicht Aristotelisch, wonach „das Ewige die Energie haben soll unter den Bedingungen der Wirklichkeit zu sein"; denn Aristoteles verzichtet ein für alle Mal auf die Wirklichkeit und ihre Bedingungen. Nur der Schein ist ihm wichtig, möge die Sache an sich sogar unmöglich sein.

B. Das Schöne.

Aporien über den Gegenstand der Kunst.

Wir treten nun zu dem zweiten Gesichtspunkt, der den Gegenstand der Nachahmung genauer präcisirt. Zu unsrer Ueberraschung sehen wir nämlich, dass Aristoteles, der sonst immer dem höchsten Zwecke nachjagt und die Herrschaft des Guten und Schönen selbst für die Bewegungen der Fixsterne und Planeten massgebend macht, hier zunächst mit einer scheinbar ganz indifferenten Statistik drei mögliche Gegenstände der Kunst nachweist. Entweder ahmen die Tänzer, bildenden Künstler, Musiker und Dichter die Menschen nach wie sie sind oder besser oder schlechter wie sie sind.*) Statt des letzteren Ausdrucks sagt er auch Nachahmung der Besseren und der Schlechteren.**) Für jede Art oder Richtung der Kunst hat er Beispiele. Es ist hierbei Dreierlei zum Verwundern: 1) dass das Mass aus dem gewöhnlichen Mittelschlag genommen wird, statt aus dem Wesen der Sache; 2) dass überhaupt die Nachahmung des Schlechteren als Kunstzweck zugestanden wird; 3) dass diese

---

*) *Poet.* 2. ἤτοι βελτίονας ἢ καθ' ἡμᾶς ἢ χείρονας ἢ καὶ τοιούτους κ. τ. λ.

**) *Poet.* 5. μίμησις φαυλοτέρων — cap. 15. μίμησις βελτιόνων.

drei Richtungen coordinirt zu sein scheinen. Die Untersuchung dieser Fragen muss uns tief in die Aristotelische Kunstphilosophie einführen.

a. Es giebt nur zwei Kunstrichtungen.

Die erste Schwierigkeit ist gross genug. Wir wissen aus den Nikomachien, dass das Mass der ethischen Beurtheilung nicht in dem Durchschnittszustand der Menschen liegt, sondern in der Tugend.*) Diese ist das Mittlere der Natur und der Kanon, nach dem Lob oder Tadel ertheilt und der Werth der Menschen bestimmt wird. So hat der weise und tugendhafte (**σπουδαῖος**) Mann überall, auch im Gebiete des Individuellen, in dem Takt und der sittlichen Festigkeit das Gute zu ermitteln und zu entscheiden.**) Und in der ganzen Ethik und Politik giebt es keinen Punkt, wo die Mittleren an sich massgebend wären, oder wo in der Natur selbst eine Bestimmung des Mittelmässigen erkannt werden könnte. Denn auch in der Verfassung, welche als Mischung der übrigen dem Mittelstande den Schwerpunkt der Regierung und Gesetzgebung giebt, werden doch nicht die Besseren durch den Massstab der Mittelmässigen gemessen, sondern umgekehrt die Mittleren durch die Gegensätze erkannt, zwischen welche sie fallen. So tritt denn in der That dieser Gesichtspunkt auch hier sofort zurück und wird gar

---

*) *Eth. Nicom. II.* 6. (19. 46.) *Τὸ δ' ὅτε δεῖ καὶ ἐφ' οἷς καὶ πρὸς οὓς καὶ οὗ ἕνεκα καὶ ὡς δεῖ, μέσον τε καὶ ἄριστον, ὅπερ ἐστὶ τῆς ἀρετῆς.*

**) Ebendas. *lib. X.* 5. (122. 30.) *ἔστι ἑκάστου μέτρον ἡ ἀρετὴ καὶ ὁ ἀγαθὸς ᾗ τοιοῦτος.* *lib. IX.* 4. (*Did.* 107. 25.) *ἔοικε γὰρ μέτρον ἑκάστῳ ἡ ἀρετὴ καὶ ὁ σπουδαῖος εἶναι.* *Nicom. III.* 6. *κανὼν καὶ μέτρον.*

nicht wieder erwähnt. Es ist klar, dass derselbe nur die Aehnlichkeit (ὁμοιότης) der Nachahmung bedingt; denn in den beiden Gegensätzen darf der Künstler nicht in's Beliebige verschönern oder in das Schlechte zeichnen, um nicht überhaupt seinem Bilde den Boden der Wahrheit (Vrgl. S. 152) zu entziehen. Denn das Bessere und Schlechtere bleibt doch immer auf dem Grunde der Menschlichkeit. Daher kommt es, dass Aristoteles bei der Theorie der Charakterzeichnung die Regel der Aehnlichkeit (τὸ ὅμοιον) neben und zugleich mit der Idealisirung (ὅπως χρηστὰ ᾖ) geltend macht:*) es kann dieser Gesichtspunkt darum nicht wohl als selbständige Kunstrichtung bezeichnet werden, sondern nur als die Gränze der Annäherung, wo die Spannung der Extreme erlischt. Daher bleiben nur zwei Richtungen übrig, welche sowohl in der Poëtik, als in den einschlagenden Stellen der Politik VIII. allein berücksichtigt werden, nämlich die Richtung auf das Edlere und die auf das Gemeinere.

Die beiden Kunstrichtungen sind nicht coordinirt.

Hier muss nun die zweite Schwierigkeit berücksichtigt werden; denn es erscheint doch undenkbar, dass das Schlechtere und Gemeinere für einen objectiven Zweck der Kunstnachahmung erklärt würde! Für das wirkliche Leben sollte Aristoteles mit der grössten Anstrengung das Schöne und Gute suchen, sowohl bei der Erziehung des Einzelnen, als für die staatliche Gemeinschaft, für die Redekunst die Gerechtigkeit und Wahrheit, für

---

*) *Poet.* 15. ὁμοίους ποιοῦντες καλλίους γράφουσιν. Vrgl. meinen Band I. S. 83.

alle Wissenschaft als Ziel das Gute aufstellen — und in der Kunst allein sollte er indifferent sein und bloss statistisch erklären, dass die Einen das Edlere, die andern das Gemeine nachahmen? Es ist unglaublich.

Beweis, dass die ganze Kunst sich in die ernste und komische Gattung scheidet.

Wir werden diese Schwierigkeit leichter lösen können, wenn wir die dritte hinzunehmen. *Sollten wirklich nach Aristoteles beide Kunstrichtungen coordinirt sein?* Zuerst könnte es freilich so scheinen, da wir keine directen Aeusserungen über das Werthverhältniss beider haben; allein vor der genaueren Aristotelischen Betrachtung muss dieser Schein verschwinden. Es zeigt sich nämlich sogleich, *dass das Schlechte oder Gemeine als solches nicht Gegenstand der Kunst ist, sondern das Lächerliche.* Diesem tritt dann die ernste Kunst entgegen, welche die Handlungen und Schicksale der Besseren nachahmt: so dass die *Kunst sich in zwei Richtungen theilt, in die ernste und komische.* Es ist aber die Frage, auf welche Stellen gestützt wir diese Behauptung wagen dürfen? Und zwar erstens, ob sie sich für die Poësie beweisen lässt und zweitens, ob es sich mit den andern Künsten auf gleiche Weise verhält?

Für die Poësie haben wir *directe* Aussagen des Aristoteles. 1) Er verwirft ausdrücklich die Annahme, als sollte das Hässliche und Schlechte an sich dargestellt werden, und fordert statt dessen nur denjenigen Theil desselben, der das *Komische* (τὸ γελοῖον) heisst.*) 2) Darum lobt er auch den Homer,

*) *Arist. Poet.* 5. ἡ δὲ κωμῳδία ἐστὶν μίμησις φαυλοτέρων

der diese zweite Richtung der Poësie ebenfalls schon gefunden und in einem Werke richtiger als die Andern verstanden habe; denn in seinem Margites handle es sich nicht um Satyre oder Tadel einzelner Männer, und wirklicher Vorgänge, sondern um dramatische Vorstellung des Komischen.*) — Damit wäre also bewiesen, dass die Eine Richtung der Poësie nicht auf das Schlechte an sich, sondern auf das Komische geht. Ebenso gewiss ist freilich, dass das Lächerliche nicht dem Guten und Löblichen und Erhabenen anhaftet, sondern nach Griechischer und speciell auch Aristotelischer Auffassung sich immer an das Niedrige und Fehlerhafte und Hässliche und Gemeine hält und auch meistens von Leuten derselben Art cultivirt wird, so dass es sich bei dergleichen Worten und Darstellungen gleich darum handelt, ob ein anständiger und edler Mann Derartiges sagen oder auch nur anhören dürfe;**) da man von den Gegenständen, die Jemand lächerlich findet, auch auf seine Handlungen schliessen kann.

Die drei verschiedenen Bedeutungen von σπουδαῖος und ihr Zusammenhang.

Dieser Richtung der Poesie steht desshalb das Ernste gegenüber und dieses ist seinem Wesen nach durch das Gute getragen und bestimmt, so dass dergleichen Handlungen den Besseren zukommen und solche Darstellungen auch von besseren Zuhörern ge-

---

μέν, οὐ μέντοι κατὰ πᾶσαν κακίαν, ἀλλὰ τοῦ αἰσχροῦ ἐστὶ τὸ γελοῖον μόριον.

*) *Poet.* 4. οὐ ψόγον, ἀλλὰ τὸ γελοῖον δραματοποιήσας.

**) *Eth. Nicom.* IV. 8. (*Did.* 51. 15.) ἃ γὰρ ὑπομένει ἀκούων, ταῦτα καὶ ποιεῖν δοκεῖ.

schätzt werden.*) Obgleich man nun nicht läugnen kann, dass Aristoteles demgemäss von den ethischen Gegensätzen ausgeht, um die beiden Pole der Kunstrichtungen zu bestimmen, so möchte ich doch in der Definition der Tragödie nicht die Nachahmung einer „sittlich-guten" Handlung übersetzen, sondern einer „ernsten." In der Uebersetzung stimme ich daher mit Susemihl und Bernays überein. Beide haben mit Recht gegen Bernhardy geltend gemacht, dass dies Attribut dem Epos und der Tragödie gemeinsam zukomme und den Gegensatz gegen die Komödie bilde.**) Es hätte aber noch die Schwierigkeit gezeigt werden müssen, die in dieser Uebersetzung liegt. Bernays bemerkt***) zwar: „Es dreht vom zweiten Kapitel an die Darstellung sich hauptsächlich um den Gegensatz von Würdigem (**σπουδαῖον**) erstlich zu Niedrigem (**φαῦλον**), dann aber zu Lächerlichem (*γελοῖον*)"; allein Aristoteles selbst hat dieses „erstlich" und „dann" nicht hervorgehoben, sondern spricht nur von sittlichen Gegensätzen und beschränkt erst die Komödie auf das Lächerliche. Da wir nun wissen, dass *σπουδαῖος* das Adjectiv zu *ἀρετή* bildet†), ebenso wie **φαῦλος**, obgleich dies

---

*) *Poet. IV.* *Διεσπάσθη δὲ κατὰ τὰ οἰκεῖα ἤθη ἡ ποίησις· οἱ μὲν γὰρ σεμνότεροι τὰς καλὰς ἐμιμοῦντο πράξεις καὶ τὰς τῶν τοιούτων, οἱ δὲ εὐτελέστεροι τὰς τῶν φαύλων.* Auch *Poet. II.* Anf. *Arist. Polit. VIII. 7.* (*Did.* 633. 19.) *ἐπεὶ δ' ὁ θεατὴς διττός, ὁ μὲν ἐλεύθερος καὶ πεπαιδευμένος, ὁ δὲ φορτικὸς ἐκ βαναύσων καὶ θητῶν καὶ ἄλλων τοιούτων συγκείμενος* — — Hierher gehören die Stellen, wo von dem Einfluss der Zuhörer auf die Verschlechterung der Kunstwerke gehandelt wird.

**) Susemihl Ueber d. Dichtk. S. 16 u. Anmerk. 54.

***) Bernays Grundzüge d. v. Abh. u. s. w. S. 146.

†) *Categor. VI.* *οἷον ἀπὸ τῆς ἀρετῆς ὁ σπουδαῖος· τῷ γὰρ*

nicht in ganz gleichem Umfange, zu *κακία*: so müssen wir gut und Tugend, schlecht und Schlechtigkeit entgegensetzen.*) Tugend (*ἀρετή*) und Schlechtigkeit (*κακία*) sind bei Aristoteles aber nicht schlechthin ethische Kategorien, sondern organische oder physische. Darum spricht er von der Tugend des Auges sowohl, wie von der Tugend des Pferdes**) und nennt die Trefflichkeit und Mangelhaftigkeit einer Tragödie oder eines Hauses mit demselben Ausdrucke, womit er die sittliche Güte und moralische Verwerflichkeit eines Menschen bezeichnet.***) Wo er aber diesem Ausdrucke die besondre Beziehung auf das menschliche Leben und den Charakter der Menschen giebt, da haben wir sicherlich auch den ethischen Sinn des *terminus* aufzufassen und mithin müssen wir in dem zweiten Capitel den Gegensatz der Richtungen in der Kunst, soweit diese vom Gegenstande der Nachahmung abhängen, als von ethischen Unterschieden aus deducirt erachten. Wenn wir nun in der Definition der Tragödie denselben Ausdruck treffen und doch anders übersetzen wollen, ohne dass Aristoteles selbst diesen Ausdruck anders definirt hätte, so bildet das eine Schwierigkeit und wir müssen erst die Brücke schlagen, um darüber weg zu können, d. h. es muss

---

ἀρετὴν ἔχειν σπουδαῖος λέγεται, ἀλλ' οὐ παρωνύμως ἀπὸ τῆς ἀρετῆς (d. h. nicht ἀρεταῖος oder sonstwie als Positiv zu ἄριστος).

*) Vrgl. u. A. *Poet. II.* 1.

**) *Eth. Nicom. I.* 13. (*Did.* 13. 12). II. 6. (*Did.* 19. 4) ἡ τοῦ ὀφθαλμοῦ ἀρετὴ τόν τε ὀφθαλμὸν σπουδαῖον ποιεῖ καὶ τὸ ἔργον αὐτοῦ. — — ἡ τοῦ ἵππου ἀρετὴ ἵππον τε σπουδαῖον ποιεῖ καὶ — —

***) *Poet. V.* Ende. ὅστις περὶ τραγῳδίας οἶδε σπουδαίας καὶ φαύλης — — *Topic. A.* 106. *a.* 21. τῷ δ' ἐπὶ τῆς οἰκίας (καλῷ) τὸ μοχθηρὸν (*sc.* ἐναντίον).

gezeigt werden, dass das Ernste sich auf das Gute bezieht, ebenso wie wir sahen, dass das Lächerliche mit dem Schlechten zusammenhängt.

Aristoteles hat nicht nur ausdrücklich diese Erklärung gegeben, sondern auch indirekt oft genug angedeutet. Der Lebenszweck ist das Ernste, das mit Mühe zu Erstrebende;*) der Lebenszweck ist das Gute. Beides ist also dem Spass und Scherz und der Erholung entgegengesetzt.**) Es wäre lächerlich und gar zu kindisch, sagt Aristoteles, wollte man arbeiten und sich mit ernster Mühe bestreben um des Spasses willen! Vielmehr ist der Spass wie ein Ausruhen von der Arbeit zu betrachten und es muss daher das Ernste und sittlich-Schöne***) zusammengehören. Wenn nun Aristoteles als Gegenstand der Tragödie eine *πρᾶξις σπουδαῖα* fordert, so

---

*) Vrgl. a. a. St. *Nicomach. IX.* 8. (*Did.* 111. 13.) *τούτων γὰρ οἱ πολλοὶ ὀρέγονται, καὶ ἐσπουδάκασι περὶ αὐτὰ ὡς ἄριστα ὄντα.* Ebendas. *X.* 6. (123. 33.) *σπουδάζειν δὲ καὶ πονεῖν παιδιᾶς χάριν ἠλίθιον φαίνεται καὶ λίαν παιδικόν. παίζειν δ' ὅπως σπουδάζῃ — ὀρθῶς ἔχειν δοκεῖ· ἀναπαύσει γὰρ ἔοικε ἡ παιδιά.*

**) Derselbe Sprachgebrauch findet sich bei dem Zeitgenossen Isocrates z. B. *πρὸς Δημονικ.* §. 2. *τῶν σπουδαίων, ἀλλὰ μὴ τῶν φαύλων εἶναι μιμητάς.* Hier ist aber die Nachahmung durch Handlungen gemeint, wie oben S. 143 unten; dagegen §. 11 findet sich dasselbe mit der Kunst verglichen *αἰσχρὸν γὰρ, τοὺς μὲν γραφεῖς ἀπεικάζειν τὰ καλὰ τῶν ζώων, τοὺς δὲ παῖδας μὴ μιμεῖσθαι τοὺς σπουδαίους τῶν γονέων.* Die Schönheit ist für die Kunst, was die Tugend für die Handlungen. In §. 50. werden auch als Substantive zu *φαῦλος* und *σπουδαῖος* in Aristotelischer Weise *ἀρετὴ* und *κακία* gebraucht. — Der Gegensatz des Ernsten und Lächerlichen findet sich ebendas. §. 31. *μηδὲ παρὰ τὰ γελοῖα σπουδάζων, μηδὲ παρὰ τὰ σπουδαῖα τοῖς γελοίοις χαίρων.* —

***) Vrgl. a. a. St. *Nicom. X.* 6. (123. 7.) *τὰ γὰρ καλὰ καὶ σπουδαῖα πράττειν τῶν δι' αὐτὰ αἱρετῶν.*

braucht dies nicht nothwendig eine sittlich-gute zu sein,*) da er ja im Gegentheil eine tragische Verschuldung zur Bedingung des Schicksals macht, sondern wir müssen wohl eine ernste Handlung darunter verstehen, d. h. eine solche, die sich um die höchsten Lebenszwecke und die wahren oder vermeinten mit Ernst und Mühe erstrebten Güter**) des Menschen dreht, wie er es ja auch später erläutert, dass die Tragödie die Glückseligkeit und das Unglück nachahmen solle. Hiermit stehen denn auch die Ausdrücke des Feierlichen,***)

*) Marbach (Dramaturgie des Arist. S. 8 ff.) übersetzt in der That überall das Wort σπουδαῖος durch „sittlich" und behauptet consequenter Weise auch von der Poësie, dass sie „sittlicher" sei als die Geschichte. Unter sittlich versteht er das Sittlich-Gute in moralischem Sinne (ebend. S. 28). Allein in dieser scheinbaren Consequenz ist kein Grund; denn unmöglich kann er überall σπουδαῖος durch sittlich gut wiedergeben; er müsste sonst auch (S. die Citate auf S. 174 unten) von sittlich guten Pferden und Bauwerken sprechen. Ausserdem gehört doch die Komödie, welche nach Marbach das „Unsittlichere" darstellt, mit zur Poësie; wie kann sie aber demnach zugleich sittlicher als die Geschichte sein? Wenn Marbach dem Dichter die Aufgabe stellt im Gegensatz zum Historiker, nicht zu sagen, was geschehen ist, sondern was geschehen muss (S. 6 u. 10 ob.), so verstehe ich nicht, ob er dies Muss als die physische und logische Nothwendigkeit oder als das sittliche Gesetz versteht. Er scheint das letztere zu meinen, führt aber keine Gründe weiter an, und so kann diese Behauptung auch nicht als etwaige Stütze für den Sinn von σπουδαῖον benutzt werden.

**) *Rhet. II.* 17. καὶ σπουδαστικώτεροι διὰ τὸ ἐν ἐπιμελείᾳ εἶναι, ἀναγκαζόμενοι σκοπεῖν τὰ περὶ τὴν δύναμιν. II. 3. §. 7. (*Did.* 350. 26.)

***) *Poet. IV.* οἱ μὲν γὰρ σεμνότεροι — — ὀψὲ ἀπεσεμνύνθη. Was die σεμνότης bedeutet, sagt Aristot. *Rhet. II.* 17. ποιεῖ γὰρ σεμνοτέρους τὸ ἀξίωμα, διὸ μετριάζουσιν· ἔστι δὲ ἡ σεμνότης μαλακὴ καὶ εὐσχήμων βαρύτης. — Ebendas. II. ἡ δὲ (τραγῳδία) βελτίους μιμεῖσθαι βούλεται τῶν νῦν.

Herrlichen, Grossen in Verbindung, womit diese Richtung der Kunst von ihm bezeichnet wird. — Eine Schwierigkeit liegt noch in dem Ausdruck, wodurch die Poësie über die Geschichte erhoben wird, indem sie **σπουδαιότερον** sein soll. Was soll man hier verstehen? „Tugendhafter" die Poësie zu nennen, wäre sinnlos; „ernster", wäre unrichtig; denn da die ganze Poësie, wozu ja auch die ausgelassen lustige Komödie gehört, mit diesem Prädicat bezeichnet wird, so darf man auch an den Ernst nicht ausschliesslich denken. Wir können die Bezeichnung wohl nur verstehen, wenn wir auf den Grundbegriff des „eifrigen Bemühens" zurückgehen. Der Eifer geht immer parallel mit den erstrebten Gütern; je höher das Gut, desto grösser die Bemühung darum. Darum ist das **σπουδαιότερον** auch das Bessere und Höhere und Werthvollere.*) Da nun die Geschichte nach Aristoteles mit dem Zufälligen zu thun hat, und dieses am Weitesten von dem Ewigen und Göttlichen absteht, so ist jenes Urtheil sehr folgerichtig; denn geringeren Werthes ist die bloss historische Wahrheit (*τὸ ἀληθές*), als die allgemeinere Wahrheit in der Poësie, welche der philosophischen Erkenntniss näher steht.**) Es hindert aber diese dritte Bedeutung nicht die beiden früheren, sondern bildet vielmehr die letzte Erklärung für dieselben, denn nach den Gütern

---

*) Eine ganze Reihe von Beispielen für diese Bedeutung findet sich (II. 120 *Did.*) *Eth. Nic. X.* 4 (resp. 3).

**) *Rhetor. I.* 7. (*Did. I.* 326. 43.) *καὶ ὧν αἱ ἐπιστῆμαι καλλίους ἢ σπουδαιότεραι, καὶ τὰ πράγματα* (Gegenstände der Wissenschaften) *καλλίω καὶ σπουδαιότερα· ὡς γὰρ ἔχει ἡ ἐπιστήμη, καὶ τὸ ἀληθές. — καὶ τῶν σπουδαιοτέρων δὲ καὶ καλλιόνων αἱ ἐπιστῆμαι ἀνάλογον διὰ ταῦτα.*

wird die Tugend gerichtet sein und zugleich der Ernst über den Spass den Vorrang gewinnen. — Diese Erklärung ist nicht ohne Belang, da man sich bisher unter σπουδαιότερον nichts Deutliches denken konnte. Marbach übersetzt „sittlicher", Susemihl „erhabener" und meint, man könnte auch „idealer", „idealischer" übersetzen, und, wie aus Anmerkung 318, auf die er verweist, erhellt, denkt er dabei an die ästhetische Forderung, Charaktere von sittlichem und geistigem Adel darzustellen. Allein, wie oben bemerkt, kann dies nicht zutreffen, schon weil die Komödie dabei vergessen ist, welche dem Gemeineren und Hässlichen nachgeht. Egger übersetzt: „*Voilà pourquoi la poésie est quelque chose de plus profond et de plus sérieux que l'histoire.* Aber auch bei dem Ernst ist die Komödie vergessen. Egger citirt übrigens eine sehr passende Parallele, die ihm das Richtige hätte zeigen müssen. (*Eth. Nicom. VI. 7.* ἄτοπον γὰρ εἴ τις τὴν πολιτικὴν ἢ τὴν φρόνησιν σπουδαιοτάτην οἴεται εἶναι, εἰ μὴ τὸ ἄριστον τῶν ἐν κόσμῳ ὁ ἄνθρωπός ἐστι.) Es handelt sich nämlich dort um eine Abschätzung von theoretischer (σοφία) und praktischer (φρόνησις) Weisheit und es wird letzterer ein niedrigerer Rang zuertheilt als der ersteren. Warum? Weil sie nicht auf die höchsten Gegenstände (τιμιώτατον) gehe und daher nicht so scharf (ἀκρίβεια) und nicht so allgemein (καθόλου) sei; denn sie hat das Wandelbare und speciell das Menschliche als Sphäre. Wir befinden uns hiermit also offenbar ganz in den Untersuchungen über den Rang und Werthabstand der Wissenschaften und Erkenntnisse. Die Geschichte ist eine Erkenntniss des Einzelnen, die Kunst eine Erkenntniss des Allgemeinen im Kreise des Wandelbaren (ὡς ἐπὶ τὸ πολύ), die Philosophie ist Erkenntniss des Ewigen und schlechthin Allgemeinen. Fragen wir also, nach welchem Massstab der Werth gemessen wird, so zeigt sich immer die Scala des Allgemeinen. Aber woher darf die Allgemeinheit den Werth der Erkenntniss bestimmen? Weil, antwortet Aristoteles, das Allgemeine in sofern ehrwürdig (τίμιον) ist, als es das Ursachliche (τὸ αἴτιον) anzeigt. Aus diesem Grunde ist die Erkenntniss des Allgemeinen immer ehrwürdiger (τιμιωτέρα) als die blosse Auffassung des Einzelnen. (*Analyt. post. I. 31.* τὸ δὲ καθόλου τίμιον, ὅτι δηλοῖ τὸ αἴτιον. ὥστε — — ἡ καθόλου τιμιωτέρα τῶν αἰσθήσεων κ. τ. λ.) Und darum ist auch der Beweis des Allgemeinen besser (βελτίων), als der bloss particuläre Schluss und der bejahende besser als der verneinende und der *ad absurdum* führende, weil in allen diesen Fällen das Bessere immer das ist, was den Principien, welche das schlechthin Bekanntere und Ursprüngliche (ἡ ἐκ γνωριμωτέρων καὶ προτέρων κρείττων ebendas. cap. 26) und das Allgemeinste enthalten, näher steht. Wie daher in der von Egger citirten, aber nicht benutzten Stelle die theoretische Weisheit (σοφία) besser ist, als die praktische, weil sie einen ehrwürdigeren Gegenstand hat, nämlich die allgemeineren Principien: so giebt auch die Kunst eine allgemeinere Art von Erkenntniss als die Geschichte und steht desshalb höher und der Philosophie näher. Dass dies und nicht etwa die Idealisirung oder die Nachahmung vollkommener Naturen und höherer Sittlichkeit der Grund des σπουδαιότερον sei, sieht man ganz deutlich aus der von Aristoteles selbst hinzugefügten Begründung; denn nichts führt er daselbst von ethischen Eigenschaften an, sondern spricht bloss klar aus: „weil die Poësie mehr das Allgemeine, die Geschichte aber das Einzelne sagt." Auch Lessing scheint über diesen Ausdruck nicht in's Klare gekommen zu sein; denn er übersetzt „die Poësie sei philosophischer und nützlicher als die Geschichte."*) Was heisst nützlicher? Zum Broterwerb? zur Erziehung? zur Erkenntniss? Lessing würde vielleicht das Richtige ausgespürt haben, wäre er nicht ganz in kritischen Waffengängen gegen Diderot, Dacier, Curtius, Hurd u. s. w. beschäftigt gewesen, um die Allgemeinheit der tragischen Charaktere zu retten. Er theilt desshalb auch Hurd's Uebersetzung mit,**) „dass die Poësie gegen die Geschichte genommen das ernstere und philosophischere Studium sei", ohne, soviel ich sehe, die Abweichung von seiner Auffassung irgendwie zu notiren. A. Stahr übersetzt: „die Poësie ist philosophischer und gehaltvoller." An dem Wort ist nichts zu tadeln, nur versteht man nicht deutlich, ob der Gehalt durch den Reichthum an Geschichten, durch treue Individualisirung, durch sittliche Tiefe und Würde der Charaktere u. s. w. gegeben wird. Vischer***) übersetzt mit Rötscher: „philosophischer und gewichtiger", giebt aber ebenfalls keine Erklärung darüber, auf welcher Wage das Gewicht bestimmt wird.

Anwendung auf alle Künste.

Dieser Gegensatz zwischen ernster und komischer Gattung der Poësie gilt auch allgemeiner für die ganze Kunst. Wenigstens sehen wir deutlich, dass Aristoteles grade die bildenden

---

*) Hamb. Dramat. St. 89.

**) Ebendas. St. 94.

***) Aesth. II. S. 365, oben.

Künste und den Tanz, und das Cither- und Flöten-Spiel heranzieht, um dann erst für die Poësie dasselbe zu zeigen.*) Es ist freilich keine lange Auseinandersetzung gegeben; aber wir erkennen doch, dass er auch hierin eine allgemeine Eigenschaft der Kunst erkannte, wie er denn auch sofort das Komische wieder durch ein Werk der bildenden Kunst erläutert, nämlich durch die komische Maske.**)

Die ernste und komische Kunst sind nicht coordinirt, sondern verhalten sich wie Ideal und bedingungsweise berechtigte Form.

Wir nehmen nun die Frage wieder auf, ob diese beiden Gattungen der Kunst coordinirt seien? Nach dialektischem Gesetze müsste man dies annehmen, da sie einander als Gegensätze zu fordern scheinen; aber Aristoteles denkt anders. Der Ernst und Spass stehen ihm nicht in gleichem Rang und Werthe, sondern er hält das Eine für Zweck, das Andre für Mittel. Dieser Unterschied ist sehr gross und verdient nach mehreren Seiten erwogen zu werden.

Zuerst ist merkwürdig und für seine Auffassung charakteristisch, dass er den Gegensatz beider Gattungen gradezu aus einem Gegensatze der Sitten der Künstler ableitet, wie schon S. 172 erwähnt. Die wohlfeileren Naturen***) wendeten sich zum Spotten und zur Darstellung des Gemeineren, was man auch aus dem Ursprunge von den Phallosspielen†) ab-

---

*) Poet. cap. II.

**) Ebendas. cap. V.

***) *Poet. cap. IV. οἱ εὐτελέστεροι.*

†) Ebendas. — Zu vergleichen ist hierbei *Athenaeus IΔ.*

nehmen kann. Die ernsteren und würdigeren Naturen wählten den höheren Gegenstand und dichteten Hymnen und Preislieder.

Zweitens sehen wir, dass Aristoteles an mehreren Stellen der Jugend das Anschauen der Werke von der komischen oder niedrigeren Gattung verbietet, als sittenverderblich und besonders vorsichtig für die Erziehung ebenso den Umgang mit Sclaven,*) als welche schlechte Sitten haben, verwirft, wie den Besuch der Komödie und den Genuss von Spottliedern, weil sie das noch nicht durch Alter und Bildung dagegen gestählte Gemüth zu schädlichen Affekten stimmen würden.**) Dass dies auf die Künste ohne Unterschied geht, sieht man aus dem gleichem Verbot, derartige Gemälde und Bildsäulen zu betrachten.***)

Drittens aber haben wir von Aristoteles die ausdrückliche Erklärung über die Stellung dieser beiden Kunstgebiete. Die komische Richtung der Kunst, die auf den Spass und das Scherzen geht, dient der Erholung (*ἀνάπαυσις*), da die Menschen nicht unausgesetzt arbeiten können, und mithin ist der Scherz eine Art Heilung, wodurch wir wieder Kraft zu neuer Thätigkeit gewinnen.†) Die ernste Richtung der Kunst aber will nicht Lachen erregen und nicht zum

---

621. b. — 622. d. über die schlechten Spässe (*οὐκ ἄγαν σπουδαῖος*) der alten Komödie, die Phallusträger, die niedrige Diction (*ἐν εὐτελεῖ τῇ λέξει*).

*) *Polit. VII.* 15. *ὅπως ὅτι ἥκιστα μετα δούλων ἔσται.*

**) Ebendas. *οὔτ' ἰάμβων οὔτε κωμῳδίας θεατὰς νομοθετέον* — —

***) *ἐξορίζομεν — καὶ τὸ θεωρεῖν ἢ γραφὰς ἢ λόγους ἀσχήμονας — — — μήτε ἄγαλμα μήτε γραφήν.*

†) *Eth. Nicom. X.* 6. *γίνεται γὰρ ἕνεκα τῆς ἐνεργείας.*

Spass gerechnet werden. Es passt daher hier der Aristotelische Satz: „wir erklären das Ernste für besser als das Lächerliche und das mit Spass Verbundene; und für ernster halten wir immer die Thätigkeit des besseren Seelentheils und Menschen; die Thätigkeit des Besseren ist auch immer höher und glückseliger.“ *) Die Erholung ist nie Selbstzweck, sondern wegen der Thätigkeit. **) Wie nun diese beiden Ideen, das Lächerliche und das Ernste, so verhalten sich auch die beiden Kunstrichtungen, die komische und würdige, da sie nach Aristoteles nur Arten jener allgemeineren Ideen sind; denn ihre Gegenstände gehören ja der einen oder der anderen Sphäre an, und die Künstler werden von ihm ebenfalls darnach ethisch unterschieden, und die Wirkungen sind in derselben Proportion getrennt.

Wir sehen desshalb, dass die Aristotelische Auffassung diese Künste nicht coordinirt, sondern diejenige, welche das Schöne und Bessere darstellt, höher setzt, da sie den eigentlichen Zweck der Kunst erfüllt; diejenige aber, welche das Lächerliche zum Gegenstande hat, als eine nur bedingte, d. h. hypothetisch berechtigte anerkennt. Es wird mithin hier schon klar, was ich in Bezug auf die Aristotelische Politik und Ethik schon früher gezeigt habe, dass Aristoteles auch in der Kunst kein ruhiges Nebeneinander der Kunstrichtungen kennt, sondern nur teleologische Gliederung. Wie die ideale Verfassung eine nach den Verhältnissen bedingte neben sich hat, wie das Ideal

---

*) Ebendas. *βελτίω δὲ λέγομεν τὰ σπουδαῖα τῶν γελοίων καὶ τῶν μετὰ παιδιᾶς, καὶ τοῦ βελτίονος ἀεὶ καὶ μορίου καὶ ἀνθρώπου σπουδαιοτέραν τὴν ἐνέργειαν· ἡ δὲ τοῦ βελτίονος κρείττων καὶ εὐδαιμονικωτέρα ἤδη.*

**) Ebendas. *οὐ δὴ τέλος ἡ ἀνάπαυσις.*

der Glückseligkeit die Formen des sittlich schönen Lebens bei beschränkten Bedingungen, so geht auch die Kunst schlechthin auf das Ideale, d. h. ist Nachahmung der Besseren und des Schönen, fordert aber in zweiter Linie die Ergänzung nach den gegebenen Bedingungen, da sie auch zur Erholung und Heilung des Gemüths dienen muss.

Wenn daher die Modernen dem Aristoteles einen Vorwurf daraus machen, dass er noch nicht das Schöne als den einzigen Gegenstand der Kunst erkannt habe, so könnte er sich leicht vertheidigen, da sich das Komische nicht direkt als Schönes betrachten lässt, seine Unterscheidung von dem Ideal und der bedingten Form daher ganz consequent ist und die wahre ästhetische Auffassung nicht beeinträchtigt.

b. Der Begriff des Schönen bei Aristoteles.

Nachdem diese Unterordnung festgestellt, müssen wir nun genauer den Gegenstand der Kunst studieren d. h. den Begriff des Schönen, wie ihn etwa Aristoteles verstanden habe. Nichts ist öfter gesagt, als dass die Alten die ästhetische Beurtheilung mit der moralischen vermischt hätten und noch überhaupt zur gesonderten Auffassung des Aesthetischen unfähig gewesen wären. Dieser Tadel ist nach der oben geführten scharfen Unterscheidung des Gebietes der Kunst im Gegensatz zur Handlung als ungerecht und unkundig zu bezeichnen. Wir müssen aber leider eine systematische Behandlung der Principien der Aesthetik bei Aristoteles entbehren und können uns desshalb nur durch Zusammentragen verschiedener Aussprüche und Eintheilungen über seine allgemeine Theorie Licht verschaffen.

Die Schönheit ist Ziel der Kunst.

Zunächst ist zu bemerken, dass Aristoteles keinen besondern *terminus* für den Gegenstand der Kunst hat. Wir sehen nur allenthalben, dass er denselben als das Schöne (*τὸ καλόν*) bezeichnet, ein Ausdruck, womit überhaupt alles Werthvolle, speciell die höchsten und an und für sich begehrten Güter verstanden werden. Auch wir haben ja unseren deutschen Ausdruck: die Schönheit und schön auf das ganze Gebiet aller Werthbestimmungen übertragen, und es fragt sich nur, ob und wie Aristoteles die Bestimmung dieses Begriffes für die Kunst besonders ausgeführt habe. Constatirt werde nun zuerst, dass er überall das Schöne (*τὸ καλὸν*) bei seiner Theorie im Auge hat. Ich citire nur ein Paar Stellen. 1) In cap. VII. der Poëtik wird von der Grösse der Tragödie gehandelt und dieselbe ohne Weiteres aus dem Princip der Schönheit abgeleitet. Weil das Schöne ausser der Ordnung eine gewisse Grösse verlangt, darum muss die Tragödie so und so in Bezug auf die Grösse beschaffen sein.*) 2) Ebenso werden in cap. IX. die Bedingungen des schöneren Mythus gesucht.**) 3) In cap. XI. handelt es sich um die schönste Erkennung.***) 4) In cap. XIII. um die Composition der schönsten Tragödie.†) So ist stillschweigend und ausgesprochen das Schöne der Masstab, welcher das Zwingende††) in die Regeln der

---

*) *Δεῖ — καὶ μέγεθος ὑπάρχειν μὴ τὸ τυχόν· τὸ γὰρ καλὸν ἐν μεγέθει καὶ τάξει ἐστίν.*

**) *Ὥστε ἀνάγκη τοὺς τοιούτους εἶναι καλλίους μύθους.*

***) *Καλλίστη δὲ ἀναγνώρισις, ὅταν — —*

†) *Τὴν σύνθεσιν τῆς καλλίστης τραγῳδίας — —*

††) Ueberall in der Poëtik das *δεῖ*, *χρή* u. dergl. Bezeichnungen der Nothwendigkeit.

Poëtik bringt. Es ist nicht die einfache Nothwendigkeit, welche hier gebietet, sondern die, welche die Bedingung für das Schöne enthält. Dies zeigt sofort der Anfang der Poëtik, worin als Aufgabe hingestellt wird zu untersuchen: „wie man die Fabeln componiren muss, wenn die Dichtung der Schönheit theilhaftig sein soll.“ *)

Ideal und bedingte Form.

Hieraus ergiebt sich, was ich eben schon erwähnt habe, dass in der Kunst ähnlich wie in der Ethik und Politik ein Ideal und bedingte Formen unterschieden werden müssen; denn sobald das Schöne oder Gute gesucht wird, so wird nicht jede beliebige Gestalt der Wirklichkeit oder der Kunst von gleichem Werthe sein, sondern unter diesen Bedingungen wird sich mehr, unter jenen weniger von dem Schönen erreichen lassen. Darum hat z. B. jede von den vier Arten der Tragödie ihre eigenthümlichen Vorzüge und es ist kaum möglich, dass eine Tragödie alle diese Vorzüge in sich vereinige, wie die Theatersykophanten (die Recensenten!) verlangen. **) So giebt es auch für die einzelnen Mittel der Kunst eine Auswahl, indem bessere und geringere Formen unterschieden werden; aber bei gegebenem Stoffe des Mythus ist es schon nicht mehr möglich, immer nach Wunsch (*κατ' εὐχήν*) die beste

*) *Poet.* I. 1. *Πῶς δεῖ συνίστασθαι τοὺς μύθους, εἰ μέλλει καλῶς ἕξειν ἡ ποίησις.*

**) *Poet.* 18. *μάλιστα μὲν οὖν ἅπαντα δεῖ πειρᾶσθαι ἔχειν, εἰ δὲ μή, τὰ μέγιστα καὶ πλεῖστα, ἄλλως τε καὶ ὡς νῦν συκοφαντοῦσι τοὺς ποιητάς· γεγονότων γὰρ καθ' ἕκαστον μέρος ἀγαθῶν ποιητῶν ἕκαστον τοῦ ἰδίου ἀγαθοῦ ἀξιοῦσι τὸν ἕνα ὑπερβάλλειν.*

Form z. B. der Erkennung (*ἀναγνώρισις*)*) oder des Pathos zu wählen, sondern der Dichter ist sofort darauf beschränkt, nach den gegebenen Bedingungen das Beste zu fassen (*ἐκ τῶν ὑπαρχόντων*). Dies ist aber nicht immer an sich das Beste; und es geht dem Dichter, wie dem Feldherrn, der mit dem gegebenen Heere, und wie dem Schuster, der mit dem gegebenen Leder, wie Aristoteles sagt, immer nur das möglichst Beste auszurichten suchen muss. Denn je geeigneter der Stoff, desto schöner kann das Werk**) werden. So ist's in der Politik mit der localen und sittlichen Beschaffenheit von Stadt und Volk, so in der Weberei und Schiffsbaukunst, so auch in der Tragödie in Bezug auf den gegebenen Mythus, den der Dichter nicht immer umdichten darf; wesshalb die schönsten Tragödien sich immer nur um die Schicksale weniger Familien drehen.***)

1. Die objective Bestimmung des Schönen.

Was nun das Schöne als Gegenstand der Kunst genauer betrifft, so habe ich schon erörtert, wie Aristoteles es scharf nach zwei Seiten hin begränzt hat; denn 1) muss es immer ein Einzelnes, Individuelles sein, d. h. ein solcher Gegenstand, der durch die Sinnlichkeit und Phantasie aufgefasst wird, im Gegensatz des Abstracten und

---

*) *Poet.* 14.

**) *Polit. VII.* 4. (*Did.* 605. 30.) *ὥσπερ γὰρ καὶ τοῖς ἄλλοις δημιουργοῖς, οἷον ὑφάντῃ καὶ ναυπηγῷ, δεῖ τὴν ὕλην ὑπάρχειν ἐπιτηδείαν οὖσαν πρὸς τὴν ἐργασίαν· ὅσῳ γὰρ ἂν αὕτη τυγχάνῃ παρεσκευασμένη βέλτιον, ἀνάγκη καὶ τὸ γιγνόμενον ὑπὸ τῆς τέχνης εἶναι κάλλιον.* *Eth. Nicom. I.* 11.

***) *Poet. XIII.* §. 7 (*Did.* 467. 1.) u. *XIV.* §. 10. (467. 50.)

bloss Theoretischen. Hiermit ist ein wesentliches Stück des Schönen bestimmt, sofern es immer als Nachahmung und Ebenbild der wirklichen Natur, speciell des menschlichen Lebens, zu betrachten ist.*) 2) Ebenso aber ist es nach der andern Seite auch über das bloss Zufällige und Historische erhoben und ihm der Charakter innerer Allgemeinheit und Wahrheit zugesichert, wodurch es gediegen wird und bleibenden Gehalt erhält.**) — Das Schöne steht so zwischen dem Zufällig-Einzelnen und dem Ewig-Allgemeinen, indem es beide Bestimmungen vereinigt und versöhnt. Der Künstler darf desshalb nicht nach dem abstract Allgemeinen streben, sonst wird er theoretische Werke liefern, wie z. B. Empedocles schön geschriebenes Werk über die Natur nicht Poësie, sondern Physik enthält; Dichter wird man erst, sagt Aristoteles, durch Nachahmung der Wirklichkeit, nicht durch Begriff und Wissenschaft.***) Und umgekehrt darf sich der Dichter auch nicht an jede beliebige Wirklichkeit binden, wie der Historiker, sondern er hat nach den Anforderungen der inneren Wahrheit nur darzustellen, wie die Dinge wohl hätten geschehen können, und muss nach diesem Gesichtspunkt seinen Stoff umarbeiten, die Mythen verändern, oder unter den vielen die geeignetsten aussuchen oder auch ganz neue Stoffe erdichten.†) Das Schöne als Gegenstand ist also das Allgemeine als Individuelles, oder nach der Aristotelischen Bestimmung, wie er selbst diese Zusammenfassung vollzogen hat, das *οἷα ἂν γένοιτο*.

---

*) S. 147 u. ff.

**) S. 159 u. ff.

***) *Poet. I. κατὰ μίμησιν ποιητής.*

†) *Poet. cap. IX.*

Diese Bestimmungen genügen aber noch nicht; denn es muss, wie wir sahen, nun noch in diesem Gebiete die Scheidung in die ideale und komische Richtung vorgenommen werden. Das Schöne ist darnach das Ideale, welches ohne Hinderung des Stoffes das Gute erreicht. Doch darüber muss ausführlich gehandelt werden. Hier stellen wir bloss dies fest, dass das Schöne 1) immer individuell, 2) immer allgemein und 3) nicht ohne das Gute, sowie 4) auch von Seiten des Stoffs nicht bedingt ist, sondern umgekehrt diesen ganz allein bestimmt. Die weiteren Erklärungen und Begründungen giebt das folgende Kapitel. Ich will hier nur nochmals nachdrücklich wiederholen, dass es ganz gegen die Aristotelische Kunsttheorie ist, wenn einige das Ideal bloss durch die Allgemeinheit oder Wahrheit erklären wollen. Das Allgemeine und Wahre ist z. B., dass der Sclav schlecht ist, und das Weib in der Regel weniger gut als der Mann, und dass der Hartherzige dem Mitleid unzugänglich bleibt u. s. w. Der Künstler muss aber das Schöne suchen und darum über die blosse Wahrheit und Wahrscheinlichkeit hinausgehen, indem er einen an sich nicht unmöglichen, aber ungewöhnlichen höheren Grad von sittlicher Güte und Vollkommenheit darstellt. Vrgl. darüber auch meinen ersten Band S. 84 und 161.

2. Die subjective Bestimmung des Schönen. — Abhängigkeit des Schönen von dem auffassenden Organ; daraus abgeleitete Kunstregeln.

Was nun die psychologische Seite der Frage betrifft, so haben wir auch dafür von Aristoteles einige Auskunft. Freilich müssen wir auch hier nicht an systematische Ausführungen denken, sondern uns mit Andeutungen begnügen, die uns aber seine Denkweise in's Licht setzen, und man fährt bei ihm sicherlich am Besten, wenn man seine Begriffe so exact wie möglich ausbeutet. Da das Schöne nämlich nicht bloss Gegenstand schlechthin, sondern als Wahrnehmung und Auffassung für uns ist, so ist klar, dass eine objective und subjective Seite dabei unterschieden werden muss, und zwar wird das Schöne in genauer Proportion um so vollkommener sein, je mehr erstens der Gegenstand und zweitens das auffassende Subject seinem Organe nach sich vorzüglicher verhält.*) Also der werthvollste und beste (*σπουδαιότατον*) Gegenstand ist das Ziel; aber auch die subjective Seite vergisst Aristoteles nicht, wenn er auch die vollkommene Tüchtigkeit des aufnehmenden Organs fordert (*ἡ ἐνέργεια τοῦ ἄριστα διακειμένου*). Es ist hier freilich nicht ausschliesslich das ästhetisch Schöne erwähnt; es genügt aber zu wissen, dass es nicht ausgeschlossen ist von der Anwendung dieses allgemeineren Gesetzes und die gleich folgende Erwähnung der angenehmen Schauungen und durchs Ohr dringenden Empfindungen (*ἡδέα — ὁράματα καὶ ἀκούσματα*) und der Freude des Musikers an Melodien beweist wohl, dass Aristoteles die Kunst mit im Sinne hatte. Dies allein würde aber von wenig Belang sein, wenn Aristoteles nicht ausdrücklich und umfassend Gesichtspunkte aufgestellt

---

*) *Eth. Nicom. X. 4. (Did. 120. 12.) αἰσθήσεως δὲ πάσης πρὸς τὸ αἰσθητὸν ἐνεργούσης, τελείως δὲ τῆς εὖ διακειμένης πρὸς τὸ κάλλιστον τῶν ὑπὸ τὴν αἴσθησιν — — καθ' ἕκαστον δὲ βελτίστη ἐστὶν ἡ ἐνέργεια τοῦ ἄριστα διακειμένου πρὸς τὸ κράτιστον τῶν ὑφ' αὐτήν — — τελειοτάτη δ' ἡ τοῦ εὖ ἔχοντος πρὸς τὸ σπουδαιότατον τῶν ὑφ' αὐτήν.*

hätte, die sich nur aus der subjectiven Seite des Schönen erklären lassen und wovon jetzt ausführlich gehandelt werden soll.

Die Aufmerksamkeit und Intensität der Auffassung.

Will man nämlich die Energie der Auffassung, d. h. des Erkennens als subjective Seite des Schönen betonen, so ist nichts nothwendiger, als vorzuschreiben, dass der Künstler dies recht bewirken müsse, dass man den Gegenstand mit der grössten Aufmerksamkeit verfolge und mit der grössten Klarheit auffasse und in kürzester Zeit möglichst viel erkenne. In der That sind dies die Gesichtspunkte, welche Aristoteles für die Kunst geltend macht. Er hat genau untersucht, was für Ursachen die Aufmerksamkeit fesseln*) und empfiehlt daher den Künstlern an vielen Stellen diese Mittel, da die Versäumniss derselben die Stücke zum Durchfallen bringt. So fangen, erzählt er,**) wenn die Schauspieler schlecht spielen, die Zuschauer an zu essen, ein Zeichen der Unaufmerksamkeit: so ist für die Tragödien die Langeweile der grösste Feind, da die Tragiker nicht so viel Abwechselung, wie die Epiker bringen können.***) Zu diesen Mitteln gehören die Eigenschaften des Stils,†) wodurch die Lebendigkeit (τὸ πρὸ ὀμμάτων) erreicht wird, Me-

---

*) *Rhet. III.* 14. *Προσεκτικοὶ δὲ τοῖς μεγάλοις, τοῖς ἰδίοις, τοῖς θαυμαστοῖς, τοῖς ἡδέσιν.* (I. 403. 27.)

**) *Eth. Nicom. X.* 5. *καὶ ἐν τοῖς θεάτροις οἱ τραγηματίζοντες, ὅταν φαῦλοι οἱ ἀγωνιζόμενοι ὦσι, τότε μάλιστ' αὐτὸ δρῶσιν.*

***) Vrgl. d. ersten Band S. 233 ff.

†) *Poet. cap.* 17. Vrgl. d. ersten Band S. 227 ff. u. S. 105 ff.

taphern, Vergleiche, ferner die Gegensätzlichkeit; denn vermittelst dieser Ausdrucksweise kommen wir schnell zu vielen Erkenntnissen; das Erkennen aber vergnügt; das Vergnügen reizt die Aufmerksamkeit. Das Ziel für alle diese Regeln ist also offenbar die subjective Seite des Schönen, d. h. zu bewirken, dass der auffassende Geist sich so vollkommen als möglich zu dem Objecte verhalte, indem er mit der grössten Aufmerksamkeit und der grössten Klarheit dasselbe erkennt und damit zusammengeht. Hierher gehört auch, dass der Künstler zuweilen den Zuschauer gegen etwas unaufmerksam machen und täuschen muss, damit er die unvermeidlichen Mängel des Gegenstandes nicht sieht. Auch hierin empfiehlt Aristoteles die grosse Kunst Homer's,*) der es in hohem Grade verstanden habe, das Unglaubliche vorzutragen und durch Fehlschlüsse den Zuhörer zu täuschen. Offenbar richten sich diese Regeln nicht auf das Object, sondern auf das auffassende Subject, welches vom Künstler in die möglichst geeignete und beste Haltung versetzt werden muss.

Die Erregung des Gefühls.

Hierher muss auch die Erregung der Gefühle durch das Kunstwerk gerechnet werden; denn am Objectivsten von Allem in dem auffassenden Subject ist gewiss die Erkenntniss des Objects wie es ist; mit dieser aber schliesst die ästhetische Wirkung nicht ab, sondern es ist noch vorzüglich das Gefühl, worauf es ankommt, und dieses muss eben entsprechend dem

---

*) *Poet.* 25. *Δεδίδαχε δὲ μάλιστα Ὅμηρος καὶ τοὺς ἄλλους ψευδῆ λέγειν ὡς δεῖ κ. τ. λ.* Ueber die Paralogismen und die *ἄλογα*.

Gegenstande erregt werden. Obwohl nun einfach z. B. in der Poësie die Fabel durch die Folge der Ereignisse auch die gehörigen Gefühle entzünden müsste, (durch die *φοβερά* den *φόβος*, durch die *ἐλεεινά* den *ἔλεος* u. s. w.), so ist das den Dichtern und dem Aristoteles doch nicht genügend, sondern dieser giebt ausdrücklich Anweisung, auch durch die Wendungen der Rede (*λέξις*), durch Wahl der Worte und Figuren und durch die Kunst in der Composition von Erkennungen und dergleichen die Gefühle reichlicher und absichtlich zu erregen.*)

Das ästhetische Vergnügen.

Allgemeiner liegt diese subjective Bestimmung in dem Gedanken, dass das Schöne nothwendig von Vergnügen (*ἡδονή*) begleitet sei, und der Künstler nothwendig ein bestimmtes Vergnügen erregen müsse. Das Vergnügen ist keine Bestimmung des Gegenstandes, sondern des Subjects und doch hängt es mit der Vollkommenheit des Gegenstandes einerseits und mit der Vollkommenheit, mit welcher derselbe aufgefasst und angeeignet wird, andererseits auf unlösliche Weise zusammen. Aristoteles setzt überall voraus, dass Vergnügen zu der Wirkung der Kunst gehöre: so Cap. 4 der Poëtik, wo er den Ursprung der Dichtkunst erklärt und

*) Es liegt dies einmal in der Regel, dass die Tragödie die *ἔκπληξις* zum Ziel habe, dann in den vielen Stellen, wo das *τοῦτο ποιητέον* oder *ζητητέον* mit Rücksicht auf die Affekte vorkommt. So sagt er gradezu: *τὴν ἀπὸ ἐλέου καὶ φόβου διὰ μιμήσεως δεῖ ἡδονὴν παρασκευάζειν τὸν ποιητήν* (cap. 14); so wird cap. 19 das *πάθη παρασκευάζειν* als ausdrückliche Aufgabe des Stils betrachtet. Vrgl. auch Band I. über cap. 17 *σχήματα*.

darauf zurückgeht, dass alle an den Nachahmungen Freude empfinden,*) was er ausdrücklich durch die bildenden Künste erläutert; in der Politik schildert er die Lust an der Musik ausführlich; die Tragödie hat ihr bestimmtes Werk in dem tragischen Vergnügen,**) die Komödie in dem Komischen. Dieses ästhetische Vergnügen ist aber nicht eine rein subjective Zuthat, die von dem Gegenstande in seiner Eigenthümlichkeit unabhängig wäre; sondern ist grade nur die reine Vollendung der objectiven Auffassung und entspringt unmittelbar durch die vollendete Schauung und geistige Energie. Aristoteles hat diesen Gedanken im zehnten Buche der Nikomachien ausführlich***) erläutert und gezeigt, dass das Vergnügen die Vollendung des Anschauens nicht so hervorbringt, wie der Arzt das Gesundsein, sondern wie die Gesundheit, welche als der reine Zweck die Vollendung ihrer Mittel selbst ist.†) So soll auch das Vergnügen der unmittelbare Ausdruck der vollendeten Anschauung sein, und daher erklärt er es, dass die Menschen so leicht das Vergnügen selbst zum objectiven Zwecke machen, während es doch nur zu diesem hinzukommt und von ihm

---

*) *τὸ χαίρειν τοῖς μιμήμασι πάντας.*

**) *Poet.* 14. *οὐ γὰρ πᾶσαν δεῖ ζητεῖν ἡδονὴν ἀπὸ τραγῳδίας, ἀλλὰ τὴν οἰκείαν.*

***) cap. 4. (*Didot. II.* 120. 19.) *κατὰ πᾶσαν γὰρ αἴσθησίν ἐστιν ἡδονή, ὁμοίως δὲ καὶ διάνοιαν καὶ θεωρίαν, ἡδίστη δὲ ἡ τελειοτάτη, τελειοτάτη δὲ ἡ τοῦ εὖ ἔχοντος πρὸς τὸ σπουδαιότατον τῶν ὑφ' αὐτήν. Τελειοῖ δὲ τὴν ἐνέργειαν ἡ ἡδονή.*

†) Ebendas. *οὐ τὸν αὐτὸν δὲ τρόπον ἥ τε ἡδονὴ τελειοῖ (sc. τὴν ἐνέργειαν) καὶ τὸ αἰσθητόν τε καὶ ἡ αἴσθησις σπουδαῖα ὄντα, ὥσπερ οὐδ' ἡ ὑγίεια καὶ ὁ ἰατρὸς ὁμοίως αἴτια ἐστι τοῦ ὑγιαίνειν.*

untrennbar ist;*) denn im letzten Grunde ist ihm das Vergnügen das Zusammengehen und Einswerden des leidenden und thätigen Grundes in dem menschlichen Geiste.**) — Wie wenig aber das Vergnügen die objective Bestimmung des Schönen selbst ausdrückt, zeigt Aristoteles durch die Bemerkung, dass es durchaus keiner Dauer fähig sei, indem derselbe Gegenstand uns zuerst anlocke und in gespannte Thätigkeit und Vergnügen versetze, dass nach einer Weile aber die Thätigkeit nachlasse und so auch das Vergnügen sich abstumpfe.***). Dadurch trennen sich die objective und die subjective Bestimmung des ästhetischen Gegenstandes, und zugleich folgen daraus die vorher erwähnten Regeln zur Erregung der Aufmerksamkeit und der ästhetischen Gefühle, sofern alles dies nicht durch den Gegenstand zugleich mitgegeben ist.

Objective und subjective Bestimmung der Grösse des Kunstwerks.

Wir lesen an mehreren Stellen, dass das Schöne nothwendig eine gewisse Grösse haben müsse, oder nicht zu klein und nicht zu gross sein dürfe.†) Es

*) Ebendas. Schl. *συνεζεῦχθαι μὲν γὰρ ταῦτα φαίνεται καὶ χωρισμὸν οὐ δέχεσθαι* — — und vorher *εὐλόγως οὖν καὶ τῆς ἡδονῆς ἐφίενται.*

**) Ebendas. *ὁμοίων γὰρ ὄντων καὶ πρὸς ἄλληλα τὸν αὐτὸν τρόπον ἐχόντων τοῦ τε παθητικοῦ καὶ τοῦ ποιητικοῦ ταὐτὸ πέφυκε γίγνεσθαι.*

***) Ebendas. *τὸ μὲν πρῶτον παρακέκληται ἡ διάνοια καὶ διατεταμένως περὶ αὐτὰ ἐνεργεῖ — μετέπειτα δὲ οὐ τοιαύτη ἡ ἐνέργεια, ἀλλὰ παρημελημένη· διὸ καὶ ἡ ἡδονὴ ἀμαυροῦται.*

†) *Poet. cap. 7.* (*δεῖ*) *μέγεθος ὑπάρχειν μὴ τὸ τυχόν* — — *τὸ γὰρ καλὸν ἐν μεγέθει καὶ τάξει ἐστίν· διὸ οὔτε πάμμικρον* — — — *οὔτε παμμέγεθες* —

ist eine interessante Frage, ob diese Bestimmung eine objective oder subjective sei? Dies kann natürlich nur entschieden werden, wenn man auf den Massstab achtet, nach welchem etwas für zu klein oder zu gross erklärt wird. Wir müssen desshalb die Aristotelische Begründung dieser Regel genauer betrachten. Es zeigt sich da zuerst eine objective Bestimmung, indem ein Object mit dem andern Object selbst verglichen und von Aristoteles behauptet wird, dass immer das Grössere schöner sei als das Kleinere.*) Dazu kommt die zweite Bestimmung aus dem Wesen der Sache, indem der Gegenstand alle Theile besitzen muss, die zu seiner Ganzheit gehören und ihm eine bestimmte objective Fülle geben. Zu dieser objectiven Messung kann man auch die bestimmte Einschränkung rechnen, welche die Grösse durch den Zweck des Gegenstandes erleidet. Aristoteles zeigt, dass ein Schiff von Spannenlänge ebensowenig diene, wie eins, das zwei Stadien lang wäre.**) Ferner drittens die Bestimmung der Grösse, welche durch die Darstellungsmittel bedingt ist, wornach z. B. das Drama nicht solche Grösse wie das Epos besitzen kann.***)

Alles dies sind objective Massstäbe; daneben wendet Aristoteles aber einen entschieden subjectiven an. Er zeigt nämlich, dass unser sinnliches und intellectuelles Auffassungsvermögen eine gewisse Gränze nach dem Zuviel und Zuwenig hat. Was zu klein

---

*) Ebendas. *ἀεὶ μὲν ὁ μείζων (ὅρος) μέχρι τοῦ σύνδηλος εἶναι καλλίων κατὰ τὸ μέγεθος.*

**) Ebendas. Schl. des Cap. der nothwendige Zusammenhang aller Theile. Und *Polit. VII.* 4.

***) Vrgl. Band I. S. 235.

ist,*) kann nicht mehr schön sein, weil keine Zeit vorhanden ist, in welcher seine Theile noch deutlich aussereinander für sich aufgefasst werden können,

---

*) *Poet. cap.* 7. οὔτε πάμμικρον ἄν τι γένοιτο καλὸν ζῷον· συγχεῖται γὰρ ἡ θεωρία ἐγγὺς τοῦ ἀναισθήτου χρόνου γινομένη. Bonitz will (Aristot. Studien. 1862. I. S. 96.) das Wort χρόνου entfernen. Er motivirt so: „Aber darum, weil ein Gegenstand ganz klein ist, braucht doch nicht die Betrachtung desselben eine fast plötzliche, momentane, auf einen Augenblick beschränkte zu sein; denn das würde durch ἀναίσθητος χρόνος bezeichnet sein, vergl. *Phys.* δ. 13. 222. b. 15. τὸ δ' ἐξαίφνης τὸ ἐν ἀναισθήτῳ χρόνῳ διὰ μικρότητα ἐκστάν. Vielmehr entzieht sich der ganz kleine Gegenstand fast der Möglichkeit der Wahrnehmung und giebt desshalb nur eine undeutliche, die Theile nicht bestimmt unterscheidende, verworrene Wahrnehmung: συγχεῖται γὰρ ἡ θεωρία ἐγγὺς τοῦ ἀναισθήτου γινομένη." — Auch Eduard Müller findet (S. 104) die Stelle nicht klar und versucht eine lange, nicht durch Aristotelische Beweise unterstützte Deutung; dagegen erläutert Zeller 1862. S. 606 die Worte ganz so, wie ich sie auch auffassen muss. Susemihl folgt der Conjectur von Bonitz. Wie soll man nach Letzterem nun die Worte übersetzen? Vielleicht so: die Wahrnehmung, welche stattfindet bei oder von einem fast Unwahrnehmbaren, ist verworren. Allein wenn der Genitiv (das fast nicht Wahrnehmbare) das Object der Wahrnehmung bildet, so kann daraus keine verworrene Wahrnehmung folgen, sondern beinahe keine Wahrnehmung. Der Grund der Verworrenheit (συγχεῖται) geht bei der Bonitzschen Erklärung verloren, während Aristoteles, wie es mir scheint, in seinen Worten weislich auch die Schlusskraft durch die Bestimmung der Zeit (χρόνου) gegeben hat. Denn ein zu grosser Gegenstand ist ein solcher, bei dem man einen Theil nach dem andern und wieder einen andern sieht und so fort, bis so viel Zeit verflossen ist, dass man den Gegenstand als Einen und ganzen nicht mehr zusammenbringen kann. Das Zusammen (ἅμα) geht verloren. Bei einem zu kleinen findet also das Gegentheil statt, d. h. die Anschauung der so kleinen Theilchen geschieht gar nicht mehr nach einander, sondern zumal in unmerklicher Zeit, so dass die Anschauung, auch wenn sie eine Vielheit zum Objecte hat, doch nothwendig zusammenfliessen muss; denn das was nicht

sondern das Ganze verschwimmt, indem jeder Theil mit dem nächsten vermischt wird. Man kann sich dieses etwa dadurch erläutern, dass man sich von einer

---

durch merkbare Zeiten unterschieden werden kann, fällt in dieselbe Zeit, d. h. fliesst für die Anschauung zusammen. — Aehnlich beantwortet Aristoteles *Probl. XIX.* 21. (*Did.* 208. 29.) die Frage, warum man die tiefere Stimme, wenn sie aus dem Rhythmus fällt, leichter bemerkt. Er meint nämlich, weil die Zeit des tieferen Tones länger sei und als solche wahrnehmbarer würde. *Πότερον ὅτι πλείων ὁ χρόνος ὁ τοῦ βαρέος, οὗτος δὲ μᾶλλον αἰσθητός.* Bonitz sagt, es käme auf das Momentane nicht an, sondern nur auf die Unwahrnehmbarkeit. Er schliesst also von der Kleinheit auf die fast unmögliche Wahrnehmbarkeit, von dieser auf die Verworrenheit der Anschauung. Allein dabei fehlt die Verbindung zwischen geringer Wahrnehmbarkeit und Verworrenheit. Diese liegt eben in der Zeitdauer der Anschauung. Denn der Grösse entspricht auch immer eine bestimmte Zeitdauer der Anschauung. Also bedingt die winzige Grösse auch eine kaum merkliche Zeit der Anschauung und daraus folgt dann, dass die Theilvorstellungen nicht mehr auseinander treten, sondern in eine ununterschiedene Zeit fallen, d. h. dass die Anschauung verschwimmt. Aristoteles erläutert dies z. B. bei den Farben; schwarz und weiss nebeneinander in der winzigsten Grösse ist nicht mehr für sich wahrnehmbar, sondern erscheint nur zusammen als gemischte Farbe (das *μικτόν* entspricht unserem *συγχεῖται*). (*De sens. et sens. III.*) Ebenso haben wir in dem sechsten Capitel desselben Buches den Gegensatz zu unserem zehntausend Stadien langen Thier in dem zehntausendsten Theil des Hirsekornes, über welchen die Anschauung auch hingeht, aber er kommt doch nicht als Theil für sich zur Wahrnehmung (*διὰ τοῦτο τὸ μυριοστημόριον λανθάνει τῆς κέγχρου ὁρωμένης, καίτοι ἡ ὄψις ἐπελήλυθεν.*) Aehnlich ist auch die Auflösung der Frage, wie Alles durch die Zeit zerstört werde (*Probl. XI.* 28.). — Ich bleibe daher bei dem überlieferten Texte, weil er mir keinen unzutreffenden Gedanken zu enthalten, sondern sogar noch den Grund der Behauptung mitzugeben scheint, da das Verschwimmen der Anschauung aus der unmerklichen Zeit, in der sie über die Theile hingeht, abgeleitet wird. Ebenso spricht Aristo-

schönen Statue immer weiter entfernt; je weiter wir sie sehen, desto kleiner wird sie, desto mehr gehen die Verschiedenheiten der Formen verloren, und zuletzt fliesst die ganze Auffassung zusammen, wenn wir keine merkliche Zeit mehr brauchen, um die Theile des Ganzen zu durchlaufen. Bei dem zu Kleinen geschieht also die Auffassung zwar zumal, aber es kommt die innere Vielheit und Ordnung der Theile nicht zur Wahrnehmung; bei dem zu Grossen*) umgekehrt hat man immer neue Theile, die wahrgenommen werden, aber man kann sie nicht zusammenbringen, die Einheit und Ganzheit der Auffassung geht verloren, z. B., wenn ein Thier zehntausend Stadien lang wäre. Und es gilt dasselbe für die räumliche, wie die zeitliche Grösse, für den äusseren und intellectuellen Sinn; denn Aristoteles wendet diese Regel unmittelbar auf die Grösse der Tragödien und Epen an und verlangt Uebersichtlichkeit und Behältlichkeit des Mitgetheilten.**) Hier ist nun

---

teles diesen ursächlichen Zusammenhang deutlich da aus, wo er das Verschwimmen verschiedener nebeneinander gelagerten Farbetheilchen zu einer einzigen neuen Farbe erklärt. Die Theilchen bekommen nämlich durch gehörigen Abstand des Sehenden eine unsichtbare Grösse und werden desshalb in unmerklicher Zeit percipirt; weil sie mithin zumal (ἅμα) erscheinen, vereinigt sich oder verschwimmt auch das Bild; denn die Verschiedenheit der Bewegungen, welche von den verschiedenen Farben ausgehen, bleibt dabei verborgen. (*De sens. et sens. III.* ἐπὶ μὲν οὖν τῶν παρ' ἄλληλα κειμένων ἀνάγκη ὥσπερ καὶ μέγεθος λαμβάνειν ἀόρατον οὕτω καὶ χρόνον ἀναίσθητον, ἵνα λάθωσιν αἱ κινήσεις ἀφικνούμεναι καὶ ἓν δοκῇ εἶναι διὰ τὸ ἅμα φαίνεσθαι.

*) *Poet. cap. 7.* οὔτε παμμέγεθες· οὐ γὰρ ἅμα ἡ θεωρία γίνεται, ἀλλ' οἴχεται τοῖς θεωροῦσι τὸ ἓν καὶ τὸ ὅλον ἐκ τῆς θεωρίας, οἷον εἰ μυρίων σταδίων εἴη ζῷον.

**) Ebendas. ὥστε δεῖ καθάπερ ἐπὶ τῶν σωμάτων καὶ τῶν

ganz klar, dass diese Bestimmung das Object selbst nicht trifft, sondern nur unser Auffassungsvermögen, unser Gesichtsfeld, unsere Aufmerksamkeitsspannung und unser Gedächtniss. Wir haben also auch hier einen entschieden subjectiven Massstab des Schönen, der neben jenem objectiven Berücksichtigung erheischt. Aristoteles hat diesen Massstab dann zur Grössenberechnung der Epopöen angewandt und interessanter Weise für das Maximum der möglichen Aufmerksamkeit die bisherige Theaterpraxis herangezogen, indem er voraussetzte, dass die Masse der an Einem Tage zur Aufführung kommenden Tragödien auch ungefähr das Maximum der noch von Vergnügen begleiteten Spannung der Aufmerksamkeit und des Gedächtnisses darstellte.*)

Anmerkung über das Komische.

Auf diese Betrachtung über das Schöne als Gegenstand der Kunst müsste eigentlich die Theorie des Komischen folgen; allein es erschien mir zweckmässiger, um Wiederholungen zu vermeiden, diese Theorie unmittelbar mit der Besprechung der Komödie zu verbinden.

§. 3. Ueber die Begriffe von Zweck, Gegenstand und Wirkung der nachahmenden Kunst.

Man hat viel über den Zweck der Kunst gesprochen. Während einige einen moralischen Entzweck

---

ζῴων ἔχειν μὲν μέγεθος, τοῦτο δὲ εὐσύνοπτον εἶναι, οὕτω καὶ ἐπὶ τῶν μύθων ἔχειν μὲν μῆκος, τοῦτο δὲ εὐμνημόνευτον εἶναι.

*) Vrgl. Band I. S. 197 u. 269.

darin suchten, wollten Andre überhaupt nichts von einem Zweck der Kunst wissen. Es ist viel Verständiges und Unverständiges darüber gesagt, aber noch nicht genügend in Aristotelischem Sinne die Bedeutung der verschiedenen *termini* gesondert worden.

a. Zweck der Kunst. Sie ist weder dem theoretischen, noch dem praktischen Zwecke untergeordnet.

Dass nun die Kunst zu dem Gebiete gehört, in welchem der Zweckbegriff (τέλος) mächtig ist, wird von Aristoteles an unzähligen Stellen ausgeführt. Ueberall dient ihm die Kunst als Beispiel, um daran die zweckmässig wirkende Naturkraft zu verstehen. Ich habe bei Gelegenheit der Principien der Kunst dieses hinlänglich im Einzelnen gezeigt und kann desshalb hier zu den weiteren Fragen übergehen.

Es fragt sich nämlich nun zweitens, ob dieser Zweck ein immanenter oder äusserlicher sei, d. h. anders ausgedrückt, ob das Kunstwerk selbst als der Zweck gilt oder ob es nur als Mittel dazu dient, andre höhere Zwecke hervorzubringen. Aber auch hierauf ist die Antwort schon gegeben; denn die Eintheilung der Kunst beruht grade auf diesem Gegensatze, indem die nothwendigen Künste nicht um ihrer selbst willen begehrt werden, sondern blosse Mittel sind für gänzlich ausser ihnen liegende Zwecke, wie z. B. die Schuhmacherkunst die vermittelnde Arbeit ist für die Bequemlichkeit und Sicherheit beim Gehen u. s. w., während die nachahmende Kunst gar keinen Nutzen hat, sondern bloss zum Vergnügen nachahmt. Denn dass der Maler oder Dichter nebenbei noch Gelderwerb dadurch betreibt, ist zufällig und ist solche accidentelle Chrematistik daher von dem eigenen Wesen der Thätigkeit abzulösen.

Allein hier werden sich eine Menge Einwendungen treffen, die erst sorgfältig zu untersuchen sind. Denn es fragt sich, ob denn die schöne Kunst nicht auch zur Tugend diene und zur Lehre, um das Gute und die Wahrheit durch den empfindlichen Zauber des Schönen in die Gemüther einzupflanzen? Dies muss streng in dem Gedankenkreise des Aristoteles entschieden werden, womöglich mit seinen eigenen Worten, wenn nicht, so doch mit offenbaren Folgerungen seiner Grundsätze, indem dabei, was er selbst schon betrachtet, was offen gelassen und was in seinem Geiste zu schliessen, genau unterschieden wird.

Zuerst muss aber hier vorweg noch einmal die zufällige Verknüpfung abgelehnt werden; denn wir untersuchen nie, sagt Aristoteles, in der Wissenschaft, was zufällig mit einander zusammentrifft, sondern nur was eine Sache ist und was ihr allgemein und nothwendig und immer oder in der Regel zukommt. Es kann desshalb sich hier nicht um die Frage handeln, ob nebenbei die Kunst ausser ihrem eigenthümlichen Werke auch mitunter noch belehre oder bessere, oder von Ueberanstrengung heile, sondern die Wissenschaft fragt lediglich, ob in diesem Erfolge der eigene und allgemeine Zweck der Kunst liege. — Die Antwort auf diese Fragen ist so sehr schwierig, weil das geistige Leben nicht wie eine Apfelsine in leicht gesonderte, von eigenen Häuten eingeschlossene Spälten zerlegt werden kann: es hängt das ganze geistige Leben mit unzähligen Fasern und Canälen zusammen und Jeder erscheint einseitig und verirrt, wer die Trennung versucht. Gleichwohl muss mit Aristoteles die organische Sonderung der geistigen

Thätigkeiten scharf verfolgt werden und wenn man diese systematische Gliederung vor Augen hat: so kann die Beantwortung der obigen Frage leicht und sicher geschehen. Denn man weiss mit Aristoteles, dass alles was einem und demselben Zweck unterliegt, auch zu einem und demselben Gebiete gehört. Alles was daher zur Belehrung dient, gehört zum theoretischen Gebiete und fällt unter die theoretische Weisheit (*σοφία*); alles aber, was zur Besserung dient und auf die Lebensführung Bezug hat, gehört unter das praktische Gebiet und wird von der praktischen Weisheit (*φρόνησις*) zusammengefasst. Wenn desshalb die Kunst einen von beiden Zwecken hätte, so müsste sie unter das Eine oder das Andre dieser beiden Gebiete untergeordnet werden. Wir sehen aber in den Nikomachien und überall sonst deutlich genug, dass Aristoteles drei Gebiete coordinirt und jedem einen eigenen Zweck zuerkennt, der von den andern nicht hervorgebracht wird. Es ist damit also die Frage von vornherein verneinend beantwortet: Aristoteles kennt und will principiell keine Unterordnung der Kunst unter das praktische oder theoretische Gebiet, sondern giebt ihr einen eignen Zweck und eigne Mittel und eignes Gebiet.*)

b) Der Zweck ist die Wirkung, welche das Gegenständliche wie das Gefühl enthält.

Es fragt sich desshalb nur, was dieser Zweck ist. Er besteht, wie wir sahen, in Nachahmungen. Und zwar in bestimmten Werken (*ἔργα*), in welchen

*) Vrgl. S. 17 ff.

der Gegenstand der Nachahmung ebenbildlich dargestellt ist, z. B. in einer Statue oder in einer Tragödie. Es gehört nun nicht viel Ueberlegung dazu, um einzusehen, dass dieses Werk als ein objectives nur ein Mittel ist für den Zweck, in dem Geiste des Zuschauers aufzuleben, dass das Kunstwerk als ein Correlatives in der That nur vorhanden ist in den auffassenden Subjecten. Ob aber Aristoteles diese Betrachtung schon angestellt? Ist er nicht zu dogmatisch dazu, als dass ihm diese modern kritische Sonderung des Objectiven und Subjectiven sollte eingefallen sein? Allerdings haben wir wohl keine bestimmte Untersuchung von ihm darüber; aber wir sehen aus allen seinen Gesetzen und Beweisen, wie er sich den Zweck der Kunst gedacht habe. Die modern romantische Vorstellung, als ob ein Künstler nur zur eignen Befriedigung, gleichsam wegen einer Grille, seine Arbeit einem äusseren Gegenstand zuwenden könne, ist ihm ganz fremd. Wie zum Sinnlich-Wahrnehmbaren die sinnliche Wahrnehmung, wie zum Denkbaren das Denken, so gehört ihm zur Kunst sofort der Zuschauer (θεατής) und er bestimmt desshalb sorgfältig die Wirkung, welche die Kunst hat und haben soll. Diese Wirkung ist eine doppelte, einmal eine bestimmte Anschauung (θεωρεῖν), die durch das Kunstwerk entsteht. Der Bildhauer giebt uns z. B. die Anschauung eines Pferdes oder eines Gottes und der Dichter die Anschauung von den Schicksalen dieser oder jener erlauchten Familie. Diese Anschauungen sind nun, wie früher*) gezeigt, nicht eigentlich theoretisch, sondern für die Phantasie. Sie liegen zwischen Wahrnehmung und

*) Vrgl. S. 150 und 159 ff.

Philosophie in der Mitte; denn sie sind allgemein und individuell zugleich. Da sie aber die dargestellte Sache selbst enthalten, so sind sie am Meisten objectiv. — Zweitens aber ist die Wirkung noch in einem bestimmten Vergnügen und bestimmten Gemüthszuständen zu suchen, welche durch die Anschauung nicht zufällig, sondern in wesentlichem Zusammenhange erregt werden und daher als unzertrennlich von dem Gegenstande mit diesem zugleich Zweck der Kunst sind. Ich habe hierüber schon S. 192 gehandelt und brauche desshalb keinen weiteren Beweis für diese Auffassung des Aristoteles beizubringen; die Ausführung im Einzelnen wird ausserdem Schritt vor Schritt als Bestätigung dienen.

Ich will nur eine Stelle der Rhetorik noch anführen, welche für unsre Frage lehrreich ist. Aristoteles sagt im dritten Capitel des ersten Buches: „Es giebt der Zahl nach drei Arten von Beredsamkeit; denn soviele Arten von Zuhörern der Rede sind auch vorhanden. Denn aus drei Stücken besteht die Rede: aus dem Redenden, aus dem Gegenstande, worüber er spricht und aus dem Zuhörer, an den er sich richtet, und der Zweck der Rede geht auf diesen, ich meine aber auf den Zuhörer.“*) Diese Zuhörer theilt er dann in die bekannten drei Arten ein. Und nun für die Kunst! Wie sollte das Verhältniss dort anders sein; wir wissen ja auch schon, dass er das Schöne als Gegenstand der Kunst durch subjective Gesichtspunkte für die Auffassung des Zu-

---

*) Anf. des Cap. Ἔστι δὲ τῆς ῥητορικῆς εἴδη τρία τὸν ἀριθμόν· τοσοῦτοι γὰρ καὶ οἱ ἀκροαταὶ τῶν λόγων ὑπάρχουσιν ὄντες. Σύγκειται μὲν γὰρ ἐκ τριῶν ὁ λόγος, ἔκ τε τοῦ λέγοντος καὶ περὶ οὗ λέγει καὶ πρὸς ὅν, καὶ τὸ τέλος πρὸς τοῦτόν ἐστι, λέγω δὲ τὸν ἀροατήν.

schauers mit constituirt hat. Wem fielen hierbei nicht noch die vielen analogen Stellen der Politik und Poëtik ein, in denen der Zuschauer (*θεατής*) in den freien und gebildeten einerseits und in den gemeinen andrerseits getheilt,*) und wo, was diesem oder jenem Vergnügen macht, bestimmt wird;**) wo die Jugend als Zuschauer für die Erziehung Schwierigkeiten macht;***) wo Epos und Tragödie sich darum streiten, wer edlere Zuhörer voraussetzt;†) wo die Tragödie sich nach den Gefühlen der Zuschauer richtet und durch die Schwächlichkeit derselben von ihrem hohen Ziele abirrt;††) ferner wo Aristoteles sagt, dass die Tragödie nicht bloss in der theatralischen Aufführung ihr Werk thue d. h. ihren Zweck erreiche, sondern auch beim Lesen offenbar werde ihrem Wesen nach; denn in beiden Fällen denkt er sie ja doch als lebendig geworden im Subject, welches sie versteht und geniesst und die tragischen Gefühle dabei hat†††) u. s. w. Endlich gehört hierher noch die ganze Frage über die Selbstausübung in den Künsten;*†) denn das Wesentliche darin ist doch der Gegensatz, dass nur das Auffassen und der Genuss des Kunstwerks den Zweck und das Schöne enthält, während das Machen und die Handfertigkeit dabei als ein nur

*) *Polit. VIII.* 7. (*Did.* 633. 19.) *ὁ θεατὴς διττός, ὁ μὲν ἐλεύθερος καὶ πεπαιδευμένος, ὁ δὲ φορτικός κ. τ. λ.*

**) Ebendas. Z. 26.

***) *Polit. VIII.* cap. 4. 5 ff.

†) *Poet.* 27. *ἡ πρὸς βελτίους θεατάς ἐστι*, wo auch das *πρὸς ὅν* der Rhetorik sich als *terminus* zeigt.

††) *Poet.* 13. *διὰ τὴν τῶν θεάτρων ἀσθένειαν· ἀκολουθοῦσι γὰρ οἱ ποιηταὶ κατ' εὐχὴν ποιοῦντες τοῖς θεαταῖς.*

†††) *Poet.* 27. §. 8. *Did.* 481. 15.

*†) *Pol. VIII.* c. 6.

dienendes Mittel untergeordnet und nicht selbst Zweck ist; wesshalb Zeus bei den Dichtern ja auch nicht selbst Cither spielt und singt, wohl aber dergleichen anhört. *) Ich betrachte es daher als ausgemacht, dass Aristoteles den Zweck der Kunst in ihre Wirkung gesetzt und in der Wirkung den Gegenstand selbst, soweit er erkannt wird, von dem Vergnügen und den Gefühlen unterschieden habe.

Diese beiden Wirkungen müssen nun in ihrem Unterschied und Zusammenhang genau betrachtet werden. Will man aber darüber gründlicher handeln, so wird immer die Frage im Wege stehen, ob nicht die verschiedenen einzelnen Künste eine gesonderte Besprechung nöthig machten? Desshalb wollen wir erst die Eintheilung der Kunst und das Verhältniss der Aesthetik zur Kunst betrachten und die Frage dann später in der Theorie der Dichtkunst wieder aufnehmen.

Corollar für die Erklärer der Katharsis.

Vorläufig können wir aber gleich eine wichtige Folgerung ziehen, dass nämlich alle die geistreichen Ausleger des Aristoteles, welche den Zweck und die Wirkung der Tragödie in die Reinigung von Furcht und Mitleid, oder in das tragische Vergnügen, oder in die Katharsis unter irgend welcher Bedeutung setzen, damit zugleich nur die subjective Seite des Zweckes berücksichtigen. Wie wenig von Aristotelischer Sinnesart in solcher Auffassung liegt, wird der am Besten erkennen, der sich daran erinnert, dass das Vergnügen irgendwelcher Art immer nur ein Hin-

---

*) *Pol. VIII. c.* 4 Schl. (*Did.* 628. 43.)

zukommendes ist zu dem eigentlichen objectiven Zweck und dass es nach Aristoteles nie mit Uebergehung der wesentlichen Thätigkeiten zum Zweck gemacht werden darf, wenn nicht Einsicht und Werk dabei verderben soll. Doch über diese Fragen muss bei Gelegenheit der Katharsis gründlich gehandelt werden: die Lust ist ja, kann man sagen, an Wichtigkeit der zweite Begriff im ganzen System des Aristoteles.

II. Capitel.

Aesthetik und Kunst.

Das Schöne und die Zweckursache.

Nach diesen Erörterungen können wir nun von Neuem auf den Begriff des Schönen bei Aristoteles zurückkommen. Aristoteles hält in allen seinen Schriften als grössten Gegensatz dem Gebiet der blossen Nothwendigkeit und des thatsächlichen Seins das Gebiet des Schönen (*καλόν*) entgegen. Das letztere entspricht der Zweckursache (*τὸ οὗ ἕνεκα*). Soweit die Welt sich einem Zwecke als dem Gegenstande ihrer Liebe entgegenstreckt, soweit sucht sie das Schöne.*) Dieses selbige ist ihr Gut und ihr Wesen. So ist z. B. Blindheit einiger Thiere und organische Zerstörung der Dinge zwar thatsächlich vorhanden und hat seine Nothwendigkeit, dass es so ist; aber es liegt darin nicht das Wesen des Auges oder der Gestalt, es ist kein

---

*) *Metaphys.* Λ. 7. und besonders 1072. a. 26. *κινεῖ δὲ ὧδε τὸ ὀρεκτόν.* 1072. b. 3. *κινεῖ δὲ ὡς ἐρώμενον.*

Gut, es zu besitzen und wird nicht als das Schöne gepriesen. Das Schöne ist darnach ein metaphysisches Princip, d. h. ein solches, welches für alle Gebiete des Seienden ausnahmslos gilt, weil es eine Bestimmung des Seienden als solchen ist. In dieser allgemeinsten Bedeutung ist es mit dem Guten gleich und wir dürfen wohl nicht beistimmen, wenn Eduard Müller und Zeller es den weiteren Begriff nennen.

Verhältniss des Guten und des Schönen.

Gleichwohl kommen nun scheinbar Stellen vor, in welchen das Gute (ἀγαθόν) als ein engerer Begriff bloss auf Handlungen eingeschränkt wird, während das Schöne auch im Gebiete des Unbewegten gelten soll.*) Es wäre höchst erwünscht, wenn man diese Unterscheidung festhalten könnte, aber wir wissen schon, dass bei Aristoteles die Terminologie nicht von stricter Observanz ist; wir wollen weiter unten die genauere Untersuchung führen und brauchen uns hier nur zu erinnern, dass wir an sehr vielen Stellen, wie Zeller gewiss einräumen wird, das Gute als das unbewegte Princip aller Bewegung und auch Gott als das Gute bezeichnet sehen, der doch gewiss nach Aristoteles unbewegt ist. Auch darin zeigt sich die Aristotelische Meinung, dass das εὖ, welches doch das Gute bedeutet, mit dem καλῶς gleichgesetzt wird.**)

---

*) *Metaphys. M.* 3. 1078. a. 31. ἐπεὶ δὲ τὸ ἀγαθὸν καὶ τὸ καλὸν ἕτερον (τὸ μὲν γὰρ ἀεὶ ἐν πράξει, τὸ δὲ καλὸν καὶ ἐν τοῖς ἀκινήτοις).

**) *Eth. Nicom. VI.* 10. (3.) τὸ γὰρ εὖ τῷ καλῶς ταὐτό. Vrgl. *Platon. Criton. p.* 48 *B.*, *Aristot. Nicom. I.* 11. οὐ γὰρ ἐν ταύταις τὸ εὖ ἢ κακῶς. Hier ist εὖ das Gegentheil zu κακόν. Ebenso wie

Es scheint daher eher erlaubt, vorläufig anzunehmen, dass Aristoteles zwar hin und wieder versucht habe, das Schöne (*καλόν*) in seinem Verhältniss zum Guten (*ἀγαθόν*) zu bestimmen, dass dies ihm aber entweder nicht völlig gelungen sei, oder dass uns seine etwaigen Unterscheidungen nicht so leicht wahrzunehmen sind, weil seine Art zu denken uns ferner liegt. Hierüber wollen wir ausführlich alle Fragen durchgehen; betrachten wir aber erst die einzelnen Bestimmungen, die sich in Aristoteles über das Schöne finden.

§. 1. Vier Ideen im Schönen.

An der angeführten Stelle *) werden als die drei wichtigsten Momente im Schönen aufgeführt: Ordnung (*τάξις*), Ebenmass (*συμμετρία*), Bestimmtheit (*ὡρισμένον*). Aristoteles nennt sie *εἴδη*. Man darf aber schwerlich an Arten denken, sondern muss darunter eher mit Zeller „wesentliche Merkmale" verstehen. Zu diesen dreien wird aus andern Stellen noch die Idee der Grösse (*μέγεθος*) hinzugefügt werden müssen.

1. Die Ordnung (*τάξις*).

Begriff der Ordnung.

Was unter Anordnung zu verstehen, sehen wir aus den Kategorien.**) Aristoteles erklärt dort, dass

---

ebendas. II. 5. *πᾶσα ἀρετή, οὗ ἂν ᾖ ἀρετὴ, αὐτό τε εὖ ἔχον ἀποτελεῖ καὶ τὸ ἔργον αὐτοῦ εὖ ἀποδίδωσιν.*

*) *Metaphys.* 1078. a. 36. *τοῦ δὲ καλοῦ μέγιστα εἴδη τάξις καὶ συμμετρία καὶ τὸ ὡρισμένον, ἃ μάλιστα δεικνύουσιν αἱ μαθηματικαὶ ἐπιστῆμαι.*

**) *Categor. VI. οὐ δὲ τὰ τοῦ χρόνου· ὑπομένει γὰρ οὐδὲν τῶν τοῦ χρόνου μορίων· ὃ δὲ μή ἐστιν ὑπομένον, πῶς ἂν τοῦτο θέσιν*

die Theile der Zeit keine Lage (*θέσις*) zu einander haben, weil kein Theil an seinem Platze bleibt, sondern vergeht; wohl aber eine gewisse Ordnung (*τάξις*), weil eins früher, das andre später sei. Ebenso sei in der Zahl eine Ordnung, denn 1 käme vor 2, und 2 werde eher gezählt als 3. Ingleichen haben auch die Theile der Rede keine Lage zu einander, aber eine Ordnung der Aufeinanderfolge. Die Ordnung (*τάξις*) wird im dritten Buch der Rhetorik der Theorie des Stils (*λέξις*) entgegengesetzt. Der Stil umfasst die Eigenschaften der Rede und ihrer Theile; die Ordnung aber regelt die Aufeinanderfolge des zu Redenden, da es nicht einerlei ist, was zuerst, was darauf, was zuletzt gesprochen wird.*) In der Metaphysik sagt er kurz, dass sich AN der Ordnung nach (*τάξει*) von NA unterscheide.**) Die Lage aber erfordert einen räumlichen Zusammenhang gleichzeitiger Theile. Die Ordnung ist ihm nun nicht bloss eine Eigenthümlichkeit von Zahl und Zeit, sondern er sieht eine Ordnung in Allem, was durch diese gedacht wird, also in den Bewegungen der ganzen Welt. Daher in Buch *Λ* der Metaphysik die Frage, ob das Gute als eine Substanz, als ein Gott, der Natur des Alls zukommt, oder als die

---

τινὰ ἔχοι; ἀλλὰ μᾶλλον τάξιν τινὰ εἴποις ἂν ἔχειν τῷ τὸ μὲν πρότερον εἶναι τοῦ χρόνου τὸ δὲ ὕστερον.

*) *Rhet. III.* 1. *τρίτον δὲ πῶς χρὴ τάξαι τὰ μέρη τοῦ λόγου.* Und die Ausführung von cap. 13 — Schluss.

**) *Metaph. Α.* 4. 985. b. 18. — Schon bei Plato ist die Ordnung eine Bedingung des Schönen. Er sagt *Tim. p.* 29. *D.*, dass der Gott die Welt aus der Unordnung zur Ordnung führte, weil er dieses für viel besser hielt als jenes, und weil der Beste weder durfte noch darf, etwas anderes als das Schönste thun: *εἰς τάξιν αὐτὸ ἤγαγεν ἐκ τῆς ἀταξίας, ἡγησάμενος ἐκεῖνο τούτου πάντως ἄμεινον· θέμις δὲ οὔτ' ἦν, οὔτ' ἔστι τῷ ἀρίστῳ δρᾷν ἄλλο πλὴν τὸ κάλλιστον.*

Weltordnung. Er entscheidet sich bekanntlich, indem er an eine dritte Möglichkeit durch die Analogie des Heeres erinnert, dessen Vollkommenheit (τὸ εὖ) nicht bloss in seiner Ordnung liegt, sondern mehr noch im Feldherrn, durch den die Ordnung in's Leben tritt. So, sagt er, sei in der Welt Alles in bestimmten Ordnungen und durch diese Ordnung ist Alles mit einander in Beziehung gesetzt und zwar auf eine Einheit hingeordnet. Diese Ordnung ist eine nothwendige in den höheren Theilen der Welt und wird zufälliger in den niedrigen und geringeren Theilen.*)

Man sieht aus diesen Stellen, dass die Ordnung nicht an und für sich das Gute oder Schöne ist, sondern dass das Gute darin ist, d. h. dass das Gute sich durch eine gewisse Ordnung darstellt. Das Gute kann nicht ohne diese Ordnung dem Geordneten zukommen. Da Aristoteles aber mit Ordnung meistens den positiven Sinn verbindet, dass es die richtige oder natürliche Ordnung sei: so liegt demgemäss in der Ordnung auch das Gute oder das Schöne. Durch diesen Gedankengang werden wir nun die Anwendung verstehen, welche Aristoteles von diesem Begriffe in ästhetischen Fragen macht; denn die Ordnung als die bestimmte Folge der Bewegungen implicirt auch die ursächliche Abhängigkeit eines Jeden von einem Jeden und daher auch das Verhältniss des Gehorchens und Befehlens und so überhaupt die idealen (teleologischen) Verhältnisse der Dinge (κατὰ φύσιν τάξις), wie dies

---

*) *Metaph.* Λ. 10. 1075. a. 11, *ἐπισκεπτέον δὲ καὶ ποτέρως ἔχει ἡ τοῦ ὅλου φύσις τὸ ἀγαθὸν καὶ τὸ ἄριστον, πότερον κεχωρισμένον τι καὶ αὐτὸ καθ᾽ αὑτό, ἢ τὴν τάξιν. — — καὶ γὰρ ἐν τῇ τάξει τὸ εὖ καὶ ὁ στρατηγός — — πάντα δὲ συντέτακταί πως — — πρὸς μὲν γὰρ ἓν ἅπαντα συντέτακται.*

schon in jener Stelle der Metaphysik hervortrat. Man muss aber festhalten, dass in allen diesen Bedeutungen der Ordnung, auch in der Werthfolge und Rangordnung immer der Begriff der Folge und zwar der zeitlichen oder begrifflichen liegt, indem immer ein Früher oder Später, ein Erstes und Zweites, ein Bedingendes und Folgendes unterschieden wird.

Die Ordnung ist der Grund des Vergnügens an dem Rhythmus und der Symphonie.

Nun führt der Aristotelische Verfasser der Probleme das Vergnügen an dem Rhythmus und der Symphonie auf die Ordnung zurück. 1. Der Rythmus erfreut uns, weil er eine bekannte und geordnete (*τεταγμένον*) Zahl hat und uns daher in geordneter Weise (*τεταγμένως*) bewegt. Die geordnete Bewegung ist aber der Natur mehr zugehörig als die ungeordnete und folglich auch naturgemässer. Der Verfasser erinnert zum Beweis dieser Behauptung an die Krankheiten als an ungeordnete Bewegungen, während durch geordnetes Essen und Trinken Natur und Kräfte erhalten und vermehrt werden.*) Es ist daher nicht die Bewegung als solche die Ursache des Gefallens oder der Schönheit, sondern die Bewegung als geordnete, und der Rhythmus ist daher die Ordnung der Bewegung und erhält seinen Vorzug durch diese ästhetische Idee. — 2. Aehnlich wird die Symphonie, d. h. die Consonanz, auf eine Ordnung zurückgeführt

*) *Problem. Sect. XIX.* 38. *ῥυθμῷ δὲ χαίρομεν διὰ τὸ γνώριμον καὶ τεταγμένον ἀριθμὸν ἔχειν καὶ κινεῖν ἡμᾶς τεταγμένως; οἰκειοτέρα γὰρ ἡ τεταγμένη κίνησις φύσει τῆς ἀτάκτου, ὥστε καὶ κατὰ φύσιν μᾶλλον. — — αἱ γὰρ νόσοι τῆς τοῦ σώματος οὐ κατὰ φύσιν τάξεως κινήσεις εἰσιν.*

und diese bestimmt als das was von Natur oder wesentlich angenehm ist. Der Beweis geht so: die Consonanz ist eine Mischung von entgegengesetzten Tönen, die aber ein gewisses Verhältniss zu einander haben. Dies Verhältniss (*λόγος*) ist die Ordnung (*τάξις*). Nun ist das Gemischtere angenehmer als das Ungemischte;*) diese Mischung ist die Symphonie, in der Symphonie liegt das Verhältniss, das Verhältniss ist die Ordnung.**) — Obgleich diese Zurückführung Aristotelisch ist, so ist es ihm doch zuwider, nun bei anderen Begriffen musikalische Metaphern zu brauchen, z. B. die Mässigkeit im Gebiete der sinnlichen Begierden (*σωφροσύνη*) als Symphonie zu bezeichnen. Er wahrt in ächt wissenschaftlichem Sinne immer den eigentlichen Ausdruck; denn Symphonie sei nur in Tönen.***)

Die Ordnung als Gesetz in der Composition der Tragödie.

Wir haben eine Anerkennung der Ordnung (*τάξις*) in ästhetischen Fragen aber nicht bloss in den zweifelhaften Problemen, sondern mitten in der Poetik recht nachdrücklich. Denn Aristoteles behandelt im 7. Capitel die Composition der Fabel und zwar zuerst die vollständige Ganzheit (*τὸ ὅλον*) und dann die

---

*) Dieser Satz ist nicht bewiesen. Der Grund liegt wohl darin, dass nach Aristoteles das Einfache für die Götter ist; der Mensch, welcher selbst durch eine Mischung wurde, bedarf überall des Wechsels und des Gemischten.

**) Ebendas. *συμφωνίᾳ δὲ χαίρομεν, ὅτι κρᾶσίς ἐστι λόγον ἐχόντων ἐναντίων πρὸς ἄλληλα. Ὁ μὲν οὖν λόγος τάξις, ὁ ἦν φύσει ἡδύ· τὸ δὲ κεκραμένον τοῦ ἀκράτου πᾶν ἥδιον, — — ἐν τῇ συμφωνίᾳ ὁ λόγος.*

***) *Topic. IV. 3. ἡ δὲ συμφωνία κατὰ τῆς σωφροσύνης οὐ κυρίως ἀλλὰ μεταφορᾷ· πᾶσα γὰρ συμφωνία ἐν φθόγγοις.*

Grösse. Um auf letztere überzugehen, schickt er erst einen allgemeinen Satz voraus, der an die Eigenschaften des Schönen erinnern soll. Denn, sagt er,*) das Schöne (sei es Thier, sei es jegliches Ding, das aus Theilen besteht) muss nicht bloss diese Theile in einer gewissen Ordnung haben, sondern darf auch nicht von einer beliebigen Grösse sein; denn das Schöne besteht in Ordnung und Grösse. Von der Grösse haben wir schon gesprochen. Was aber meint er unter der Ordnung? Da er von ihr zur Grösse übergeht, so scheint mir, müsse das, was unmittelbar vorher verhandelt ist, sich auf die Ordnung beziehen. Nun braucht er freilich vorher den Ausdruck Ordnung (τάξις) nicht; allein es entspricht doch ganz dem obigen (S. 212) Begriff der natürlichen Aufeinanderfolge und der Weltordnung, wenn sich auch hier als die Ordnung der Fabel bestimmt findet, was der Anfang, was Mitte und Ende derselben sei, und wenn diese Aufeinanderfolge als eine natürliche durch die Gesetze des Nothwendigen und Wahrscheinlichen, also nach dem Massstabe der Weltordnung festgesetzt wird. Ich verstehe desshalb unter Ordnung (τάξις) nicht die Ganzheit (τὸ ὅλον), sondern diese bedeutet, dass die Fabel alle ihre Theile mit Anfang, Mitte und Ende habe und dass nichts daran fehle: ich verstehe unter Ordnung die Bestimmungen,**) wo-

---

*) *Poet. VII.* ἔτι δ' ἐπεὶ τὸ καλὸν καὶ ζῷον καὶ ἅπαν πρᾶγμα ὃ συνέστηκεν ἔκ τινων, οὐ μόνον ταῦτα τεταγμένα δεῖ ἔχειν ἀλλὰ καὶ μέγεθος ὑπάρχειν μὴ τὸ τυχόν· τὸ γὰρ καλὸν ἐν μεγέθει καὶ τάξει ἐστίν.

**) Ebendas. δεῖ ἄρα τοὺς συνεστῶτας εὖ μύθους μήθ' ὁπόθεν ἔτυχεν ἄρχεσθαι, μήθ' ὅπου ἔτυχε τελευτᾶν, ἀλλὰ κεχρῆσθαι ταῖς εἰρημέναις ἰδέαις. Dem ἔτυχε steht eben das τεταγμένως entgegen.

nach die Fabel nicht beliebig-womit anfangen, nicht beliebig-wo enden kann und wonach alle diese Theile nacheinander in der richtigen natürlichen Folge auftreten. Die Ordnung (τάξις) ist so das Gesetz (τεταγμένως), schliesst das zufällige Belieben aus und bewirkt durch Uebereinstimmung mit der Wahrheit (ἀναγκαῖον und εἰκός), dass der geordnete Gegenstand schön (καλόν) wird. Die Ganzheit (ὅλον) ist daher nicht möglich ohne Ordnung, aber Ordnung allein ist noch nicht Ganzheit. Die Ordnung ist nur ein Moment in der Ganzheit. Das Verhältniss der Ganzheit zur Einheit soll später in der Theorie der Composition erörtert werden.

Die Ordnung als Bedingung der Schönheit des Staatslebens.

Aehnlich mit dieser Auffassung behandelt Aristoteles auch die Schönheit des Staats; denn da zur Schönheit Menge oder Grösse gehört, so darf die Zahl der Bürger doch nicht übergross sein, weil sonst eine Kraft wie die göttliche, welche das ganze Weltall in seinen Bewegungen in Ordnung erhält, dazu gehörte, eine so übergrosse Menge der Ordnung theilhaftig werden zu lassen. Zu der Schönheit gehört also auch die Ordnung; das wohlgeordnete Staatsleben ist das wohlgesetzliche, und das Gesetz ist daher eine Ordnung (τάξις).*) Man sieht klar, dass Aristoteles die Schönheit des Staates nach Analogie mit der Schönheit des Weltalls bauen will, nur beschränkt nach

*) *Politic. VII. 4.* ὅ τε γὰρ νόμος τάξις τίς ἐστι, καὶ τὴν εὐνομίαν ἀναγκαῖον εὐταξίαν εἶναι, ὁ δὲ λίαν ὑπερβάλλων ἀριθμὸς (sc. τῶν πολιτῶν) οὐ δύναται μετέχειν τάξεως· θείας γὰρ δὴ τοῦτο δυνάμεως ἔργον, ἥτις καὶ τόδε συνέχει τὸ πᾶν, ἐπεὶ τό γε καλὸν ἐν πλήθει καὶ μεγέθει εἴωθε γίνεσθαι.

menschlicher Kraft; interessant ist die zu Grunde gelegte Methode, die er selbst als speculative in Gegensatz zur empirischen stellt.*)

2. Die Symmetrie.
Die Symmetrie in der Mathematik.

Wenn man eine Stelle der Metaphysik Buch *Γ* betrachtet, so sollte man meinen, die Symmetrie bezöge sich bloss auf Zahlen. Denn Aristoteles führt daselbst diejenigen Bestimmungen an, welche der Zahl als Zahl eigenthümlich zukommen, als grade und ungrade zu sein, Symmetrie, Gleichheit, Mehr und Weniger.**) Die Symmetrie ist hier die arithmetische, wie auch der Scholiast Alexander Aphr. gleich hinzufügt.***) Also hat man wohl die Theilbarkeit der Zahlen im Gegensatz zu den Primzahlen darunter zu verstehen; denn es soll sich ja auch um Verhältnisse der Zahlen zu einander handeln (*ταῦτα καὶ πρὸς ἀλλήλους ὑπάρχει τοῖς ἀριθμοῖς*). — In der Geometrie ist die Symmetrie ganz bekannt durch das überall wiederholte Aristotelische Beispiel von der Incommensurabilität der Diagonale zu den Seiten des Quadrats (*ἀσύμμετρος ἡ διάμετρος*).

Die Symmetrie im ethischen und organischen Gebiete.

Aristoteles dehnt aber den Begriff viel weiter

---

*) Ebendas. *τοῦτο δὲ δῆλον καὶ διὰ τῆς τῶν λόγων πίστεως* (opp. *ἐκ τῶν ἔργων φανερόν*).

**) *Metaph. Γ.* 2. 1004. b. 11. *ἐπεὶ ὥσπερ ἔστι καὶ ἀριθμοῦ ᾗ ἀριθμὸς ἴδια πάθη, οἷον περιττότης ἀρτιότης, συμμετρία ἰσότης, ὑπεροχὴ ἔλλειψις.*

***) *Ad. h. l.* *συμμετρία ἡ ἐν ἀριθμοῖς.*

aus und so begegnen wir ihm auch in den Grundbegriffen der Ethik, woran schon Trendelenburg in seinem anmuthigen Festgruss an Ed. Gerhard erinnert hat.*) Denn die Triebe, welche zwischen zwei Aeussersten, dem Zuviel und Zuwenig irren, werden von der Tugend zu einem Ebenmass (σύμμετρον) gebunden. Ebenso auch im Gebiete des leiblichen Lebens zeigt Aristoteles dieselbe erhaltende und mehrende Macht des Symmetrischen, indem nur das rechte Mass im Essen und Trinken und in den Leibesübungen Gesundheit und Kräften heilsam sei.**) Wir erkennen hier dasselbe Beispiel wie für die Ordnung (τάξις), aber damit ist noch nicht die Identität oder Vermischung dieser Gesichtspunkte bewiesen. Die Symmetrie bedeutet in diesem organischen Gebiete, dass ein Mass (μέτρον) innewohne dem Lebendigen. Dieses Mass hat der Arzt zu erkennen, indem er weiss, wann und für wen und wie die Heilmittel anzuwenden;***) dieses Mass ist die richtige Einsicht (ὀρθὸς λόγος), welche der Kunst (τέχνη) und der praktischen Weisheit (φρόνησις) zukommt und das Wann, Wie, Wo u. s. w. der Handlung angiebt. Es kann hier also nicht mehr von einer bloss geometrisch oder mathematisch zu findenden Symmetrie die Rede sein, obwohl allerdings auch hier noch Alles in's Reich der continuirlichen und discreten Grösse gehört;†) sondern das Mass für das Symmetrische wird aus einem nicht-mathe-

*) Das Ebenmaass ein Band d. Verwandschaft zwischen der griech. Archäol. u. griech. Philos. 1865. S. 16.

**) *Eth. Nicom. II. 2.* τὰ δὲ σύμμετρα καὶ ποιεῖ καὶ αὔξει καὶ σώζει.

***) *Eth. Nicom. V. 13.* πῶς δεῖ νεῖμαι πρὸς ὑγίειαν καὶ τίνι καὶ πότε τοσοῦτον ἔργον ὅσον ἰατρὸν εἶναι. *cf. Magn. Mor. II. 3.*

†) Vrgl. S. 38 und 39.

matischen Grunde genommen und nur der Erfolg ist wieder ein Ebenmässiges im Gebiete der Grösse.

Die Symmetrie Bedingung der Schönheit des Staats.

Dasselbe zeigt sich in der Staatslehre; denn dort fordert Aristoteles für den schönsten Staat, dass keine Noth seiner Gestaltung hinderlich sei und alles was dazu erforderlich, durch Wünsche oder Gebete gegeben werden solle. So fordert er eine möglichste Fülle der Bürger, aber sieht sogleich, dass ihrer nicht unendlich viel sein dürfen. Die Schönheit verlangt ein Mass (*μέτρον*).*) Bei allen Thieren und Pflanzen ist ein Mass der Grösse zur Schönheit nöthig. So will er auch die Zahl der Bürger messen und nach dem idealen Staatszwecke sicher bestimmen. Dadurch wird nun die Choregie eine symmetrische (*σύμμετρος χορηγία*).**) Zu bemerken ist auch hier besonders, dass Aristoteles das Mass aus dem ethischen Werke des Staates sucht und keine mathematische Berechnung anstellt;***) wennschon das Gemessene, das Symmetrische auch hier in's Gebiet der Grössen gehört. Trendelenburg hat diese Stelle nicht benutzt, erinnert aber noch an die von Plato herübergenommenen Proportionen in der Gerechtigkeit: „Es ist das Wesen der Gerechtigkeit, Proportionen zu

*) *Polit. VII. 4.* *ἀλλ' ἔστι τι καὶ πόλεσι μεγέθους μέτρον, ὥσπερ καὶ τῶν ἄλλων πάντων, ζῴων, φυτῶν, ὀργάνων.*

**) *Polit. VII. 4.* *οὐ γὰρ οἷόντε πολιτείαν γενέσθαι τὴν ἀρίστην ἄνευ συμμέτρου χορηγίας.*

***) Ebendas. *δεῖ δὲ μᾶλλον μὴ εἰς τὸ πλῆθος εἰς δὲ δύναμιν ἀποβλέπειν. Ἔστι γάρ τι καὶ πόλεως ἔργον ὥστε τὴν δυναμένην τοῦτο μάλιστ' ἀποτελεῖν, ταύτην οἰητέον εἶναι μεγίστην.*

finden und auszuführen und zwar der vertheilenden Gerechtigkeit geometrische Proportionen zu bilden, der ausgleichenden arithmetische. In beiden wird Ebenmass hergestellt."*)

Objective und subjective Bestimmung der Symmetrie. Die Tragödie.

Was nun speciell die Anwendung im Gebiete der Kunst betrifft, so meint Trendelenburg S. 15: „sehen wir da, wo Plato das Symmetron anwenden würde, das Wohlübersehbare (εὐσύνοπτον) treten, wie z. B. wenn Aristoteles in der Rhetorik *(III. 9. 1109, a. 13. poet. c. 7. 1451. a. 4.)* von der gegliederten Periode nicht grade das Ebenmass, sondern das Wohlübersehbare fordert und ähnlich sonst. Es ist, als ob dieser Ausdruck andeute, dass Aristoteles in der Symmetrie mehr die Forderung des menschlichen Augenmasses anerkannte, als das innere Gesetz der Sache. Wenn diese Vermuthung richtig ist, so liegt hier der Anfang einer berechtigten Kritik; denn die subjective Beziehung des Augenmasses spielt wie unerkannt, in die Symmetrie hinein." Ich kann dieser Vermuthung nur dann beistimmen, wenn sie limitirt wird; denn wir haben schon oben vielfach gesehen, wie objective und subjective Gesichtspunkte von Aristoteles geltend gemacht werden und auch hier scheint mir das Aristotelische in der Erkenntniss von beiderlei Massstäben zu liegen. Eine Stelle der Physik mag den Uebergang bilden. Aristoteles bestimmt dort die Gesundheit und die Euexie des Köpers als Mischung und Symmetrie des Warmen und Kalten, fügt aber hinzu, dass sich

---

*) S. 17 ders. Abh. oben S. 218 Anmerk. *).

diese Symmetrie entweder auf das Verhältniss der inneren Theile zu einander beziehe, oder auf ihr Verhältniss zu der Umgebung (Atmosphäre).*) Durch diese nähere Bestimmung erhellt, dass ein an sich Symmetrisches sich zu etwas Anderem unsymmetrisch verhalten kann, d. h. dass es überhaupt verschiedene Beziehungen und Massstäbe giebt, um die Symmetrie zu bestimmen. Wenn daher in der Poetik Grösse für die Tragödie gefordert wird, so lässt sich diese symmetrisch machen objectiv nach dem „inneren Gesetz der Sache" und zugleich subjectiv nach dem „Augenmasse" des Zuschauers. Und letztere Bestimmung liegt allerdings in dem Wohlübersehbaren; allein Aristoteles giebt mehr, er fügt auch noch die volle objective Messung hinzu**) durch das Gesetz, es solle die Tragödie die Grösse haben, welche grade entsteht, wenn die Handlungen in nothwendiger oder natürlicher Aufeinanderfolge dargestellt werden, bis sie vom Glück in's Unglück oder umgekehrt umschlagen müssen. Durch dieses Gesetz erhält jeder Theil sein Mass und Verhältniss zu den andern und ist innerlich uud sachlich begränzt. Dass diese Einführung des Masses in die Grösse der Tragödie sie

---

*) *Natur. auscult. VII. 3.* τὰς μὲν γὰρ τοῦ σώματος (sc. ἀρετάς), οἷον ὑγίειαν καὶ εὐεξίαν, ἐν κράσει καὶ συμμετρίᾳ θερμῶν καὶ ψυχρῶν τίθεμεν, ἢ αὐτῶν πρὸς αὐτὰ τῶν ἐντός, ἢ πρὸς τὸ περιέχον.

**) *Poet. 7.* ἐν ὅσῳ μεγέθει κατὰ τὸ εἰκὸς ἢ τὸ ἀναγκαῖον ἐφεξῆς γιγνομένων συμβαίνει εἰς εὐτυχίαν ἐξ δυστυχίας ἢ ἐξ εὐτυχίας εἰς δυστυχίαν μεταβάλλειν. Bernays urtheilt desshalb zu schnell, wenn er in seiner Ergänzung zu Aristot. Poetik (Rhein. Mus. 1853) von der Uebersichtlichkeit (εὐσύνοπτον) sagt, dass sie „dem Aristoteles als der einzige Massstab für den äussern Umfang des Drama gilt." Sie ist nur die subjective Gränze gegen das Zu-Grosse.

symmetrisch machen soll, müssen wir, obgleich Aristoteles diesen Ausdruck zufällig nicht braucht, nach den früheren Analogien behaupten. Durch dieselben wird dann aber auch ersichtlich, dass dieser zweite Massstab, den Aristoteles neben dem Wohlübersehbaren geltend macht, durchaus auf einer Linie mit der richtigen Einsicht (ὀρθὸς λόγος) in der Tugend steht und das „innere Gesetz der Sache“ massgebend werden lässt.

Die Symmetrie ein allgemeines Gesetz der Kunst.

Der Ausdruck Symmetrie und ihr Wesen wird von Aristoteles aber auch sonst für die Kunst als Gesetz anerkannt. So sagt er wörtlich: Gesetz ist die Symmetrie; denn alles was durch die Kunst oder die Natur hervorgebracht wird, besteht in einem gewissen Verhältniss.*) Beispiele dafür giebt er überall; so bemerkt er, dass der Maler einen Fuss, der grösser wäre als die Symmetrie des Bildes erlaubt, nicht dulden würde, auch wenn er an sich noch so schön gelungen wäre.**) Ebenso müsste der Schiffsbaumeister mit dem Hintertheil des Schiffs oder jedem andern Theile desselben verfahren, wenn die Proportionen verletzt wür-

---

*) *De anim. gener. IV. 2.* δεῖ συμμετρίας πρὸς ἄλληλα· πάντα γὰρ τὰ γινόμενα κατὰ τέχνην ἢ φύσιν λόγῳ τινί ἐστιν. Durch die Zusammenstellung mit der Natur wird der objective Charakter der Symmetrie gesichert. Vrgl. die ausführliche Erläuterung unten in der Lehre von der Composition über die Mitte oder das Mass.

**) *Polit. III. 13.* οὔτε γὰρ γραφεὺς ἐάσειεν ἂν τὸν ὑπερβάλλοντα πόδα τῆς συμμετρίας ἔχειν τὸ ζῶον, οὐδ᾽ εἰ διαφέροι τὸ κάλλος.

den. Und auch in der Musik führt Aristoteles diese Symmetrie durch; denn der Chorlehrer würde eine Stimme, die stärker und schöner als der ganze Chor tönte, nicht mit im Chore singen lassen.*) Mit diesen Betrachtungen über die Symmetrie in der Kunst stützt er die politische Empfehlung des Ostracismus, wodurch die Männer, welche dem Gemeinwesen incommensurabel (unsymmetrisch)**) wären, zeitweise verbannt werden müssten. In allen diesen Beispielen ist der subjective Gesichtspunkt des Augenmasses unterdrückt, dagegen bestimmt aus den objectiven Proportionen die Regel abgeleitet.

Objective Bestimmung der Symmetrie in der Heilkunde.

Ganz objectiv ist auch der Begriff des Symmetrischen bei dem Aristotelischen Verfasser der Probleme,***) wo er die Frage untersucht, wesshalb die symmetrisch gebauten Körper häufiger krank werden, aber auch leichter wieder gefunden? Er antwortet so: das Symmetrische ist mit einander ausgeglichen und daher mehr geeignet, zusammen zu leiden. Wenn nun ein Theil krank wird, so krankt

---

*) Ebendas. *οὐδὲ δὴ χοροδιδάσκαλος τὸ μεῖζον καὶ κάλλιον τοῦ παντὸς χοροῦ φθεγγόμενον ἐάσει συγχορεύειν.*

**) *Polit. VII.* 13. Anf. *εἰ δέ τίς ἐστιν εἷς τοσοῦτον διαφέρων κατ' ἀρετῆς ὑπερβολήν — — — ὥστε μὴ συμβλητὴν εἶναι τὴν τῶν ἄλλων ἀρετὴν πάντων — — οὐκέτι θετέον τούτους μέρος πόλεως.*

***) *Probl. V.* 22. *διὰ τί τὰ σύμμετρα τῶν σωμάτων κάμνει τε πολλάκις καὶ ἀπαλλάττει ῥᾷον; Ἢ διὰ ταὐτὸ ἄμφω; ὁμαλὸν γὰρ τὸ σύμμετρον, τὸ δ' ὁμαλὸν ὁμοπαθέστερον κ. τ. λ. τὸ δ' ἀσύμμετρον, ἅτε μᾶλλον ἀπηρτημένον, οὐ συναπολαύει τῶν μερῶν κ. τ. λ. — τὸ δ' ἀσύμμετρον ἅτε οὐ κοινωνοῦν τοῖς μέρεσιν κ. τ. λ.*

sofort das Ganze mit. Durch Vertheilung auf viele Glieder wird dann das Leiden schwächer und kann leichter abgeworfen werden. Das Unsymmetrische aber ist weniger in einander gefügt und die Theile nehmen darum nicht solchen Antheil an einander. Die Erkrankung ist daher zwar seltener, aber heftiger. — Hier ist offenbar nur die objective Wirklichkeit eines durchgeführten Masses der zu Grunde liegende Begriff. Es kommt auf die wirklich vollzogene Ausgleichung der Theile zu einander an, nicht auf den Schein, den sie irgendwie für unsre Augen oder unsre Phantasie wirken. Dagegen zeigt derselbe (?) Verfasser sich allerdings auch aufmerksam auf subjective Erscheinungen, welche durch die Symmetrie hervorgerufen werden.

Einfluss der Symmetrie auf den Grösse-Eindruck in der Phantasie.

Er fragt nämlich,*) wie es zugehe, dass Unsymmetrisches neben einander grösser erscheine, als für sich allein? Diese Bemerkung, beiläufig gesagt, ist nicht eine müssige Spitzfindigkeit, sondern hat für die Kunst die allerwichtigste Anwendung; davon wird Jeder sich leicht überzeugen, der nicht bloss aus Abbildungen und Beschreibungen, sondern wirklich an Ort und Stelle den merkwürdig verschiedenen Eindruck der Grösse gespürt hat, den die

---

*) *Probl. XVII.* 1. *διὰ τί ἀσύμμετροι παρ' ἀλλήλους θεωρούμενοι μείζους φαίνονται* (Phantasie) *ἢ καθ' αὑτοὺς μόνους; ἢ ὅτι τὸ σύμμετρόν ἐστιν ἕν, καὶ ἡ συμμετρία ὅτι μάλιστα ἓν ποιεῖ, τὸ δ' ἓν ἀδιαίρετον βούλεται εἶναι, τὸ δ' ἀδιαίρετον ἔλαττόν ἐστιν κ. τ. λ. τὸ δ' ἀσύμμετρον ὡς πολλὰ ὄν, θεωρίαν ποιεῖ πλείω, καὶ μείζω φαίνεται· ἔχει γὰρ τήν τε τοῦ μεγέθους κατὰ τὴν συνέχειαν φύσιν, καὶ τὴν τοῦ ἀριθμοῦ κατὰ τὸ ἀνώμαλον τῶν μερῶν.*

bedeutendsten Bauwerke hervorbringen; ich denke etwa an die Mesquita in Cordova, die griechischen Tempel, die Aja Sophia in Constantinopel, den St. Peter in Rom, die Isaakskirche in Petersburg und die Cathedralen von Sevilla und Barcelona und die anderen gothischen Thürme. Jeden wird die Frage zum Nachdenken gebracht haben, durch welche Mittel die Architekten diese so verschiedenen Eindrücke der Grösse, welche bei Weitem nicht allein auf den objectiven Maassen beruhen, erreichen konnten. — Aristoteles erklärt die Sache speculativ und psychologisch. Denn das Symmetrische ist eins oder einig; das Einige ununterscheidbar; das Ununterscheidbare kleiner. Daraus folgt nun die subjective Täuschung; denn das Ununterscheidbare erscheint für die Anschauung als Eins und die Anschauung selbst ist wegen der Symmetrie einig. Das Unsymmetrische aber bringt den Unterschied und durch die Anomalie viele Theile, die nun nebeneinander treten, und so wird das Eine für die Phantasie in eine Vielheit aufgelöst. Mithin tritt zu der Raumgrösse, welche der Gegenstand hat, nun noch zweitens die Grösse der Zahl wegen der anomalen Theile und so muss uns derselbe für die Auffassung hinauswachsen über seine wirkliche Grösse. —

Die symmetrische Einheit. Die Anomalie.

Es ist hierbei noch zu bemerken, dass die Einheit, welche die Symmetrie machen soll, nicht bloss die Einheit der Analogie ist, wie man vielleicht denken könnte; denn es können die symmetrischen Glieder auch zu einer wirklichen concreten Einheit zusammengehen, wie denn im sinnlichen Gebiete auch das Formprincip (εἶδος) und die Qualität als die richtige, symmetrische Mischung der Gegensätze gilt und wie z. B. zwei Farben in richtiger Mischung als Eine erscheinen. — Ausserdem erkennt man an diesen Stellen auch die consecutive Bestimmung der Symmetrie. Sie wird als Gleichmässigkeit (ὁμαλόν)*) bezeichnet; das Unsymmetrische als das Anomale, welches daher auch als Gegensatz zur Proportion oder Analogie auftritt. — Die Symmetrie als Ziel des künstlerischen Schaffens und natürlichen Werdens ist unten an der betreffenden Stelle genauer erklärt.

3. Die Begränzung (τὸ ὡρισμένον). Die Begränzung im Gebiete des Wissens.

Um diese Idee genügend zu verstehen, gehen wir von der übertragenen Bedeutung im Gebiete des Wissens aus. Denn die unsichere Vermuthung, der Zweifel, die Unwissenheit, die Irrung und das Halbwissen haben alle ihren Gegensatz in der Klarheit und Festigkeit der Definition als der einigen Begränzung (ὅρος, ὁρισμός) des Wesens. Es giebt von jeder Sache nur eine einzige richtige Definition; die Mehrheit derselben braucht Aristoteles apagogisch als Beweis, dass die angeblichen keine wirklichen sind. **) — Die Definition oder begriffliche Begränzung hat aber das Wesen oder die Form des Dinges zu erfassen. ***) Die Form oder die Wirklichkeit

*) Vrgl. die Beispiele anomaler und homaler Bewegung *Probl. V.* 35 u. 40 (*IV.* 149 u. 150. *Didot.*).

**) Z. B. *Topic. VI.* 4. εἰ δὲ μὴ, πλείους ἔσονται τοῦ αὐτοῦ ὁρισμοί. — ἑκάστῳ γὰρ τῶν ὄντων ἕν ἐστι τὸ εἶναι ὅπερ ἐστίν.

***) U. A. *Metaph. Δ.* 1022. a. 9. τῆς γνώσεως γὰρ τοῦτο (ἡ οὐσία) πέρας· εἰ δὲ τῆς γνώσεως καὶ τοῦ πράγματος.

(*ἐνέργεια*) ist das, was das Sein war von Anbeginn (*τὸ τί ἦν εἶναι*). Aber nicht starres ewiges Sein ist dieses bei Aristoteles, sondern lebendiges, immer neu sich gestaltend aus der unbestimmten Möglichkeit, aus der unbegränzten Materie. Das also ist der Gegensatz der Begränzung, das Unbegränzte (*ἄπειρον*) und das Unbestimmte (*ἀόριστον*). Darum ist das Bestimmte (*ὡρισμένον*) ein früheres als das Unbestimmte;*) denn dieses ist auf jenes zurückzuführen und dadurch zu bestimmen logisch und in Wirklichkeit. — An diese Betrachtungen ist noch dies anzuknüpfen, dass die Wesensbegränzung (*ὁρισμὸς*) nothwendig immer eine Einheit bildet; denn die Theile der Definition sind nicht aussereinander und viele, wie z. B. die Begriffe Mensch und weiss, sondern ineinander und eins, wie z. B. der Begriff weisser Mensch oder zweifüssiges lebendes Wesen.**) Ich darf hier an diese Aristotelische Aporie und Lösung nur erinnern, weil sie für uns parergisch ist. Aber im Auge behalten müssen wir diese Betrachtungen, da sie sich in der Begränzung des Kunstwerks in ähnlicher Weise wiederholen. Dasjenige also, was unter dieselbe Definition fällt, hat nach Aristoteles auch Einheit des idealen Wesens und ist selbst Eins.***)

---

*) Z. B. *Topic. VI.* 4. 10. *πρότερον γὰρ τὸ ὡρισμένον — — τοῦ ἀορίστου.*

**) *Metaph. VI.* 12. *διὰ τί δὴ τοῦτο ἕν ἐστιν, ἀλλ' οὐ πολλά, ζῷον καὶ δίπουν; ἔστω γὰρ οὗτος αὐτοῦ λόγος· ἐπὶ μὲν γὰρ ἄνθρωπος καὶ λευκὸν πολλὰ μέν ἐστιν, ὅταν μὴ ὑπάρχῃ θατέρῳ θάτερον, ἓν δὲ ὅταν ὑπάρχῃ καὶ πάθῃ τι τὸ ὑποκείμενον ὁ ἄνθρωπος· τότε γὰρ ἓν γίγνεται καὶ ἔστιν ὁ λευκὸς ἄνθρωπος.*

***) *Metaph. VI.* 13. *ὧν γὰρ μία ἡ οὐσία καὶ τὸ τί ἦν εἶναι ἕν, καὶ αὐτὰ ἕν.*

Die Begränzung als das Gute und ihre verschiedene Genauigkeit.

Die Einbildung der Form in den Stoff geschieht aber in sehr verschiedener Schärfe (*ἀκρίβεια*).*) Die Natur kann zu der schärfsten und genauesten Begränzung kommen, weil es ja ihr Wesen ist, das sich darin darstellt und dadurch wirklich wird; aber auch die Tugend findet das Gute mit individuellem Takt ähnlich wie die Natur, da sie ja gewissermassen zur andern Natur geworden; weniger genau schafft die Kunst ihre Form, was Aristoteles durch sein classisches Beispiel belegt, wie der Zimmermann und der Geometer mit sehr verschiedener Genauigkeit den rechten Winkel bestimmen.

Aus dieser allgemeinen Betrachtung erhellt, wesshalb die Begränzung als Gutes und Schönes (*ἀγαθόν* und *καλόν*) von Aristoteles bezeichnet wird,**) da sie ja eben darin besteht, dass die Materie zu ihrem Wesen kommt, welches sie als ihr Gut (*ὀρεκτόν*) sucht. Denn das, dessen Natur und Wesen darin besteht, begränzt zu werden, hat ja in dem Gegentheil der Begränzung das Gegentheil seiner Vollkommenheit (*τέλειον*), also das Gegentheil des *εὖ* oder *καλῶς*. Die allgemeine Auffassung ist daher zweifellos; wir wollen aber die ästhetische Anwendung betrachten.

Die Begränzung in der Kunst. Die Einheit.

In den Problemen***) wird gefragt, warum wir

*) Vrgl. unten im letzten Cap. d. Theorie des künstl. Schaffens.

**) *Metaph. M.* 3. 1078. a. 36. *Eth. Nicom. IX.* 9. (*Did. II.* 113. 27.) *τὸ δὲ ζῆν τῶν καθ' αὑτὸ ἀγαθῶν καὶ ἡδέων· ὡρισμένον γὰρ, τὸ δ' ὡρισμένον τῆς τἀγαθοῦ φύσεως.* Als Gegensatz folgt gleich *ἀόριστον.*

***) *Problem. XVIII.* 9. *Διὰ τί ποτε τῶν ἱστοριῶν ἥδιον ἀκούο-*

mit grösserem Vergnügen Geschichten hören, die über Einen Gegenstand componirt sind, als die von vielen handeln? Die Antwort wird durch folgende Schlusskette bewiesen: Das Eine ist begränzt, das Viele hat am Gränzenlosen Antheil. Das Begränzte ist erkennbarer als das Unbegränzte. Was erkennbarer ist, wird mit grösserer Aufmerksamkeit und grösserem Vergnügen angehört. Dieser Beweis ist ächt Aristotelisch und nicht bloss ein logisches Kunststück, sondern eine psychologische Analyse mit metaphysischer Grundlage. Die Erkenntniss in ihrer intensiven Wirklichkeit (ἐνέργεια) bildet den Mittelpunkt; ihr folgen wie oben erklärt Aufmerksamkeit und Vergnügen; ebenso wie sie ihrerseits bedingt wird durch die Erkennbarkeit des Gegenstandes, d. h. dadurch dass er zu seiner begränzten Formwirklichkeit gekommen ist.

Offenbar führt uns dies Problem mitten in die Aristotelische Poëtik;*) denn um die Einheit des Drama's bemüht sich Aristoteles ganz besonders; der episodische Mythus wird verworfen als ein Verfall der Einheit des Dramas; die Tragödie wird wegen der Einheit über die Epopöie gestellt. — Fragen wir nun nach dem Zusammenhang, so ist auch der durch dies Problem erläutert. Denn wesshalb for-

---

μεν τῶν περὶ ἓν συνεστηκυιῶν ἢ περὶ πολλὰ πραγματευομένων; Ἢ διότι τοῖς γνωριμωτέροις μᾶλλον προσέχομεν καὶ ἥδιον αὐτῶν ἀκούομεν· γνωριμώτερον δ' ἐστὶ τὸ ὡρισμένον τοῦ ἀορίστου; τὸ μὲν οὖν ἓν ὥρισται, τὰ δὲ πολλὰ τοῦ ἀπείρου μετέχει.

*) Es ist hier nicht der Ort, in die schwierige und höchst interessante Frage, worin speciell die Einheit der Handlung in der Tragödie besteht, vollständig einzugehen: damit werden wir uns in der Poetik noch ausführlich beschäftigen. Hier aber musste doch die Frage in ihrer allgemeinen Gestalt angefasst und gelöst werden.

dert doch Aristoteles die Einheit der Tragödie, der Epopöie, des Kunstwerks überhaupt? Warum ist nicht lieber eine geniale Ueberschwänglichkeit, die Vieles bringt und Jedem Etwas, erwünschter? Wir finden keine direkte Antwort; wir müssen sie erschliessen. Er sagt zwar, dass Eine Nachahmung auch immer Einen Gegenstand habe;*) aber er sagt nicht, warum es nicht schöner und besser sei, lieber nicht Eine Nachahmung zu geben, sondern etwa immer viele und unbegränzte. Wollte man meinen, die Ganzheit (τὸ ὅλον) fordere die Einheit, so ist das logisch ganz richtig, aber nur semiotisch; denn die Ganzheit ist grade durch die Einheit bedingt. Erst ist etwas Eins, dann ein Ganzes. Die Ganzheit als poëtische oder allgemein ästhetische Forderung wird von Aristoteles aus einem Früheren abgeleitet, nämlich aus der Einheit und der Ordnung (τάξις); aber die Einheit nicht direkt, sondern nur soweit, als sie durch die Ganzheit vorausgesetzt ist. Wenn wir aber betrachten, wie cap. 9 der Poëtik mit cap. 8 zusammenhängt, und damit unser Problem vergleichen, so werden wir den Aristotelischen Gedankengang deutlich verstehen. In cap. 8 wird die Einheit so erläutert,

---

*) Poet 8. ἡ μία μίμησις ἑνός ἐστιν. Man hat meines Wissens bis jetzt die Frage noch nie gestellt, warum Aristoteles Einheit der Handlung und der Composition als ästhetisches Gesetz einführt. Es schien von selbst einzuleuchten; gleichwohl ist die Sache nichts weniger als evident, und man muss nothwendig bei der Anwendung dieses Princips auf die Tragödien und alle Kunstwerke im Dunkeln tappen, wenn man den systematischen Zusammenhang der Sache nicht begriffen hat. Durch die Vereinigung der Begriffe von Begränzung, Einheit, Allgemeinheit, Form und Erkennbarkeit sieht man aber den systematischen Zusammenhang mit den Principien und der Aufgabe der Kunst.

als hätte man in Rücksicht auf obiges Problem gefragt, was es denn heisse, es solle eine Geschichte über Einen Gegenstand (*περὶ ἕν*) componirt werden? Dies heisse nicht, wird geantwortet, dass sie sich auf Eine Person *) beziehen solle, weil die biographische Erzählung sehr Vieles vorbringt, was unter einander in gar keinem Zusammenhang steht und desshalb nicht aus einer Einheit erklärt werden kann und auf Eins hinarbeitet, sondern wovon Vieles, ohne dass man es vermissen würde, wegbleiben könnte. Die Einheit der Biographie, so geht die Erklärung im 9. Capitel weiter, ist noch immer Geschichte und die Geschichte enthält das Einzelne und Zufällige; die Kunst aber giebt ein Höheres (*σπουδαιότερον*), sie ist philosophischer, d. h. hat das Allgemeine zur Anschauung zu bringen. **) Es wird also hier ganz wie in den Problemen das Unbegränzte (*ἀόριστον*) oder Zufällig-Einzelne (*ὅσα αὐτῷ συνέβη — — τὰ καθ' ἕκαστον*) der Geschichte in Gegensatz gestellt gegen das Allgemeinere der Kunst, das erkennbarer (*γνωριμώτερον — φιλοσοφώτερον*) ist. Diese grössere Erkennbarkeit ist durch die Einheit der Begränzung (in den Problemen) begründet. Die Einheit, so wird man ungesucht folgern dürfen, hängt daher mit der Allgemeinheit zusammen. Nicht im Geringsten aber darf man hieraus etwa schliessen, als hätte Aristoteles die ganze Tragödie auf einen moralischen Grundsatz als dessen Illustration zurückführen wollen, wie wohl in neuerer Zeit derartige Theorien

---

*) A. a. O. *μῦθος δ' ἐστὶν εἷς, οὐχ ὥσπερ τινὲς οἴονται, ἐὰν περὶ ἕνα ᾖ· πολλὰ γὰρ καὶ ἄπειρα τῷ γένει συμβαίνει, ἐξ ὧν ἐνίων οὐδέν ἐστιν ἕν.*

**) A. a. O. *ἡ μὲν γὰρ ποίησις μᾶλλον τὰ καθόλου, ἡ δ' ἱστορία τὰ καθ' ἕκαστον λέγει.*

ausgesprochen sind; man wird nicht vergessen, dass das Allgemeine der Kunst kein begriffliches, sondern nur in der Sphäre der Anschauung (*αἴσθησις*) oder Phantasie (*φαντασία*) ist. Ueber jedes Anschauliche lassen sich aber viele allgemeine Urtheile aussprechen. — Wir dürfen desshalb mit einiger Sicherheit vermuthen, dass die Einheit des Kunstwerks aus der Idee der Begränzung im Schönen herstammt und dass diese Einheit als die Begränzung das Allgemeinere und Erkennbarere am Stoffe, der sich immer in eine Vielheit von Theilen und in Unbestimmtheit und Gränzenlosigkeit zu verlieren die Neigung hat, einschliesst. Darum sagt auch Aristoteles, dass das Unbegränzte, sofern es unbegränzt (*ἄπειρον*) ist, unerkennbar bleibt; da die Materie keine Form hat, sofern sie unbegränzt ist.*) Die Form ist das Begränzende, die Form ist das Allgemeine, die Form ist der Gegenstand der Erkenntniss. Diese Einheit ist aber weder eine mathematische wie die Zahl Eins, noch eine begriffliche, wie die philosophischen Definitionen, sondern eine Einheit oder Allgemeinheit des Geschehens, eine Regel des Weltlaufs, eine Schicksalsform.**) Die Einheit der Handlung, welche Aristoteles fordert, ist keine numerische (*καθ' ἀριθμόν*); denn als solche würde sie eine historische sein müssen; mithin

---

*) *Nat. ausc. III.* 10. *διὸ καὶ ἄγνωστον ᾗ ἄπειρον· εἶδος γὰρ οὐκ ἔχει ἡ ὕλη. — ἄτοπον δὲ καὶ ἀδύνατον τὸ ἄγνωστον καὶ τὸ ἀόριστον περιέχειν καὶ ὁρίζειν.* Aristoteles führt an dieser Stelle ausdrücklich die Kunst an. Das Unbegränzte ist der Stoff, z. B. das Erz der Bildsäule; das Begränzende also die Form. *μόριον γὰρ ἡ ὕλη τοῦ ὅλου, ὥσπερ ὁ χαλκὸς τοῦ χαλκοῦ ἀνδριάντος.*

**) *Poet.* 9. *οἷα ἂν γίνοιτο — — κατὰ τὸ εἰκὸς ἢ τὸ ἀναγκαῖον.*

muss sie eine ideale (*εἴδει ἕν*) sein, d. h. qualitativ oder innerlich aus dem Wesen der Sache selbst bestimmt werden. Das Wesen der Sache ist die Form in Aristotelischem Sinne. Wir kommen also auf die Begränzung (das *ὡρισμένον*) zurück. Ich sehe desshalb in der Forderung der Einheit die Forderung der Begränzung und der Form und verknüpfe so die Probleme mit unsrer Poëtik und mit den Grundbegriffen. — Darum, sagt Aristoteles, muss der Dichter, wenn sich die wirkliche Geschichte oder die überlieferten Mythen nicht schicken wollen in die Wesensgestalt der Handlung, sie beliebig umändern, bis und wie sie ihm passen; denn er bildet von Innen heraus; und ebenso darf der Dichter, ohne aufzuhören Dichter zu sein, beliebig rein Historisches in die Dichtung aufnehmen; denn er handhabt den Massstab der Einheit, nimmt auf und verwirft, nicht nach einem äusseren, historischen, numerischen Gesetz der Einheit, sondern nach dem inneren Gesetz der Sache, nach der Einheit, welche in einem gewissen allgemeinen Typus des Lebens als solchem qualitativ gesetzt ist; wodurch viele Geschichten und Personen, nicht weil sie viele sind, ausgeschlossen werden, denn Vielheit ist ja auch in der geforderten Einheit, sondern wegen ihres Andersseins (*ἕτερον*), d. h. sie gehören in das Bild einer andern Lebensform.*)

---

*) *Poet.* 8 u. 9. Vrgl. Band I. S. 58 u. 64. Dahin gehört auch besonders die Verwerfung des episodienhaften Mythus und der Einschiebsel (*ἐμβόλιμα*) in den Tragödien; denn auch die Chorlieder sollen sich innerhalb der Fabel halten, weil sie sonst aus der Einheit der Tragödie herausfallen. Vrgl. Band I. S. 135. *ἄλλου του μύθου ἢ ἄλλης τραγῳδίας.*

Objective und subjective Begränzung.

Achten wir genau auf die Aristotelischen termini, so sehen wir auch deutlich die Begränzung (*τὸ ὡρισμένον*) in der Poëtik als die Gränze (*ὅρος*) oder die Bestimmung der Grösse der Tragödie hervortreten. Und zwar unterscheidet Aristoteles eine doppelte Begränzung: eine innerliche aus dem Wesen der Sache, welche der Definition im Gebiete des Wissens entspricht, und eine äusserliche oder subjective. Das Kunstwerk ist immer in der Materie;*) folglich muss es in einer gewissen Zeit aufgefasst werden und dadurch kommt nun die zweite Messung hinzu, nämlich nach den auffassenden Organen. Davon ist schon S. 196 gesprochen. Soll die innerliche Einheit als die Erkenntniss des allgemeinen Wesens der Sache möglich sein, so darf auch der räumliche oder zeitliche Umfang des Kunstwerks nicht so gross sein, dass unsre sinnlichen Auffassungskräfte, wozu das Gedächtniss gehört, nicht mehr hinreichen, um die nacheinander aufgefassten Theile zusammenzubringen. Aristoteles verwirft aber entschieden jeden willkürlichen oder conventionellen Massstab der Grösse, etwa nach der Wasseruhr und andre Normen, wie sie aus den Bedingungen der öffentlichen Wettspiele der Kunst folgen; er verlangt, dass das von der Natur selbst gegebene Mass der Sinne und des Gedächtnisses allein als gültig beachtet werde. Kunstwerke, welche die Kräfte unsrer Auffassung überschreiten, gehen damit auch nach der subjectiven Seite über die Einheit der Begränzung

---

*) *Metaph. VI. 7. (Did. II. 544. 12.) ἅπαντα δὲ τὰ γιγνόμενα ἢ φύσει ἢ τέχνῃ ἔχει ὕλην.* Vrgl. auch oben S. 65.

hinaus, indem wir das Mehr nicht mit dem Früheren zusammenbringen können.*)

Paralogismen durch Aufhebung der Begränzung.

Interessant ist noch ein Problem, das sich auf den Begriff der Begränzung (*ὡρισμένον*) bezieht, durch die Paralogismen der Phantasie, welche Aristoteles auch in der Poëtik immer sorgfältig beobachtet, und deren richtigen Gebrauch er an Homer rühmend hervorhebt. Das Problem**) behandelt die Sache, dass uns ein Weg länger zu sein scheint, wenn wir nicht wissen wie weit er ist, als wenn wir es wissen. Der Verfasser geht von dem Gegensatz des Unendlichen oder Unzählbaren, was dasselbe sei, und des Begränzten (*ὡρισμένον*) aus und stellt nun zwei Gedankenreihen dar, von denen die eine die richtige Erkenntniss enthält, die andre den Paralogismus der Phantasie. Richtig ist, dass das Unbegränzte immer mehr ist als das Begränzte und dass alles, wovon man die bestimmte Grösse (*ποσόν*) weiss, immer begränzt ist. Nun macht die Phantasie die falsche Umkehrung, dass das, wovon man die bestimmte Grösse nicht wisse, gränzenlos sei. Wenn daher der Weg nicht begränzt

*) Hieraus ergiebt sich auch der weiter unten entwickelte Gegensatz zwischen Wesentheilen und Massentheilen des Kunstwerks. Erstere sind wie die Theile der Definition ineinander.

**) *Problem. V.* 25 und dasselbe wörtlich wiederholt *XXX.* 4. *διά τί δοκεῖ ἡμῖν πλείων εἶναι ἡ ὁδός, ὅταν μὴ εἰδότες πόση τίς ἐστι, βαδίζωμεν, μᾶλλον ἢ ὅταν εἰδότες; — — τὸ γὰρ ἄπειρον καὶ ἀναρίθμητον ταὐτόν, καὶ πλέον ἀεὶ τὸ ἄπειρον τοῦ ὡρισμένου. Ὥσπερ οὖν εἰ ᾔδει ὅτι τοσήδε ἐστί, πεπερασμένην αὐτὴν ἀνάγκη εἶναι, οὕτως εἰ μὴ οἶδε πόση τίς ἐστιν, ὡς ἀντιστρέφοντος παραλογίζεται ἡ ψυχὴ καὶ φαίνεται αὕτη εἶναι ἄπειρος — — — Καὶ τὸ φαινόμενον μὴ ὡρίσθαι φαίνεσθαι ἀνάγκη πως ἀπέραντον.*

zu sein scheint, so scheint er gleichsam gränzenlos und grösser, als von einer bestimmten Grösse zu sein. — Die Erklärung ist scharfsinnig und da sie über den einzelnen Fall hinaus eine allgemeinere Auffassung bietet, so wird man mit Interesse darin den einfachen Ausdruck eines Gesetzes finden, welches auch moderne Aesthetiker als eine Quelle des Erhabenen anführen. Wie Aristoteles das Erhabene auffasst, werden wir in dem Folgenden sehen; ich bemerke hier nur, dass Aristoteles dem Unbegränzten nicht den Preis der Erhabenheit (σεμνότης) giebt, wie andre Philosophen vor ihm, welche darin die höchste Vollendung der Grösse zu erkennen glaubten.*)

4. Die Grösse (μέγεθος).

In der Stelle der Metaphysik, die wir der Untersuchung über die vorstehenden drei ästhetischen Ideen zu Grunde legten, war von keiner Ableitung derselben die Rede. Warum nur diese drei, verrieth die Stelle nicht. An anderen Orten**) finden wir aber die Grösse neben der Ordnung (τάξις) angeführt und müssen daher auch diese genauer betrachten. Wir besprachen die Grösse zwar schon ausführlich, aber nur, um daran den objectiven und subjectiven Massstab zu erkennen. Jetzt interessirt uns das Wesen der Grösse selbst.

---

*) *Natur. ausc. III. 10. (Did. II. 283. 5.)* ἐπεὶ ἐντεῦθέν γε λαμβάνουσι τὴν σεμνότητα κατὰ τοῦ ἀπείρου, Τὸ πάντα περιέχον, καὶ Τὸ πᾶν ἐν ἑαυτῷ ἔχον, διὰ τὸ ἔχειν τινὰ ὁμοιότητα τῷ ὅλῳ.

**) Z. B. *Poet.* 7.

Die Grösse im Gebiete des Räumlichen und Zählbaren.

Für gewöhnlich versteht Aristoteles unter Grösse als *μέγεθος* die continuirliche Grösse (*συνεχές*), die dann im engsten Sinne das Messbare (*μετρητόν*) ist.*) Für diese Sphäre gilt es, wenn er behauptet, dass Schönheit nur in einem grossen Leibe sei; während die Kleinen bloss niedlich und zierlich heissen könnten,**) aber nicht schön. Aristoteles will auch für den nächsten Gegensatz,***) nämlich für die discrete Grösse, oder das Zählbare (*ἀριθμητόν*), welches eine Menge (*πλῆθος*) bildet, dieselbe ästhetische Regel geltend machen. So sagt er z. B., indem er beide Ausdrücke nebeneinander stellt, wo es sich von der Zahl der Bürger handelt, dass die Schönheit immer in Menge (*πλήθει*) und Ausdehnung (*μεγέθει*) vorzukommen pflegt. †) In beiden Fällen bedeutet die ästhetische Regel aber nicht, dass etwa das Schöne nur in das Gebiet des Messbaren und Zählbaren gehörte, sondern dass es viel davon, oder eine Auszeichnung darin fordert. Ja indem man von Aristoteles das Kleine (*μικρόν*) und Mittlere (*μέσον*) als Gegensatz angeführt findet, kann man auch sagen, es bedeute die Forderung der Grösse, dass das Schöne ein Aeusserstes nach der Seite des Uebergewichts (*ὑπεροχή*) enthalten solle. Es kommt

---

*) *Metaph.* Δ. 13. Vrgl. Trendelenburg Kateg. darüber und Bonitz Commentar.

**) *Eth. Nicom. IV.* 7. *ὥσπερ καὶ τὸ κάλλος ἐν μεγάλῳ σώματι, οἱ σμικροὶ δ' ἀστεῖοι καὶ σύμμετροι καλοὶ δ' οὔ.*

***) U. a. St. auch die oben citirte *Probl. XVII.* 1. *ἔχει γὰρ τήν τε τοῦ μεγέθους κατὰ τὴν συνέχειαν φύσιν, καὶ τὴν τοῦ ἀριθμοῦ κατὰ τὸ ἀνώμαλον τῶν μερῶν.*

†) *Polit. VII.* 4. *ἐπεὶ τό γε καλὸν ἐν πλήθει καὶ μεγέθει εἴωθε γίνεσθαι.*

dabei natürlich sofort der Massstab in Frage, der, wie wir gesehen haben, sowohl ein objectiver als subjectiver ist. Wenn die Grossen mit den kleinen Menschen verglichen werden, so kann man die Schätzung objectiv nennen; die Forderung der Uebersichtlichkeit, die der Grössenerweiterung eine Gränze setzt, ist dagegen, wie wir sahen, subjectiv. Auch in der Grössenbestimmung des besten Staates vereinigt er beide Massstäbe, wenn er fordert, es solle der Staat die grösste Ueberfülle an Bürgern besitzen zur Autarkie des Lebens, soweit diese Menge nur noch übersichtlich bleibe.*) Wir sehen daraus, dass die Forderung der Grösse eigentlich in's Unendliche treibt, und dass es nur die Mitberücksichtigung anderer Ideen ist, z. B. der Ordnung im Staat und der Gränzen unsrer Fassungskräfte, welche eine Einschränkung der Grösse auf ein gewisses Mass veranlasst. Denn wegen der Schwäche der menschlichen Fähigkeiten würde eine zu grosse Menge der Bürger die Gerechtigkeit in der Vertheilung der Ehren und Aemter und Strafen beeinträchtigen und darum das Wesen des Staates aufheben. Nur eine göttliche Kraft könnte in solcher Menge auch zugleich noch die Ordnung zur Geltung bringen.**) Müssen wir nun nicht die Meinung fassen, dass mit dieser Forderung der Grösse das was die Neueren das Erhabene nennen, berührt sei?

---

*) *Polit. VII. 4.* ἡ μεγίστη τοῦ πλήθους ὑπερβολὴ πρὸς αὐτάρκειαν ζωῆς εὐσύνοπτος. Ebenso verhält sich's mit der Menge der Freunde, die zum schönen glückseligen Leben gehören. So gross wie möglich soll ihre Menge sein; aber die Natur der Sache beschränkt die Möglichkeit freundschaftlichen Verkehrs auf Wenige. *Eth. Nicom. IX. 10.* καὶ φίλων δή ἐστι πλῆθος ὡρισμένον, καὶ ἴσως οἱ πλεῖστοι, μεθ' ὧν ἂν δύναιτό τις συζῆν.

**) Vrgl. S. 216 Anmerk. *).

Die Grösse im Gebiete der Kraft.

Wir werden darüber deutlicher sehen, wenn wir denselben Begriff, der hier bloss auf die Raum- und Zahl-Grösse geht, in seiner weiteren Anwendung verfolgen. Gleich dasselbe Capitel der Politik führt ihn nämlich in's Gebiet der Kraft ein; denn die Grösse oder Kleinheit des Staats, sagt Aristoteles, ist nicht aus der Zahl der Menschen abzunehmen, sondern aus der Kraft, die sie haben, das Werk des Staats zu erfüllen.*) Scherzend fügt er noch hinzu, so habe auch Hippokrates nicht den Menschen grösser genannt, der von grösserer Leibeslänge war, sondern den Arzt. Darum rechnet er zur Grösse des Staates die Menge der Sclaven und Handwerker gar nicht mit, weil sie nicht die geistige Kraft besitzen, um beizutragen zum Staatszwecke; sie gehören nicht mit zum Staate.**)

Aber auch in dem Gebiete aller moralischen Kräfte hat Aristoteles den Begriff der Grösse erkannt. In allen Tugenden, sagt er, giebt es ein Grosses, d. h. einen hohen Grad, eine Erhabenheit.***) Es ist interessant zu sehen, dass Aristoteles diese Grösse nicht selbst ethisch zu bestimmen versucht hat; er nennt sie Hoheit der Seele (*μεγαλοψυχία*) und bezeichnet sie mit dem Ausdruck des

---

*) *Polit. VII. 4.* *ἀγνοοῦσι ποία μεγάλη καὶ ποία μικρὰ πόλις. Κατ' ἀριθμοῦ γὰρ πλῆθος τῶν ἐνοικούντων κρίνουσι τὴν μεγάλην, δεῖ δὲ μᾶλλον μὴ εἰς τὸ πλῆθος εἰς δὲ δύναμιν ἀποβλέπειν. Ἔστι γάρ τι καὶ πόλεως ἔργον, ὥστε τὴν δυναμένην τοῦτο μάλιστ' ἀποτελεῖν, ταύτην οἰητέον εἶναι μεγίστην.*

**) Ebendas. *οὐ γὰρ ταὐτὸ μεγάλη τε πόλις καὶ πολυάνθρωπος.*

***) *Eth. Nicom. IV. 7.* *Καὶ δόξειε δ' ἂν εἶναι μεγαλοψύχου τὸ ἐν ἑκάστῃ ἀρετῇ μέγα.*

rein Aesthetischen als Schmuck (*κόσμος*) der Tugenden und zwar, sagt er, desswegen weil sie die Tugenden grösser macht.*) Also was grösser macht schmückt. Diese Seelengrösse enthält nun, wie er bemerkt, in Bezug auf die Grösse (*μεγέθει*) ein Aeusserstes (*ἄκρον*).**) Ich denke, dass durch die Zusammenstellung dieser Aussprüche genügend gezeigt ist, wie Aristoteles die Grösse oder Erhabenheit als ästhetische Idee empfunden und verwerthet hat, obwohl freilich ebendadurch auch klar wird, dass er den Ursprung dieser Idee und ihre Stellung zum Guten und Schönen nicht systematisch untersucht hat. Die Seelengrösse gründet er auf die Tugend, auf das Gute; dadurch dass dieses in hohem Masse gegeben ist, entsteht sie wie ein Schmuck. Es will sich hier die Idee des Guten und des Schönen trennen. Die Möglichkeit, in der Tugend und dem Guten verschiedene Grade zu unterscheiden, hat Aristoteles dadurch gewonnen, dass er die Tugend selbst als ein Aeusserstes (*ἀκρίτης*) fasst, dem man sich in's Unendliche nähern solle. Im Verhältniss zu den Fehlern ist sie ein Mittleres, an sich Zweck in's Unendliche.***) So sieht man denn auch, wie Aristoteles überall im Sittlich-Schönen die Erhabenheit hinzunimmt, z. B. wenn er eine einzige Handlung von grosser sittlicher Schönheit vielen aber gegeringen Handlungen vorzieht und unter diesem Ge-

---

*) Ebendas. *ἔοικε μὲν οὖν ἡ μεγαλοψυχία οἷον κόσμος τις εἶναι τῶν ἀρετῶν· μείζους γὰρ αὐτὰς ποιεῖ.*

**) Ebendas. *ἔστι δὴ ὁ μεγαλόψυχος τῷ μὲν μεγέθει ἄκρος.*

***) *Eth. Nicom. II.* 6. Die Tugend ist: *κατὰ τὸ ἄριστον καὶ τὸ εὖ ἀκρότης.* Vrgl. weiter unten über die Akribie von Kunst und Tugend.

sichtspunkt die Aufopferung des Lebens als sittliche Grösse verherrlicht.*)

Die Grösse in der Rhetorik.

Er braucht die Idee der Grösse auch sonst allenthalben, z. B. in der Rhetorik und zwar besonders in der epideiktischen Rede, wo die zu lobenden Thaten als zugestanden angenommen werden und es nur darauf ankommt, ihnen die gehörige Grösse (μέγεθος) und Schönheit (κάλλος) zu geben.**) Dass es dabei nicht auf physische Länge und Breite ankommt, ist ersichtlich genug; überall in der Redekunst handelt es sich darum, den Gegenstand der Rede als gross hinzustellen, d. h. ihn wichtig und bedeutend zu machen.

Principien zur Einschränkung der Grösse.

Aber das wird man zugleich erkennen, dass Aristoteles der Idee der Grösse keine uneingeschränkte Herrschaft einräumte. Er reservirt immer auf's Vorsichtigste und Tiefsinnigste die übrigen Bedingungen, welche Wesen und Vollkommenheit erst möglich machen. Daher hat die Grösse, wenn sie schön sein will, immer ihr Mass. Wir haben oben gesehen, wie er bald einen objectiven, bald einen subjectiven Massstab anlegt oder beide zugleich geltend macht. Die

*) *Eth. Nicom. IX.* 8. καὶ μίαν πρᾶξιν καλὴν καὶ μεγάλην ἢ πολλὰς καὶ μικράς. Τοῖς δ' ὑπεραποθνήσκουσι τοῦτ' ἴσως συμβαίνει· αἱροῦνται δὴ μέγα καλὸν ἑαυτοῖς.

**) *Rhet. I.* 9. Schl. ἡ μὲν αὔξησις ἐπιτηδειοτάτη τοῖς ἐπιδεικτικοῖς· τὰς γὰρ πράξεις ὁμολογουμένας λαμβάνουσιν, ὥστε λοιπὸν μέγεθος περιθεῖναι καὶ κάλλος. Bekker 1326. a. 29.

Grösse des Gedichts verlangt doch Ordnung und Uebersichtlichkeit, die Grösse des Schiffes wird an seinem zweckmässigen Gebrauch gemessen, die Menge der Bürger an der Aufgabe des Staats und an der menschlichen Kraft, Uebersicht und Ordnung zu behalten; so auch die Seelengrösse; denn der Kleinmüthige schätzt sich zu gering, der hochmüthige Prahler überschätzt seinen Werth und verlangt mehr als ihm zukommt; der Mann mit Hoheit der Seele aber hat ein festes Mass, er ist bloss über die Mitte bis zum Aeussersten (*ἄκρος*) gelangt in Bezug auf Grösse, nicht so in Bezug auf das sittliche Gesetz, wornach er vielmehr ein Mittlerer (*μέσος*) ist;*) denn er verlangt nur, was seinem Werthe entspricht. Er hält die Symmetrie der Gerechtigkeit (*τὸ κατ' ἀξίαν*) inne. Darum gesteht Aristoteles nirgends Megalopsychie zu, wo nicht volle Tugend vorher eingeräumt wurde.**) — Ueberall also sehen wir die Idee der Grösse durch die Ideen der Ordnung, der Symmetrie, des sittlich Guten und durch subjective Bedingungen eingeschränkt.

Gesichtspunkte zur Ableitung des Werthes der Grösse.

Es bleibt vielleicht noch die Frage übrig, ob wir nicht für die Forderung der Grösse überhaupt in Aristotelischem Sinne eine Art Ableitung gewinnen können? Man darf wohl an zweierlei dabei erinnern, an einen objectiven und einen subjectiven Gesichtspunkt.

---

*) *Eth. Nicom. IV. 7.* *ἔστι δὴ ὁ μεγαλόψυχος τῷ μὲν μεγέθει ἄκρος, τῷ δὲ ὡς δεῖ μέσος· τοῦ γὰρ κατ' ἀξίαν αὑτὸν ἀξιοῖ· οἱ δ' ὑπερβάλλουσι καὶ ἐλλείπουσιν* (d. h. *ὁ χαῦνος καὶ ὁ μικρόψυχος*).

**) Ebendas. *Διὰ τοῦτο χαλεπὸν τῇ ἀληθείᾳ μεγαλόψυχον εἶναι· οὐ γὰρ οἷόντε ἄνευ καλοκἀγαθίας.*

1. Objectiv wird die erscheinende Grösse von Aristoteles als Zeichen einer proportionalen hervorbringenden Kraft betrachtet.*) Die Schätzung geht dabei also semiotisch von der Wirkung auf die Ursache und es ist bedeutsam, dass er die grösste Leistung nur von einer göttlichen Kraft erwartet.**) Ich erinnere zugleich an die obige Bemerkung S. 236; Aristoteles verwirft die Meinung der Philosophen, welche dem Unbegränzten Erhabenheit zuschreiben, weil es Alles in sich fasse. Nach seiner Lehre kann ein Unbegränztes nicht begränzen und in sich fassen. Das Urtheil aber, dass der äussersten Grösse, welche das All umschliesse, Erhabenheit (*σεμνότης*) zukomme, bleibt dabei unbestritten. 2. Damit hängt der subjective Gesichtspunkt zusammen, dass auch unsre auffassenden Fähigkeiten analog der Grösse des Objects eine verschiedene Kraftanstrengung brauchen. Das Kleine erscheint immer als das Werthlose, das keinen Eindruck macht und ohne Gefahr vernachlässigt werden kann. Es beschäftigt die Aufmerksamkeit nicht. Das Grosse (*το μέγα*) wird aber von Aristoteles ausdrücklich als Grund der Aufmerksamkeit angeführt. Es wird dies noch klarer werden, wenn wir weiter unten den Begriff des Staunenswerthen (*θαυμαστόν*) in Betracht ziehen.

§. 2. Vergleichung der vier ästhetischen Ideen.

Wir haben jetzt die Ideen der Ordnung, der Symmetrie, der Begränzung und der Grösse einzeln

---

*) U. a. *de anim. gen. II.* 1. (*Did. III.* 345. 9.) *ἀνάγκη γὰρ τὸ μεῖζον ὑπὸ πλείονος κινεῖσθαι δυνάμεως.*

**) Vrgl. Anmerk. zu S. 216.

jede für sich analysirt, es fragt sich nun: sind diese Ideen nebengeordnet? oder die eine der andern untergeordnet? oder die Eine vielleicht von der andern nur durch das Wort der Sprache unterschieden? Zuerst aber muss gefragt werden, ob Aristoteles selbst eine Untersuchung über das Verhältniss dieser Ideen angestellt hat? Dies letztere ist am leichtesten zu beantworten. Wir besitzen keine derartige Untersuchung. Aber freilich finden wir hier und da zerstreut eine Menge von Urtheilen, die einen sicheren Schluss über seine Auffassung erlauben.

Warum in Metaph. XII die Grösse nicht erwähnt werden konnte.

Zunächt nennt Aristoteles wohl nirgends alle vier in einer Reihe. In der Metaphysik XII. 3. haben wir bloss die drei ersten. Es ist das wohl dadurch begreiflich, weil er über die Mathematik spricht und zeigen will, dass auch diese über das Gute und Schöne Auskunft giebt; auch wenn sie diese beiden Namen nicht brauche, so handle sie doch von den Gründen der Ordnung, Symmetrie und Begränzung, welches die wichtigsten Bestimmungen des Schönen wären. Es ist natürlich, dass er dabei die Grösse nicht erwähnen konnte, obgleich grade die ganze Mathematik Grössenwissenschaft ist, weil er unter Grösse eben nicht den mathematischen Begriff versteht, der ebensowohl kleinen, als mittelgrossen Gegenständen zukommt, sondern die Erhabenheit, welche ihr Mass von organischen Gesichtspunkten entlehnt.

Aporien über den Zusammenhang von Grösse, Symmetrie, Ordnung und Begränzung.

An andern Stellen, z. B. in der Poëtik 7 und

Politik VII. 4. nennt er nur Grösse und Ordnung. Hat er damit sagen wollen, dass die Ordnung der allgemeinere Begriff sei, unter den sowohl Symmetrie als Begränzung unterzuordnen wären? Oder hat er vielleicht die Symmetrie mit unter die Grösse befasst, da diese ja nie selbst als unendliche von ihm geduldet, sondern immer irgendwie als symmetrische bestimmt wird? Allein Grösse und Symmetrie treten als zwei vollkommene verschiedene Gesichtspunkte überall deutlich auseinander, z. B. unter andern da, wo er die Hohheit der Seele bestimmt; denn diese enthält nach der Grösse ein Aeusserstes (*ἄκρος*), nach den Gesichtspunkten des sittlich Angemessenen, der gerechten Proportion aber ein Mittleres (*μέσος*). Unter dem zweiten Gesichtspunkt (*τὸ κατ' ἀξίαν*) ist deutlich der allgemeine Begriff des Symmetrischen (*ἀνάλογον*) gegeben.*) Wir sehen also, dass Aristoteles diese beiden Ideen nur zusammenwirken lässt, um die sittliche Schönheit des Mannes von hoher Seele zu bestimmen, ohne sie im Geringsten zu vermischen. Ebenso auch unterscheidet er an derselben Stelle in der leiblichen Schönheit beide Ideen; denn kleine Menschen, sagt er, können wohl symmetrisch (*σύμμετροι*) sein, aber nicht schön wegen der mangelnden Grösse.**) Also hat vielleicht die erstere Annahme etwas für sich? Ist die Symmetrie nicht eine Art Ordnung? In der That ist die Symmetrie bei Aristoteles eine Art Mischung (*κρᾶσις*) des Entgegengesetzten, z. B. von Wärme und Kälte. Wenn diese Mischung, wie es

---

*) Vrgl. S. 219 ff.

**) *Eth. Nicom. IV. 7.* *τὸ κάλλος ἐν μεγάλῳ σώματι, οἱ μικροὶ δ' ἀστεῖοι καὶ σύμμετροι, καλοὶ δ' οὔ.*

sich ziemt, nach einem Gesetz (νόμος) und nach richtigem Verhältniss oder der Vernunft der Sache (λόγος) sich vollendet, so entsteht die gute oder schöne Mischung (εὐκρασία) oder die Symmetrie. Das Gesetz aber, haben wir oben gesehen, wird selbst als eine Ordnung (τάξις) bezeichnet. Die Symmetrie setzt daher die Ordnung voraus. Dazu kommt, dass das Mass (μέτρον), wodurch das Gleichmässige (σύμμετρον) wird, auch Verhältniss (λόγος) heisst und in diesem die Ordnung besteht. Ebenso, könnte man sagen, ist doch auch die Ordnung mit der von ihr eingeschlossenen Symmetrie zusammengenommen eine Begränzung? Denn ohne Gränze möchte schwerlich sich etwas ordnen oder in's Gleichmass bringen lassen.

Die scheinbare logische Confusion in Aristotelischen Nebenordnungen.

Diese Betrachtungen drängen sich auf. Man darf aber nicht nachgeben; denn man muss Aristoteles nach seiner Individualität verstehen. Es ist wahr, er hat diese Begriffe ihrem Verhältniss nach nicht genau bestimmt, und dennoch glaube ich, er hat nicht unbesonnen sie nebeneinander geordnet. Welches sind die Gründe der Aufmerksamkeit? Steht nicht da das Angenehme neben dem Staunenswürdigen, dem Grossen und dem uns Betreffenden? Wir lesen aber gleichwohl, dass alles Staunenswürdige angenehm ist. So hat er die Art neben die Gattung gestellt? Allerdings und zwar ebenso wie den Rhythmus neben das Metrum. Denn erstens nicht alles Rhythmische ist Metrum und nicht alles Angenehme ist staunenswürdig. Für den Rest aber giebt es keinen eigenen Ausdruck in der Sprache. Zweitens kommt in das

Metrum der Begriff der Sylbe, in das Staunenswürdige der Begriff der Grösse und Schönheit hinein, welche Begriffe nicht Arten des Rhythmischen und des Angenehmen sind. Hier ist desshalb, da der allgemeinere Begriff für seine restirenden Arten gesetzt wird, keine logische Confusion, sondern es wird die Eigenthümlichkeit der Ursachen gewahrt.

Nachweis des Eigenthümlichen in jeder von den vier Ideen.

Und ebenso verhält sich's mit unsrer Nebenordnung hier, was man deutlich erkennt durch genauere Vergleichung der Begriffe. Die Begränzung geht überall auf Einheit; ihr steht das Unbestimmte, das Viele und das schlechte Unendliche entgegen. Die Symmetrie geht immer auf eine Vielheit und regelt deren Verhältniss. Ihr Gegensatz ist nicht das Viele, sondern das Ungleichmässige (ἀνώμαλον), das Unproportionale. Begränzt ist auch die Einheit, symmetrisch nicht, d. h. ein Symmetrisches hat wohl Einheit, aber es ist nicht durch die Einheit symmetrisch, sondern durch die zur Einheit des Masses stimmende Vielheit. Die Ordnung hat als eigenthümliches Gebiet nicht das Nebeneinander, sondern die Aufeinanderfolge,*) sei es der Zahlen und der Töne, sei es der Bewegungen in der Welt oder der Handlung in der Tragödie. In übertragener Bedeutung wird sie erst von Gegenständen gebraucht, welche ohne Zeit sind und nur

*) Diese Bedeutung der Ordnung (τάξις) hält Aristoteles überall fest, z. B. in dem Lehrsatz, dass es innerhalb der Definition des Wesens keine Ordnung geben könne, da man nicht den einen Theil früher, den andern später denken könne. *Metaph. VI. 12.* τάξις δ' οὐκ ἔστιν ἐν τῇ οὐσίᾳ· πῶς γὰρ δεῖ νοῆσαι τὸ μὲν ὕστερον, τὸ δὲ πρότερον;

eine ideale Folge haben. Daher kann ihr die Symmetrie nicht in eigentlicher Bedeutung subsumirt werden; denn z. B. es wird eine Körper-Constitution und ein Klima wohl symmetrisch, wenn die rechte Mischung der Gegensätze vorhanden ist, also durch eine gewisse Ordnung, aber nicht diese Ordnung ist die Symmetrie, sondern durch diese Ordnung entsteht die Symmetrie, und die Symmetrie bezieht sich auf das durch die Ordnung entstandene Verhältniss der Glieder. Die Grösse endlich möchte für sich in's Unendliche gehen, wenn sie nicht von den andern Ideen bestimmt und begränzt, geordnet und zur Angemessenheit mit dem Wesen der Sache und dem Mass unsrer Organe gebracht würde.

Beispiel der gesonderten Anwendung dieser vier Ideen.

Ich meine daher, dass Aristoteles zwar nicht gelobt werden kann für irgend welche Untersuchung über den Zusammenhang dieser höchsten ästhetischen Ideen, dass er aber doch grosse Anerkennung verdient für die scharf bezeichneten Charaktere, womit er eine jede versehen hat, und dass er guten Grund hatte, sie wirklich nebeneinanderzustellen. Betrachten wir, um ein Beispiel der gesonderten Anwendung zu haben, die Tragödie. 1. Die Begränzung der Handlung liegt in ihrer Einheit (*μία πρᾶξις*). 2. Die Grösse verlangt Vielheit, d. h. innere Mannigfaltigkeit, Scenenwechsel und Reichthum an Umständen, Motiven, Einzelhandlungen und Reden, wodurch die Handlung für die Phantasie zu einer Fülle von Geschichten und Versen anschwillt. 3. Die Ordnung zeigt sich darin, dass die Aufeinanderfolge der Handlungen nicht beliebig ist, sondern Anfang, Mitte und Ende die bestimmten Gesetze befolgen. 4. Die Symmetrie regelt die Grösse der Handlung, dass sie nicht zu klein und nicht zu gross sei, sondern ihr Mass empfange innerlich aus der Nothwendigkeit oder Wahrscheinlichkeit menschlicher Ereignisse und subjectiv aus der Fassungskraft unsrer Aufmerksamkeit und Phantasie. — Dieses Exempel ist nicht von Aristoteles so mit Angabe der einzelnen Titel behandelt; aber ich denke, man wird mir zugeben, dass es Aristotelisch erklärt ist. Denn neben der Ordnung (τάξις) und Grösse (μέγεθος), die er selbst nennt, stehen noch andere Gesichtspunkte, welche aus diesen nicht erklärt werden können, aber sich einfach als besondre Ausdrücke für jene obigen beiden Ideen erkennen lassen, die Einheit als die Begränzung der Tragödie und das Grössen-Mass der Theile nach Nothwendigkeit und Wahrscheinlichkeit und nach unseren Organen als die richtige Symmetrie der tragischen Fabel. —

Abschätzung der Leistung von Eduard Müller.

Wenn wir mit diesem Resultat die Leistung Eduard Müller's vergleichen, so muss man ihn zwar wegen des Versuchs einer genaueren Begriffsbestimmung loben und weil er auch einige der Probleme schon mitbenutzt hat; allein dessenungeachtet kann man nur wenig von ihm beibehalten. Sein Zweck ist, aus den Aristotelischen Bemerkungen die triviale moderne Definition des Schönen als der „Einheit des Mannigfaltigen, insofern sie wirklich zur sinnlichen oder geistigen Anschauung kommt" (S. 102) zu ziehen. Das ist natürlich sehr leicht, denn dergleichen steckt in allen organischen Begriffen. Aber dadurch gewinnt man einerseits keine Erkenntniss des Schönen, und verliert andrerseits das Eigenthümliche der vier Bestimmungen aus den Augen. Denn z. B. die Grössenforderung für sich geht in's Unendliche; eingeschränkt auf das Wesen der Sache (ὡρισμένον) und auf das Symmetrische (εὐσύνοπτον) wird sie erst durch die andern Ideen. Daher versteht Müller diese Idee nur zum kleinsten Theil. Die Begränzung sieht er in der Uebersichtlichkeit und zweifelt, ob man die schwächste Kraft zur Norm annehmen soll (S. 98). Dadurch werden aber alle Ideen durcheinander gewirrt; denn freilich erscheint in diesen Bestimmungen eine Begränzung, aber zunächst nur die Symmetrie und diese erst ist auf die begränzende Einheit bezogen. Die objective und subjective Messung ist ihm ausserdem ganz entgangen. Auch die Ordnung hat er missverstanden, da er sie durch die Ganzheit erklärt, während doch die Ordnung nur die Aufeinanderfolge und Stellung der Theile in dem Ganzen regelt.

§. 3. Die Idee des Schönen.

Die Empfindung des Schönen wird als Thatsache vorausgesetzt.

Trendelenburg bemerkt*) in seiner geistvollen und anregenden Betrachtung über das Ebenmass: „Was Schönheit ist, fragen wir nicht, denn die Antwort lautet bei den Alten: es ist die Frage eines Blinden.“ Das ist nun bei Trendelenburg ein anmuthiger Scherz, um von der Erörterung des Guten und Schönen loszukommen und übergehen zu dürfen zu seinem eigentlichen Ziele, zum Ebenmass. Eduard Müller aber nimmt die Sache ernst und sucht Aristoteles wegen dieser Aeusserung zu retten. Er sagt**):

*) Das Ebenmass u. s. w. S. 9. Vrgl. oben S. 218 den Titel.

**) Gesch. d. Th. d. Kunst II. S. 106.

„Wir werden auf eine gelegentliche Aeusserung des Philosophen, die das Schöne für etwas Undefinirbares auszugeben scheint, nicht allzuviel Gewicht legen. Es soll nämlich Aristoteles, als er gefragt wurde, wesshalb man die Schönen und ihren Umgang liebe, erwiedert haben, dies sei eines Blinden Frage. In der That wollte wohl Aristoteles, wenn er, wie nicht unwahrscheinlich ist, wirklich diese Worte gesprochen hat, nur das damit sagen: worin der Reiz der Schönheit bestehe, das lehre jeden, der nur sehen könne, am Besten die Empfindung, die in ihm selbst, wo das Schöne ihm entgegentrete, sich rege, nicht aber, dass das Schöne an sich ein einfacher, nicht zu definirender Begriff sei, auf keine Weise also finden wir hier den grossen Mann im Widerspruch mit sich selbst.“ Eduard Müller ist nun hierin wie in den meisten Urtheilen so ungefähr auf dem rechten Wege. Er kann aber zu keiner Klarheit und Genauigkeit kommen, weil er nicht Aristotelisch denkt. Bei Aristoteles ist die Frage nach dem Warum (*διότι*) und Was (*τί ἐστιν*)? genau geschieden von dem Dass (*ὅτι*) und Ob (*εἴ ἐστιν*).*) Z. B. Was ist die weisse Farbe? ist eine ganz andre Frage, als die: Ist der Schnee weiss? Um jene zu beantworten, muss man mit ihm auf die Natur des Lichts und der Medien u. s. w. eingehen; auf diese aber erwiedert er: dass der Fragende der Wahrnehmung (*αἴσθησις*) bedürfe. Wenn man nun die Stelle des Diogenes Laertius**) genauer als Müller, der sie durch seine Paraphrase ganz sinnlos gemacht hat, übersetzt: „Warum bringen wir viel

---

*) *Analyt. post II.* 1.

**) *Diog. Laert. V.* 20. *Πρὸς τὸν πυθόμενον, διὰ τί τοῖς καλοῖς πολὺν χρόνον ὁμιλοῦμεν; Τυφλοῦ, ἔφη, τὸ ἐρώτημα.*

Zeit im Umgang mit den Schönen zu?" so würde die Antwort lauten müssen: weil das Schöne angenehm ist. Allein, das muss jeder, der über das Schöne reden will, ebensogut wissen, wie der, welcher über die Natur der weissen Farbe forscht, die Thatsache, dass es weisse Dinge giebt, voraussetzt. Es ist die Frage nach dem Dass, nach der Thatsache, und nicht nach dem Grunde und Wesen, wozu Müller das *bon mot* verdreht hat. Nach der Thatsache zu fragen, ob der Schnee weiss und das Schöne angenehm? ist die Sache des Blinden, der nicht der Erklärung, sondern der Wahrnehmung bedürftig ist.

Aristoteles hat genau festgestellt, auf welche Fragen eine Antwort gehört, und auf welche nicht. Er warnt ausdrücklich, man solle sich nicht auf jede Frage und jede Thesis einlassen, sondern nur auf solche, in denen man wirklich einer Erklärung bedürftig ist. Diejenigen Fragenden, denen man nicht zu antworten habe, und hierzu gehört der obige bei Diogenes, theilt er ein in solche, denen mit Prügeln gedient ist, z. B. wenn einer fragt, ob man die Götter und die Eltern lieben müsse, und solche, welche der Wahrnehmung bedürfen, z. B. die Fragenden, ob der Schnee weiss sei.*) Aristoteles findet es lächerlich, zu beweisen, dass es Natur giebt, weil die natürlichen Dinge in grosser Menge jedem offenbar sind; ebenso lächerlich, wie wenn ein von Jugend auf Blinder über die Farben räsonniren wollte.**) Es gilt ihm als all-

*) *Topic. I.* 11. *οὐ δεῖ δὲ πᾶν πρόβλημα οὐδὲ πᾶσαν θέσιν ἐπισκοπεῖν, ἀλλ' ἣν ἀπορήσειεν ἄν τις τῶν λόγου δεομένων καὶ μὴ κολάσεως ἢ αἰσθήσεως· οἱ μὲν γὰρ ἀποροῦντες πότερον δεῖ τοὺς θεοὺς τιμᾶν καὶ τοὺς γονέας ἀγαπᾶν ἢ οὔ, κολάσεως δέονται, οἱ δὲ πότερον ἡ χιὼν λευκὴ ἢ οὔ, αἰσθήσεως.*

**) *Natur. ausc. II.* 1. *ὡς δ' ἔστιν ἡ φύσις πειρᾶσθαι δει-*

gemeines Gesetz der Wissenschaft, dass sie von dem Bekanntesten, von den Thatsachen auszugehen habe und das Unbekanntere durch das Bekanntere erklären müsse und nicht umgekehrt. Die Anekdote beim Laertier hat desshalb nichts anderes zu bedeuten, als dass die Annehmlichkeit des Schönen als Thatsache, als das Bekanntere und Offenbare vorauszusetzen sei.*)

Man darf hierherziehen, was Plotin mit offenbarer Anspielung auf einige Stellen bei Aristoteles bemerkt.**) „Wie bei dem Schönen der Sinnenwelt diejenigen nicht darüber reden können, die dergleichen weder gesehen, noch es als Schönes erfasst haben, z. B. etwa die Blindgeborenen: so auch über die Schönheit der Thätigkeiten, die nicht, welche keine Schönheit von Thätigkeiten und Wissenschaften und derartigem annehmen, und über den Glanz der Tugend die nicht, denen es nicht in den Sinn will, dass schön sei der Gerechtigkeit und Mässigkeit Angesicht und

---

κνύναι γελοῖον· φανερὸν γὰρ ὅτι τοιαῦτα τῶν ὄντων ἐστὶ πολλά. Τὸ δὲ δεικνύναι τὰ φανερὰ διὰ τῶν ἀφανῶν οὐ δυναμένου κρίνειν ἐστὶ τὸ δι᾽ αὑτὸ καὶ μὴ δι᾽ αὑτὸ γνώριμον. Ὅτι δ᾽ ἐνδέχεται τοῦτο πάσχειν, οὐκ ἄδηλον· συλλογίσαιτο γὰρ ἄν τις ἐκ γενετῆς ὢν τυφλὸς περὶ χρωμάτων.

*) Vrgl. S. 251 Anm. τυφλοῦ τὸ ἐρώτημα.

**) *Plotini op. rec. A. Kirchhoff I. 4.* ὥσπερ δὲ ἐπὶ τῶν τῆς αἰσθήσεως καλῶν οὐκ ἦν περὶ αὐτῶν λέγειν τοῖς μήτε ἑωρακόσι μήθ᾽ ὡς καλῶν ἀντειλημμένοις, οἷον εἴ τινες ἐξ ἀρχῆς τυφλοὶ γεγονότες, τὸν αὐτὸν τρόπον οὐδὲ περὶ κάλλους ἐπιτηδευμάτων τοῖς μὴ ἀποδεξαμένοις τὸ τῶν ἐπιτηδευμάτων καὶ ἐπιστημῶν καὶ τῶν ἄλλων τῶν τοιούτων κάλλος οὐδέ περὶ ἀρετῆς φέγγους τοῖς μηδὲ φαντασθεῖσιν, ὡς καλὸν τὸ τῆς δικαιοσύνης καὶ σωφροσύνης πρόσωπον καὶ οὔτε ἕσπερος οὔτε ἑῷος οὕτω καλά· ἀλλὰ δεῖ ἰδόντας εἶναι, ᾧ ψυχὴ τὰ τοιαῦτα βλέπει, ἰδόντας δὲ ἡσθῆναι καὶ ἔκπληξιν λαβεῖν καὶ πτοηθῆναι πολλῷ μᾶλλον ἢ ἐν τοῖς πρόσθεν.

schöner als Morgenstern und Abendstern. Sondern man muss ein Wissender sein, denn dadurch sieht die Seele dergleichen, und beim Wissen muss man die Ergötzung und Entzückung empfinden und noch viel mehr bezaubert werden, als bei dem Schönen der Sinne u. s. w.“ Aristotelisch ist der erste Theil bis auf das Beispiel des Blinden; Aristotelisch ist der Vergleich der sittlichen Schönheit mit Morgenstern und Abendstern;*) Aristotelisch ist die lebhafte Empfindung der theoretischen Seligkeit. Die einzelnen Ausdrücke und Wendungen gehören Plotin; aber es ist, als hätte er unter dem Eindrucke Aristotelischer Lectüre geschrieben.

Verhältniss des Schönen und Guten nach Metaph. 1078. a. 31.

Die Untersuchung kann ausgehen von der berühmten Stelle der Metaphysik, worin Aristoteles das Schöne und Gute scheidet und die wichtigsten Ideen im Schönen angiebt. „Da, sagt er, das Gute und Schöne verschieden ist (denn das Eine ist immer in Handlung, das Schöne aber auch in dem Unbewegten): so irren sich diejenigen, welche behaupten, die mathematischen Wissenschaften sprächen nicht über das Schöne oder Gute. Denn sie sprechen darüber und zeigen es vorzüglich; denn nicht folgt, dass sie, wenn sie zwar den Namen nicht brauchen, aber doch die Werke und Begriffe erklären, darüber nicht sprechen. Des Schönen wichtigste Ideen sind aber Ordnung und Symmetrie und Begränzung, was vorzüglich die mathematischen Wissenschaften erklären. Und weil dieses (ich meine z. B. die Ordnung und Begränzung) doch von

---

*) *Eth. Nicom. V.* 3. (*Did. II.* 53. 26.)

Vielem offenbar die Ursache ist, so ist klar, dass sie gewissermassen auch von einer solchen Ursache, die als das Schöne ursächlich ist, sprechen."*)

Deutung der Stelle bei Eduard Müller und Zeller.

Eduard Müller bemerkt**) zu dieser Stelle, dass ihr „Verständniss erst durch Herauswerfung der Worte ἢ ἀγαθοῦ gewonnen wird. Aber diese Worte sind doch auch, da eben von der Verschiedenheit des Guten und Schönen gesprochen wurde, offenbar sinnlos und können nur von einem Unverständigen, der, weil eben vom Guten die Rede war, es auch hier haben wollte, eingeschoben worden sein." Eduard Müller hat nicht bemerkt, dass er aus demselben Grunde auch die späteren Worte **περὶ αὐτῶν** herauswerfen müsste, die sich nicht auf ἔργα und λόγοι, sondern nur wieder auf **καλοῦ ἢ ἀγαθοῦ** beziehen können. Der Unverständige hätte also seine Hand stark darin gehabt. Müller schliesst nun aus dieser Stelle***): „So hindert denn zwar nichts, dass das Gute auch zugleich ein Schönes sei, dass man das Gute, das an sich Erstrebenswerthe, in sofern es nun auch wirklich erstrebt wird und als

*) *Metaph.* 1078. a. 31. ἐπεὶ δὲ τὸ ἀγαθὸν καὶ τὸ καλὸν ἕτερον (τὸ μὲν γὰρ ἀεὶ ἐν πράξει, τὸ δὲ καλὸν καὶ ἐν τοῖς ἀκινήτοις), οἱ φάσκοντες οὐθὲν λέγειν τὰς μαθηματικὰς ἐπιστήμας περὶ καλοῦ ἢ ἀγαθοῦ ψεύδονται. λέγουσι γὰρ καὶ δεικνύουσι μάλιστα· οὐ γὰρ εἰ μὴ ὀνομάζουσι, τὰ δ' ἔργα καὶ τοὺς λόγους δεικνύουσιν, οὐ λέγουσι περὶ αὐτῶν. τοῦ δὲ καλοῦ μέγιστα εἴδη τάξις καὶ συμμετρία καὶ τὸ ὡρισμένον, ἃ μάλιστα δεικνύουσιν αἱ μαθηματικαὶ ἐπιστῆμαι. καὶ ἐπεί γε πολλῶν αἴτια φαίνεται ταῦτα (λέγω δ' οἷον ἡ τάξις καὶ τὸ ὡρισμένον), δῆλον ὅτι λέγοιεν ἂν καὶ τὴν τοιαύτην αἰτίαν τὴν ὡς τὸ καλὸν αἴτιον τρόπον τινά. —

**) Gesch. der Theorie d. Kunst bei den Alten II. S. 97.

***) Ebendas. S. 96.

Gegenstand des Strebens Lust erregt, als ein Schönes bezeichne, aber alles Schöne ist doch nicht zugleich gut, eine vollkommene Begriffseinheit für alles was schön genannt wird, ist also durch obige Bestimmung nicht gegeben.“ Zeller erklärt ähnlich,*) dass nach dieser Stelle „das Schöne im Vergleich mit dem Guten der weitere Begriff sei, denn gut nenne man nur gewisse Handlungen, schön auch das Unbewegte und Unveränderliche.“

Neue Erklärung der Stelle.

Das Wort Handlung (*πρᾶξις*) scheint mir hier der Grund gewesen zu sein, warum die Stelle so missverständlich wurde. Aber die mangelhafte Observanz der Terminologie bei Aristoteles (S. S. 4 ff.) darf man nie vergessen. Handlung bedeutet gar nicht bloss das sittliche Gebiet, sondern wird sehr häufig mit Bewegung (*κίνησις*) gleichbedeutend gebraucht, woran schon der Gegensatz, dass das Schöne auch im Unbewegten stattfinde, hinweist. Man bedenke doch auch, wie wenig Aristotelisch der Satz wäre, dass das Gute immer nur gewissen Handlungen zukäme. Dadurch wären z. B. die Tugenden ausgeschlossen, welche *habitus* sind,**) dann die Euexie und die äusseren Güter, dann das Gute für die Künste, das nicht in Handlungen besteht, und das Gute für die Fische***) u. s. w. (Vrgl. auch oben S. 209.) Aristotelisch also wäre der Satz nicht.

*) Phil. der Griech. II. Th. 2. Abth. zw. Aufl. S. 605.

**) Die Tugend ist ἕξις (*Eth. Nicom. II. 4.*) der Gattung nach; als *διαφορὰ* kommt ihr das Gute zu (ἕξις *ἀγαθή Topic. VI. 6.*).

***) *Eth. Nicom. VI. 7. ὑγιεινὸν μὲν καὶ ἀγαθὸν ἕτερον ἀνθρώποις καὶ ἰχθύσι.*

Fordert der Sinn aber, dass das Gebiet der Bewegung und das des Unbewegten entgegengesetzt werden, so wissen wir ja, dass das Gute beiden gehört, aber in verschiedener Bedeutung (Vrgl. oben S. 75 Anmerk. ***)); denn das Gute ist der Zweck und dieser ist doppelt, denn auch das nach dem Zweck hin sich Entwickelnde und Werdende ist Zweck. So ist erstens *) das Gute die Zweckursache, der Grund der Bewegung, unbewegt selbst, wie der Gedanke und der Gegenstand der Liebe unbewegt bewegen, und zweitens ist das Gute das sich Bewegende, sofern ihm jener Zweck innewohnt.**) Nun entstand für Aristoteles die Frage, wie diese beiden Bedeutungen leicht und klar bezeichnet würden. Ein Theil des Guten ist immer nur in Handlung und Bewegung; denn das Gute will besessen und erworben werden, ein Gut zu kennen, das diese Eigenschaft nicht hat, kann dem Zimmermann und dem Schuster u. s. w. nicht frommen;***) ein anderer Theil des Guten ist aber auch da noch, wo die Bewegung vollendet ist, wo also Werden aufhört, und die Zweckursache als reine Energie ist ohne Bewegung. Dieses Gute und Vollkommene bezeichnet er als das Schöne. So ist das Schöne in der Blüte des Körpers, so in der sittlichen Handlung, die in sich selbst

---

*) *Metaph. Λ. 7.* ἀλλὰ μὴν καὶ τὸ καλὸν καὶ τὸ δι' αὑτὸ αἱρετὸν ἐν τῇ αὐτῇ συστοιχίᾳ· καὶ ἔστιν ἄριστον ἀεὶ ἢ ἀνάλογον τὸ πρῶτον. ὅτι δ' ἔστι τὸ οὗ ἕνεκα ἐν τοῖς ἀκινήτοις κ. τ. λ. — κινεῖ δὲ ὡς ἐρώμενον.

**) Die Lesart ἐν ὑπάρξει für ἐν πράξει drückt in späterem Stil doch richtig den Aristotelischen Gedanken aus. Denn es handelt sich um die Existenz, in welcher das Wesen sich verwirklicht.

***) *Eth. Nicom. I. 4.*

ihren Zweck hat, so in dem göttlichen Wesen. Daher ist alles Schöne gut. Das Gute ist der allgemeinere Begriff. Und ich glaube, dass wenn die früheren Forscher zu dem entgegengesetzten Resultat gekommen sind, dies nur durch zu isolirte Betrachtung der obigen Stelle geschehen konnte. Denn man weiss aus Aristotelischen Begriffen, die sich überall finden, dass das Schöne zu dem Guten oder die Schönheit zu den Gütern gehört.

Man darf daher jenes zweite Glied der Disjunction nicht so übersetzen: „das Schöne aber findet sich auch im Unbewegten" und so verstehen, als wenn das Schöne in Bewegtem und Unbewegtem sich fände, das Gute nur in Bewegung; sondern der in zwei Theile gegliederte Begriff ist das Gute; von diesem findet sich ein Theil immer in der Bewegung, der andre Theil aber (welcher das Schöne heisst), auch im Unbewegten. Mithin umfasst das Gute beide Kreise. Und das Schöne ist nicht in der Bewegung; es ist nur in der Vollendung.*) Und daher erklärt es sich und nicht aus der Sinnlosigkeit eines Unverständigen, dass darauf das Gute wiederholt wird neben dem Schönen (περὶ καλοῦ ἢ ἀγαθοῦ und später περὶ αὐτῶν). Denn wer das Schöne sagt, sagt auch das Gute. Aber nicht jedes Gute, sondern nur eine bestimmte Sphäre desselben und daher die Täuschung. Z. B. heisst

*) Man muss nur dabei festhalten, dass die Terminologie bei Aristoteles (S. oben S. 4) nicht constant ist und dass man daher sehr leicht Stellen finden wird, wo das καλῶς auch von der Bewegung und dem Nützlichen prädicirt ist; allein theils werden diese Prädicate dann nur um eines καλόν willen, auf das die Bewegung gerichtet ist, gegeben, theils handelt es sich dann eben nicht um strenge Definitionen.

es *) von dem Gerechten, dass es ein Schönes sei. Das Gerechte gehört aber zum sittlich Guten; so könnte man scheinbar mit Recht schliessen, dass das sittlich Gute bei Aristoteles dem Schönen untergeordnet sei. Es wäre das aber ganz falsch; denn das Gerechte gehört zum Schönen (*καλόν τι*) heisst nur „es ist eine gewisse Art des sittlich Guten, nämlich das sittlich Schöne." Denn das Gute kommt zwar allem Schönen zu, aber nicht alles Gute ist auch schön, sondern nur wenn es im Zweck vollendet ist ohne Hinderung und fremde Bedingung, d. h. nur wenn auch die Lust in seiner Begleitung ist. Daher kommt sittliche Schönheit der Gerechtigkeit, wenn sie Strafen und Züchtigungen austheilt, gewissermassen nicht zu, sondern es ist das ein gezwungenes Schönes, da um des Schönen willen, welches nicht selbst in der Handlung ist, ein Uebel als Gut gewählt werden muss; es wäre ja besser, wenn weder der Einzelne noch der Staat Strafen zu verhängen brauchten; wo aber Güter selbst hervorgebracht werden, da ist der Sitz des Schönen.**)

Uebereinstimmung der Definition der Rhetorik mit den Erklärungen in der Metaphysik.

Wir sehen demnach, dass das Schöne an unsrer

---

*) *Topic. VI.* 3 Schl. *το γὰρ δίκαιον καλόν τι.*

**) *Polit. VII.* 13. (*Did. I.* 616. 1.) *λέγω δ' ἐξ ὑποθέσεως τἀναγκαῖα, τὸ δ' ἁπλῶς τὸ καλῶς· οἷον τὰ περὶ τὰς δικαίας πράξεις αἱ δίκαιαι τιμωρίαι καὶ κολάσεις ἀπ' ἀρετῆς μὲν εἰσιν, ἀναγκαῖαι δέ, καὶ τὸ καλῶς ἀναγκαίως ἔχουσιν. (αἱρετώτερον γὰρ μηδενὸς δεῖσθαι τῶν τοιούτων μήτε τὸν ἄνδρα μήτε τὴν πόλιν) αἱ δ' ἐπὶ τὰς τιμὰς καὶ τὰς εὐπορίας ἁπλῶς εἰσὶ κάλλισται πράξεις. Τὸ μὲν γὰρ ἕτερον κακοῦ τινὶς αἵρεσίς ἐστιν — —*

Stelle der Metaphysik im Einklange steht mit jener der Rhetorik. Eduard Müller, der aus den „Hauptformen des Schönen“ sich als Aristotelische Definition des Schönen „Einheit des Mannigfaltigen“ zurechtgemacht hatte, kann natürlich diese Uebereinstimmung nicht mehr herausfinden. Er sagt*): „Den Versuch werden wir allerdings aufgeben müssen, die nun gefundene Definition des Schönen zu der früher erwähnten in der Rhetorik enthaltenen in ein klares Verhältniss zu setzen.“ Die Stelle der Rhetorik lautet**): „Schön ist was, indem es an und für sich begehrenswerth ist, Lob verdient, oder was, indem es gut ist, angenehm ist, weil es gut ist.“ Diese Definitionen beziehen sich klar auf das sittlich Gute, was man aus dem Lob sieht und aus dem Zusammenhange, da der epideiktische Redner nach diesen Gesichtspunkten Lob oder Tadel zu sprechen lernen soll. Dieses sittlich Gute ist aber nicht jene Art des Guten, die auch das Nützliche heisst, sondern das Sittlich-Schöne; man sieht dies aus der Bestimmung der Lust; die Lust findet nur Statt, wo der Selbstzweck in reiner Energie auftritt. Darum könnte die erstere Definition auch fast der Tugend zukommen, da sie löblich ist, die zweite aber nicht; denn die Tugend kann als *habitus* auch ruhen und ist daher nicht angenehm (ἡδύ). Das Vergnügen blüht aber erst auf mit der vollendeten Handlung. Daher ist die erstere Definition entweder keine, wie ja auch mehrere Definitionen von derselben Sache unmöglich sind,***) oder so zu verstehen, dass durch die Beifügung des Löblichen (ἐπαινετόν) verhütet werden sollte, jede be-

*) Gesch. d. Th. d. K. S. 106.

**) *Rhetor. I. 9.* καλὸν μὲν οὖν ἐστίν, ὃ ἂν δι' αὑτὸ αἱρετὸν ὂν ἐπαινετὸν ᾖ, ἢ ὃ ἂν ἀγαθὸν ὂν ἡδὺ ᾖ, ὅτι ἀγαθόν.

***) Vrgl. oben S. 226.

liebige angenehme, und also an sich begehrte Handlung für schön zu erklären; wesshalb auch in der zweiten Definition das Angenehme nur auf das dem Guten eingeborene beschränkt wird. Vrgl. unten die Lehre vom Anmuthigen.

Objective und subjective Bestimmung des Schönen.

Wir wollen nun den Zusammenhang des Ganzen erkennen. In dem Guten ist das letzte Ziel, das um seiner selbst willen begehrt wird, die reine von Lust begleitete Energie unseres Wesens. Diese besteht in der Glückseligkeit, d. h. in den Handlungen der Vernunft und Wissenschaft, in dem sittlichen Leben, in den Schauungen vollendeter Kunst und setzt die genügende Choregie der äusseren Güter voraus. Das Gute wird desshalb zu scheiden sein in die vollkommenen Energien und in die Reihe der Bedingungen und Voraussetzungen derselben. Nur das Erstere ist das Schöne. Die Bestimmungen desselben sind daher überall: 1. Es ist Zweck und Vollkommenheit (τέλος). 2. Es ist das Wesen der Welt.*) Diese zweite Bestimmung folgt unmittelbar aus der ersten. Daher kann man auch contraponiren: Nichts was gegen die Natur der Dinge geht, ist schön.**) Die Schönheit hat in der Wahrheit ihren Grund; wenn man Wahrheit hier im objectiven Sinne nimmt, nicht als Erkenntniss. Diese Bestimmungen sind beide objectiver Natur. Subjectiv aber ist 1. das Merkmal, dass das Schöne der unbedingte Gegenstand des Begehrens und der Liebe

*) *Polit. I. 2.* ἡ δὲ φύσις τέλος ἐστίν. — — ἔτι τὸ οὗ ἕνεκα καὶ τὸ τέλος βέλτιστον. *De part. I. 5.* οὗ δ' ἕνεκα συνέστηκε ἢ γέγονε τέλους, τὴν τοῦ καλοῦ χώραν εἴληφεν.

**) *Polit. III. 3.* οὐδὲν δὲ τῶν παρὰ φύσιν καλόν.

ist, d. h. nicht immer des wirklichen Begehrens und Wünschens der Menschen, aber doch von Natur dazu bestimmt und darum der treibende Grund auch in dem scheinbaren Guten und Schönen (φαινόμενον ἀγαθόν oder καλόν).*) 2. Dass es von Vergnügen begleitet ist. Dieses Merkmal ist von der grössten Wichtigkeit, wie schon oben bemerkt; denn erstens wird dadurch das Nützliche (χρήσιμον), welches ja auch ein Gut heisst, sofort ausgeschlossen, da wir zwar auch den Nutzen suchen, aber immer nur um eines Andern willen, das dadurch befördert oder vermittelt werden soll, während das Schöne nur den Selbstzweck bezeichnet, der schlechthin und für sich gefällt und erfreut. Zweitens liegt darin die Anerkennung, dass das Schöne nicht als ein unserer Natur fremdes Gesetz bloss zum Ziel unserer Bemühung gemacht wird, sondern die freiwillige und von Natur gewollte Energie unseres Daseins ist. In den Problemen XIX. 38. wird dies deutlich an dem Rhythmus und der Consonanz der Töne gezeigt, in welchen das Schöne als Ordnung (τάξις) zum Ausdruck kommt; die geordnete Bewegung aber sei uns die natürlichere, die eigene (οἰκειοτέρα) und so wird das Gefallen am Rhythmus auf das unserem Wesen von Natur Angenehme (ὃ ἦν φύσει ἡδύ) zurückgeführt.

Nachweis, 1) dass diese Erklärung des Schönen sich nicht bloss auf das moralische Gebiet bezieht und 2) dass die obigen vier Ideen im Schönen auch für das Sittliche gelten.

Wenn man nun sagen wollte, es sei dies bloss das sittlich Schöne, so muss man antworten ja

*) *Metaph.* Λ. 7. 1072. a. 27. ἐπιθυμητὸν γὰρ τὸ φαινόμενον καλόν, βουλητὸν δὲ πρῶτον τὸ ὂν καλόν. *De anim.* III. 10.

oder nein, jenachdem man das Sittliche versteht. Nein, wenn man darunter bloss das Moralische begreift, also was mit der Gesinnung und den Sitten und der Zurechnung und Lob und Tadel zu thun hat; denn es umfasst der obige Begriff jede reine Energie unseres Wesens, das wissenschaftliche und künstlerische Schauen inbegriffen, kurz alles was zur Glückseligkeit gehört. Aber ja darf man antworten, wenn man darunter das geistige Thun im Gegensatz zu einer Schönheit der Natur versteht. Davon gleich mehr. Wir wollen nur erst die Forschung Eduard Müller's weiterzubilden suchen. Er sagt*): „Das hatten wir bald gesehen, dass dort (Rhetorik) nur eine Art des Schönen bestimmt wurde, nur das sittlich Schöne; denn nur dies ist zugleich ein Gutes, an sich Erstrebenswerthes: aber gelten die Bestimmungen der Begränzung und Ordnung (Metaphys.) auch für jenes Schöne, gehören sie also schlechtweg zum Begriffe des Schönen? Und ist dies der Fall, wie sind sie dann auf das Schöne in Sitten und Handlungen anzuwenden? Hier verlässt uns unser Führer, und eigne Wege uns zu bahnen versagt uns unsre Aufgabe." Wir sehen 1) dass Müller in unaristotelischem Sinne das Sittliche bloss auf Sitten und Handlungen bezieht, also das Schöne (*καλόν*) der Rhetorik ungenügend versteht. Er hat nur das Löbliche (*ἐπαινετόν*) davon erkannt. 2) Zweitens bemerkte er nicht den Zusammenhang jener Ideen im Schönen mit dem Sittlichen. Wir haben im Obigen überall diesen Zusammenhang im Einzelnen nachgewiesen; die Ordnung als das Gesetz aus der richtigen Einsicht (*ὀρθὸς λόγος*) im Ethischen und als die Eunomie im Staat; die Symmetrie als

---

*) Gesch. der Theorie der Künste S. 106.

die Gleichheit und Mitte der Triebe, das Mass der Gegensätze in der Tugend, und in der Zahl und Beschaffenheit der Bürger; die Begränzung als zur Natur des Guten gehörend, gegenüber der schlechten Unendlichkeit und Gränzenlosigkeit der Triebe und des fehlerhaften Handelns und der Schlechtigkeit; an die Grösse endlich hat Müller selbst gedacht; er bemerkt *): „Da könnte besonders die Bestimmung, wonach die Schönheit auch auf der Grösse beruht, verwandt erscheinen, aber die Grösse fasst doch Aristoteles, wo er sie zu einem Merkmale des Schönen macht, durchaus nur als etwas Quantitatives auf, und es wäre sehr gewagt, den Begriff willkürlich in eine andre Späre hinüberzuleiten." Es ist gut, dass Aristoteles uns selbst von dem Vorwurf solcher Willkürlichkeiten befreit; denn er hat grade zum Behufe einer Erklärung der sittlichen Grösse, der Hohheit der Seele (μεγαλοψυχία), an die Grösse des Leibes erinnert, da kleine Menschen nicht schön, sondern nur zierlich sein könnten. Dasselbe zeigt sich in der Liberalität in grossartigen Verhältnissen (μεγαλοπρέπεια) und es wird in beiden Fällen nicht etwa von räumlichen Dingen geredet oder von bloss numerischen Unterschieden, sondern innerlich in die Gesinnung wird die Grösse eingeführt. Und wie für die Tugend des Einzelnen, so ist auch im Staat dieselbe Bestimmung zu finden; denn nicht bloss die Masse der Bürger, sondern ihre Kraft (δύναμις) wird dadurch gemessen und zwar sittlich-politisch an dem Werke des Staats, an dem höchsten Gute, der Glückseligkeit und Autarkie. Die Arbeit Eduard Müllers ist daher durch obige Untersuchungen wesentlich berichtigt. Es musste ver-

*) Ebendas. Theorie d. Künste S. 107.

sucht werden, die ästhetischen Begriffe mit den Grundgedanken des Aristoteles systematisch zu verbinden.

Von der Schönheit der Natur.

Es bleibt nun noch die Frage übrig, ob dieser Begriff der Schönheit denn auch genüge, um die schöne Natur zu verstehen. Man muss in die Begriffe nur nicht moderne Anschauungen mitbringen, sondern Alles mit Aristotelischen Augen betrachten. Was versteht man unter Natur? Die Natur ist bei Aristoteles dem Menschen und dem Geiste nicht entgegengesetzt, sondern grade der Mensch und seine vollkommene Thätigkeit und Glückseligkeit ist der Zweck (*τέλος*) und das Wesen der Natur.*) In diesem Sinne gilt die Bestimmung der Schönheit daher recht eigentlich von der Natur. Und es ist nichts begreiflicher, als dass diese Schönheit des Lebens auch auf Gott in seiner ewigen Energie bezogen wird, wie wir weiter unten bei dem Begriff des Staunenswerthen (*θαυμαστόν*) noch deutlicher sehen werden.

Zweitens verstehen wir aber unter Natur auch die Sinnenwelt (*τὸ αἰσθητόν*), sofern sie nicht selbst im Zweck ist, also nicht als Geist handelt und thätig ist. Nur muss man sofort dabei sich erinnern, dass diese an sich nicht wirklich vorhanden ist, sondern nur dem Vermögen nach (*δυνάμει*); denn wahrnehmbar nach den verschiedenen Qualitäten der Sinne wird sie

*) *Polit. I. 8. εἰ οὖν ἡ φύσις μηθὲν μήτε ἀτελὲς ποιεῖ μήτε μάτην, ἀναγκαῖον τῶν ἀνθρώπων ἕνεκεν αὐτὰ πάντα πεποιηκέναι τὴν φύσιν. De anima III. 8. εἴπωμεν πάλιν ὅτι ἡ ψυχὴ τὰ ὄντα πώς ἐστι πάντα. Polit. I. 2. ἡ δὲ φύσις τέλος· οἷον γὰρ ἕκαστόν ἐστι τῆς γενέσεως τελεσθείσης, ταύτην φαμὲν τὴν φύσιν εἶναι ἑκάστου.*

erst, wenn ihre Wirklichkeit mit der Wirklichkeit der Wahrnehmung zusammentrifft, da sie durchaus correlativ mit dieser ist.*) Wie es keinen Sclaven giebt, wenn sein Herr nicht mehr vorhanden, und keinen Herrn, es sei denn im Verhältniss zu einem Diener, so giebt es auch keine Natur in Wirklichkeit ohne den Geist, kein *αἰσθητόν* ohne *αἴσθησις*; denn sie sind ursprünglich und zugleich für einander da.**) Und zwar muss man dabei immer noch hinzunehmen, dass alles Thun und Leiden in dem Leidenden, nicht in dem Thuenden stattfindet, und also auch die Wirklichkeit des Sinnlich-Wahrnehmbaren in dem Wahrnehmenden ist.***) Es kann daher nach Aristotelischen Begriffen von einer rein objectiven Schönheit, die von der menschlichen Auffassung ganz abgesondert vorhanden wäre, gar nicht die Rede sein; sondern wir müssen wissen, dass die Natur ihr ganzes Formwesen bei der Wahrnehmung zur Energie bringt. Die Materie bleibt draussen; ein Stein liegt nicht in der Seele, sagt Aristoteles; aber das was er dem Wesen nach ist, das ist auch das Wesen der Wahrnehmung und beides ist dasselbe.†) Diese Bestimmungen folgen aus der Unterscheidung der Prin-

---

*) *De anim. III. 2.* *ἡ δὲ τοῦ αἰσθητοῦ ἐνέργεια καὶ τῆς αἰσθήσεως ἡ αὐτὴ μέν ἐστι καὶ μία κ. τ. λ.*'

**) Ebendas. III. 8. *εἴπωμεν πάλιν, ὅτι ἡ ψυχὴ τὰ ὄντα πώς ἐστι πάντα· ἢ γὰρ αἰσθητὰ τὰ ὄντα, ἢ νοητά· ἔστι δ' ἡ ἐπιστήμη μὲν τὰ ἐπιστητά πως· ἡ δ' αἴσθησις τὰ αἰσθητά.*

***) Ebendas. III. 2. *ὥσπερ γὰρ ἡ ποίησις καὶ ἡ πάθησις ἐν τῷ πάσχοντι καὶ οὐκ ἐν τῷ ποιοῦντι, οὕτω καὶ ἡ τοῦ αἰσθητοῦ ἐνέργεια ἐν τῷ αἰσθητικῷ.*

†) Ebendas. III. 8. *ἀνάγκη δ' ἢ αὐτὰ ἢ τὰ εἴδη εἶναι· αὐτὰ μὲν γὰρ δὴ οὔ· οὐ γὰρ ὁ λίθος ἐν τῇ ψυχῇ, ἀλλὰ τὸ εἶδος.*

cipien in Stoff und Form, Vermögen und Wirklichkeit.

Nun ist die Form das Höhere und Bessere im Verhältniss zum Stoff; er strebt zur Form als zu seinem Gute und kann es erreichen oder auch verfehlen. Erreicht der Stoff seine Form, so hat die Natur darin ihre Schönheit; denn sie hat ihr Gut gewonnen.*) Und daraus folgt, dass Schönheit in der ganzen Natur, auch in der für die Sinne widerwärtigen.

Trennung des Schönen vom sinnlich Angenehmen.

Es macht sich hier nämlich eine interessante Abweichung bemerklich zwischen dem Sinnlich- und Geistig-Wahrnehmbaren. Die Sinne sind immer an die Beschaffenheit des Materiellen derart gebunden, dass sie nur innerhalb gewisser Gränzen überhaupt wahrnehmen können. Das Materielle erscheint nämlich in Gegensätzen; die sinnliche Wahrnehmung aber lässt das Materielle selbst draussen, und verzichtet ähnlich dem Wachs, welches nicht das Gold und Erz, sondern nur die Form des Siegelringes aufnimmt, auf die Dinge selbst, drückt aber ihre Qualität, ihr Verhältniss ab. Ja sie ist eben dies Wahrnehmbare, dieses Verhältniss (*λόγος*) in den materiellen

---

*) *Physic. I.* 11. *ὄντος γάρ τινος θείου καὶ ἀγαθοῦ καὶ ἐφετοῦ* (nämlich das *εἶδος* oder die *οὐσία*), *τὸ μὲν ἐναντίον αὐτῷ φαμὲν εἶναι* (Aristoteles meint die *στέρησις*), *τὸ δὲ ὃ πέφυκεν ἐφίεσθαι καὶ ὀρέγεσθαι αὐτοῦ κατὰ τὴν ἑαυτοῦ φύσιν* (Aristoteles meint die Materie *ὕλη*). II. 2. *βούλεται γὰρ οὐ πᾶν εἶναι τὸ ἔσχατον τέλος, ἀλλὰ τὸ βέλτιστον.* (d. h. nicht jedes Beliebige, was zuletzt kommt, ist darum schon der Zweck der Natur, sondern immer nur das Beste oder Schönste.)

Dingen.*) Aristoteles beweist diesen Satz direkt und indirekt. Direkt dadurch, dass er an die Consonanz (*συμφωνία*) erinnert; da diese ein Verhältniss von Tönen sei, so müsse auch das Gehör, also der Sinn, ein Verhältniss sein.**) Indirekt dadurch, dass er beobachtet, wie das Uebermass der materiellen Bewegung die sinnliche Wahrnehmung zerstört. Denn das Sinneswerkzeug muss die Bewegung theilen und hat nur in einem gewissen richtigen Verhältniss sein Wesen und die Wahrnehmung; ist die Bewegung zu stark, so wird Sinneswerkzeug und Wahrnehmung zugleich zerstört, wie die Symphonie und der *τόνος* aufgehoben wird, wenn man die Saiten zu heftig anschlägt.***) So verdirbt alles Uebermässige den Sinn, so das Hohe und Tiefe das Gehör, bei den Farben das Glänzende und Dunkle das Gesicht, so beim Geruch die zu starken Gerüche und beim Geschmack das zu Süsse und Bittere, da die Wahrnehmung ein Verhältniss ist.†)

---

*) *De anim. II. 12. ἡ μὲν αἴσθησίς ἐστι τὸ δεκτικὸν τῶν αἰσθητῶν εἰδῶν ἄνευ τῆς ὕλης, οἷον ὁ κηρὸς τοῦ δακτυλίου ἄνευ τοῦ σιδήρου καὶ τοῦ χρυσοῦ δέχεται τὸ σημεῖον — — ὁμοίως δὲ καὶ ἡ αἴσθησις ἑκάστου ὑπὸ τοῦ ἔχοντος χρῶμα ἢ χυμὸν ἢ ψόφον πάσχει, ἀλλ' οὐχ ᾗ ἕκαστον ἐκείνων λέγεται, ἀλλ' ᾗ τοιονδὶ καὶ κατὰ τὸν λόγον. — — λύεται ὁ λόγος, τοῦτο δ' ἦν ἡ αἴσθησις.*

**) *De anim. III. 2. 9. λόγος δ' ἡ συμφωνία, ἀνάγκη καὶ τὴν ἀκοὴν λόγον τινὰ εἶναι.*

***) *De anim. II. 12. φανερὸν δ' ἐκ τούτων καὶ διὰ τί ποτε τῶν αἰσθητῶν αἱ ὑπερβολαὶ φθείρουσι τὰ αἰσθητήρια· ἐὰν γὰρ ᾖ ἰσχυροτέρα τοῦ αἰσθητηρίου ἡ κίνησις, λύεται ὁ λόγος, τοῦτο δ' ἦν ἡ αἴσθησις, ὥσπερ καὶ ἡ συμφωνία καὶ ὁ τόνος κρουομένων σφόδρα τῶν χορδῶν.* Ich sehe bei Westphal keine Erklärung dieser Stelle.

†) *De anim. III. 2. καὶ διὰ τοῦτο καὶ φθείρει ἕκαστον ὑπερβάλλον, καὶ τὸ ὀξὺ καὶ τὸ βαρὺ τὴν ἀκοήν, ὁμοίως δὲ καὶ ἐν χυμοῖς τὴν γεῦσιν καὶ ἐν χρώμασι τὴν ὄψιν τὸ σφόδρα λαμπρὸν ἢ ζοφερόν καὶ τ. λ. ὡς λόγου τινὸς ὄντος τῆς αἰσθήσεως.*

Da die sinnliche Wahrnehmung also in einem gewissen Verhältniss ihr Wesen hat, so ist klar, dass sie auch ihre Lust jenachdem haben muss, als sie dieses Verhältniss innehält, und dass umgekehrt das was darüber hinausgeht, unangenehm werden muss. Aristoteles bemerkt, wie zwar auch die reinen und ungemischten Elemente, wenn sie in's Verhältniss gebracht werden, für sich angenehm sind, z. B. der hohe Ton oder das Süsse und Salzige, dass aber doch die Mischung, z. B. die Consonanz, angenehmer ist als der hohe und tiefe Ton für sich, und ebenso beim Tastsinne das mässig Erwärmte und Abgekühlte; denn die Wahrnehmung sei eben ein Verhältniss und das Uebermässige müsse entweder unangenehm sein oder das Organ zerstören.*)

Nun sollte man erwarten, dass Aristoteles das Schöne der Natur in das sinnlich-Angenehme setzen würde. Allein das wäre zu einseitig für die Aristotelische Weltauffassung; denn die Sinne können ja das Wesen der Natur nicht ganz fassen, da es höher liegt als die Sinne reichen. Aristoteles hat dieses Verhältniss der Sinne zur Natur auf's Deutlichste erklärt durch eine Analogie. Denn es findet sich, dass uns die Betrachtung einiger Thiere widerlich ist; es sei nicht anders aber, fügt Aristoteles hinzu, mit uns selbst; denn auch beim Menschen wären das Blut, die Fleischtheile, Knochen, Venen u. s. w. nicht ohne eine Art Abscheu anzusehen.**) Man müsse

---

*) *De anim. III. 2. 9.* διὸ καὶ ἡδέα μὲν, ὅταν εἰλικρινῆ καὶ ἀμιγῆ ἄγηται εἰς τὸν λόγον, οἷον τὸ ὀξὺ ἢ γλυκὺ ἢ ἅλμυρον· ἡδέα γὰρ τότε. ὅλως δὲ μᾶλλον τὸ μικτόν (συμφωνία) ἢ τὸ ὀξὺ ἢ βαρύ, ἁφῇ δὲ τὸ θερμαντὸν ἢ ψυκτόν· ἡ δὲ αἴσθησις ὁ λόγος· ὑπερβάλλοντα δὲ λυπεῖ ἢ φθείρει.

**) *De part. anim. I. 5.* εἰ δέ τις τὴν περὶ τῶν ἄλλων ζῴων

aber bedenken, dass diese Erscheinung analog sei dem Urtheil über ein Haus; denn von diesem redend meine man nicht die Ziegel und den Lehm und das Holz, sondern die ganze Form: so sei jenes Missfallende an der Natur auf die Seite der materiellen Ursache zu schreiben und das Wesen der Natur bestehe in der Composition des Ganzen, ohne welches jene einzelnen Theile abgesondert gar nicht existiren können.*) Die Composition besteht in der allgemeinen zweckmässigen Verknüpfung und der Zweck selbst nimmt die Stelle des Schönen ein.**) Wer nun in der Natur die Ursachen erkennen kann, wodurch sich der ganze Bau auf den Zweck bezieht, der fühlt unendliches Vergnügen. Aristoteles macht also den Unterschied, dass die Schönheit der Natur nur zum Theil den Sinnen offenbar wird, zum andern Theil aber vom Verstande vermittelt und zur Erkenntniss gebracht werden muss. Diese letztere Schönheit wird auch wenn die Sinne unangenehm berührt werden, empfunden.***)

θεωρίαν ἄτιμον εἶναι νενόμικεν, τὸν αὐτὸν τρόπον οἴεσθαι χρὴ καὶ περὶ αὑτοῦ· οὐκ ἔστι γὰρ ἄνευ πολλῆς δυσχερείας ἰδεῖν ἐξ ὧν συνέστηκε τὸ τῶν ἀνθρώπων γένος, οἷον αἷμα, σάρκες, ὀστᾶ, φλέβες καὶ τὰ τοιαῦτα μόρια.

*) Ebendas. ὁμοίως τε δεῖ νομίζειν τὸν περὶ οὑτινοσοῦν τῶν μορίων, ἢ τῶν σκευῶν διαλεγόμενον μὴ περὶ τῆς ὕλης ποιεῖσθαι τὴν μνήμην, μηδὲ ταύτης χάριν, ἀλλὰ τῆς ὅλης μορφῆς, οἷον καὶ περὶ οἰκίας, ἀλλὰ μὴ πλίνθων καὶ πηλοῦ καὶ ξύλων, καὶ τὸν περὶ φύσεως περὶ τῆς συνθέσεως καὶ τῆς ὅλης οὐσίας, ἀλλὰ μὴ περὶ τούτων ἃ μὴ συμβαίνει χωριζόμενά ποτε τῆς οὐσίας αὐτῶν.

**) Ebendas. τὸ γὰρ μὴ τυχόντως, ἀλλ᾽ ἕνεκά τινος ἐν τοῖς τῆς φύσεως ἔργοις ἐστὶ καὶ μάλιστα· οὗ δ᾽ ἕνεκα συνέστηκε ἢ γέγονε τέλους, τὴν τοῦ καλοῦ χώραν εἴληφεν.

***) Ebendas. καὶ γὰρ ἐν τοῖς μὴ κεχαρισμένοις αὐτῶν πρὸς

Das den Sinnen Unangenehme und die Geringschätzung der Natur hat also eine doppelte Ursache, 1) dass der natürliche Gegenstand sein Wesen nicht gefunden oder unseren physiologischen Bedingungen unsymmetrisch ist, 2) dass wir nicht die Ganzheit und Einheit des Naturwesens fassen, sondern nur ein materielles Stück desselben betrachten.

Des Aristoteles Mangel an romantischer Naturauffassung.

Was nun in der Natur noch mehr ist, als das den Sinnen unmittelbar Gefallende und als die einzelnen objectiven Lebensformen, das ist für Aristoteles allerdings noch nicht vorhanden. Die Betrachtung der Natur als Landschaft, wie sie durch kein Naturprincip eingerahmt, sondern nur durch unsern zufälligen Gesichtspunkt begränzt wird, und wie sie nur in unsrer Stimmung ihre Seele hat — diese romantische Auffassung der Natur ist ihm fremd. Er hat zwar neben der objectiven Betrachtung auch vielfach die subjective Seite der Auffassung und die Einmischung der Phantasie hervorgehoben; allein sein Blick ist doch wesentlich bloss auf die Erkenntniss des Zwecks und der Seele der Natur gerichtet. Die Natur hat für ihn Schönheit durch ihren Zweck und durch die zweckmässige Ordnung und Gestaltung. Dieser Zweck erscheint vollkommen nur im geistigen Leben und darum befiehlt er der Kunst, Leben und Handlungen nachzuahmen. Die Nachahmung von allem Uebrigen ist daher nur Mittel und kann zu der

---

τὴν αἴσθησιν κατὰ τὴν θεωρίαν ὅμως ἡ δημιουργήσασα φύσις ἀμηχάνους ἡδονὰς παρέχει τοῖς δυναμένοις τὰς αἰτίας γνωρίζειν καὶ φύσει φιλοσόφοις.

ästhetischen Wirkung nur dadurch beitragen, dass es symbolisch oder semiotisch jenes Schöne zur Erkenntniss bringt; dazu gehört auch das sinnlich Angenehme. Die verschiedenen Künste unterscheiden sich daher auch nach dem Vermögen, diesen Zweck unmittelbarer oder mittelbarer abzubilden. Davon muss bei den einzelnen Künsten gesprochen werden.

Die Mathematik spricht vom Schönen.

Aus dem Schönen in dieser Aristotelischen Fassung ergeben sich dann auch, wie ich oben abzuleiten versuchte, die Ideen der Begränzung, der Symmetrie, der Ordnung und der Grösse. Und es ist daher klar, dass die Mathematik auch von der Ursache, die als das Gute oder Schöne Ursache ist, spricht; da Ordnung und Symmetrie von vielem Schönen die Ursache sind und wir die Ordnung durch die Zahlenlehre und die Symmetrie z. B. für die continuirlichen Grössen durch die Geometrie erkennen lernen und in beiden die Begränzung.*)

Das Passende (*πρέπον, ἁρμόττον*) bezeichnet die Symmetrie.

Sehr interessant ist nun eine Stelle der Topik, die genaue ästhetische Begriffsanalysen voraussetzt. Aristoteles spricht dort von dem Unterschied der Wesensbestimmung (Definition, *ὅρος*) und der eigenthümlichen Folgebestimmung (*ἴδιον*) und bemerkt,**) dass

*) *Metaph. M.* 1078. b. 3. *δῆλον ὅτι λέγοιεν ἂν* (sc. *αἱ μαθηματικαὶ ἐπιστῆμαι*) *καὶ τὴν τοιαύτην αἰτίαν τὴν ὡς τὸ καλὸν αἴτιον τρόπον τινά.* Vrgl. die ganze Stelle S. 255.

**) *Topic. V.* 5. 13. (*Did. I.* 228. 46.) *Αὐτὸ γὰρ αὐτῷ πᾶν τὸ εἶναι δηλοῖ, |τὸ δὲ τὸ εἶναι δηλοῦν οὐκ ἴδιον ἀλλ' ὅρος ἐστίν. Οἷον*

Jedes von sich selbst das Wesen enthält und dass das, was das Wesen angiebt, nicht Folgebestimmung, sondern Wesenbestimmung ist. Als Beispiel erscheinen nun ein Paar Begriffe der Aesthetik. Er sagt: wenn einer das Passende (πρέπον) zur eigenthümlichen Folgebestimmung des Schönen (καλόν) macht, so hat er das Wesen als seine eigne Folgebestimmung ausgegeben; denn das Passende und das Schöne ist dasselbe und folglich kann das Passende nicht eine Folge des Schönen sein. — Wenn hiernach das Passende das Sein oder Wesen (τὸ εἶναι) des Schönen selbst ausdrückt, so müssen wir erst fragen: Was versteht Aristoteles unter dem Passenden? Und dann: Wiefern ist dies das Schöne?

Unter dem Passenden (πρέπον) darf man sich nicht vorherrschend eine ethische Bestimmung vorstellen, obwohl es freilich in diesem Sinne am Meisten vorkommt. Aristoteles braucht das Wort viel allgemeiner, so z. B in der Poëtik,*) wo er sagt, dass die Episoden in den Epopöen ihre passende Grösse (τὸ πρέπον μέγεθος) erhalten könnten. Wenn man die Bedeutung weiter verfolgt, so sieht man, dass das Passende von Aristoteles mit einigen anderen Ausdrücken abwechselnd und ununterschiedlich gebraucht wird, die wir schwer im Deutschen wörtlich übersetzen können. Dazu gehört vor Allem das Harmonische (ἁρ-

---

ἐπεὶ ὁ εἴπας καλοῦ τὸ πρέπον ἴδιον εἶναι αὐτὸ ἑαυτοῦ ἴδιον ἀπέδωκε (ταὐτὸν γάρ ἐστι τὸ καλὸν καὶ πρέπον), οὐκ ἂν εἴη τὸ πρέπον τοῦ καλοῦ ἴδιον. Waitz bemerkt in seinem Commentar nicht eine Sylbe zu dieser philosophisch so interessanten Beweisführung.

*) *Poet.* 18.

μόττον). Z. B. sagt er u. A.,*) dass das heroische Versmass sich durch die Erfahrung als harmonisch (passend) für die Epen erwiesen hätte und dass jedes andre Versmass unpassend scheinen würde; wo also das Unpassende als Gegentheil des Harmonischen gebraucht wird. Ebenso wird z. B. *Nicom. IV. 4.* *ἁρμόζει* und *πρέπει* abwechselnd gesetzt.**) In demselben Capitel, welches dem Passenden in grossen Verhältnissen, nämlich der *μεγαλοπρέπεια* gewidmet ist, treten dann auch noch ein Paar Gegensätze in gleicher Bedeutung dafür auf, die ich hier in eine Reihe stellen will:

πρέπον,	*ὡς δεῖ*,	*ἀπρεπές*,	*παρὰ τὸ δέον*,
ἁρμόττον,	*κατ᾽ ἀξίαν*.	———	*παρὰ τὴν ἀξίαν*.
ἐμμελῶς,		*παρα μέλος*,	

Daraus ergiebt sich leicht die Bedeutung dieser Ausdrücke. Das P a s s e n d e besteht nämlich immer in einer gewissen A n g e m e s s e n h e i t, d. h. in dem richtigen Verhältniss nach einem M a s s e (*μέτρον*), wie Aristoteles z. B. anderswo bemerkt, dass das Passende bestimmt werde in Rücksicht auf die handelnde Person, auf die Zwecke und deren Bedeutung und auf die Gegenstände und Mittel der Handlung. Der Aufwand z. B. ist passend für einen Reichen und Hochgestellten, nicht für einen Armen; passend zu schönen Zwecken, z. B. zu den Festzügen und Opfern für die Götter oder zur Bewirthung der Bürgerschaft, nicht aber, um wie die Megarenser den komischen Chor in Purpur zu hüllen u. s. w.***) So ordnet sich denn d e r B e g r i f f d e s P a s s e n d e n d e u t l i c h d e m d e r

*) *Poet.* 24. *τὸ δὲ μέτρον τὸ ἡρωϊκὸν ἀπὸ τῆς πείρας ἥρμοκεν. Εἰ γάρ τις — — ἀπρεπὲς ἂν φαίνοιτο.*

**) (*Did. II.* 43. 15 u. 31.)

***) *Eth. Nicom. IV.* 4.

Symmetrie unter, was Aristoteles selbst bezeugt, denn er erklärt die Ueberschreitung des Masses (*μέτρον*) für das Unpassende (*ἀπρεπῶς*);*) wie ja auch in dem Obigen das Passende immer in die geometrische Proportion gesetzt wird, deren specielle Anzeige in dem *κατ' ἀξίαν* und *παρὰ τὴν ἀξίαν* liegt. Ebenso wird das Passende (*πρέπον*) im Stil gradezu als das Proportionale (*ἀνάλογον*) erklärt,**) indem die ethischen und pathetischen Eigenschaften desselben immer im Verhältniss zu den Charakteren (Altersstufen, Nationalität, Geschlecht, Leidenschaften) und zu der Bedeutung der Handlung stehen müssen. — Ist das Passende aber das Angemessene oder Symmetrische, welches ja als eine der wichtigsten Ideen des Schönen bezeichnet war, so leuchtet ein, dass es ein wesenbestimmendes (constituirendes) Merkmal, und keine blosse Folge *(consecutivum proprium)* des Schönen sein kann.

Einige Bemerkungen über Zeller's Kritik des Aristotelischen Begriffs vom Schönen.

Wir müssen nun noch einen Einwurf Zeller's berücksichtigen. Er sagt***): „Wie wenig aber damit (nämlich mit jenen vier Ideen) der Begriff des Schönen schärfer bestimmt, und wie wenig namentlich die sinnliche Erscheinung als ein wesentliches Moment der Schönheit erkannt ist, zeigt ausser allem Andern die

*) *Poet.* 22. (*Did. I.* 475, 30 u. 32.)

**) *Rhet. III.* 7. *τὸ δὲ πρέπον ἕξει ἡ λέξις, ἐὰν ᾖ παθητική τε καὶ ἠθικὴ καὶ τοῖς ὑποκειμένοις πράγμασιν ἀνάλογον. Τὸ δ' ἀνάλογόν ἐστιν, ἐὰν κ. τ. λ.* Und weiter unten *ἀκολουθεῖ ἡ ἁρμόττουσα ἑκάστῳ γένει καὶ ἕξει.*

***) Philos. der Griech. II. 2. Abth. S. 606. 2. Aufl.

Behauptung, die angegebenen Merkmale des Schönen bringe uns besonders die Mathematik zur Anschauung. Wenn das Schöne ebensogut die Eigenschaften einer wissenschaftlichen Untersuchung oder einer guten Handlung, wie die eines Kunstwerks, bezeichnet, ist sein Begriff noch viel zu allgemein, um der Kunsttheorie zur Grundlage dienen zu können. Aristoteles lässt daher am Anfange seiner Poëtik diesen Begriff ganz bei Seite, um statt dessen mit der Betrachtung der Kunst zu beginnen." — Wir dürfen wohl aus dem Bisherigen gegen diese strenge Kritik Zellers Einiges zur Vertheidigung unseres Autors vorbringen.

Die sinnliche Erscheinung kein wesentliches Moment der Schönheit.

Erstlich ist doch wohl die sinnliche Erscheinung nicht dadurch als wesentliches Moment der Schönheit ausgeschlossen, dass die Mathematik besonders jene Merkmale des Schönen zur Anschauung bringen soll; denn die Mathematik hat überall nur mit den Formen des Sinnlichen zu thun und wir dürften daher ebensogut folgern, dass Aristoteles, wenn er die Schönheit auf die mathematische Sphäre beschränkt hätte, sie damit als eine bloss sinnliche aufgefasst haben würde. Aristoteles scheint aber absichtlich die Beschränkung des Schönen auf das Sinnenfällige versäumt zu haben. Man kann dies aus der Topik*) schliessen. Er bringt dort als eine logisch verwerfliche Definition des Schönen bei „es sei das Schöne das An-

*) *Topic. VI. 7.* (I. 246. 19.) *ἔτι ἐὰν πρὸς δύο τὸν ὁρισμὸν ἀποδῷ καθ' ἑκάτερον, οἷον τὸ καλὸν τὸ δι' ὄψεως ἢ δι' ἀκοῆς ἡδύ. — ἅμα γὰρ ταὐτὸν καλόν τε καὶ οὐ καλὸν ἔσται — Τὸ γὰρ δι' ἀκοῆς ἡδὺ ταὐτὸν τῷ καλῷ ἔσται, ὥστε τὸ μὴ ἡδὺ δι' ἀκοῆς τῷ μὴ καλῷ ταὐτόν κ. τ. λ.*

genehme durch Aug' oder Ohr.“ Diese Erklärung bespöttelt er, weil darnach das Schöne gleich dem Nicht-Schönen sein müsse; denn das durchs Ohr Angenehme sei demgemäss schön, folglich das nicht durch's Ohr Angenehme nicht-schön. Daher z.B. das durch's Auge Angenehme, weil nicht durch's Ohr angenehm, nicht-schön. — Abgesehen von dieser dialektischen Spitzfindigkeit bemerkt man, *dass es sich um das eigentlich sogenannte Aesthetische handelt*, wesshalb auch die sogenannten ästhetischen Sinne allein erwähnt werden. Hat Aristoteles nun nicht sehen können, was Andre, die er spöttelnd widerlegt, erkannten? *Oder wollte er das Schöne nicht auf die sinnliche Sphäre beschränken*, sondern fasste es absichtlich so, dass das glückselige Thun und die Vollendung des Lebens überall dadurch gedeckt würde. Wenn er*) z. B. von Likymnios die Bemerkung anerkennt, dass die Schönheit der Sprache entweder von dem *Laute* oder von der *Bedeutung* entstände, so blieb ihm also die sinnliche Schönheit nicht verborgen, aber sie war ihm nicht hinreichend. Die Schönheit der Bedeutung erläutert er z. B. an den Epitheten offenbar des Orestes, indem er den Unterschied hervorhebt, ob nach dem Schlechten („der Muttermörder“) oder Guten („der Rächer seines Vaters“) das Beiwort gegeben werde. Er citirt auch Simonides, der, da ihm der Sieger mit Maulthieren zu wenig Lohn gab, zuerst nicht dichten wollte, als möge er die Dichtkunst nicht mit *Mauleseln* bemengen; als jener aber mehr gegeben, dichtete er: „freuet Euch ihr Töchter sturmwindfüssiger Rosse“, obgleich sie doch auch Töch-

*) *Rhet. III. 2.* κάλλος δὲ ὀνόματος τὸ μὲν ὥσπερ Λικύμνιος λέγει, ἐν τοῖς ψόφοις ἢ τῷ σημαινομένῳ καὶ αἶσχος δὲ ὡσαύτως.

ter der Esel waren.*) Die Schönheit wenigstens im ersten Beispiele ist eine ethische und hat von der sinnlichen Wahrnehmung keine Erklärung zu erwarten. Es scheint mir daher, als habe Aristoteles mit Bewusstsein das Schöne als „das an sich Begehrenswerthe und als ein Gut Angenehme" definirt. Denn von diesem Gesichtspunkte blieb ihm die Einschränkung für die Kunstsphäre immer noch frei.

Die Aesthetik in Aristoteles Lehre von der Dichtkunst.

Zweitens kann man auch kaum sagen, dass Aristoteles diesen Begriff der Schönheit in der Poëtik ganz bei Seite gelassen habe; denn gleich die erste Zeile der Poëtik geht von der Voraussetzung aus, dass alle Gesetze der Dichtkunst ihr Zwingendes durch die Schönheit haben.**) Ausserdem sehen wir ja die Idee des Schönen mit ihren Momenten weiter in der Gesetzgebung der Composition, der Charaktere u. s. w. massgebend; da die Einheit, Symmetrie, Ganzheit, Idealität u. s. w. daraus abgeleitet werden. Freilich tritt der speculative Zusammenhang nirgends mit dicken Strichen hervor, aber er kann doch auch nicht abgeleugnet werden.

Einschränkung des Schönen für die Kunsttheorie.

Drittens ist das zwar richtig, dass das Schöne in jener allgemeinen Fassung nicht speciell genug ist, um der Kunsttheorie zur Grundlage zu dienen. Ebendarum muss man aber suchen, wie Aristoteles diesen

*) *Rhet. III.* 2. s. f.

**) Vrgl. oben S. 185.

Uebergang gebildet hat. Denn das ist nun einmal Aristotelische Lehre, dass das Schöne besonders und in eigentlichstem Sinne der reinen und glücklichen Energie des Geistes zukommt. Gegenstand der Kunst, d. h. der Nachahmung kann aber nicht diese ganze Sphäre sein; denn ein Theil dieser selben, welcher rein theoretisch ist und die Wahrheit zum Ziel und Massstab hat (die *σοφία*), wird davon ausgeschlossen;*) der andre Theil aber, der die menschliche oder praktische Glückseligkeit umfasst, ist sowohl massgebend für die nützlichen Künste,**) als auch Gegenstand der nachahmenden Kunst; denn wie anders könnte Aristoteles sofort ohne Ausnahme den Künsten als Norm stellen, Handlungen und Charaktere und Glückseligkeit nachzuahmen.***) Es wird sich dabei freilich sofort eine Einschränkung nothwendig machen; da die Kunst oft das Schönste nicht darstellen darf, weil es nicht wahr ist, so wird die Rücksicht auf die Erfahrung und Wirklichkeit einem extremen Idealismus Zügel anlegen.†) Andrerseits muss die Kunst sich auch durch ihr Darstellungsmittel gebunden fühlen; denn die Plastik kann z. B. nicht wie die Musik das Ethische nachahmen, sondern nur symbolisch (semiotisch) durch die Gebärden darstellen.††) Und drittens wird das Schöne für die Kunst schon dadurch specifisch limitirt, dass es sein Gebiet in der Phantasie hat.†††)

---

*) Vrgl. S. 155. Weil dergleichen nicht ebenbildlich nachgeahmt werden kann.

**) Vrgl. S. 123.

***) Vrgl. S. 156.

†) Vrgl. Band I. S. 137 u. 138.

††) Vrgl. S. 147.

†††) Vrgl. S. 152.

Gegenstand der Kunst nicht bloss als das Typische, sondern als das Idealische zu bestimmen.

Ich möchte nur besonders darauf aufmerksam machen, dass Aristoteles wegen dieses Zusammenhangs als den eigentlichen Zweck der Kunst die Nachahmung der edlen Menschen und ihres Lebens behauptet. Hätte er die Nachahmung allein als Princip der Kunst gehabt, so wäre der schrankenloseste Realismus zum Charakter seiner Kunstlehre geworden, aber er hat als Correctiv eben die Schönheit, und daher stammt die Sicherheit und demonstrative Haltung seiner Poëtik. Leere Allgemeinheiten sind dem Aristoteles freilich sehr zuwider, wie er z. B. in der Ethik nicht vom Guten der Metaphysik ausgeht, sondern vom menschlichen Gute; aber er übersieht doch nicht den speculativen Zusammenhang. So müssen in ganz speciellen Untersuchungen, z. B. bei der Gliederung der Staatsverfassungen die Kategorien der Qualität und Quantität herbeikommen; so knüpft er ethische Probleme, z. B. über die Undankbarkeit an metaphysische Begriffe von Thun und Leiden u. dergl. mehr. Und ebenso haben wir in der Poëtik überall die Spuren des speculativen Zusammenhangs und doch zugleich die Ausbildung der bestimmtesten Principien. Wir wundern uns desshalb nicht, wenn er für die ernste Poësie kein andres Princip sucht, als das Tragische, für die entgegengesetzte Gattung nur das Komische, und sicher würde er so für jede Kunst immer die besondre Aufgabe gestellt haben; denn der philosophische Zusammenhang der Gedanken bleibt dabei ungeschmälert.

Es ist daher durch die Allgemeinheit*) der

*) Vrgl. oben S. 159 und S. 189.

Gegenstand der Kunst noch nicht erschöpft, sondern man muss das Schöne als einen besondern Gesichtspunkt noch hinzunehmen. Ich habe schon in meinen Beiträgen S. 84 gegen Zeller bemerkt, dass Aristoteles im 15. Capitel der Poëtik nicht bloss typische Charaktere fordert, sondern ausserdem noch Verschönerung, wie Achill z. B. allerdings das typische Bild des Zornigen darstellt, aber von Homer zugleich idealisirt wird. Man sieht den Sinn dieser Vorschrift auch noch durch eine Bemerkung in der Politik,*) wo er die guten Menschen (*οἱ σπουδαῖοι*) mit den Kunstwerken vergleicht; denn wie jene die guten Eigenschaften, die sich zerstreut in der Menge finden, in sich zur Einheit gesammelt enthalten, so sind auch die Gemälde von den wirklichen Menschen und die schönen Menschen von den nicht-schönen dadurch verschieden, dass sie möglichst alles Schöne vereinigt und gesammelt zeigen, während allerdings hier mal ein Auge, dort wohl ein andrer Theil bei einem unter den Vielen schöner sein könnte. Das Schöne ist ihm daher nicht das Durchschnittliche und Typische, sondern das Idealische. Aus diesem Grunde verlangt er auch von dem Tragiker, er solle den Helden, da er ihn schuldig machen müsse, doch dabei immer so edel als möglich zeichnen.

---

*) *Polit. III. 11. Ἀλλὰ τούτῳ διαφέρουσιν οἱ σπουδαῖοι τῶν ἀνδρῶν ἑκάστου τῶν πολλῶν, ὥσπερ καὶ τῶν μὴ καλῶν τοὺς καλούς φασι καὶ τὰ γεγραμμένα διὰ τέχνης τῶν ἀληθινῶν, τῷ συνῆχθαι τὰ διεσπαρμένα χωρὶς εἰς ἕν, ἐπεὶ κεχωρισμένων γε κάλλιον ἔχειν τοῦ γεγραμμένου τουδὲ μὲν τὸν ὀφθαλμὸν, ἑτέρου δέ τινος ἕτερον μόριον.*

§. 4. Der Gegenstand der Bewunderung (τὸ θαυμαστόν).

Wenn man in der Poëtik liest, dass der Dichter in den Tragödien das Staunenswerthe (τὸ θαυμαστόν) erzielen müsse*): so wird man sich fragen, wie doch diese Vorschrift oder dieses Gesetz (δεῖ) erklärbar sei aus der Aufgabe der Tragödie? und was Aristoteles eigentlich meine mit diesem Staunenerregenden?

1. Das logische Staunen.

Um uns über diese interessante Frage zu orientiren, gehen wir wohl am Besten aus von den verschiedenen Bedeutungen des Worts. — Die erste Bedeutung des θαυμάζειν ist Staunen und Sich wundern. Darüber haben wir die klarsten und ausführlichsten Worte in der Metaphysik, wo Aristoteles zeigt, dass sowohl heute als von Anbeginn die Menschen durchs Staunen zum Philosophieren kamen,**) — eine Auffassung, die er aus Plato's Schule übernommen; denn schon im Theaetet heisst's***): kein andrer Anfang der Weisheit, als durch Staunen. Zuerst wundre man sich, lehrt Aristoteles, über die nächstliegenden Ereignisse, dann über höhere, z. B. über den Wechsel des Mondlichtes und die jährlichen Wendungen der Sonne und über die Gestirne und über die Entstehung der Welt. Was ist dabei nun das Staunen? Aristoteles erklärt es durch die Wahr-

*) *Poet.* 25. δεῖ μὲν οὖν ἐν ταῖς τραγῳδίαις ποιεῖν τὸ θαυμαστόν.

**) *Metaph.* A. 2. 982. b. 12. διὰ γὰρ τὸ θαυμάζειν οἱ ἄνθρωποι καὶ νῦν καὶ τὸ πρῶτον ἤρξαντο φιλοσοφεῖν.

***) *Plat. Theaet.* 155. *D.* μάλα γὰρ φιλοσόφου τοῦτο τὸ πάθος, τὸ θαυμάζειν· οὐ γὰρ ἄλλη ἀρχὴ φιλοσοφίας ἢ αὕτη.

nehmung eines Widerspruches (*ἀπορεῖν*), indem der Staunende glaube, er habe das Wissen von etwas nicht.*) Wie man z. B. voraussetzt, es müsse wenn man nur das Mass klein genug nimmt, sich auch die Diagonale und Seite des Quadrats als commensurabel erweisen. Dass dies dennoch nicht geschieht, versetzt uns in Staunen, nämlich durch die Wahrnehmung einer Aporie.**)

Nun kommt der zweite Schritt. Denn in dem Staunen liegt nicht bloss diese Ueberzeugung des Nichtwissens, sondern zugleich die Begierde zu wissen, d. h. die Aporie zu lösen durch Auffindung des Grundes.***) Wer uns desshalb in's Staunen versetzt, der versetzt uns zugleich nothwendig in Begierde oder Spannung auf einen Ausgang.†) Und durch diesen Ausgang muss grade die Sache in das Gegentheil und nach dem Sprüchwort in's Bessere ausschlagen, indem wir nämlich durch die Erkenntniss des hinreichenden Grundes den Zusammenhang lernen und uns dann vielmehr wundern würden, wenn die Sache anders sich verhalten hätte, als sie sich verhält,††) wie auch Plato an obiger Stelle†††)

---

*) Ebendas. 982. b. 17. *ὁ δ' ἀπορῶν καὶ θαυμάζων οἴεται ἀγνοεῖν.*

**) Ebendas. 983. a. 16. *θαυμαστὸν γὰρ εἶναι δοκεῖ πᾶσιν, εἴ τι τῷ ἐλαχίστῳ μὴ μετρεῖται.*

***) *Rhetor. I. 11. (Did. I. 337. 8.)* *ἐν μὲν γὰρ τῷ θαυμάζειν τὸ ἐπιθυμεῖν μαθεῖν ἐστίν.*

†) Ebendas. *ὥστε τὸ θαυμαστὸν ἐπιθυμητόν.*

††) *Metaph. A. 2. 983. a. 17.* *δεῖ δὲ εἰς τοὐναντίον καὶ τὸ ἄμεινον κατὰ τὴν παροιμίαν ἀποτελευτῆσαι καθάπερ καὶ ἐν τούτοις ὅταν μάθωσιν.*

†††) *Theaet. 155. D.* *καὶ ἔοικεν ὁ τὴν Ἶριν Θαύμαντος ἔκγονον φήσας οὐ κακῶς γενεαλογεῖν.*

es als gute Genealogie bezeichnet, dass man die Iris (das Wissen) als Tochter des Thaumas (Staunen) betrachte.

Was ist also die nothwendige Bedingung für jedes Staunenswerthe? Offenbar, dass eine Sache nicht klar, nicht gewöhnlich, nicht glaublich, nicht wahrscheinlich, nicht natürlich ist; denn durch das, was uns glaublich scheint, gerathen wir nicht in Zweifel und in die Ueberzeugung des Nichtwissens. Bestimmen wir den Begriff schärfer! Wir müssen nämlich mit Aristoteles immer das An-sich-Unmögliche (*ἀδύνατον*) und schlechthin Unwahre (*ψευδές*) von dem Nicht-Glaublichen, das bloss gegen unsre Meinung und Ueberzeugung (*ἄλογον*) und Erwartung (*παρὰ δόξαν*) war, unterscheiden.*) Das erstere kann als solches kein Staunen erregen, weil es sich nicht auflösen lässt in die Wahrheit; also nur das zweite, indem es sich zeigt, dass die scheinbar widersprechenden Thatsachen, welche wir nicht reimen konnten, sich durch einen höheren und verborgeneren Grund vereinigen und erklären lassen. Voraussetzung in jedem Staunenswürdigen ist also ein Unglaubliches (*ἄλογον*). Aber zweitens liegt noch dies darin, dass die Auflösung des Räthsels nicht bloss überhaupt möglich sein muss, sondern auch von einer tieferen oder höheren Erkenntniss erreicht wird. Der lösende Grund, der in dem Wunderbaren steckt, muss zugleich als ein Besseres erscheinen, als was wir besitzen.**) Daher ist ja in jedem Staunen, wie Aristoteles sagt, eine Begierde, also die Spannung nach einem Gute. Das Staunenswerthe enthält darum zweitens

*) Vrgl. meine Beiträge z. Aristot. Poet. S. 139,

**) *εἰς ἄμεινον ἀποτελευτῆσαι* vgl. oben und das *ἐπιθυμητόν*.

auch immer ein Werthvolleres, ein Begehrenswerthes. So hängt das Staunen zusammen mit der ächten Wissenschaftsliebe oder Wissbegier und Theophrast führt es wohl daher auch als ein Zeichen bäurischen Sinnes an, wenn einer sich über nichts wundre und betroffen fühle, es sei denn, dass ein Ochs, oder Esel, oder Bock auf der Strasse stehe, der seine Betrachtung fessele.*)

2. Das Bewundern.

Hieraus ergiebt sich nun die zweite Bedeutung: das Bewundern. Dies findet nicht statt, wo der Eine wie der Andre ist, also gewöhnlich und gleich, sondern nur bei grossem Uebergewicht an Schönheit, Kraft, Tugend, Macht oder Weisheit. Ein Zeichen der Bewunderung ist desshalb die Ehre und darum ist es den Menschen angenehm, bewundert zu werden, weil sie durch die Ehrenbezeugungen sich einbilden, die bewunderten Vorzüge wirklich zu besitzen.**) Darum wendet der banausische Hochmuth zu werthlosen Zwecken ungewöhnliche Mittel auf, um sein Uebergewicht an Reichthum zu zeigen und sich bewundern zu lassen.***) Darum richtet sich auf alle diese Vorzüge, welche bewundert und geehrt werden, z. B. auf Tugenden, Reichthum, Schönheit, auch der

---

*) *Charact. X. (IV.)* Καὶ ἐπ' ἄλλῳ μὲν μηδενὶ θαυμάζειν μήτε ἐκπλήττεσθαι· ὅταν δὲ ἴδῃ ἐν ταῖς ὁδοῖς βοῦν ἢ ὄνον ἢ τράγον, ἑστηκὼς θεωρεῖν.

**) *Rhetor. I. 11. 18.* καὶ τὸ θαυμάζεσθαι ἡδὺ δι' αὐτὸ τὸ τιμᾶσθαι.

***) *Eth. Nicom. IV. 4.* τὸν πλοῦτον ἐπιδεικνύμενος, καὶ διὰ ταῦτα οἰόμενος θαυμάζεσθαι.

Neid und die Eifersucht.*) — Es erklärt sich dies also aus denselben beiden Bedingungen; denn erstens liegt die Voraussetzung des Ungewöhnlichen (ἄλογον) vor, z. B. dass einer sehr viel mehr Geld aufwendet, als andre für den Zweck thun würden; und zweitens die Erkenntniss eines höheren Werthes, indem durch die vorhandene Tugend oder Kunst oder den wirklichen Reichthum die Handlung erklärt wird.

Begriff des Staunenswerthen (θαυμαστόν).

Suchen wir jetzt die Wesensbestimmungen, die uns den Begriff des θαυμαστόν fest umschreiben können! Wir haben einige Aeusserungen des Aristoteles, die dazu hinreichen, und zwar können wir schon *a priori* beinahe angeben, wo Aristoteles sich über unsere Frage erklären müsse. In den Nikomachien nämlich bei der Seelenhoheit und Megaloprepie und in der Metaphysik bei dem Wesen Gottes; denn da die Bewunderung sich auf das richtet, was über der Menge erhaben ist, so muss bei dem Manne von hoher Seele, der nichts bewundert und alles gering zu schätzen scheint, und bei dem, der das Aeusserste in der Verwendung der geehrten Güter leistet, offenbar der Gegenstand der Bewunderung selbst gegenwärtig sein: und ebenso muss in dem Leben Gottes, das alles Gepriesene und Ehrwürdige autarkisch enthält, auch die Spitze des Staunenswerthen liegen.

a. Analyse des Begriffs aus den Nikomachien.

In den Nikomachien lernen wir, dass bei der

*) *Rhetor.* *II.* 11. ζηλωτὰ τὰ ἔντιμα ἀγαθά — — ζηλωτοί — — οὓς πολλοὶ θαυμάζουσιν κ. τ. λ.

Verwendung der Ausgaben zwei Tugenden möglich sind, die edle Freigebigkeit und die Megaloprepie, ein Ausdruck, den ich ohne Umschreibungen nicht übersetzen kann. Ihnen steht Verschwendung und Geiz entgegen, sowie banausischer Aufwand und die Aengstlichkeit dessen, der immer zu viel auszugeben glaubt. Aber diese Unterschiede verfolgen wir nicht, uns interessirt nur die Megaloprepie. Wodurch nämlich, fragen wir, unterscheidet sich die Freigebigkeit (ἐλευθεριότης) von der Herrlichkeit (μεγαλοπρέπεια)? Aristoteles hat es scharf bezeichnet; die Freigebigkeit bezieht sich auf alle Ausgaben, also vorzüglich auf die in unserem Privatleben; die Megaloprepie aber nur auf den grossen Aufwand, also besonders bei öffentlichen Festen, für den Gottesdienst, für die politischen Choregien oder im Privatleben auf die einmaligen grossen Ausgaben, z. B. die Hochzeit oder auf Sachen von dauerndem Werthe.*) In allen diesen ist's aber nicht die Höhe der Summe, wodurch sich der Herrliche (μεγαλοπρεπής) von dem Freigebigen unterscheidet, sondern die Grösse in der sittlichen Schönheit und diese letztere besteht hier in dem Passenden (πρέπον);**) denn der Aufwand, den beide machen, sagt Aristoteles, kann gleich gross sein, das Werk aber des Einen ist doch grösser als das des anderen. Nicht der Besitz (κτῆμα) soll die Vor-

---

*) *Eth. Nicom. IV. 4. (Did. II. 42. 16.)* οὐχ ὥσπερ δ' ἡ ἐλευθεριότης διατείνει περὶ πάσας τὰς ἐν χρήμασι πράξεις, ἀλλὰ περὶ τὰς δαπανηρὰς μόνον· ἐν τούτοις δὲ ὑπερέχει τῆς ἐλευθεριότητος μεγέθει.

**) Ebendas. ἀναγκαῖον δὴ καὶ ἐλευθέριον τὸν μεγαλοπρεπῆ εἶναι· καὶ γὰρ ὁ ἐλευθέριος δαπανήσει ἃ δεῖ καὶ ὡς δεῖ· ἐν τούτοις δὲ τὸ μέγα τοῦ μεγαλοπρεποῦς, οἷον μέγεθος, περὶ ταὐτὰ τῆς ἐλευθεριότητος οὔσης, καὶ ἀπὸ τῆς ἴσης δαπάνης τὸ ἔργον ποιήσει μεγαλοπρεπέστερον.

züglichkeit (ἀρετή) haben, sondern das Werk (ἔργον). Das Werk, die That besteht aber in der hohen Erkenntniss des Passenden, nämlich wer handelt, zu welchem Zweck, durch welche Mittel u. s. w., alle diese Umstände müssen in dem richtigsten Verhältniss stehen. Diese Proportion ist das Passende (πρέπον), und dieses erkennt in höchstem Masse der Herrliche (μεγαλοπρεπής). *) — Hieraus gewinnen wir zwei Bestimmungen des Staunenswerthen (θαυμαστόν), um derentwillen wir diese Betrachtung aufnahmen; denn Aristoteles erklärt das Herrliche (μεγαλοπρεπές) für ein Staunenswerthes (θαυμαστόν). Und zwar warum? durch welchen Mittelbegriff? Weil es Grösse und Schönheit (τὸ μέγα καὶ καλόν) habe. Nicht aber Grösse für sich und Schönheit für sich, sondern Grösse in der Schönheit. Da wir leider keine eigne Untersuchung des Aristoteles über das Staunenswerthe haben, so mussten wir hier gleichsam wie Jäger auf dem Anstande den Augenblick zu erfassen suchen, wo er das Staunenswerthe (θαυμαστόν) prädiciren würde; denn in der Begründung des Urtheils musste er sich ja zugleich über seinen Begriff von dem Staunenswürdigen erklären.

Betrachten wir nun die zweite Tugend, die Seelenhoheit (μεγαλοψυχία). Sie ist, wie schon oben mitgetheilt, **) ein Aeusserstes in jeder Tugend (τὸ ἐν ἑκάστῃ ἀρετῇ μέγα — ἄκρος). Daraus folgt von selbst,

---

*) Ebendas. οὐ γάρ ἡ αὐτὴ ἀρετὴ κτήματος καὶ ἔργου· κτῆμα μὲν γὰρ τὸ πλείστου ἄξιον τιμιώτατον, οἷον χρυσός, ἔργον δὲ τὸ μέγα καὶ καλὸν. Τοῦ γὰρ τοιούτου ἡ θεωρία θαυμαστὴ, τὸ δὲ μεγαλοπρεπὲς θαυμαστόν. — (Did. 42. 32.) ὁ δὲ μεγαλοπρεπὴς ἐπιστήμονι ἔοικεν· τὸ πρέπον γὰρ δύναται θεωρῆσαι καὶ δαπανῆσαι μεγάλα ἐμμελῶς.

**) S. 240.

dass der Mann von hoher Seele nicht geneigt zur Bewunderung und zum Anstaunen ist (*οὐδὲ θαυμαστικός*); denn das Grosse und Höchste ist ihm ja eigen und verwandt, es giebt für ihn nichts Grosses.*) Wesshalb also bewundert er nicht? Weil die Grösse in der sittlichen Schönheit — denn dies war ja das Staunenswerthe — nicht ausser ihm, sondern in ihm vorhanden ist. Die äusseren Güter aber, Reichthum, Macht u. s. w. kommen gar nicht in Betracht; sie sind ja nicht von eignem Werth, sondern nur zu Besserem nützlich und werden desshalb von ihm geringgeschätzt.**) — Und wiederum folgt daraus zweitens, dass wenn der Gegenstand der Bewunderung (*τὸ μέγα καὶ καλόν*) in ihm vorhanden, er auch das Zeichen der Bewunderung, die Ehre, erhalten müsse. Darum sagt Aristoteles, dass nur der Gute in Wahrheit Ehre verdient und dass der Mann von hoher Seele, dem man die Bewunderung durch nichts Anderes als durch Verehrung ausdrücken kann, durch diese Ehren zwar nicht sonderlich erfreut werden könnte, weil sie ihm ja gewöhnlich wären und doch immer zu gering für den Werth seiner Tugend; dass er sie doch auch nicht ablehnen würde, weil die Menschen ja nichts Grösseres ihm zu erweisen im Stande wären.***) — Auch aus dieser Betrachtung ergeben

---

*) *Eth. Nicom. IV. 8. (Did. II. 46. 10.) οὐδὲ θαυμαστικός οὐδὲν γὰρ μέγα αὐτῷ ἐστίν.*

**) *Eth. Nic. IV. 7. Αἱ γὰρ δυναστεῖαι καὶ ὁ πλοῦτος διὰ τὴν τιμήν ἐστιν αἱρετά· οἱ γοῦν ἔχοντες αὐτὰ τιμᾶσθαι δι' αὐτῶν βούλονται. Ὧι δὴ καὶ ἡ τιμὴ μικρόν ἐστι, τούτῳ καὶ τἆλλα. Διὸ ὑπερόπται δοκοῦσιν εἶναι.*

***) Ebendas. IV. 8. *κατ' ἀλήθειαν δ' ὁ ἀγαθὸς μόνος τιμητέος.* Und vorh. IV. 7. *μάλιστα μὲν οὖν περὶ τιμὰς καὶ ἀτιμίας ὁ μεγαλόψυχός ἐστι, καὶ ἐπὶ μὲν ταῖς μεγάλαις καὶ ὑπὸ τῶν*

sich dieselben Merkmale des Staunenswerthen. Und auch im 9. Buche der Nikomachien erscheint die Grösse in der sittlichen Schönheit (*μέγα καλόν*) darin, dass der edle Mann Geld, Ehren und alle äusseren Güter hingiebt, ja auch sein Leben bereitwillig opfert für seinen Freund, oder für's Vaterland; denn nicht ein langes Leben in Handlungen und Verhältnissen von geringem Werthe ist sein Ziel, sondern lieber wenige oder auch nur eine That zu thun von hoher sittlicher Schönheit.*)

b. Analyse des Begriffs aus Metaphysik XII.

Gehen wir nun zur Metaphysik, so begegnen wir im Buch XII. der Schilderung des Wesens und Lebens der Gottheit. Dieser wird daselbst eine Thätigkeit zugeschrieben, wie sie unsre beste und höchste ist, das reine Denken der Wahrheit. Uns aber kommt nur in wenigen und kurzen Zeiten diese Vollendung zu. Wenn nun, fährt Aristoteles fort, der Gott immer dieses Beste oder Schönste besitzt, so ist das ein Gegen-

---

σπουδαίων μετρίως ἡσθήσεται, ὡς τῶν οἰκείων τυγχάνων ἢ καὶ ἐλαττόνων· ἀρετῆς γὰρ παντελῶς οὐκ ἂν γένοιτο ἀξία τιμή· οὐ μὴν ἀλλ' ἀποδέξεταί γε τῷ μὴ ἔχειν αὐτοὺς μείζω αὐτῷ ἀπονέμειν.

*) *Eth. Nicom. IX. 8.* *προήσεται γὰρ καὶ χρήματα καὶ τιμὰς καὶ ὅλως τὰ περιμάχητα ἀγαθά, περιποιούμενος αὐτῷ τὸ καλόν. ὀλίγον γὰρ χρόνον ἡσθῆναι σφόδρα μᾶλλον ἕλοιτ' ἂν ἢ πολὺν ἠρέμα καὶ βιῶσαι καλῶς ἐνιαυτὸν ἢ πόλλ' ἔτη τυχόντως καὶ μίαν πρᾶξιν καλὴν καὶ μεγάλην ἢ πολλὰς καὶ μικράς. Τοῖς δ' ὑπεραποθνήσκουσι τοῦτ' ἴσως συμβαίνει· αἱροῦνται δὴ μέγα καλὸν ἑαυτοῖς.* Aristoteles denkt hier ganz wie Pindar, der in seiner ersten Olympischen Ode den Pelops so sprechen lässt, dass man deutlich die Ideen der Grösse und der Schönheit in der bewunderten That erkennt:

v. 81. — *ὁ μέγας δὲ κίνδυνος ἄναλκιν οὐ φῶτα λαμβάνει.*
θανεῖν δ' οἷσιν ἀνάγκα, τί κέ τις ἀνώνυμον
γῆρας ἐν σκότῳ καθήμενος ἕψοι μάταν,
ἁπάντων καλῶν ἄμμορος

stand der Bewunderung; besitzt er es aber in noch höherem Grade, so ist's noch bewunderungswürdiger.*) — Der Grund der Bewunderung besteht also auch hier in der Anwesenheit erstens des Schönen, was hier als das Beste (*ἄριστον*) und Angenehmste (*ἥδιστον*), vorher aber gradezu als das Schöne (*καλόν*) bezeichnet ist, und zweitens in dem Merkmal der Grösse, die sich hier in dem Vergleich mit unsrer an Dauer und Grad geringeren Glückseligkeit zeigt. —

Terminologie.

Betrachten wir nun den Namen dieser Idee. Offenbar ist das Staunenswerthe oder Bewunderungswürdige nicht eine Bezeichnung nach dem Wesen der Sache, sondern nur nach ihrer subjectiven Seite, nach ihrer Wirkung. Wie könnte man aber das Wesen selbst anders nennen als das Erhabene! Denn diese beiden Bestimmungen, die Grösse und die Schönheit bringen alle Wege das hervor, was wir das Erhabene zu nennen pflegen. Das Verhältniss des Schönen und Erhabenen hat Aristoteles nicht genauer bestimmt; bald sieht man, wie er das Schöne nicht wahrnehmen will, wenn nicht mit der Ordnung und Symmetrie auch die geeignete Grösse vorhanden wäre, wodurch er also die Grösse als Moment in die Schönheit aufnimmt; bald setzt er die Grösse, wie wir hier sahen, als etwas, das zu der Schönheit noch hinzukommen kann, und nennt ihre Vereinigung das Bewunderungswürdige (*θαυμαστόν*). Vielleicht ist dieser Widerspruch aber nur scheinbar;

*) *Metaph.* Λ. 7. 1072. b. 24. *καὶ ἡ θεωρία τὸ ἥδιστον καὶ ἄριστον. εἰ οὖν οὕτως εὖ ἔχει, ὡς ἡμεῖς ποτέ, ὁ θεὸς ἀεί, θαυμαστόν· εἰ δὲ μᾶλλον, ἔτι θαυμασιώτερον.*

denn die Grösse, welche zum Schönen gehört, ist eine reale, was man aus vielen Beispielen sieht, z. B. aus der nothwendigen Leibesgrösse schöner Menschen, dem grossen Volumen eines schönen Gedichts, der grossen Fülle von Bürgern in einem schönen Staate u. s. w.; die Grösse im Erhabenen ist aber so zu sagen eine logische, d. h. wird nicht durch die Sinne wahrgenommen und nicht nach Zahl und Mass berechnet, sondern durch den Verstand, der zuerst in einer Aporie erschüttert werden muss, eingesehen. Jedoch auch diese Unterscheidung ist zweifelhaft, da wir ja sahen, wie Aristoteles die Grösse auch in das Gebiet der Kraft und des Ethischen einführt und daher dem Erhabenen gleich macht. Gestehen wir darum lieber, dass Aristoteles die Gränzen beider Begriffe nicht scharf genug gezogen hat.

Nur dies haben wir hier noch zu bemerken, dass bei Aristoteles sich vielfach auch die Neigung zu objectiven Bezeichnungen findet, wie er schon bei der Megaloprepie auf die Verknüpfung der beiden Bestimmungen des Schönen (*πρέπον*) *) und der Grösse (*μέγα*) selbst hinweist **) und daher auch für die Epopöie den Vorzug an Megaloprepie vor der Tragödie geltend macht ***): wobei man sich jedoch erinnern muss, dass die Grösse (*τὸ μέγα*) sowohl auf die äussere Grösse des Leibes und Mannigfaltigkeit der Episoden, als auch auf die innere Grösse der Kraft und Tugend geht und es daher begreiflich wird, dass die Tragödie wegen ihrer gedrängteren Kraft schliesslich doch den Preis der Erhabenheit erhält. — Sonst

---

*) Vrgl. S. 272 ff.

**) *Eth. Nicom. IV.* 4. *καθάπερ γὰρ τοὔνομα αὐτὸ ὑποσημαίνει, ἐν μεγέθει πρέπουσα δαπάνη ἐστίν.*

***) *Poet. XXIV.* (*Did. II.* 477. 30.)

ist auch das Hehre (σεμνότης *) oder τὸ σεμνόν) eine Bezeichnung des Erhabenen und als Gegentheil finden wir häufig das Niedrige (ταπεινόν) und Verachtete (ἀτιμότερον). **) Dieselben *termini* gliedern auch die Sprache (λέξις) und scheiden sie in die erhabene, von der gewöhnlichen Ausdruckweise abweichende und in die niedrige. ***)

Daher bewegen sich die Späteren ganz in diesem Kreise von Ausdrücken und Longinus hat endlich die Höhe (ὕψος) als vorherrschenden gebraucht, obgleich er nicht recht weiss, ob er nicht lieber Tiefe (βάθος) dafür sagen soll. †) Gleich im Anfang seiner Vorrede setzt er aber als Gegensatz dazu das Niedrigere (ταπεινότερον) und beschreibt das Erhabene mit Aristotelischen *terminis* als ein Aeusserstes (ἀκρότης und ἐξοχή) ††) und oft auch als Gegenstand der Bewunderung (θαυμάσιον, θαυμαστόν oder θαυμαζόμενον). †††) Die Grösse allein will er jedoch nicht damit meinen, sondern die Schönheit soll sie innerlich bestimmen; darum setzt er als ihren letzten Grund, wie Aristoteles, die Seelenhoheit und als Gegentheil die niedrige und unedle Denkungsart. *†)

---

*) Vrgl. S. 236 Anmerk. *)

**) Z. B. *Eth. Nicom. IV. 8., De part. anim. I. 5., Poet. IV.* τὸ μέγεθος — — ἀπεσεμνύνθη.

***) *Poet. XXII.* λέξις σεμνή und ταπεινή.

†) *Long. ed. Morus II. 1.* εἰ ἔστιν ὕψους τις ἢ βάθους τέχνη. Oder ist ἢ βάθους mit Jahn herauszuwerfen?

††) Ebendas. I. 3. προϋποτίθεσθαι, ὡς ἀκρότης καὶ ἐξοχή τις λόγων ἐστὶ τὰ ὕψη.

†††) Ebendas. U. A. 1. 4. ἀεὶ κρατεῖ τὸ θαυμάσιον. VII. 1. θαυμάζουσι γοῦν κ. τ. λ. VII. 5. ἐπὶ τῷ θαυμαζομένῳ. IX. 2 u. 3.

*†) IX. 2. τὸ τοιοῦτον ὕψος μεγαλοφροσύνης ἀπήχημα — — ὡς ἔχειν δεῖ τὸν ἀληθῆ ῥήτορα μὴ ταπεινὸν φρόνημα καὶ ἀγεννές. VII. 4. καλὰ ὕψη καὶ ἀληθινά — VII. 1. θαυμάζουσι γοῦν

Die subjective Seite.

Fassen wir jetzt alle die früheren Bestimmungen des logischen Staunens, der Bewunderung und des objectiv Erhabenen zusammen, so werden wir sofort zwei Gänge oder Stufen in unserm Begriffe erkennen; denn es ist nicht eine einfache Idee, sondern sie will in einer gewissen, der Zeitfolge nach geordneten Weise in uns sich entwickeln, um die ihr eigenthümliche Wirkung zu thun.

a. Die Spannung (*ἔκστασις*) und Erschütterung (*ἔκπληξις*).

Das Erste ist die Wahrnehmung des Widerspruchs. Durch das, was gegen die herkömmlichen und gewöhnlichen Erscheinungen verstösst, werden wir zuerst in einer Aporie gefangen. Das Gefühl, welches dadurch entsteht, ist unangenehm. Aristoteles bezeichnet es verschiedentlich. Einmal ist es ihm eine Art Aussersichsein (*ἔκστασις*), wodurch die Begierde entsteht, in unseren natürlichen Zustand hergestellt zu werden (*κατάστασις*).*) Dies geschieht eben durch das Lernen oder die Auflösung des Staunens durch's Wissen. An anderen Stellen bezeichnet er das übermässige Staunen als eine Erschütterung (*ἔκπληξις*).**) Wir werden bei der Theorie der Tragödie

---

τῶν ἐχόντων αὐτὰ (nämlich die äusseren Güter) *μᾶλλον τοὺς δυναμένους ἔχειν, καὶ διὰ μεγαλοψυχίαν ὑπερορῶντας* III. 4. *τὸ δὲ μειρακιῶδες ἄντικρυς ὑπεναντίον τοῖς μεγέθεσι, ταπεινὸν γὰρ ἐξ ὅλου καὶ μικρόψυχον.*

*) *Rhetor. I. 11. (Did. I. 337. 7.) ἐν μὲν γὰρ τῷ θαυμάζειν τὸ ἐπιθυμεῖν μαθεῖν ἐστίν — — ἐν δὲ τῷ μανθάνειν εἰς τὸ κατὰ φύσιν καθίστασθαι.* Diese Herstellung in die Natur setzt eine *ἔκστασις* voraus. In der Poetik werde ich die *ἔκστασις* ausführlich erklären.

**) *Topic. IV. 5. 10. (Did. I. 215. 40.) δοκεῖ γὰρ ἡ ἔκπληξις θαυμασιότης εἶναι ὑπερβάλλουσα.*

sehen, wie diese Erschütterung dort durch die Furcht erregt wird, aber schon hier bezeugt der Begriff des Uebermasses (*ὑπερβολή*), dass wir dabei aus dem Mass unsrer Natur gerathen und mithin in einem unangenehmen Affekte uns befinden. In derselben Bedeutung spricht auch Theophrast von Leuten, die durch Nichts in Staunen und Erschütterung gerathen.*) — Welche Bestimmung in dem Erhabenen ist es aber, die dergleichen wirken könnte? Die Grösse oder die Schönheit? Offenbar die Grösse; denn diese besteht eben, wie wir oben sahen, in dem Hinausgehen über das Gewöhnliche und Aehnliche, über das herkömmliche und verständliche Mass und versetzt uns, da wir sie nicht begreifen, in Staunen oder Erschütterung. Ich will absichtlich hier die Furcht nicht als erste Stufe anführen; weil dies nicht bei allen Arten des Erhabenen zutreffen würde; denn es giebt die leichtesten Grade des Staunens, durch welche unser Eigenleben sich nicht bedroht fühlt.

b. Die Herstellung (*κατάστασις*) und Befriedigung (*ἡδονή*).

Der zweite Gang ist aber die Auflösung des Staunens. Die erregte Wissbegier führt zum Wissen und das Wissen ist angenehm, eben so wie die dadurch erfolgte Herstellung (*κατάστασις*) unsrer Natur aus der Spannung der Begierde eine Befriedigung mit sich führt.**) Darum ist das Wunderbare und

---

*) Vrgl. d. Citat oben S. 285. *ἐπὶ μηδενὶ θαυμάζειν μήτε ἐκπλήττεσθαι.*

**) *Rhetor. I.* 11. *καὶ τὸ μανθάνειν καὶ τὸ θαυμάζειν ἡδὺ ὡς ἐπὶ τὸ πολύ* — — vgl. Anmerk. **) S. 294 und der Anf. des Cap. *ὑποκείσθω δ' ἡμῖν εἶναι τὴν ἡδονὴν κίνησίν τινα τῆς ψυχῆς καὶ κατάστασιν ἀθρόαν καὶ αἰσθητὴν εἰς τὴν ὑπάρχουσαν φύσιν, λύπην δὲ τοὐναντίον* — — *ἀνάγκη ἡδὺ εἶναι τό τε εἰς τὸ κατὰ φύσιν ἰέναι κ. τ. λ.*

Erhabene von Lust begleitet; *) und darum ist das Staunen auch das Zeichen eines philosophischen Geistes, weil es die Spannung nach der Wahrheit und die Freude an der Erkenntniss beweist. **) — Und welche Bestimmung des Erhabenen kann nun diese zweite Stufe verursachen? Offenbar die Grösse nicht; denn sie versetzt uns erst in Aufregung. Es ist die Schönheit. Die Wahrnehmung, dass der Gegenstand des Staunens durchweg schön, d. h. gut und wahr und richtig und vollkommen ist, bewirkt, dass die Aporie verschwindet. Das Staunen über die Unproportionalität der Diagonale zur Seite, als unangenehmes Nichtwissen, hört auf, sobald wir die angenehme Gewissheit von dem Grunde der Nothwendigkeit gewonnen haben; die Unbegreiflichkeit des Mannes, der freiwillig sein Leben opfert, geht über in die wunderbar erfreuende Schauung der darin verwirklichten sittlichen Schönheit. ***) Die Grösse hat uns aus uns selber versetzt, aber sie hat uns in lauter Schönheit geführt, denn die Grösse ist nichts ausserhalb der Schönheit, sondern eine Grösse der Schönheit. †)

---

*) *Poet. XXV.* *τὸ δὲ θαυμαστὸν ἡδύ.* Und *Rhetor. III. 2.* *Διὸ δεῖ ποιεῖν ξένην τὴν διάλεκτον· θαυμασταὶ γὰρ τῶν ἀπόντων εἰσὶν, ἡδὺ δὲ τὸ θαυμαστόν.*

) S. oben Anmerk. *) S. 282.

***) So bei der Megaloprepie *Eth. Nicom. IV. 2.* *ἔργον δὲ τὸ μέγα καὶ καλόν. Τοῦ γὰρ τοιούτου ἡ θεωρία θαυμαστή.* Und von der Selbstaufopferung ebendas. *IX. 8.* *αἱροῦνται δὴ μέγα καλὸν ἑαυτοῖς.*

†) Ich denke, man wird es erlauben, dass ich an dieser Stelle die vorzügliche Entwicklung des Erhabenen von A. Trendelenburg aus seiner geistvollen, viel zu wenig bekannten Rede „Niobe. Einige Betrachtungen über das Schöne und Erhabene. Berlin 1846. Bethge." anführe. Trendelenburg schliesst seine ästhetische Theorie offenbar an Kant an, geht aber seinem eigenen System gemäss dann zu objectiven Auffassungen weiter. Interessant

Das Erhabene unter den Ursachen der Aufmerksamkeit.

Es bleibt noch eine Frage zu erörtern. Wesshalb wird unter den Ursachen der Aufmerksamkeit*) das Wunderbare oder Erhabene (θαυμαστόν) neben dem Grossen und Angenehmen aufgeführt, da es doch selbst sowohl das Grosse und das Angenehme in

---

ist hier die Berührung mit unsern Aristotelischen Analysen. Dass Trendelenburg jedoch nicht etwa den Aristoteles im Auge hatte, beweist seine weitere Eintheilung des Erhabenen, die der Aristotelischen Lehre widerspricht, wonach ohne das Schöne kein Erhabenes gedacht werden kann. Auf diese Streit-Punkte darf ich aber hier nicht eingehen. Die betreffende Stelle S. 20 lautet so: „In dem Erhabenen ist es anders. Statt jener reinen Befriedigung erweckt uns das Erhabene ein gemischtes Gefühl. In seinem Grunde birgt dies Gefühl eine Unlust, die uns bald melancholisch durchzieht, bald wie ein Schauer durchfährt, aber in seiner letzten Aeusserung bricht es, wie im Siege über die Unlust, mit einer Lust hervor, die bis zum Entzücken steigen kann. Statt der Liebe, die uns das Schöne entlockt, bewundern wir das Erhabene. Bewunderung ist da, wo im Grossen und Schönen das Aehnliche fehlt und daher unsre Vorstellungen nicht mehr von Aehnlichem zu Aehnlichem fortspielen, sondern vor dem Einen ohne seines Gleichen stumm stehen bleiben und sich vor ihm sammeln, wie die Sprache im Staunen dies Stehenbleiben und Stauen der Vorstellungen sinnlich soll bezeichnet haben. Bewunderung ist da, wo unsre nächste und gegenwärtige Fassungskraft versagt und wir sie zum Grössern spannen und uns erst in dem Grössern wiederfinden. Daher erscheint das Erhabene, das wir bewundern, über das Mittelmass hinaus, und indem es die Verwandtschaft mit dem Gewöhnlichen verschmäht, wie aus sich selbst geboren. In der Bewunderung ist das geheime Gefühl der Unlust ein Gefühl des eigenen Unvermögens oder der eigenen Ohnmacht; aber wir lösen es in eine höhere Lust auf, indem wir im Geiste zu der fremden Grösse hinansteigen und sie dadurch für den Augenblick der Vorstellung zu unsrer eigenen machen."

*) *Rhetor.* III. 14. (*Did.* I. 403. 27.) προσεκτικοὶ δὲ τοῖς μεγάλοις, τοῖς ἰδίοις, τοῖς θαυμαστοῖς, τοῖς ἡδέσιν.

sich hat? Ueber das Verhältniss zum Angenehmen ist schon S. 246 gesprochen. Dass Aristoteles aber die Grösse neben dem Wunderbaren oder Erhabenen anführt, ist desshalb nothwendig, weil das Grosse sehr wohl ohne das Schöne sein kann. In dem Erhabenen liegt desshalb noch eine neue Bestimmung, das Gute oder Schöne. Dieses als geringes oder mittelmässiges ist aber nicht anziehend und Aufmerksamkeit erregend, sondern erst mit der Grösse vereinigt. Beweis dafür ist 1) erstens, dass die entgegengesetzten Ursachen der Unaufmerksamkeit nur drei sein können, nämlich das Geringe, das Uns-nicht-Betreffende, das Unangenehme. *) Ein Gegensatz zum Wunderbaren oder Erhabenen ist nicht nöthig; denn sobald die Sache gering ist, so fehlt damit ein wesentliches Moment des Staunenswürdigen und dieses ist daher mit aufgehoben. 2) Zweitens sehen wir aus den Beispielen den Unterschied; denn der Redner ruft, um die Aufmerksamkeit zu fesseln: „Passt nun recht auf; denn ich will Euch etwas so Schreckliches mittheilen, wie ihr noch nie gehört habt.“ Hier ist bloss die Grösse ohne die Schönheit, welche fesseln soll. Aristoteles fügt aber hinzu: „oder so Wunderbares (*θαυμαστόν*).“ **) Durch diese zweite Ankündigung erwarten die Zuhörer auch das Erhabene aus dem Staunen zu gewinnen.

Eine Frage der Texterklärung.

In der Poëtik cap. 24., wo von der Tragödie und dem Epos gesagt wird, sie müssten ihren Gegenstand

*) Ebendas. *ἐὰν δὲ μὴ προσεκτικοὺς, ὅτι μικρὸν, ὅτι οὐδὲν πρὸς ἐκείνους, ὅτι λυπηρόν.*

**) Ebendas. *λεκτέον „καί μοι προσέχετε τὸν νοῦν — — ἐρῶ γὰρ ὑμῖν οἷον οὐδεπώποτε ἀκηκόατε δεινὸν“ ἢ „οὕτω θαυμαστόν.“*

staunenswerth machen, werden die Worte hinzugefügt: *τὸ δὲ θαυμαστὸν ἡδύ· σημεῖον δέ, πάντες γὰρ προστιθέντες ἀπαγγέλλουσιν ὡς χαριζόμενοι.* Susemihl*) übersetzt: „Nun liegt aber in dem Wunderbaren ein besondrer Reiz. Dafür ist das ein Beleg, dass alle Menschen, wenn sie Etwas erzählen, dies mit eignen Zusätzen auszuschmücken lieben, um dadurch grösseres Interesse dafür zu erregen.“ Und Vahlen: **) „Das Wunderbare aber ist dem Hörer angenehm, wofür ein Indicium ist, dass alle Erzähler die Dinge ins Grosse ausmalen (*προστιθέασιν*), weil sie wissen, dass sie damit das Interesse der Hörer steigern und ihnen Wohlgefallen erwecken.“ Diese Uebersetzung hat das für sich, dass die Thatsache ungefähr richtig zu sein scheint, und dass es eine feine Bemerkung ist. Gleichwohl möchte ich dagegen auf Folgendes aufmerksam machen. 1) Das Wort *προστιθέντες* absolut genommen, scheint sonst nicht wieder in dem Sinne von „mit Zusätzen ausschmücken“ und „in's Grosse malen“ vorzukommen. Die Steigerung der Bedeutung einer Sache heisst *αὔξησις* im Gegensatz zu *ταπεινοῦν*, wodurch einem Gegenstande der Werth, die Bedeutung, die Grösse genommen wird; dagegen ist *πρόσθεσις* und *ἀφαίρεσις* gewöhnlich nur Addition und Subtraction und will immer ein Object hinzugedacht haben. 2) Was den Sinn selbst betrifft, so fragt sich, ob eine Geschichte immer durch Zusätze wunderbar wird? ob nicht auch durch Weglassung des Gewöhnlichen, Natürlichen, Erklärenden? Ferner scheint mir der nicht immer Wohlgefallen zu erwecken, noch das Interesse der Hörer zu steigern (*ὡς*

---

*) Aristoteles über die Dichtkunst, von Prof. Dr. F. Susemihl 1865. S. 135.

**) Sitzungsberichte der kais. Akad. d. W. 1867 Juni, Beiträge zu Aristoteles Poetik vom Akad. Vahlen S. 295.

χαριζόμενοι), der die Dinge absichtlich ändert und ins Grosse ausmalt; denn ist die Geschichte selbst schon wunderbar, so wird man sie durch Uebertreibungen nur weniger glaublich und dadurch weniger angenehm machen. Das Indicium ist also nicht recht durchsichtig; denn durch Zusätze (*προσθέσεις*) kann die Geschichte auch breit und langweilig oder auch ausgeschmückt und amüsanter werden. Warum aber grade immer wunderbar? Der Zusammenhang zwischen *προστιθέντες* und *χαριζόμενοι* muss noch durch eine hinzuzudenkende *αἰτιολογία* vermittelt werden, und der Inhalt dieser einzuschiebenden Erklärung liegt nicht offen auf der Hand.

Sollten die Worte nicht viel einfacher zu erklären sein? Wenn man zu *προστιθέντες* eine objective Beziehung sucht, so kann man nur das vorhergehende *τὶ θαυμαστὸν* finden, was soviel als *τὴν θαυμασιότητα* oder *ὅτι θαυμαστὸν* bedeutet. Ich würde darnach so übersetzen: „Das Wunderbare ist angenehm; ein Zeichen dafür ist, dass alle, wenn sie erzählen, dies hinzufügen (nämlich: die Geschichte sei wunderbar), in dem Bewusstsein damit etwas Angenehmes zu bringen.“ Mit dieser Auslegung stimmt die Vorschrift des Aristoteles, durch das Wunderbare die Aufmerksamkeit zu erregen und das eben*) citirte Beispiel: „Ich will Euch etwas so Wunderbares erzählen, wie Ihr nie gehört habt.“ Ausserdem sind wohl die Erzähler in den Tragödien als offenkundige Beispiele zu erwähnen, die das „*θαῦμα ἰδέσθαι*“ nicht vergessen. Ich bringe nur ein Paar Beispiele in Erinnerung. In der Antigone sagt der Wächter v. 252, um auf seinen Bericht zu spannen: *πᾶσι θαῦμα δυσχερὲς παρῆν*. Im Oedip. Colon. der Bote V. 1540: *τοῦτ' ἐστὶν ἤδη κἀποθαν-*

*) S. 2[illegible]9 Anmerk. *).

μάσαι πρέπον. In der Helena spricht Menelaus *θαυμαστά· τοῦ πέμψαντος; ὦ δεινοὶ λόγοι.* In Spengel's Commentar zum Anaximenes S. 197 ff. findet man die Beispiele aus den Rednern für das *προσυπισχνεῖσθαι ὅτι καινὰ κ. τ. λ.* In Horaz Poëtik v. 136 die Warnung, die Spannung nicht zu hoch aufzuregen, weil die Erfüllung dann nicht genug befriedigen könne: *quid dignum tanto feret hic promissor hiatu?*

Durch diese Erklärung kommt auch der logische Charakter des Zeichens zum Recht. Der Satz, dass das Wunderbare angenehm sei, soll durch ein Zeichen bewiesen werden. Dieses Zeichen muss also eine Thatsache enthalten, in welcher die Annehmlichkeit des Wunderbaren offen anerkannt ist. Wenn man nun als Zeichen anführt, dass die Boten immer hinzufügen, sie hätten Wunderbares zu verkündigen, weil sie wissen, dass dergleichen gern gehört wird, so ist der Indicienbeweis evident, weil diese Ankündigung den Satz bezeugt, dass das Wunderbare angenehm ist. Sagt man aber, ein Zeichen für die Annehmlichkeit des Wunderbaren sei, dass die Erzähler Zusätze machen, so kann dies wohl auch seine Richtigkeit haben, es wird jedoch zunächst die Frage entstehen, ob denn durch jede Art von Zusätzen die Geschichte wunderbar wird? Statt einer anerkannten Thatsache wird uns eine geistreiche Bemerkung mitgetheilt, die uns erst noch zu Untersuchungen über den Zusammenhang der Begriffe veranlasst, weil der überschüssige *terminus* Zusätze (*προσθέσεις*) eingeführt ist, der nur durch einen Prosyllogismus mit einem noch unbekannten *medius* wieder auf das *θαυμαστὸν* zurückgeführt werden kann. **)

**) In dieser einfachen Bedeutung von „Hinzufügen" ist *προστιθέναι* auch sonst gebraucht, z. B. im letzten Capitel der

Begriff des Wunders (τερατῶδες).

Sehr interessant ist die Aristotelische Lehre von einem benachbarten Begriff, der sowohl für die Auffassung der Natur und des Geschehens als für die Aesthetik Wichtigkeit hat: ich meine den Begriff des Wunders.

Ueber die Wunder haben wir die klarsten Bestimmungen von Aristoteles. Es ist ein Vorgang gegen die Natur.*) Aber dies muss genauer bestimmt werden. Die Natur hat nämlich doppelte Bedeutung. 1) Erstens gegen die Natur als die nothwendige und ewige Ordnung der Dinge kann nichts geschehen; **) daher kann z. B. der Stein nicht fliegen lernen. 2) Es giebt aber zweitens auch die

---

Poetik, wo auch Susemihl die Worte nach meiner Erklärung übersetzt: ὡς γὰρ οὐκ αἰσθανομένων, ἂν μὴ αὐτὸς προσθῇ, πολλὴν κίνησιν κινοῦνται, οἷον οἱ φαῦλοι αὐληταὶ κυλιόμενοι, ἂν δίσκον δέῃ μιμεῖσθαι, καὶ ἕλκοντες τὸν κορυφαῖον, ἂν Σκύλλαν αὐλῶσιν. Die schlechten Flötenspieler nehmen an, die Zuhörer verständen die Sache nicht, wenn sie nicht hinzufügten, um was es sich handelt, indem sie sich wie ein Discus wälzen, und wie die Skylla den Chorführer zerren. — Auch in der unmittelbar folgenden Stelle von Capitel 24 ist προσθεῖναι als hinzufügen, nicht als übertreiben zu verstehen: διὸ δή, ἂν τὸ πρῶτον ψεῦδος, ἄλλο δὲ τούτου ὄντος ἀνάγκη εἶναι ἢ γενέσθαι προσθεῖναι, (διὰ γὰρ τὸ τοῦτο εἰδέναι ἀληθὲς ὂν) παραλογίζεται ἡμῶν ἡ ψυχὴ καὶ τὸ πρῶτον ὡς ὄν. Weil wir genöthigt sind unter Voraussetzung eines Ersten ein Zweites als seiend oder geschehen hinzuzufügen, so bewirkt die Ueberzeugung von der Nothwendigkeit dieser Hinzufügung, dass wir fehlschliessend auch das Erste für richtig halten. — Die Räthlichkeit, mit Bonitz ἢ vor προσθεῖναι einzuschieben, ist mir nicht einleuchtend.

*) *De animal. gener. IV. 4.* ἔστι γὰρ τὸ τέρας τῶν παρὰ φύσιν τι.

**) Ebendas. περὶ γὰρ τὴν ἀεὶ καὶ τὴν ἐξ ἀνάγκης οὐδὲν γίνεται παρὰ φύσιν.

regelmässige Natur,*) welche das umfasst, was meistens geschieht, was die Gewohnheiten des Naturlaufes sind. Diese bezeichnet das Gebiet des Wandelbaren,**) in welchem es der Bildungskraft der Natur nicht immer gelingt, die Materie zu bewältigen, indem zu viel oder zu wenig von den Kräften hinzukommen, welche die Bedingungen der normalen Gestaltungen abgeben.***) Wenn sich nun etwas gegen diese Regel, gegen diese Gewöhnungen, die sich in uns durch die Erfahrung in den Meinungen als das Natürliche festgesetzt haben, zuträgt: so bezeichnen wir das als Wunder z. B. alle defecten oder pleonastischen Naturbildungen, wie Thiere mit doppeltem Geschlecht, mit zwei Milzorganen oder ohne Milz u. s. w. Je geringer die Abweichung von der Regel ist, desto leichter erhält es sich; je grösser, desto eher geht es zu Grunde.†) — Findet eine Abweichung von der Regel häufiger statt z. B. bei gewissen Reben, welche schwarze Trauben bringen, so finden wir das nicht mehr wunderbar;††) denn eben der Verstoss gegen die Regel nnd Gewohnheit ist das Wunder.†††) —

---

*) Ebendas. παρὰ φύσιν δ' οὐ πᾶσαν ἀλλὰ τὴν ὡς ἐπὶ τὸ πολύ.

**) Ebendas. ἀλλ' ἐν τοῖς ὡς ἐπὶ τὸ πολὺ μὲν οὕτω γινομένοις, ἐνδεχομένοις δὲ καὶ ἄλλως — —

***) Ebendas. ὅταν μὴ κρατήσῃ τὴν κατὰ τὴν ὕλην ἡ κατὰ τὸ εἶδος φύσις.

†) Weiter unten: τὰ μὲν οὖν μικρὸν παρεκβαίνοντα τὴν φύσιν ζῆν εἴωθεν, τὰ δὲ πλεῖον οὐ ζῆν.

††) Ebendas. *Didot. III.* 402. 48. ἐπεὶ καὶ τούτων, ἐν ὅσοις συμβαίνει παρὰ τὴν τάξιν μὲν ταύτην, ἀεὶ μέντοι μὴ τυχόντως, ἧττον εἶναι δοκεῖ τέρας — — — διόπερ οὔτε τὰ τοιαῦτα τέρατα λέγουσιν, οὔτ' ἐν τοῖς ἄλλοις, ἐν ὅσοις εἴωθέ τι γίνεσθαι.

†††) Ebendas. (*Did. III.* 405. 30.) διὸ καὶ δοκεῖ τερατώδη

Wie lösst sich nun das Wunder? Es ist gegen die Natur und doch naturgemäss.*) Aus der Zweckursache und ihrem Bildungstypus kann die Erscheinung nicht erklärt werden; also nicht aus dem Bessern. Wenn aber im Gebiet des Zweckes etwas nicht nach dem Zwecke und der Regel geschieht, so nennen wir dieses zufällig. Dieser Zufall ist aber nicht selbst Ursache der Erscheinung, sondern beruht auf den allgemeinen Gesetzen des Stoffes, aus denen deshalb alle Wundererscheinungen von Aristoteles erklärt werden, indem er z. B. in den Büchern über die Erzeugung der Thiere sorgfältig den allgemeinen Bedingungen nachspürt, wesshalb in den verschiedenen Classen und Gattungen der Thiere die Abweichungen von der Norm häufiger oder seltener vorkommen, wie etwa seltener bei denen, welche wenige Junge hervorbringen, als bei denen, welche viele werfen, weil im letztern Falle die vielen Kräfte einander leicht hemmen und verderben oder verwachsen.**) Das Wunder erklärt sich also aus der niedrigeren Natur, aus den Bedingungen und Mitteln, nicht aus dem Zweck (*ὅταν μη κρατήσῃ τὴν κατὰ τὴν ὕλην ἡ κατὰ τὸ εἶδος φύσις*).

Verhältniss des Erhabenen zum Wunder.

Nach dieser Betrachtung können wir nun sehr leicht das Verhältniss des Erhabenen (*θαυμαστόν*) zum

---

τὰ τοιαῦτ' εἶναι μᾶλλον, ὅτι γίνεται παρὰ τὸ ὡς ἐπὶ τὸ πολὺ καὶ τὸ εἰωθός.

*) Ebendas. (*Did.* 402. 51.) *διὰ τὸ καὶ τὸ παρὰ φύσιν εἶναι τρόπον τινὰ κατὰ φύσιν.*

**) *De anim. gener. IV.* 4 Anf. (*Did. III.* 401. 52.)

bloss Wunderbaren (τερατῶδες) angeben. *Beide stimmen darin überein, dass sie ein Unglaubliches oder Unwahrscheinliches und Ungewöhnliches enthalten.**) Der Unterschied aber liegt in der Auflösung. *Das Erhabene löst die Spannung durch das Schöne*; denn die Erscheinung ist herrlicher als das Gewöhnliche, sie enthält einen höheren Zweck und grössere Tugend und Vollkommenheit als wir zu sehen gewohnt waren. Das bloss Wunderbare aber ist hinter der Regel zurückgeblieben; die schönere Ursache (der Zweck mit seiner Form) konnte die Stoffe nicht bewältigen. *So endigt die Auflösung im Blinden des Zufalls*, in der dem Schönen fremden Unbestimmtheit (ἀόριστον) des Stoffes; **) diejenigen aber, welche im Zufall etwas Göttliches oder Dämonisches sehen wollen, ***) fertigt Aristoteles durch die Erinnerung ab, dass schlechthin *nichts durch Zufall entsteht*, sondern nur *nebenbei* (κατὰ συμβεβηκός), †) indem die nach Zwecken wirkende Natur mit ihren Gesetzen immer die Grundlage bilde, auf welcher erst die accidentellen Erscheinungen statthaben können, wie z. B. des Hauses Ursach der Baumeister ist, nebenbei aber der Flötenspieler,

---

*) *Natur. ausc. II.* 5. καὶ τὸ φάναι εἶναι τί παράλογον τὴν τύχην ὀρθῶς· ὁ γὰρ λόγος ἢ τῶν ἀεὶ ὄντων ἢ τῶν ὡς ἐπὶ τὸ πολύ.

**) Ebendas. ἀόριστα μὲν οὖν τὰ αἴτια ἀνάγκη εἶναι, ἀφ' ὧν ἂν γένοιτο τὸ ἀπὸ τύχης.

***) Ebendas. II. 4. Εἰσὶ δέ τινες οἷς δοκεῖ εἶναι αἰτία μὲν ἡ τύχη, ἄδηλος δὲ ἀνθρωπίνῃ διανοίᾳ ὡς θεῖόν τι οὖσα καὶ δαιμονιώτερον.

†) Ebendas. II. 5. καὶ ἔστιν ὡς οὐδὲν ἀπὸ τύχης δόξειεν ἂν γίνεσθαι — — καὶ ἔστιν αἴτιον ὡς συμβεβηκὸς ἡ τύχη, ὡς δ' ἁπλῶς οὐδενὸς, οἷον οἰκίας οἰκοδόμος μὲν αἴτιος, κατὰ συμβεβηκὸς δὲ αὐλητής.

wenn jener dies nämlich etwa zugleich ist. Das Göttliche und Schönere liegt desshalb immer in der Vernunft und der Natur, soweit sie an sich als das Zweckprincip wirkt und daher schlechthin das Ursprüngliche und Erste ist.*)

Anwendung auf die Kunst.

Von allen Künsten kann leider nur die tragische Poësie, also Epos und Tragödie, hier erwähnt werden, da von den übrigen wohl kaum hinreichende Stellen bei Aristoteles zu finden sind. Die wichtige Betrachtung, die Aristoteles über diese anstellt, ist aber schon desshalb genügend, weil in der tragischen Poësie überhaupt die Spitze aller Kunst liegt und, was von dieser gilt, daher mehr oder weniger auf alle übrigen angewendet werden darf.

Ein Widerspruch in den ästhetischen Forderungen.

Wir wollen die Untersuchung damit beginnen, dass wir einen Widerspruch aufzeigen, der den Erklärern des Aristoteles bisher nicht aufgefallen ist, wohl weil die Sache trotz des Widerspruchs so höchst richtig und klar ist. Es ist oben**) als festes Aristotelisches Gesetz für alle nachahmende Kunst bewiesen, dass sie zu ihrem Gegenstande die Wahrheit im Gebiete der Contingenz machen müsse, d. h. darstellen nach den allgemeinen und regelmässigen Typen der Wirklichkeit (*τὸ ἀναγκαῖον* und *τὸ ὡς ἐπὶ τὸ πολύ*). Nun bekommen wir im 25. Capitel der

---

*) *Natur. ausc. II.* 6. Schl.

**) Vrgl. S. 164.

Poëtik plötzlich den Befehl an das Epos und die Tragödie, dass sie das Wunderbare (*θαυμαστόν*) darstellen müssten,*) also das was gegen die Regel und Erwartung anläuft. Man muss den Widerspruch dieser Vorschriften recht scharf auffassen, wenn man das Vergnügen über die Aristotelische Lösung genügend empfinden will. Das Wahrscheinliche (*εἰκός*) und Regelmässige (*ὡς ἐπὶ τὸ πολύ*) steht nicht bloss als verschieden dem Wunderbaren (*θαυμαστόν*) gegenüber; sondern dieses ist ausdrücklich als ein Wider-Erwarten (*παρὰ δόξαν*) bestimmt und soll vorzüglich durch Abweichungen von der Regel (*ἄλογα*) erzeugt werden,**) während die Erwartung die Auffassung des Regelmässigen und Wahrscheinlichen ist: es scheint also ein offenbarer Widerspruch vorzuliegen.

Sollen wir nun sagen, Aristoteles habe an dieser Stelle den Gegensatz der Ideen des Schönen und Erhabenen empfunden? Während das Schöne die Regel fordert, kann das Erhabene nur durch Abweichung von derselben erzeugt werden. Schön ist die Liebe und Dankbarkeit des Sohns gegen den Vater, der ihm wie ein Gott mit unermesslichen Wohlthaten zuvorkam, wie Aristoteles diese sittliche Schönheit so tiefsinnig beschreibt.***) Aber die Tragödie verzichtet auf diese Schönheit, sie sucht Feindschaft im Kreise der Liebe;†) der Vater

---

*) *δεῖ — — ποιεῖν τὸ θαυμαστόν.*

**) *Poet. XXV. μᾶλλον δ' ἐνδέχεται ἐν τῇ ἐποποιίᾳ τὸ ἄλογον, δι' ὃ συμβαίνει μάλιστα τὸ θαυμαστόν.*

***) U. A. *Eth. Nicom. VIII.* 8. (*Did. II.* 96.) u. cap. 14. *ἔστι δ' ἡ μὲν πρὸς γονεῖς φιλία τέκνοις, καὶ ἀνθρώποις πρὸς θεούς, ὡς πρὸς ἀγαθὸν καὶ ὑπερέχον· εὖ γὰρ πεποιήκασι τὰ μέγιστα κ. τ. λ.*

†) *Poetic.* 14. *ὅταν δ' ἐν ταῖς φιλίαις ἐγγένηται τὰ πάθη οἷον*

muss den Sohn aussetzen, Oedipus muss den Vater erschlagen, die Mutter ehelichen, sein eigen Augenlicht zerstören u. s. w. — alles Handlungen, die gegen die Regel und Norm der Natur sind, und nicht allgemein werden dürften unter den Menschen, wenn unser Geschlecht nicht zu Grunde gehen sollte. Ich will nicht sagen, dass Aristoteles diesen Gegensatz schon in Theorie gebracht habe: ich behaupte nur, er hat ihn empfunden und in seiner Theorie wirksam werden lassen. Vielleicht dürfte man hierher ein Problem rechnen, das den Kritikern so viel Kopfbrechen verursacht hat, nämlich die sonderbare Rangfolge der Erkennungsscenen, wornach die schönste Erkennung in der schönsten Tragödie nicht vorkommen kann.*) Die Schönheit fordert, dass die Greuelthat unterbleibt in Folge der Erkennung, wie in der Iphigenie: darin geschieht dem sittlichen Gesetz und dem Gefühl der Ordnung und Menschenliebe Genüge. Aber die Tragödie kann dergleichen nicht brauchen; sie muss auf die Regel und die reine Schönheit verzichten: sie wählt desshalb die zweitbeste Erkennung, wo der Gräuel wie im Oedipus unwissentlich vollzogen wird und durch die Erkennung hinterher das tragische Entsetzen (*ἐκπληκτικόν*) entsteht.**) Ich glaube, dass diese Rangfolge der Erkennungen daher unangefochten bleiben muss, und dass sie ein werthvolles Licht auf Aristoteles Aesthetik wirft.

— — εἰ υἱὸς πατέρα — — ἀποκτείνει ἢ μέλλει ἤ τι ἄλλο τοιοῦτον δρᾷ, ταῦτα ζητητέον.

*) Vrgl. darüber meine ausführliche Kritik im ersten Bande S. 78—82.

**) *Poetic. XIV. βέλτιον δὲ τὸ ἀγνοοῦντα μὲν πρᾶξαι, πράξαντα δὲ ἀναγνωρίσαι· τό τε γαρ μιαρὸν οὐ πρόσεστι καὶ ἡ ἀναγνώρισις ἐκπληκτικόν.*

Aristoteles unterscheidet zwei Schicksalsformen.

Wir müssen nun sehen, wie Aristoteles das Erhabene (*θαυμαστόν*) in der Tragödie weiter bestimmt, um dadurch den aufgezeigten Widerspruch vollkommen zu begreifen und aufzulösen. Aristoteles erläutert seine Theorie durch eine Klimax, indem er in dem Schicksal zwei Formen unterscheidet. Das Schicksal enthält entweder bloss zufällig verknüpfte Ereignisse, oder solche, die durch nothwendige und regelmässige Entwicklung aus einander folgen. Die ersteren sind natürlich weniger schön, weil das Princip der Schönheit mit seiner Regel und Nothwendigkeit darin nicht vollständig mächtig ist. Durch diesen Abstand wird nun die Klimax begründet.

1. Die niedere Form.

Aristoteles bemerkt nämlich, dass bei dieser geringeren Form des Schicksals alle diejenigen Fälle am Staunenswürdigsten (*θαυμασιώτατα*) zu sein scheinen, bei welchen nicht das blosse Ungefähr allein wirksam ist, sondern wo die höhere Ursache, das Princip des Zwecks oder des Schönen offenbar wird.*) Als Beispiel führt er die Geschichte des Mitys an, dessen Statue auf seinen Mörder, der sie betrachtete, fiel und ihn tödtete.**) Weil nun dieses Ereigniss, obgleich ganz

*) *Poet. IX.* *ἐπεὶ καὶ τῶν ἀπὸ τύχης* (d. h. bei den Ereignissen nach der niedrigeren Schicksalsform) *ταῦτα θαυμασιώτατα δοκεῖ, ὅσα ὥσπερ ἐπίτηδες* (d. h. gleichsam nach der Zweckursache) *φαίνεται γεγονέναι.*

**) Ebendas. *οἷον ὡς ὁ ἀνδριὰς ὁ τοῦ Μίτυος ἐν Ἄργει ἀπέκτεινε τὸν αἴτιον τοῦ θανάτου τῷ Μίτυϊ, θεωροῦντι ἐμπεσών.* Diese Anekdote ist von dem Excerptor *περὶ θαυμασίων ἀκουσμάτων* cap. 96 ausgeschrieben, wo auch cap. 94 eine ähnliche, aber zum Glück gereichende Providenz mitgetheilt wird.

zufällig, doch einen zweckmässigen Zusammenhang enthält, so scheint es eben nicht ganz von Ohngefähr eingetreten zu sein*) und es tritt daher zu dem blossen Staunen über das Unerwartete nun noch die Freude über die geglaubte Erkenntniss des rächenden Schicksals. *Durch das Hinzukommen dieses zweiten Elementes erhebt sich das Staunenswürdige über das blosse Wunder* (*τερατῶδες*),**) welches nur aus der niedrigeren Ursache erklärt wird; und nach Aristoteles ist also nicht das am Staunenswerthesten, was am Unerwartetsten geschieht, sondern was zuletzt grade als das Zweckmässigste oder Schönste erkannt wird, d. h dessen Zusammenhang aus der höheren Ursache, dem Princip des Zwecks oder des Schönen erklärlich wird.***)

2. Die höhere Form.

Wir kommen nun zu der zweiten Schicksalsform, bei welcher die Ereignisse nicht durch irgend einen Zufall, der mit dem Willen und Leidenschaften der Menschen und ihren Handlungen in keinem ursachlichen Zusammenhang steht, verknüpft werden, z. B. nicht dadurch, dass ein aufgerichteter Stein umfällt, sondern wo alles was geschieht durch das Frühere

---

*) Ebendas. *ἔοικε γὰρ τὰ τοιαῦτα οὐκ εἰκῇ γενέσθαι* d. h. also positiv, es scheint aus einem weisen Zweck erklärlich zu sein.

**) Ebendas. *ὥστε ἀνάγκη τοὺς τοιούτους εἶναι καλλίους μύθους.* Dieser Schlusssatz bezieht sich ebensowohl auf diese erste Schicksalsform, wie auf dic höhere, da die höhere grade aus dem Verhältniss von Zufall und Zweckmässigkeit in der niedrigeren ihr Licht erhalten soll.

***) *ταῦτα θαυμασιώτατα* vrgl. oben S. 309 Anmerk. *)

sich nach Nothwendigkeit und Wahrscheinlichkeit erklären lässt. Wie bestimmt nun Aristoteles innerhalb dieser Gränzen das Staunenswerthe, das erhabener sein soll, als in jener ersten Form? Er sagt, die furchtbaren und mitleidswürdigen Ereignisse sollten wider Erwarten und doch durch einander geschehen; denn so würde die Dichtung das Staunenswerthe in höherem Masse gewinnen, als wenn die Ereignisse zufällig und von Ungefähr einträten.*) Also wider Erwarten sollen die Ereignisse geschehen; es ist das, wie wir oben sahen, die nothwendige erste Bedingung des Staunens. Es müssen die Dinge, die wir vorgehen sehen, wider die Gewohnheit des Lebens, wider das Herkömmliche und Regelmässige anstossen, sie müssen ausserordentlich sein. Es wird in der Poëtik genauer gezeigt werden, wie diese Bedingung mit Furcht (φέβος) und Schauder (φρίττειν) und Erschütterung (ἔκπληξις) und dem Aussersichgerathen (ἔκστασις) zusammenhängt und daher für die Tragödie unumgänglich ist und welches ihre verschiedenen Grade und Ursachen sind. Hier genügt die Bemerkung, dass dadurch das Element der Grösse und des Irrationalen in den tragischen Eindruck kommt. Wir sahen schon oben, dass mit dem blossen Wunder und dem Monströsen das Erhabene nur Einen Punkt gemein hat. Aristoteles erklärt daher, dass diejenigen Dichter, welche bloss dem Wunderbaren nachjagen und dies gar noch, statt durch die Dichtung, durch die theatralischen Schaustellungen zu erreichen

*) *Poet.* 9. ἐπεὶ δὲ οὐ μόνον τελείας ἐστὶ πράξεως ἡ μίμησις, ἀλλὰ καὶ φοβερῶν καὶ ἐλεεινῶν, ταῦτα δὲ γίνεται καὶ μάλιστα (κάλλιστα?) καὶ μᾶλλον, ὅταν γένηται παρὰ τὴν δόξαν δι' ἄλληλα· τὸ γὰρ θαυμαστὸν οὕτως ἕξει μᾶλλον, ἢ εἰ ἀπὸ τοῦ αὐτομάτου καὶ τῆς τύχης.

suchen, von dem Zweck der Tragödie ganz abirren.*) — Nun verlangt Aristoteles aber zu gleicher Zeit, dass die Ereignisse sich trotzdem mit Nothwendigkeit und Wahrscheinlichkeit aus einander entwickeln sollen. Was heisst das? Nichts anderes als dass der angestaunte Knoten der Handlung, der die fürchterliche Entscheidung birgt, sich nach der zweiten Bedingung des Erhabenen, nach der Ursache des Schönen lösen soll. Es soll dies Irrationale zugleich rational sein.**) Wir haben hier also den oben aufgezeigten Widerspruch deutlich vor uns; denn das Regelmässige und das Ausserordentliche wird zugleich gefordert. Da ist durch die einfache Schönheit nicht zu helfen; das Erhabene und Tragische erscheint als ein Widersprechendes und doch Vernünftiges. Mithin ist klar, dass die tragische Lösung nicht glatt abgehen kann wie im Lustspiel und dem ihm verwandten Schauspiel, sondern dass die entsetzliche Katastrophe der Schönheit nur soweit theilhaft wird, als sich die Gestalt des Schicksals durch die Gesetze und das Recht des sittlichen Lebens als nothwendig und rational beweist.

Resultat.

Doch diese Betrachtungen sind in ausführlichem Zusammenhange in der Poëtik anzustellen und können daher hier kein volles Licht erhalten. Es genügt dies Wenige aber wohl, um zu zeigen, dass das Erhabene

---

*) *Poet.* 14. *οἱ δὲ μὴ τὸ φοβερὸν διὰ τῆς ὄψεως ἀλλὰ τὸ τερατῶδες μόνον παρασκευάζοντες οὐδὲν τραγῳδίᾳ κοινωνοῦσιν.*

**) *De anim. gener. III.* 9. (III. 385. 8.) *κατὰ λόγον δὲ συμβαίνει καὶ τὸ θαυμασθὲν ἂν δικαίως ὑπὸ πολλῶν.* Hier liegt in dem *θαυμασθὲν* das *ἄλογον.*

oder Staunenswerthe bei Aristoteles nicht ein verlorener Posten ist, sondern in seiner ethischen und ästhetischen Theorie einen hervorragenden Platz behauptet. Ich will es gelten lassen, wenn man meinen sollte, Aristoteles habe diesen Begriff schwerlich irgendwo genau definirt und in sein System hineingearbeitet; aber nichtsdestoweniger erscheint dieser *terminus* an allen den angeführten wichtigen Stellen, und es liegt ihm immer dieselbe Anschauung zu Grunde, so dass man sagen muss, er ist durch das System selbst gegeben und nothwendig. Um dieses daher genügend zu verstehen, musste der Begriff auch mit möglichster Klarheit als der Vereinigungspunkt vieler Aeusserungen gleichsam wie ebensovieler convergirender Linien gesucht werden.

Zu bemerken ist noch, dass auch hier im Tragischen die beiden Elemente des Erhabenen, die Grösse und das Schöne, die Erschütterung und die Befriedigung nicht in getrennten Zeiten und Umständen liegen dürfen, sondern dass wie es dort die Grösse im Schönen war, so auch hier in dem furchtbaren und mitleidswürdigen Ereigniss selbst die Schönheit des gerechten Schicksals erscheinen muss.*)

§. 5. Das Anmuthige.

Wir dürfen die Frage nach dem Schönen nicht verlassen, bis wir auch über das Anmuthige des Aristoteles Meinung ausgeforscht haben. Denn da wir sahen, dass Aristoteles schon das Erhabene im Schönen hervorgehoben und durch feste Charactere bezeich-

*) *Poet.* 14. φανερὸν ὡς τοῦτο ἐν τοῖς πράγμασι (Fabel) ἐμποιητέον. Das Genauere darüber in der Poetik

net hat: so müssen wir um so begieriger werden, zu erfahren, ob er nicht auch über das Anmuthige von seinem Standpunkte aus eine Definition oder auch nur ein lehrreiches Urtheil abgegeben habe, oder ob ihm vielleicht dieser ganze Begriff noch völlig im Dunkeln geblieben sei.

Excurs über Pindar's Meinung.

Da ist es nun erwünscht, dass der Dircäische Schwan schon lange vor Aristoteles von der Anmuth gesungen hat, und zwar so deutlich und bestimmt, so didaktisch möchte ich sagen, dass man es wohl verzeihen wird, wenn wir in einem kleinen Excurse die Weisheit des Dichters erst anhören, dessen Aussprüche Aristoteles ja selbst commentirt. Was weiss Pindar von der Anmuth? „Die Anmuth, sagt er, ist's, welche alles Erfreuende den Sterblichen schafft."*) Alles Erfreuende! Dahin gehört vor Allem die Anmuth des Gesanges, der Freude ausstrahlt, weshalb Pindar fleht, dass ihn nicht der klangreichen Charitinnen reines Licht verlassen möge. **) Es ist dasselbe Licht, das die lieblich gelockten Huldinnen leuchten lassen, den Sieger in Ruhm zu verklären. ***) Dieselbe anmuthige Lebenslust, die das süsse Lächeln erregt. †) Unser irdisches Loos, das der eine Augenblick hebt und der andre zu Boden stürzt, das wie der Traum

*) Mommsen, *Olymp. I.* 30. *χάρις δ', ἅπερ ἅπαντα τεύχει τὰ μείλιχα θνατοῖς.*

**) *Pyth.* 9. v. 90. — — *Χαρίτων κελαδεννᾶν μή με λίποι καθαρὸν φέγγος.*

***) *Pyth.* 5. v. 42. *σὲ δ' ἠΰκομοι φλέγοντι Χάριτες.*

†) *Pyth.* 8. v. 85. — — *ἀμφὶ γέλως γλυκὺς ὦρσεν χάριν.*

eines Schattens nichtig ist, wird doch, wenn ein gottgegebener Glanz hineinfällt, zu einem hellen Lichte und süsserfreuenden Leben.*) Dieser Glanz kommt von der Anmuth. So besingt Pindar in seinem anmuthigsten Siegesgesange (auf den Asopichos, den Orchomenier, den Knaben im Laufe) die Charitinnen in grader Anrede und beschreibt ihre Kraft, ihre göttliche Stellung und ihr Wirken. „Mit Euch, sagt er, entsteht alles Erfreuliche und Süsse dem Sterblichen, sei es ein weiser, ein guter oder herrlicher Mann; denn auch die Götter vollenden ohne die hehren Huldinnen keinen Reihn, noch Schmauss; sondern sie sind die Schaffnerinnen aller Werke im Himmel und stellen neben dem Pythischen Apoll mit goldener Wehr ihren Thron auf und verehren die ewige Herrlichkeit des Olympischen Vaters.“ **) Nun, man darf vom Dichter keine logische Form verlangen; aber es ist doch klar, dass er sagen will, dass weder bei den Sterblichen, noch bei den Göttern ein schönes und glückseliges Werk ohne die Anmuth vollbracht werden kann, dass die Anmuth als die Ursache der Freude an allem Göttlichen und Vollendeten Antheil hat und desshalb selbst zu dem Erhabenen

---

*) *Pyth.* 8. 95. *τί δέ τις; τί δ' οὔ τις; σκιᾶς ὄναρ*
ἄνθρωποι· ἀλλ' ὅταν αἴγλα διόσδοτος ἔλθῃ,
λαμπρὸν φέγγος ἔπεστιν ἀνδρῶν
καὶ μείλιχος αἰών.

**) *Olymp.* 14. 5. *σὺν γὰρ ὑμῖν τά τε τερπνὰ καὶ*
τὰ γλυκέα γίγνεται πάντα βροτοῖς,
εἰ σοφὸς, εἰ καλὸς, εἴ τις ἀγλαὸς ἀνήρ.
οὐδὲ γὰρ θεοὶ σεμνᾶν Χαρίτων ἄτερ
κοιρανέοντι χοροὺς οὔτε δαῖτας· ἀλλὰ πάντων ταμίαι
ἔργων ἐν οὐρανῷ, χρυσότοξον θέμεναι παρὰ
Πύθιον Ἀπόλλωνα θρόνους
ἀέναον σέβοντι πατρὸς Ὀλυμπίοιο τιμάν.

σεμνῶν Χαρίτων) gehört. In der Eintheilung, in welcher Pindar den weisen, schönen und herrlichen Mann nebeneinander stellt, hat er offenbar alle Gebiete des Lebens, denen der Preis der Vollendung zukommt, umfassen wollen;*) ich unternehme es aber nicht, diese Gebiete abgesondert zu definiren. Wodurch nun, genauer gesprochen, diese hehre Freude an die Spitzen des Lebens sich hängt, durch welche wirkenden Ursachen, und wie in jedem Lebensgebiete durch verschiedene, das muss man den Dichter nicht fragen. Genug, wenn er in reiferer Weise, als Schiller in seinem „feuertrunkenen" Liede „an die Freude" „den schönen Götterfunken", die „Tochter aus Elysium" als die Gabe der Anmuth beschreibt und die Anmuth als unzertrennlich von dem Schönen und Göttlichen bezeichnet.

Die Lust ist keine Bewegung.

Kehren wir zu Aristoteles zurück, so werden wir sehen, dass er mit logischer Beleuchtung in scharfen Begriffen und Deductionen dasselbe zeigt, was der Dichter aus tiefbewegter Brust mit der Klarheit, die dem Gefühl und Bilde zukommt, gesungen hatte.

Zuerst erinnern wir uns an die scharfe Unterscheidung zwischen Bewegung und Energie als den

---

*) Bei Hesiodus sind die Grazien zwar auch sehnsuchterregend und vom Glanz der Schönheit leuchtend:

τῶν καὶ ἀπὸ βλεφάρων ἔρος εἴβετο δερκομενάων
λυσιμελής· καλὸν δέ θ' ὑπ' ὀφρύσι δερκιόωνται. (*Theog.* v. 910.)

aber er hat diese Anmuth doch besonders nur im Gesange und Tanz (*Theog.* v. 65) und in den Frauen (*Ἔργ.* v. 65 *χάριν*) erkannt. Pindar dagegen dringt philosophisch bis zur universalen Auffassung vor und verdiente desshalb wohl vor Allen der Erwähnung.

obersten Formen der Wirklichkeit des Seienden.*) Die Lust muss zu einer von beiden gehören. Dass sie nun nicht zum Werden und zur Bewegung gehört, erklärt er ausführlich: denn jede Bewegung ist schneller oder langsamer. Nun könne man zwar schnell erfreut werden ebenso wie in Zorn gerathen, aber die Freude selbst habe keine Geschwindigkeit, wie das Gehen oder Wachsen und dergleichen.**)

Alle Bewegung ist in der Zeit und die Theile der Bewegung sind von einander und von der ganzen verschieden und alle unfertig, wie z. B. beim Bauen das Aufrichten der Steine verschieden ist von dem Canelliren der Säulen und alle diese Theilbewegungen unfertig vor der Vollendung des Tempels.***) Die Lust aber ist in jedem Augenblick fertig, sie ist ein Vollkommenes oder Ganzes, und in keiner Zeit könnte man eine Lust finden, deren Formwesenheit in einer grösseren Zeit sich mehr vollendet hätte.†) Die Lust hat ihr vollendetes Wesen in jedem Augenblick, und gehört nicht zu dem Theilbaren, sondern ist wie

---

*) Vrgl. oben S. 41 ff.

**) *Eth. Nicom. X. 2.* πάσῃ (sc. κινήσει) γὰρ οἰκεῖον εἶναι δοκεῖ τάχος καὶ βραδύτης — — τῇ δ' ἡδονῇ τούτων οὐδέτερον ὑπάρχει· ἡσθῆναι μὲν γὰρ ἔστι ταχέως ὥσπερ ὀργισθῆναι, ἥδεσθαι δ' οὔ, οὐδὲ πρὸς ἕτερον, βαδίζειν δὲ καὶ αὔξεσθαι καὶ πάντα τὰ τοιαῦτα.

***) *Eth. Nicom. X. 3.* διόπερ οὐδὲ κίνησίς ἐστιν· ἐν χρόνῳ γὰρ πᾶσα κίνησις καὶ τέλους τινός — ἐν δὲ τοῖς μέρεσι τοῦ χρόνου πᾶσαι ἀτελεῖς, καὶ ἕτεραι τῷ εἴδει τῆς ὅλης καὶ ἀλλήλων· ἡ γὰρ τῶν λίθων σύνθεσις ἑτέρα τῆς τοῦ κίονος ῥαβδώσεως καὶ αὗται τῆς τοῦ νάου ποιήσεως.

†) Ebendas. ὅλον γάρ τί ἐστι (ἡ ἡδονή), καὶ κατ' οὐδένα χρόνον λάβοι τις ἂν ἡδονὴν ἧς ἐπὶ πλείω χρόνον γινομένης τελειωθήσεται τὸ εἶδος.

das Sehen, wie der Punkt, wie die Einheit ein fertiges Ganzes ohne Werden und Bewegung.*)

Die Lust ist also keine Bewegung, mithin reine Energie; allein nicht so ohne Einschränkung und unter Identität darf dies verstanden werden, sondern sie hat innerhalb der Energie ihre eigenthümliche Stellung, und auf diese grade ist die Untersuchung gerichtet.

Stellung der Lust in der Energie.

Denn wenn man schlechtweg die Lust die Energie nennen wollte, so würde folgen, sie wäre selbst Wahrnehmung und Denken, was absurd wäre.**) Nur die Beobachtung, dass sie sich davon nicht trennen lässt, bringt einige zu dieser Annahme. Das Verhältniss in Begriffen auszudrücken, ist desshalb nicht möglich, weil es nicht durch Allgemeineres verstanden werden kann, sondern selbst das einzige Beispiel und Wesen der Sache ist. Dagegen dienen Analogien zur Verdeutlichung und die negative Erklärung.

Die Lust gehört also unzertrennlich von den reinen Thätigkeiten mit diesen zusammen zum Vollkommenen (τέλος.) Im Vollkommenen werden daher als Ursachen der Vollkommenheit unterschieden einmal der Gegenstand der Wahrnehmung und der Gegenstand des Denkens und zweitens das Vergnügen,

---

*) Ebendas. weiter unten. *Τῆς ἡδονῆς δ' ἐν ὁτῳοῦν χρόνῳ τέλειον τὸ εἶδος. — — τὸ γὰρ ἐν τῷ νῦν ὅλον τι. Ἐκ τούτων δὲ δῆλον καὶ ὅτι οὐ καλῶς λέγουσιν κίνησιν ἢ γένεσιν εἶναι τὴν ἡδονήν. Οὐ γὰρ πάντων ταῦτα λέγεται, ἀλλὰ τῶν μεριστῶν καὶ μὴ ὅλων· οὐδὲ γὰρ ὁράσεώς ἐστι γένεσις οὐδὲ στιγμῆς οὐδὲ μονάδος — —*

**) *Eth. Nicom. X. 5. οὐ μὴν ἔοικέ γε ἡ ἡδονὴ διάνοια εἶναι οὐδ' αἴσθησις· ἄτοπον γάρ· ἀλλὰ διὰ τὸ μὴ χωρίζεσθαι φαίνεταί τισι ταὐτόν.*

das man an denselben empfindet. Die gegenständliche Ursache vergleicht Aristoteles mit dem Arzte, der als thätiges Princip die Gesundheit hervorbringt, und das Vergnügen mit der Gesundheit selbst, die doch auch Ursache der Gesundheit ist als Formprincip.*) Der Vergleich ist schwach; denn man darf mit diesen Principien doch nicht Ernst machen und sie scharf als wirkende Ursache (*ὅθεν ἡ κίνησις*) und Form (*εἶδος*) bestimmen, weil an andern Stellen grade die Thätigkeit selbst und besonders die höchste (*σοφία*) in derselben Weise mit der Gesundheit verglichen wird.

Eine zweite Analogie liegt in der Blüte der Jugendschönheit. Denn von der schönen Reife des vollkommenen Leibes ist die eigentliche Ursache die immanente Fertigkeit (*ἡ ἕξις ἐνυπάρχουσα*), der Zustand der Kräfte im Körper selbst. Das ist die Rolle, welche im Vollkommenen die wesentlichen Thätigkeiten selbst haben. Das Vergnügen aber vergleicht er mit der Jugendblüte (*ἡ ὥρα*), die zu der Reife wie ein hinzukommender Zweck (*ὡς ἐπιγιγνόμενόν τι τέλος*) noch hinzutritt.**) Auch dieser Vergleich ist mehr dichterisch als philosophisch; denn sicher zu empfinden, aber schwer zu finden ist, wie sich die Blüte als ein Besonderes von der Wirklichkeit der Kräfte selbst unterscheidet.

Was ist nun die Lust? Sie ist immer mit den reinen Energien vereinigt. Jeder Wahrnehmung, jedem Gedanken, jeder Betrachtung folgt Lust, wie jeder

*) *Eth. Nicom. X. 4.* οὐ τὸν αὐτὸν δὲ τρόπον ἥ τε ἡδονὴ τελειοῖ καὶ τὸ αἰσθητόν τε καὶ ἡ αἴσθησις, σπουδαῖα ὄντα, ὥσπερ οὐδ' ἡ ὑγίεια καὶ ὁ ἰατρὸς ὁμοίως αἴτια ἐστι τοῦ ὑγιαίνειν.

**) *Eth. Nicom. X. 4.* τελειοῖ δὲ τὴν ἐνέργειαν ἡ ἡδονὴ οὐχ ὡς ἡ ἕξις ἐνυπάρχουσα, ἀλλ' ὡς ἐπιγιγνόμενόν τι τέλος, οἷον τοῖς ἀκμαίοις ἡ ὥρα.

Handlung und dem Leben als solchen.*) Wegen dieser innigen Verknüpfung zweifelt man sogar, ob der Lust wegen nach dem Leben und Denken und Handeln gestrebt werde, oder ob diese Thätigkeiten an sich das begehrenswerthe Ziel seien. Jedenfalls ist ohne Energie kein Vergnügen; jede Energie aber wird vollendet durch das Vergnügen.**) — Aristoteles hat, wie schon oben S. 195 bemerkt, das Verhältniss durch die Kategorien des Leidens und Thuns und ihr Einswerden in der Energie am Tiefsten ausgedrückt. Das leidende Princip in uns als blosses Vermögen wird durch die Gegenstände des Denkens und Wahrnehmens actuell wahrnehmend und denkend und tritt somit in den Zweck oder das Vollkommene ein. Sobald diese Verwirklichung erfolgt, ist auch das Vergnügen mit vorhanden. Die Freude ist mit dieser Einigung des thätigen und leidenden Grundes der Welt immer zugleich gesetzt und verschwindet mit der Auflösung.***) Nun darf man sich aber nicht einbilden, als beruhte die Lust auf der Trennung beider Principien, da sie durch die Einigung eintritt; denn die Lust kommt nach Aristoteles auch der reinen Energie Gottes in ihrer von dem Vermögen abgeschiedenen Selbständigkeit zu und ist in ihm eine ewige. Der gemischten Natur des Menschen aber entspricht der Wech-

---

*) Ebendas. κατὰ πᾶσαν γὰρ αἴσθησίν ἐστι ἡδονή, ὁμοίως δὲ καὶ διάνοιαν καὶ θεωρίαν — — κ. τ. λ.

**) Ebendas. ἄνευ τε γὰρ ἐνεργείας οὐ γίνεται ἡδονή, πᾶσάν τε ἐνέργειαν τελειοῖ ἡ ἡδονή.

***) Ebendas. ἕως ἂν οὖν τό τε νοητὸν ἢ αἰσθητὸν ᾖ οἷον δεῖ καὶ τὸ κρῖνον ἢ θεωροῦν, ἔσται ἐν τῇ ἐνεργείᾳ ἡ ἡδονή· ὁμοίων γὰρ ὄντων καὶ πρὸς ἄλληλα τὸν αὐτὸν τρόπον ἐχόντων τοῦ τε παθητικοῦ καὶ τοῦ ποιητικοῦ ταὐτὸ πέφυκε γίνεσθαι.

sel*) und die Lust kommt ihm nur mit dem Eintritt der Energien und je nach dem Grade ihrer Kraft, Dauer und Vortrefflichkeit zu.

Die Anmuth und das Schöne.

Den Inhalt der Energien aber kennen wir schon. Er umfasst das Wesen der Welt, oder was dasselbe ist, das Wesen der Seele; denn jeder objectiven Wirklichkeit entspricht die subjective, mit welcher sie in der Wahrnehmung und Erkenntniss Eins wird, und es hat das objective Wesen seine Wirklichkeit grade in der Seele und dem Geiste.**)

Nun kommt zwar allen Energien Schönheit zu, besonders aber den höchsten, welche darum auch als das höchste Gut betrachtet werden.***) In ihnen nach Möglichkeit immer zu leben ist das Ziel der Menschheit, aber die gemischte Natur gestattet es nicht. Viel Ruhe, Erholung und Bewegung bedarf unsre Gattung und kann nicht immer im Zweck, d. h. in den vollkommenen Thätigkeiten leben, oder wie Aristoteles dies Leben nennt, unsterblich sein.†)

Nun ist es aber Aristotelische Lehre und hierdurch kommen wir wieder auf Pindar zurück, dass

---

*) *Eth. Nicom. VII.* 15. *διὸ ὁ θεὸς ἀεὶ μίαν καὶ ἁπλῆν χαίρει ἡδονήν. — οὐκ ἀεὶ δ' οὐδὲν ἡδὺ τὸ αὐτὸ διὰ τὸ μὴ ἁπλῆν εἶναι ἡμῶν τὴν φύσιν.*

**) Vrgl. Anmerk. *) S. 265 u. Anmerk. **) S. 266.

***) *Eth. Nicom. X.* 7. *εἰ δὴ τῶν μὲν κατὰ τὰς ἀρετὰς πράξεων αἱ πολιτικαὶ καὶ πολεμικαὶ κάλλει καὶ μεγέθει προέχουσιν, αὗται δ' ἄσχολοι καὶ τέλους τινὸς ἐφίενται — — ἡ δὲ τοῦ νοῦ ἐνέργεια κ. τ. λ.*

†) Ebendas. *ὁ δὲ τοιοῦτος ἂν εἴη βίος κρείττων ἢ κατ' ἄνθρωπον· οὐ γὰρ ᾗ ἄνθρωπός ἐστιν οὕτως βιώσεται, ἀλλ' ᾗ θεῖόν τι ἐν αὐτῷ ὑπάρχει. — — χρὴ — — ἐφ' ὅσον ἐνδέχεται ἀθανατίζειν.*

diese höchste und schönste Thätigkeit unmittelbar mit der Freude geeinigt ist. Das Schöne bedarf nicht einen äusserlichen Umwurf, um es der Freude theilhaftig werden zu lassen; sondern es ist an sich selber süss.*) Das Schöne ist auch das wahrhaft Angenehme und es ist beinahe einerlei nach dem Schönen zu streben und nach der wahren Freude, welche niedrige Naturen unfähig zu kosten sind.**) Daher verwirft Aristoteles den Delischen Spruch („Das Schönste ist das Gerechteste, das Beste gesund zu sein, das Süsseste aber den Gegenstand der Sehnsucht zu gewinnen"), der das Schöne und das Gute und die Freude zu trennen scheint, und lehrt gründlich, dass die Glückseligkeit (**εὐδαιμονία**) als das höchste Gut in den reinen Thätigkeiten nach der menschlichen Tugend bestehe und in diesen das Schöne und die Freude zugleich besitze.***) Aristoteles würde daher zwar Schiller loben, dass er die Anmuth in den Ausdruck der schönen Seele setzte, würde aber die Definition viel zu eng, viel zu moralisch finden; denn Anmuth ist nach ihm mit allem Schönen vereinigt und alles Schöne ist Thätigkeit, und das Moralische ist nur die geringere menschliche Stufe, in welche die höhere göttliche Glückseligkeit hineinscheint. Das

---

*) *Eth. Nicom. I. 9.* οὐδὲν δὴ προσδεῖται τῆς ἡδονῆς ὁ βίος αὐτῶν ὥσπερ περιάπτου τινός, ἀλλ' ἔχει τὴν ἡδονὴν ἐν ἑαυτῷ.

**) *Eth. Nicom. X. 10.* τοῦ δὲ καλοῦ καὶ ὡς ἀληθῶς ἡδέος οὐδ' ἔννοιαν ἔχουσιν (sc. οἱ πολλοί) ἄγευστοι ὄντες. *Rhet. I. 7.* τὸ γὰρ καλόν ἐστιν ἤτοι τὸ ἡδὺ ἢ τὸ καθ' αὑτὸ αἱρετόν.

***) *Eth. Nicom. I. 9.* ἄριστον ἄρα καὶ κάλλιστον καὶ ἥδιστον ἡ εὐδαιμονία, καὶ οὐ διώρισται ταῦτα κατὰ τὸ Δηλιακὸν ἐπίγραμμα·

Κάλλιστον τὸ δικαιότατον, λῷστον δ' ὑγιαίνειν·
ἥδιστον δὲ πέφυχ' οὗ τις ἐρᾷ τὸ τυχεῖν.

Ἅπαντα γὰρ ὑπάρχει ταῦτα ταῖς ἀρίσταις ἐνεργείαις.

Wesen der Glückseligkeit ist Anschauung*) und auch in den moralischen Tugenden besteht das Beseligende in der Anschauung des Schönen und Passenden.**) Die Anmuth ist daher unzertrennlich von dem Schönen und kann nicht wie der Gürtel der Venus bei Schiller beliebig abgelöst und umgethan werden.***) Aber freilich ist die Anmuth nicht die Thätigkeit selbst, nicht der immanente Habitus, das wirkliche Verhältniss der Kräfte in dem Schönen, überhaupt nicht das Objective selbst, wie wir sahen, sondern die durch kein höheres Princip als durch sich selbst begreifliche, mit der vollendeten Anschauung immer verknüpfte „hinzukommende Vollendung“ (ὡς ἐπιγιγνόμενόν τι τέλος).†)

---

*) *Eth. Nicom. X. 8.* ἐφ' ὅσον δὴ διατείνει ἡ θεωρία καὶ ἡ εὐδαιμονία, καὶ οἷς μᾶλλον ὑπάρχει τὸ θεωρεῖν καὶ εὐδαιμονεῖν, οὐ κατὰ συμβεβηκὸς ἀλλὰ κατὰ τὴν θεωρίαν. αὐτὴ γὰρ καθ' αὑτὴν τιμία. Ὥστ' εἴη ἂν ἡ εὐδαιμονία θεωρία τις.

**) *Eth. Nicom. IV. 4.* Ueber die μεγαλοπρέπεια. Ἔργον δὲ τὸ μέγα καὶ καλόν. Τοῦ γὰρ τοιούτου ἡ θεωρία θαυμαστή· τὸ δὲ μεγαλοπρεπὲς θαυμαστόν. — — τὸ πρέπον γὰρ δύναται θεωρῆσαι.

***) *Eth. Nicom. VIII. 3.* τό τε ἁπλῶς ἀγαθὸν καὶ ἡδὺ ἁπλῶς ἐστίν.

†) Vrgl. oben S. 319. Es ist wohl gestattet, von dieser allgemeinen Betrachtung aus zur Verdeutlichung auf einen besonderen Kreis überzugehn, obgleich die Principien der besondern Künste erst im dritten Bande ausführlich berücksichtigt werden sollen. Aristoteles spricht an einer Stelle der Politik von der Schönheit der Glieder des menschlichen Körpers und lässt merken, dass er die Schönheit derselben auffasst als die Angemessenheit derselben zu ihrem Zwecke einerseits und als die Symmetrie der äusserlichen Gestalt andrerseits, sofern nämlich letztere eine Mitte zwischen zwei Extremen ist. Der Grund, warum ich dies hier erwähne, ist, dass Aristoteles nun eine geringe Abweichung von dieser Norm noch für vereinbar hält mit Schönheit und Anmuth (ἔτι καλὴ καὶ χάριν ἔχουσα

Man darf desshalb wohl, wie ich es oben S. 194 versuchte, das Vergnügen als die subjective Bestimmung des Schönen bezeichnen, da es wegen der beschränkten und gemischten menschlichen Natur nicht möglich ist, dass uns immer dasselbe gefällt. Denn was die Eine Natur in uns thut, das ist der andern Natur widernatürlich und wenn sie sich ausgleichen, ist es indifferent.*) Wir bedürfen daher des Wechsels, wir schätzen das Neue, wir halten nicht zu lange bei demselben Gegenstande aus und fliehen die Anstrengung.**) Das Anmuthige muss daher die Bedingungen enthalten, wodurch wir leicht zur Auffassung der objectiven Schöne geführt, oder wodurch wir in den

---

πρὸς τὴν ὄψιν), eine grössere aber nicht mehr, wie die Nase wohl von der graden Gestalt zur gebogenen oder stumpfen ein wenig abweichen kann und doch noch schön und anmuthig sein, zu weit aber über die Norm hinausgehend überhaupt aufhört als Nase zu erscheinen. Man sieht hieraus erstens, wie Aristoteles die Schönheit bindet an die objectiven teleologischen Maasse, und zweitens, wie er die Anmuth immer mit der Schönheit verknüpft. *Polit. V. 9.* ἀγνοοῦντες ὅτι καθάπερ ῥίς ἐστι παρεκβεβηκυῖα μὲν τὴν εὐθύτητα τὴν καλλίστην πρὸς τὸ γρυπὸν ἢ τὸ σιμόν, ἀλλ' ὅμως ἔτι καλὴ καὶ χάριν ἔχουσα πρὸς τὴν ὄψιν, οὐ μὴν ἀλλ' ἐὰν ἐπιτείνῃ τις ἔτι μᾶλλον εἰς τὴν ὑπερβολήν, πρῶτον μὲν ἀποβαλεῖ τὴν μετριότητα τοῦ μορίου, τέλος δ' οὕτως ὥστε μηδὲ ῥῖνα ποιήσει φαίνεσθαι διὰ τὴν ὑπεροχὴν καὶ τὴν ἔλλειψιν τῶν ἐναντίων· τὸν αὐτὸν δὲ τρόπον ἔχει καὶ περὶ τῶν ἄλλων μορίων.

*) *Eth. Nicom. VII. 15.* οὐκ ἀεὶ δ' οὐθὲν ἡδὺ τὸ αὐτὸ διὰ τὸ μὴ ἁπλῆν ἡμῶν εἶναι τὴν φύσιν, ἀλλ' ἐνεῖναί τι καὶ ἕτερον, καθὸ φθαρτά, ὥστε ἄν τι θάτερον πράττῃ, τοῦτο τῇ ἑτέρᾳ φύσει παρὰ φύσιν, ὅταν δ' ἰσάζῃ, οὔτε λυπηρὸν δοκεῖ οὔθ' ἡδὺ τὸ πραττόμενον.

**) *Eth. Nicom. X. 4.* πάντα γὰρ τὰ ἀνθρώπεια ἀδυνατεῖ συνεχῶς ἐνεργεῖν. — Ἔνια δὲ τέρπει καινὰ ὄντα, ὕστερον δὲ οὐχ ὁμοίως διὰ ταὐτό. — — μεταβολὴ δὲ πάντων γλυκύτατον, κατὰ τὸν ποιητήν, διὰ πονηρίαν τινά.

Zustand unsrer Natur gebracht werden, der das Wesen oder das Schöne und mithin die Freude enthält.*) In diesem Sinne definirt Aristoteles auch das Gegentheil, das Widerwärtige (**λυπηρόν**), als das was uns aus dem wahrhaft natürlichen Zustand herausbringt oder in den entgegengesetzten versetzt.**) Daher ist ihm anmuthig, was nicht gewaltsam ist; jeder Zwang ist wider die Natur und die Anmuth.***) Geschäfte, Ernst und Anstrengung sind nichts Anmuthiges; dagegen ist alles, was mit unsrer Neigung übereinstimmt und wobei mühelose Thätigkeit und Spiel und Erholung stattfindet, anmuthig.†) Daher ist in allen Wahrnehmungen, welche von Lust begleitet sind, in allem Lernen, wenn es mühelos geschieht, und in den Werken der Kunst, durch welche wir leicht die Wahrheit wiedererkennen, auch etwas Anmuthiges; denn alles dies enthält immer die Bedingungen, wodurch wir in unsre Natur versetzt und mithin der Freude theilhaftig werden.††)

---

*) *Rhetor. I. 11.* *εἰ δὲ ἐστὶν ἡδονὴ το τοιοῦτον, δῆλον ὅτι καὶ ἡδύ ἐστι τὸ ποιητικὸν τῆς εἰρημένης διαθέσεως* (nämlich populär ausgedrückt die: *κίνησίς τις ψυχῆς καὶ κατάστασις ἀθρόα καὶ αἰσθητὴ εἰς τὴν ὑπάρχουσαν φύσιν.* Wir haben aber oben die schärfere Bestimmung der Lust kennen gelernt).

**) Ebendas. *τὸ δὲ φθαρτικὸν ἢ τῆς ἐναντίας καταστάσεως ποιητικὸν λυπηρόν.*

***) Ebendas. *καὶ τὸ μὴ βίαιον· παρὰ φύσιν γὰρ ἡ βία. Διὸ τὸ ἀναγκαῖον λυπηρὸν καὶ ὀρθῶς εἴρηται „πᾶν γὰρ ἀναγκαῖον πρᾶγμ' ἀνιαρὸν ἔφυ."*

†) Ebendas. *Τὰς δ' ἐπιμελείας καὶ τὰς σπουδὰς καὶ τὰς συντονίας λυπηρά· ἀναγκαῖα κὰρ καὶ βίαια ταῦτα. — — διὸ αἱ ῥᾳθυμίαι καὶ αἱ ἀπονίαι καὶ αἱ ἀμέλειαι καὶ αἱ παιδιαὶ καὶ αἱ ἀναπαύσεις καὶ ὁ ὕπνος τῶν ἡδέων. — Καὶ οὗ ἂν ἡ ἐπιθυμία ἐνῇ, ἅπαν ἡδύ.*

††) Ebendas. *ἐν δὲ τῷ μανθάνειν εἰς τὸ κατὰ φύσιν καθίστασθαι κ. τ. λ.*

Anmuth in den Sitten.

Da die Anmuth die Bedingungen der Freude enthält, so ist klar, dass auch in den Sitten, wenn sie des Schönen theilhaftig werden, Anmuth liegen muss. Aristoteles hat darüber ausführlich gehandelt. Erstens unterscheidet er einen bestimmten Lebenskreis, der in dem geselligen Verkehr der Menschen besteht; *) in diesem dreht es sich wesentlich um das Angenehme oder Unangenehme, und zwar wieder nach zwei Richtungen; denn entweder betrifft es die Freude, die in Wort und Spass hervorgebracht wird, oder die Freude, die wir durch Wohlwollen und Einstimmung in den übrigen Beziehungen des Lebens von Andern gewinnen. **) Hier treten nun wieder die Extreme auseinander; die Einen sind streitsüchtig und widerwärtig, die andern schmeicheln um jeden Preis; die Einen spassen und spotten, ganz dem Lachen unterthan, die Andern sind finster und bäuerisch. ***) Diejenigen aber, welche dem Guten und Schönen und Passenden gemäss lieben und scherzen und so die Spender der erlaubten und schönen Freude sind, nennt Aristoteles die Anmuthigen (*οἱ χαρίεντες*). †) In ihren Sitten liegen die

---

*) *Eth. Nicom. IV. c.* 12. 13. 14.

**) Ebendas. cap. 14. *τῶν δὲ περὶ τὴν ἡδονὴν ἡ μὲν ἐν παιδιαῖς, ἡ δ' ἐν ταῖς κατὰ τὸν ἄλλον βίον ὁμιλίαις.*

***) Ebendas. cap. 12. *οἱ μὲν ἄρεσκοι δοκοῦσιν εἶναι, οἱ πάντα πρὸς ἡδονὴν ἐπαινοῦντες καὶ οὐθὲν ἀντιτείνοντες — — οἱ δ' ἐξ ἐναντίας τούτοις πρὸς πάντα ἀντιτείνοντες καὶ τοῦ λυπεῖν οὐδ' ὁτιοῦν φροντίζοντες δύσκολοι καὶ δυσέριδες καλοῦνται.* — — cap. 14. *Οἱ μὲν οὖν τῷ γελοίῳ ὑπερβάλλοντες βωμολόχοι δοκοῦσιν εἶναι καὶ φορτικοί, γλιχόμενοι πάντως τοῦ γελοίου — — οἱ δὲ μήτ' αὐτοὶ ἂν εἰπόντες μηθὲν γελοῖον, τοῖς τε λέγουσι δυσχεραίνοντες ἄγριοι καὶ σκληροὶ δοκοῦσιν εἶναι.*

†) Ebendas. cap. 12. *καθόλου μὲν οὖν εἴρηται ὅτι ὡς δεῖ*

Bedingungen der geselligen Freude, soweit diese nach den ethischen Gränzen gestattet ist.

Zweitens aber kommt die Anmuth der Tugend überhaupt zu.*) Wie die Gerechtigkeit d. h. die volle menschliche Tugend schöner ist als Abend- und Morgen-Stern,**) so ist auch der Anblick und die Betrachtung des Lebens des Guten an und für sich erfreulich.***) Seine Handlungen sind schön, ihre Betrachtung mithin süss. Daher kommt es, dass ganz besonders in der Freundschaft, wo die Nähe des Verkehrs den vollen Anblick der Handlungen gestattet, die Anmuth des Guten hervortritt.†) Aristoteles unterscheidet zwar eine Freundschaft um des Guten und um der Lust willen; zeigt aber auf's Klarste, dass die Freundschaft um der Lust willen sehr vergänglich ist, wie denn z. B. die Anmuth der Jugendblüte schnell vergeht und damit zugleich

---

ὁμιλήσει, ἀναφέρων δὲ πρὸς τὸ καλὸν καὶ τὸ συμφέρον στοχάσεται τοῦ μὴ λυπεῖν ἢ συνηδύνειν. Und cap. 14. οἱ δὲ ἐμμελῶς παίζοντες εὐτράπελοι προσαγορεύονται οἷον εὔτροποι. Dann zeigt er, dass die *βωμολόχοι* weit verschieden sind von den χαρίεντες und lässt, da die *termini* von der Sprache nicht fest gegeben sind, den χαρίεις mit dem ἐλευθέριος zusammen als Vertreter des Schönen gelten: ὁ δὴ χαρίεις καὶ ἐλευθέριος οὕτως ἕξει, οἷον νόμος ὢν ἑαυτῷ.

*) *Eth. Nicom. IX. 9.* τοῦ δ' ἀγαθοῦ ἡ ἐνέργεια σπουδαία καὶ ἡδεῖα καθ' αὑτήν.

**) S. oben S. 254 Anm.*) *Eth. Nicom. V. 3.*

***) *Eth. Nicom. VIII. 3.* καὶ γὰρ ἁπλῶς οἱ ἀγαθοὶ ἡδεῖς καὶ ἀλλήλοις· ἑκάστῳ γὰρ καθ' ἡδονήν εἰσιν αἱ οἰκεῖαι πράξεις καὶ αἱ τοιαῦται, τῶν ἀγαθῶν δὲ ἢ αὐταὶ ἢ ὅμοιαι. — —

†) *Eth. Nicom. IX. 9.* ὁ μακάριος δὴ φίλων τοιούτων (sc. σπουδαίων) δεήσεται, εἴπερ θεωρεῖν προαιρεῖται πράξεις ἐπιεικεῖς καὶ οἰκείας.

die Lust am Anblick,*) während die Guten an und für sich angenehm sind; denn ihre Handlungen und Gedanken enthalten die Schönheit des Lebens, mithin ist ihre Gegenwart angenehm, anmuthig auch ihre Erinnerungen und Hoffnungen, weil alles bei ihnen sich auf das Schöne bezieht.**) So sind die Guten die Träger der Anmuth des Lebens und die Tugend ist ein Gut und Genuss für die Andern, die mit dem Tugendhaften verkehren.***) Das Anmuthige aber sucht die Natur vor Allem und flieht das Widerwärtige, denn nicht auszuhalten sei es, sagt Aristoteles, mit einem Menschen zusammenzuleben, der uns immer verstimmt oder auch nur nicht anmuthig ist.†)

Anmuth als Ziel der Kunst.

Es versteht sich nun von selbst, dass wenn das Schöne immer ein Grund der Freude ist, auch die Kunst, welche Anschauungen des Schönen geben will, zugleich eine Quelle des Vergnügens wird, und zwar, da es reine Betrachtungen, nicht historische und per-

---

*) *Eth. Nicom. VIII. 5.* ληγούσης δὲ τῆς ὥρας ἐνίοτε καὶ ἡ φιλία λήγει· τῷ μὲν γαρ οὐκ ἔστιν ἡδεῖα ἡ ὄψις — —

**) *Eth. Nicom. VIII. 4.* συνδιάγειν τε ὁ τοιοῦτος (ὁ σπουδαῖος) ἑαυτῷ βούλεται· ἡδέως γὰρ αὐτὸ ποιεῖ· τῶν τε γὰρ πεπραγμένων ἐπιτερπεῖς αἱ μνῆμαι καὶ τῶν μελλόντων ἐλπίδες ἀγαθαί· αἱ τοιαῦται δ' ἡδεῖαι. IX. 7. ἥδιστον δὲ τὸ κατὰ τὴν ἐνέργειαν καὶ φιλητὸν ὁμοίως.

***) *Eth. Nicom. V. 3.* διὰ δὲ τὸ αὐτὸ τοῦτο καὶ ἀλλότριον ἀγαθὸν δοκεῖ εἶναι ἡ δικαιοσύνη. Darum heissen auch die Feineren oder Gebildeten und Guten im Gegensatze zur Menge bei ihm häufig schlechthin οἱ χαρίεντες z. B. *Eth. Nicom. I. 2.*

†) *Eth. Nicom. VIII. 6.* οὐδεὶς δὲ δύναται συνημερεύειν τῷ λυπηρῷ οὐδὲ τῷ μὴ ἡδεῖ· μάλιστα γὰρ ἡ φύσις φαίνεται τὸ μὲν λυπηρὸν φεύγειν, ἐφίεσθαι δὲ τοῦ ἡδέος.

sönliche Beziehungen sind,*) die sie bietet, dass sie reine Freude an der Wahrheit und dem Schönen, oder wie wir jetzt zu sagen pflegen, ästhetisches Vergnügen bereitet. Ich habe schon oben S. 193 das Vergnügen als subjective Bestimmung des Schönen nachgewiesen und daran erinnert, wie alle Künste in einer bestimmten Weise ergötzen wollen. Ich füge hier nur noch hinzu, dass auch die Dichtkunst um der Anmuth willen nicht die prosaische Rede wählen darf, sondern die sogenannte versüsste oder anmuthige Sprache mit Rhythmus und mit Musik gebraucht, obschon ihr Wesen nicht in der Choregie dieser Darstellungsmittel besteht. Wenn desshalb Horaz meint:**)

aut prodesse volunt aut delectare poetae,
aut simul et jucunda et idonea dicere vitae:

so würde Aristoteles das gänzlich verwerfen; denn Ziel der Kunst ist nur die Nachahmung des Lebens nach seiner Wahrheit und Schönheit, mithin eine gewisse Anschauung (θεωρία). In dieser Anschauung selbst muss die Anmuth liegen und nicht von Aussen her und nebenbei gesucht werden — das ist die beständige Aristotelische Erinnerung. Der Nutzen ist eine bloss consecutive Bestimmung und darf desshalb nicht in den Zweck oder das Princip der Kunst selbst aufgenommen werden. Und nur als begleitend und unterstützend gestattet Aristoteles die anderweitigen Versüssungen (ἡδύσματα). Es ist desshalb ganz in seinem Sinne gesprochen, was Melanthios auf die Frage, wie ihm die Tragödie des Athenischen Dichters Diogenes gefalle, geantwortet haben soll. Da dieser nämlich durch übermässigen Glanz und Witz der Rede

*) Vrgl. S. 158.

**) *De arte poetica v. 333.*

die Aufmerksamkeit der Zuhörer bloss auf die Worte richtete, so sagte Melanthios, er könne die Tragödie gar nicht sehen, sie sei durch die vortretenden Worte eklipsirt.*) Denn die dienenden Mittel sollen nach Aristoteles überall zurücktreten, wo die Sache selbst mit ihrer Anmuth leuchtet; erst an den „faulen" Stellen, wo in der Tragödie mitunter weder die Charaktere noch die Gedanken eine besondere Aufmerksamkeit für sich erregen können, darf die Sprache glänzender werden, deren zu grosser Glanz sonst die Sache selbst in Schatten setzt.**)

Die ideale und die zersetzende Anmuth.

Wir sahen, dass das Schöne erhaben (**θαυμαστόν**) genannt wird nach dem Merkmal der Grösse (**τὸ μέγα**), und müssen es nun als anmuthig (**ἡδύ**) bezeichnen nach dem Merkmal der Lust (**ἡδονή**). Man wird aber über die Anmuth nicht völlig in's Klare kommen, wenn man nicht einsieht, dass sie aus zwei sehr verschiedenen Quellen fliessen kann. Aristoteles zeigt überall, dass der letzte und eigentliche Grund aller Lust in dem Schönen oder Guten selbst liegt, das als der Gegenstand alles Strebens und aller Liebe auch der erste Grund aller Bewegung ist.***) Neben

---

*) *Plutarch. de auditione cap. V.* οὕτως περιττὴ καὶ σοβαρὰ λέξις ἀντιλάμπει τῷ ἀκροατῇ πρὸς τὸ δηλούμενον. ὁ μὲν γὰρ Μελάνθιος, ὡς ἔοικε, περὶ τοῦ Διογένους τραγῳδίας ἐρωτηθείς, οὐκ ἔφη κατιδεῖν αὐτὴν ὑπὸ τῶν ὀνομάτων ἐπιπροσθουμένην.

**) *Poet.* 25. Τῇ δὲ λέξει δεῖ διαπονεῖν ἐν τοῖς ἀργοῖς μέρεσι καὶ μήτε ἠθικοῖς μήτε διανοητικοῖς· ἀποκρύπτει γὰρ πάλιν ἡ λίαν λαμπρὰ λέξις τά τε ἤθη καὶ τὰς διανοίας.

***) *Metaph.* Λ. 7. 1072. a. 28. βουλητὸν δὲ πρῶτον τὸ ὂν καλόν.

dieses tritt nun aber zweitens das Princip der Individualität.*) Das Gute ist ein allgemeines und für Alle; unser Interesse ist, dass es für uns (ἡμῖν) da sei;**) wir sind das Subject des Strebens; wir sind daher in gewisser Weise selbst der Zweck.***) Kein Wunder, wenn nun Alles, was sich auf uns selbst, auf unser Eigenleben und Eigenthum, auf unsre Gewöhnung und Ehre und Macht fördernd bezieht, eine Ursache der Lust wird.†)

Nun ist in idealer Weise unser wahres Wesen oder unser eigenstes Selbst zugleich das Schönste und Angenehmste;††) in Wirklichkeit trennt sich aber bei der Masse und besonders bei den gemeineren Naturen das Gute und das

---

*) *Polit.* II. 4. (*Did.* I. 499. 42.) *δύο γάρ ἐστιν ἃ μάλιστα ποιεῖ κήδεσθαι τοὺς ἀνθρώπους καὶ φιλεῖν, τό τε ἴδιον καὶ τὸ ἀγαπητόν.* *Eth. Nic.* IX. 9. (*Did.* II. 113. 3.) *ἔστι δὲ καὶ τὸ οἰκεῖον τῶν ἡδέων.*

**) *Metaph.* VI. 4. *ὥσπερ ἐν ταῖς πράξεσι τὸ ποιῆσαι ἐκ τῶν ἑκάστῳ ἀγαθῶν τὰ ὅλως ἀγαθὰ ἑκάστῳ ἀγαθά.* *Eth. Nicom.* VII. 13. *ἐπεὶ τὸ ἀγαθὸν διχῶς (τὸ μὲν γὰρ ἁπλῶς, τὸ δὲ τινί)* — — *Eth. Nicom.* V. 1. *οἱ δ' ἄνθρωποι ταῦτα* (nämlich *περὶ ὅσα εὐτυχία καὶ δυστυχία*) *εὔχονται καὶ διώκουσιν· δεῖ δ' οὔ, ἀλλ' εὔχεσθαι μὲν τὰ ἁπλῶς ἀγαθὰ καὶ αὑτοῖς ἀγαθὰ εἶναι, αἱρεῖσθαι δὲ τὰ αὑτοῖς ἀγαθά.* *De soph. elench.* 25. *ἢ οὐδὲν κωλύει ἁπλῶς ὂν ἀγαθὸν τῷδε μὴ εἶναι ἀγαθόν.*

***) *ἐσμὲν καὶ ἡμεῖς τέλος.*

†) *Rhetor.* I. 11. *ἐπεὶ δὲ φίλαυτοι πάντες, καὶ τὰ αὑτῶν ἀνάγκη ἡδέα εἶναι πᾶσιν, οἷον ἔργα καὶ λόγους. Διὸ καὶ φιλοκόλακες ὡς ἐπὶ τὸ πολὺ καὶ φιλερασταὶ καὶ φιλότιμοι καὶ φιλότεκνοι· αὑτῶν γὰρ ἔργα τὰ τέκνα.*

††) *Eth. Nicom.* X. 7. *δόξειε δ' ἂν καὶ εἶναι ἕκαστος τοῦτο* (nämlich *ὁ νοῦς* als *θεῖον*), *εἴπερ τὸ κύριον καὶ ἄμεινον* — — *τὸ γὰρ οἰκεῖον ἑκάστῳ τῇ φύσει κράτιστον καὶ ἥδιστόν ἐστιν ἑκάστῳ.* *Eth. Nicom.* IX. 9. *τὸ γὰρ τῇ φύσει ἀγαθὸν εἴρηται ὅτι τῷ σπουδαίῳ ἀγαθὸν καὶ ἡδύ ἐστι καθ' αὑτό.*

Selbstische.*) Die edleren Naturen, welche in der idealen und ursprünglichen Einfalt leben, dürfen desshalb voller Selbstliebe und selbstisch sein, weil sie ihr Eigenes in das Gute und Schöne setzen und dadurch den Andern Heil bringen; die Schlechteren aber verstehen unter Selbstliebe ihr persönliches Interesse im Gegensatz gegen die Tugend und die allgemeine Wohlfahrt.**)

Wenn man diesen bedeutenden Gegensatz, der die Tiefen der Metaphysik und der Ethik gleicherweise berührt, gehörig verstanden hat, so zeigt sich darin auch der Grund für die zweite, zersetzende Anmuth im Leben und in der Kunst. Denn diejenigen, welche die blosse Lust des Eigenlebens zu ihrem Ziele setzen und nicht das Schöne als Massstab betrachten, werden nun bloss suchen, den Andern um keinen Preis zu verstimmen oder zu verletzen, und werden durchaus nur sein Vergnügen, durch jedes Lob, durch jeden Spass im Auge haben, unbekümmert um Wahrheit, Recht und Tugend — das sind die Gefallsüchtigen und Schmeichler.***) In gleicher Weise aber wird auch die Kunst, wenn sie bloss um den Beifall der Menge buhlt, die strengen Grazien verscheuchen müssen; denn nicht bloss die Anmuth des

---

*) *Eth. Nicom.* I. 9. τοῖς μὲν οὖν πολλοῖς τὰ ἡδέα μάχεται διὰ τὸ μὴ φύσει τοιαῦτ' εἶναι, τοῖς δὲ φιλοκάλοις ἐστὶν ἡδέα τὰ φύσει ἡδέα.

**) *Eth. Nicom.* IX. 8. Ὥστε τὸν μὲν ἀγαθὸν δεῖ φίλαυτον εἶναι· καὶ γὰρ αὐτὸς ὀνήσεται τὰ καλὰ πράττων καὶ τοὺς ἄλλους ὠφελήσει· τὸν δὴ μοχθηρὸν οὐ δεῖ· βλάψει γὰρ καὶ ἑαυτὸν καὶ τοὺς πέλας φαύλοις πάθεσιν ἑπόμενος.

***) *Eth. Nicom.* IV. 12. τοῦ δὲ συνηδύνοντος ὁ μὲν τοῦ ἡδὺς εἶναι στοχαζόμενος μὴ δι' ἄλλο τι ἄρεσκος, ὁ δ' ὅπως ὠφέλειά τις αὐτῷ γίγνηται εἰς χρήματα καὶ ὅσα διὰ χρημάτων κόλαξ.

Schönen selbst darf dann ihr Ziel sein, sondern sie muss auf die Leidenschaften und Gewohnheiten der Masse der Schlechteren Rücksicht nehmen und die Eigenlust kitzeln und so überhaupt den Massstab der Wahrheit und Schönheit wegwerfen.*) Ich habe hierüber ausführlicher weiter unten im Abschnitt „Von dem Verfall der Kunst" gesprochen; es genügt hier, wenn das Princip der Sache klar geworden ist.

III. Capitel.

Eintheilung der Kunst.

Wer die Theorie der Eintheilungen bei Aristoteles studiert, wird bemerken, dass Aristoteles bald mit der grössten Leichtigkeit jeden kleinsten Unterschied benutzt, um ein neues Eintheilungsglied neben die andern zu stellen, bald aber auch sich schwierig und bedenklich zeigt, wo es gilt, nicht bloss zum Zweck der Reflexion zwei oder mehr Gegenstände zu scheiden, sondern diese Scheidung als eine bleibende Ordnung der Natur, als Wesenbestimmung zu begreifen. Dazu genügt ihm auch nicht ein Merkmal, sondern er fordert die durchgängige Verschiedenheit nach allen specifischen Merkmalen und ihren Folgen. Denn auch einige Folgen *(propria)* müssen verschieden und eigenthümlich für jede besondre Art sein.**)

---

*) Vrgl. a. a. St. *Poet.* 13. *ἀκολουθοῦσι γὰρ οἱ ποιηταὶ κατ' εὐχὴν ποιοῦντες τοῖς θεαταῖς.*

**) Vrgl. meine Abhandl. über die Eintheilung der Aristot. Verfassungsformen S. 36.

§. 1. Es giebt nur eine Eintheilung nach den Darstellungsmitteln.

Wie hat nun Aristoteles diese Principien für die Eintheilung der schönen Künste angewendet? Offenbar besitzen wir von ihm keine derart genügende Untersuchung. Er unterscheidet die verschiedenen Künste, wie sie auch schon sonst im bürgerlichen Leben und von der Sprache geschieden waren, ohne eine systematische Eintheilung oder Ableitung und Entwickelung zu geben. Ja es fehlt uns sogar irgend ein Eintheilungsprincip mit Ausnahme des einzigen im ersten Capitel der Poëtik, wo er nach dem Worin*) der Darstellung mehrere Künste scheidet. Er nennt dort Künste, welche durch Farben und Gebärden nachahmen, andre, die durch die Stimme darstellen und setzt ihnen die von ihm zusammengefasste Gruppe von Künsten entgegen, die alle durch Rhythmus, Rede und Harmonie wirken. Man würde sich gern verleiten lassen, darin etwa die bildenden, tönenden und redenden Künste finden zu wollen; wenn er nur nicht zu der letzteren Gruppe auch den Tanz und die Instrumentalmusik rechnete. Es sind darin dem griechischen Gebrauch gemäss ausser der Poësie auch die Künste noch mit zusammengefasst, welche bei der dramatischen Aufführung zusammenwirken. Einen Anspruch auf eine systematische Eintheilung darf man desshalb darin nicht sehen.

Der Gegenstand oder Zweck trennt die Künste nicht.

Interessant aber ist vielmehr die verneinende Seite, die hier an den Tag kommt. Es ist nämlich offenbar, dass Aristoteles keinen Unterschied der

---

**) Cap. I. τῷ γένει ἑτέροις μιμεῖσθαι und Schluss τὸ ἐν οἷς.

Künste in ihrem Zwecke setzt. Ich habe schon früher S. 180 gezeigt, wie der Gegensatz des Erhabenen und Komischen durch die ganze Kunst geht und S. 156 dass nach Aristoteles alle Künste die Nachahmung von Handlungen zu ihrem Zwecke haben. So ist also nach Aristoteles keine principielle Unterscheidung der Künste möglich. Und diejenige Eintheilung, welche auf dem Gegenstande der Nachahmung (ἃ μιμοῦνται cap. II. Poët.) beruht, trennt die Künste nicht von einander, sondern verbindet sie, da dieselbe sich in jeder einzelnen Kunst wiederholt (S. 171 u. 180).

Die Eintheilung nach der Darstellungsart bezieht sich nur auf die Poësie.

Der dritte Eintheilungsgrund, welchen Aristoteles im Anfang der Poëtik geltend macht, die Art der Darstellung (τὸ ὡς) ist offenbar nur für die Poësie selbst zutreffend; man könnte ihn für Sculptur und Musik doch nur sehr metaphorisch anwenden, wenn man diese etwa schlechthin dramatisch nennen wollte, da die Künstler niemals in ihrem Werke miterschienen, sondern dieses auf eigne Hand seine Wirkung thun liessen und jedenfalls weiss ich keine Stelle des Aristoteles, welche dergleichen Analogien gestattete.

Alle Künste sind commensurabel.

Es scheint desshalb so, als wenn Aristoteles die Künste sämmtlich als Wettkämpfer um dasselbe Ziel betrachtete. Darnach wären sie alle commensurabel. Wie sehr dies seine Meinung ist, kann man auch aus der fortwährenden Berufung der

Poëtik auf die anderen Künste wahrnehmen, z. B. führt er die poëtische Charakterschilderung auf den Massstab des für die Malerei Gültigen zurück, und am Deutlichsten wird diese Voraussetzung innerhalb der Poësie, da wo er Epos und Tragödie vergleicht. Denn nicht der leiseste Zweifel kommt ihm auf, ob man überhaupt beide vergleichen dürfe, sondern er handelt bloss von den Gesichtspunkten, nach denen der Vorzug eingeräumt werden müsse.

Die Unterscheidung der Künste, welche gelegentlich erfolgt, bezieht sich desshalb immer auf die materielle Seite der Kunst oder die wirkende Ursache. So z. B. unterscheidet er in letzterer Beziehung die plastische und tektonische Arbeit, aber nicht nach inneren Zwecken und dem Gegenstande der Phantasie, sondern dadurch, dass hier durch Instrumente, dort durch unmittelbare Berührung des Objects mit den Fingern die Gestaltung bewirkt werde.*) Er will damit die verschiedene Kraft der Natur erläutern, indem etliche Thiere den Saamen als lebendiges Instrument abgeben, welcher im Weibchen die Gestalt der Species ausarbeitet, während andere, z. B. einige Insekten, so schwacher Kraft sind, dass sie kein Mittelglied mehr beleben können, sondern nur wenn das Weibchen einen Theil seines Körpers in das Männchen einlässt, noch Kräfte genug haben, um die Stoffe des Weibes in lebendige Gestalt überzuführen.

---

*) *De anim. gener. lib. I. c.* 22 Schl. (*Did. III.* 343. 8.) *καὶ ἔοικε τοῖς πλάττουσιν οὐ τοῖς τεκταινομένοις· οὐ γὰρ δι' ἑτέρου θιγγάνουσα δημιουργεῖ τὸ συνιστάμενον, ἀλλ' αὐτὴ τοῖς αὑτῆς μορίοις.*

Eine Frage der Interpretation.

Es giebt eine Stelle der Metaphysik, nach der es scheinen könnte, als müssten die Künste in zwei grosse Gebiete eingetheilt werden, nämlich in solche, die ohne Materie schaffen, und solche, die nur in der Materie arbeiten können. Die Stelle lautet (Buch *Λ*. 9. 1074. b. 38. *οὐδὲ γὰρ ταὐτὸ τὸ εἶναι νοήσει καὶ νοουμένῳ. ἢ ἐπ' ἐνίων ἡ ἐπιστήμη τὸ πρᾶγμα· ἐπὶ μὲν τῶν ποιητικῶν ἄνευ ὕλης ἡ οὐσία καὶ τὸ τί ἦν εἶναι, ἐπὶ δὲ τῶν θεωρητικῶν ὁ λόγος τὸ πρᾶγμα καὶ ἡ νόησις. οὐχ ἑτέρου οὖν ὄντος τοῦ νοουμένου καὶ τοῦ νοῦ, ὅσα μὴ ὕλην ἔχει, τὸ αὐτὸ ἔσται, καὶ ἡ νόησις τῷ νοουμένῳ.* Wenn man nämlich das *ἄνευ ὕλης* zu den *ποιητικαὶ ἐπιστῆμαι* zieht, so scheint es Künste zu geben, die ohne Materie schaffen. Dadurch könnte man leicht auf Hirngespinnste kommen und am Ende meinen, Aristoteles liesse seine Künste sich auch wie bei Hegel immer mehr sublimiren, bis sie zuletzt keine Materie mehr hätten, wie die Poësie. Allein derlei Hypothesen sind kurzweg abgeschnitten durch die Aristotelischen Principien (Vrgl. S. 63). Ueberall wo Veränderung stattfindet, ist Materie. (Vrgl. S. 65). Die Kunst ist Princip der Veränderung in einem Andern,*) also nicht ohne Materie wirksam. Mithin ist auch für die Poësie die Sprache als Materie nicht bloss bildlich zu fassen, sondern eigentlich; denn die Sprache gehört ja auch unserm sinnlichen Theile an, der nicht ohne Bewegung (*κίνησις*) und also nicht ohne Materie ist, möge man die Sprache als hörbar nehmen, oder bloss als der Phantasie eigenthümlich, da auch die Phantasie nur unserem mit Materie ver-

---

*) *Metaph.* Θ 2. 1046. b. 3. *διὸ πᾶσαι αἱ τέχναι — — δυνάμεις εἰσίν· ἀρχαὶ γὰρ μεταβλητικαί εἰσιν ἐν ἄλλῳ ᾗ ἄλλο.*

knüpften Seelentheile zukommt. Verfolgen wir also keine Hypothesen, die mit Aristotelischer Sinnesart nichts zu thun haben.

Wahrscheinlich hat dieses Bedenken **Bonitz** bestimmt, die Worte ἄνευ ὕλης so zu commentiren: „*si materiae cogitationem seposueris.*“ Allein damit scheint mir die Sache nicht leichter zu werden; denn wenn wir den Gedanken an die Materie bei Seite setzen, so ändert das doch nicht das Verhältniss der Sache selbst. Ist die Materie einmal mit der Kunst verbunden, so fruchtet es nichts, sie wegzudenken; es könnte dadurch höchstens unsre Betrachtung nur ungenau und unrichtig werden. Daher ergiebt es sich auch, dass seine weitere Erklärung unmöglich zutreffen kann. Er will nämlich zu οὐσία und τὸ τί ἦν εἶναι als Subject, αὐτὸ τὸ πρᾶγμα als Prädicat ergänzen. Er versteht also die Stelle so, dass bei den Künsten, wenn man von der Materie absieht, das Wesen und ideale Prius die Sache selbst ist. Allein dabei sind zwei grosse Anstösse. Erstens darf man gar nicht von der Materie absehen, wenn die Künste nicht ohne Materie gedacht werden können, und der Beweis, der darauf hinaus kommen soll, dass im Gebiete des Immateriellen Denken und Gedachtes Eins sind, würde also für die Künste nicht passen, da wir bei ihnen ja die Materie nur wegdenken. Zweitens weiss man nicht, was er denn unter der Sache selbst (αὐτὸ τὸ πρᾶγμα) eigentlich versteht; denn der Gegensatz ist das Subjective und Objective, das Wissen und der Gegenstand. Statt des Wissens steht aber hier οὐσία und τὸ τί ἦν εἶναι, die sonst nicht das Wissen, sondern den Gegenstand des Wissens bedeuten, während gleich in dem Folgengen λόγος und νόησις die subjective, τὸ πρᾶγμα die objective Seite klar angeben. Schwerlich aber kann man sagen, dass in den Künsten das ideale Wesen die Sache selbst sei. Denn wie könnte man das anders verstehen, als dass das ideelle Haus das wirkliche Haus, der Begriff der Gesundheit die wirkliche Gesundheit sei.

Mir scheint das Verständniss viel einfacher und schöner zu werden, wenn man ἄνευ ὕλης als Prädicat fasst und nichts hinzudenkt. Ich würde daher so übersetzen: „einerseits, in den Künsten ist das Wesen und ideale Prius ohne Materie; andererseits in den theoretischen Wissenschaften ist das Denken die Sache selbst.“ Nun ist erstens der Sinn an sich klar, denn *das ideale Prius* (τὸ τί ἦν εἶναι) *in den Künsten ist in der That nicht materiell*, wie z. B. der Begriff der Gesundheit nicht, und Aristoteles sagt oft, dass das immaterielle Haus im Geiste des Baumeisters das materielle Haus hervorbringe. Zweitens aber liegt der Satz nun richtig für die Argumentation; denn es kommt Aristoteles darauf an *zu zeigen, dass es immaterielle Gegenstände giebt, weil nur im Gebiete des Immateriellen diese Einheit des Subjectiven und Objectiven stattfindet.* Die sinnliche Wahrnehmung hat immer ein materielles Object, aber in der Kunst ist das Object ja noch gar nicht da; es soll erst werden aus seinem idealen Grunde; dieser hervorbringende Grund ist aber immateriell und Gegenstand des künstlerischen Denkens. Mithin findet bei diesem wie in den theoretischen Wissenschaften die zu beweisende Einheit von Subjectivem und Objectivem statt.

Aristoteles konnte diese Bestimmung für die Kunst nur dadurch geltend machen, dass er bloss auf den idealen Grund, welcher immateriell ist, hinblicken hiess. In der Lehre von der Composition unten wird gezeigt werden, wie die ganze Kunstthätigkeit sich in eine ideelle (νόησις) und reale (ποίησις) Seite zerlegt. An unsrer Stelle hier ist daher nur von dem künstlerischen Denken (νίησις) die Rede.

§. 2. Genauere Analyse der Darstellungsmittel.

Obwohl wir nun so keine systematische Eintheilung der Kunst von Aristoteles haben, so hindert das doch nicht, dass wir nicht viele feine und scharfe Unterscheidungen der Künste fänden, denen man gerecht werden muss. So können wir natürlich keine ausdrückliche Definition der Poësie erwarten, weil die Eintheilung der Kunst nicht vorhergegangen, aber entbehren dennoch nicht der schärfsten Bestimmungen, wodurch ihr Gebiet von dem der andern Künste abgesondert wird. Es scheint freilich nicht so, denn wirklich definirt er die Gattungen der Poësie derart, dass sie mit der Musik verschmolzen werden. Zum richtigen Verständniss dieser Frage müssen wir die entscheidenden Begriffe erst bestimmen.

Diese, nämlich das Worin der Nachahmung, sind: *χρώματα*, *σχήματα*, *φωνή*, und dann die drei näher verbundenen *ῥυθμός*, *λόγος*, *ἁρμονία*. Diese letzteren sind strittig in ihrer Bedeutung, da unter *λόγος* bald Rede, bald Vers, unter *ἁρμονία* bald Harmonie, bald Gesang verstanden ist und *ῥυθμὸς* bald allgemein, bald speciell als Tanz aufgefasst wird.

Auskunft bei Aristides Quintilianus.

Ich glaube, dass man diese drei *termini* am Besten verstehen wird, wenn man die alten Musiker*)

*) *Antiquae Musicae auctores septem edd. M. Meibomius, Amstelodami* 1652.

um Erklärung angeht; denn wir haben unter ihnen erstens den unmittelbaren Schüler des Aristoteles und dann etliche, die beim besten Willen wohl keine eigne Eintheilungen und Erklärungen zu Stande gebracht hätten und uns daher ziemlich getreu einen Theil dessen wieder überliefern, was von Aristoxenus leider verloren gegangen.

Nun theilt Aristides Quintilianus bei Meibom S. 7 die ganze Musik in einen theoretischen und praktischen Theil. Mit dem ersteren haben wir zunächst zu thun. Er zerfällt wieder 1) in physische Untersuchungen (*lib. III.*), die theils arithmetischer Art sind, theils naturphilosophische und physikalische Fragen betreffen — 2) in das eigentliche technische Gebiet (*lib. I.*), und dieses letztere umfasst nun genau die drei Artikel, welche auch von Aristoteles als die drei Darstellungsmittel erkannt sind, nämlich die Harmonie (*αρμονικόν*), den Rhythmus (*ῥυθμικόν*) und das Metrum (*μετρικόν*). Es ist natürlich nicht unsre Aufgabe, dieses Gebiet für sich zu verfolgen, wir müssen nur soviel davon herausheben, als zur Lösung der zahlreichen Schwierigkeiten bei Aristoteles hinreicht und wir wollen daher erst einige derselben hier zusammenstellen.

Die Schwierigkeiten bei Aristoteles.

1. Die drei Darstellungsmittel bezeichnet Aristoteles *Poet. I.* §. 4 als *ἐν ῥυθμῷ καὶ λόγῳ καὶ αρμονίᾳ,* am Ende desselben Capitels aber durch *ῥυθμῷ καὶ μέλει καὶ μέτρῳ.* — Soll dies stimmen, so müsste *μέλος* gleichbedeutend sein mit *ἁρμονία* und *μέτρον* mit *λόγος.*

2. In Capitel IV. wird von den *μέτρα* gesagt, dass sie nur *μόρια τῶν ῥυθμῶν* sind. — Sie gehören

also zum ῥυθμός und wir haben nur noch zwei Darstellungsmittel, und es ist daher schwer begreiflich, wie derselbe Autor (*sub 1*) ῥυθμῷ καὶ μέλει καὶ μέτρῳ sagen konnte. Vielleicht wollen desswegen Ritter und Susemihl unter ῥυθμός im ersten Capitel den Tanz verstehen „*per* ῥυθμὸν *h. l. saltatio* (ὄρχησις) *ad numeri leges accommodata intelligitur.*"*) Wie kann aber ῥυθμὸς Tanz bedeuten, wenn vom Tanz gesagt wird, dass er durch den ῥυθμὸς**) darstelle?!

3. In Capitel VI. heisst es vom ἡδυσμένος λόγος, er habe als solcher: ῥυθμός, ἁρμονία und μέλος.***) — Hier steht μέλος neben ἁρμονία und das μέτρον scheint vergessen. An andern Stellen finden wir bloss μελοποιΐα oder auch μέλος.

Die Poësie darf nicht mit Westphal zu den musischen Künsten im engeren Sinne gerechnet werden.

Diese Schwierigkeiten werden sich aber lösen, wenn man die Eintheilung des Aristides Quintilianus genauer betrachtet. Die Deutung nämlich, welche der geistvolle Westphal derselben giebt, ist nicht ohne grosses Interesse. Er glaubt aus den Alten drei musische Künste herauslesen zu können, nämlich Orchestik, Musik und Poësie, als welche alle unter der Idee des Zeitlichen und der Bewegung stehen und desshalb von dem Rhythmus ihr Gesetz empfangen, wie die von ihm apotelestische genannten bildenden Künste von der Symmetrie. Ich werde weiter

---

*) Ritter comment. S. 88. §. 10.

**) *Poet. I.* §. 6. αὐτῷ τῷ ῥυθμῷ.

***) cap. VI. λέγω δὲ ἡδυσμένον μὲν λόγον, τὸν ἔχοντα ῥυθμὸν καὶ ἁρμονίαν καὶ μέλος.

unten diese ganze Eintheilung der Kritik unterwerfen, hier interessirt uns nur die dritte Art der musischen Künste, die Poësie. Es ist mir unbegreiflich, wie Westphal die Poësie als Kunst der Bewegung und Zeit unter den Rhythmus stellen konnte; denn wenn auch unter den Dichtern nur Sophron in seinen Mimen diese „nothwendige Form des musischen Kunstwerks" aufgab, so ist doch aus den Erklärungen der alten Kunsttheoretiker klar genug, dass Poësie ihrem Wesen und Begriff nach eine im Elemente der Phantasie sich bewegende Nachahmung des menschlichen Lebens ist, ihrem Wesen und Begriff nach also nichts mit Rhythmus zu thun hat, mithin unmöglich mit Orchestik und Musik in dieselbe Reihe gestellt werden konnte. Nur soweit grade unterliegt die Poësie dem Gesetze des Rhythmus, als sie sich mit jenen Künsten vereinigt, in denen der Rhythmus gebietet, und orchestische und musikalische Darstellung als schmückende Kunstmittel anwendet. Und selbst das Metrum ist ihr durchaus nicht wesentlich und macht keine an sich nicht-dichterische Leistung (z. B. ein Werk wie Empedocles Naturphilosophie oder Herodot's Geschichte) durch sein Hinzukommen zu einer dichterischen. Die Alten haben desshalb wohl im Leben jene Künste im schönen Verein zusammenwirken lassen; die Begriffe derselben aber scharf auseinander gehalten. Westphal*) beklagt es nun seiner Auffassung der musischen Künste gemäss als „einen der grössten Mängel des antiken Systems," dass es „denjenigen Theil, welchen wir Poëtik nennen, ausgeschlossen und sich nur auf die Behandlung der äusseren, aus dem Rhyth-

*) Harmonik und Melopöie S. 12.

mus hervorgehenden Form, die Metrik beschränkt habe." Sollte man nicht von vornherein versucht sein, aus dieser von ihm beklagten Thatsache zu schliessen, dass die Alten die Poësie vielleicht gar nicht zur eigentlichen Musik mitrechneten? Und wird diese Vermuthung nicht sehr durch die eigene Westphal'sche Ausführung unterstützt, indem er S. 12 entwickelt, dass bei den Alten nicht bloss die kunstvolle metrische Anordnung des poëtischen Textes, sondern auch der Tact und auch Melodie und Harmonie „nur die formellen Elemente der Poësie" sind und nur „secundäre Bedeutung haben gegenüber dem poëtischen Text, der das prävalirende Element war!" Wenn dies richtig ist, so wird doch kaum anzunehmen sein, dass die alten philosophisch geschulten Kunsttheoretiker nun die Poësie als nebengeordnet mit den ihr als formelles Element untergeordneten Kunstzweigen aufgestellt hätten. Ich glaube weiter unten bis zur Evidenz nachgewiesen zu haben, dass jene angebliche Eintheilung auch nicht antik ist. Hier aber wird Aristides Quintilianus also gegen den Vorwurf zu schützen sein, dass er die Poëtik ausgeschlossen habe;*) denn er hat zum Gegenstande eben nur die musischen Künste im engeren Sinne (*μουσική*) gewählt und diese haben als technische Theile nur die Harmonik, Rhythmik und Metrik. Und so kann er von Aristoteles erläutert werden, der auch grade diese drei Elemente als Darstellungsmittel

---

*) Nichtsdestoweniger macht der Compilator, von dem Reiz seiner Lektüre verlockt, im zweiten Buche einige Streifzüge in die eigentliche Poëtik, wie er auch, obgleich er unter *ποίησις* nur die metrische Formirung des Textes versteht, doch den Inhalt des Textes bei der Wirkung der Musik mitberücksichtigt.

zusammenfasst und sie als *ἡδύσματα* oder *κόσμος*, als Schmuck und Verschönerung der Poësie bezeichnet, die an und für sich auch ohne dergleichen als *ψιλομετρία* und in Prosa auftreten könne. Da die Dichtkunst wesentlich Nachahmung von Handlungen durch Worte ist, so hat sie an und für sich einen mit der Musik und deren technischen Gesetzen unvermischten Kunstkreis und dies ist von Aristoteles auf das Nachdrücklichste hervorgehoben, indem er mit voller begrifflichen Schärfe die Musik (d. h. Melopöie), Metrik und Orchestik und Hypokritik von seiner Poëtik ausschliesst; sowie er andrerseits das ganze Wesen der Musik nur in Melopöie und Rhythmus bestehen lässt.*) Ebenso denkt auch Plato, der durch den Eryximachos im Gastmahl die Musik definirt als die Wissenschaft von den Liebesregungen in Bezug auf Harmonie und Rhythmus.**) Es findet daher in der Behandlung der Alten kein eigentlicher Widerspruch zwischen ihren systematischen Eintheilungen und technischen Ausführungen statt.

Westphal sagt sehr richtig: „So hatte sich denn schon früh in der Tradition der Schule der feste Begriff einer musikalischen Disciplin, einer *θεωρία* oder *τέχνη μουσική* herausgebildet, unter der man die gesammte für den Dichter und Componisten nothwendige Technik verstand. Doch war es bloss die äussere Form der Poësie, die der Jünger von seinem Meister erlernen konnte, das innere Wesen, der Geist der

---

*) *Polit. VIII. 7.* (632. 31.) *ἐπειδὴ τὴν μὲν μουσικὴν ὁρῶμεν διὰ μελοποιίας καὶ ῥυθμῶν οὖσαν.*

**) *Symp.* 187. *C.* *καὶ ἔστιν αὖ μουσικὴ περὶ ἁρμονίαν καὶ ῥυθμὸν ἐρωτικῶν ἐπιστήμη.*

Poësie konnte ihm hier nicht zugeführt werden, und so viele einzelne Winke ihm hier auch ein erfahrener Meister zu geben vermochte, so war er doch hier hauptsächlich auf sein eigenes Talent und die klassischen Muster seiner und der früheren Zeit angewiesen. So kommt es, dass in der aus jener Tradition der Schulen hervorgegangenen Litteratur der musischen Kunst das, was wir Poëtik oder Theorie der Poësie nennen, ausgeschlossen ist; es war einerseits nur die Musik nebst der Orchestik, andererseits die blosse äussere Form der Poësie, was in der „musischen Wissenschaft" dargestellt wurde."*) — Diese Bemerkung ist sehr richtig, aber sie muss doch, um ganz zuzutreffen, noch etwas erweitert werden. Denn auch in der Orchestik und eigentlichen Musik giebt es einen Geist, ein schöpferisches Talent, das nicht gelehrt werden kann, und man darf getrost auch von diesen Disciplinen sagen, dass bei ihnen, wenn es an's Schaffen ging, Jeder an sein eigenes Talent gewiesen war, und dass auch bei ihnen nur die äussere Form dargestellt werden konnte. Andererseits liess sich die eigentliche Poëtik, wie es auch Aristoteles versuchte, sehr wohl theoretisch behandeln durchaus nach Analogie der Theorien über Rhythmus, Harmonie und Metrum. Und ebensowenig ist zu läugnen, dass zum vollkommenen Melos (*τέλειον μέλος*) die Dichtkunst, Orchestik und eigentliche Musik zusammenwirkten. Der Grund, wesshalb die Poëtik von den „musischen Künsten" ausgeschlossen war, kann desshalb nicht in dem von Westphal angegebenen Umstande liegen, sondern in der von Aristoteles begriffenen Unterscheidung, wonach die Poësie in jenen drei Disciplinen nur die Technik

---

*) Westphal, Harm. u. Mel. S. 9.

ihrer verschönernden Darstellungsmittel besitzt. Wie Aristoteles diese drei Disciplinen von der Poëtik ausschliesst, so schlossen umgekehrt diese musischen Künste die eigentliche Poëtik aus. Und soll man nicht sagen, dass damit ganz naturgemäss das Feld empirischer Erkenntniss sich von dem Gebiete speculativer Forschung getrennt habe? Denn die Poëtik ist, wenn sie nicht bloss litterarhistorisch, sondern wie bei Aristoteles nach Principien bearbeitet wird, doch wesentlich eine philosophische Wissenschaft.

Aristoteles und die Musiker.

Die erhaltene Ausführung bei Aristides Quintilianus kann aber andrerseits auch dem Aristoteles zu Gute kommen; denn mit Recht nimmt Westphal an, dass jene Eintheilung der Musik in Harmonik, Rhythmik und Metrik auch schon dem Aristoxenus und dessen Vorgängern angehört und von ihm im Wesentlichen schon vollendet war, so dass die Späteren uns fast nur Compilationen bringen. Aristoxenus aber hängt mit Aristotelischer Auffassung so eng zusammen, dass Aristoteles sich gradezu in musikalischen Fragen auf die Autorität seines Schülers bezog; denn ich glaube, man wird die Stelle *Pol. VIII. 7.* doch nicht anders als auf Aristoxenos unmittelbar deuten müssen; da er den Plato tadelt, dagegen aber bemerkt, man müsse ausser seinen eigenen (des Aristoteles) Bemerkungen auch diejenigen Harmonien anerkennen, die etwa die musikalisch gebildeten Genossen seiner philosophischen Schule noch empfehlen würden.*) In gleicher Weise bezog sich ja

*) — *δέχεσθαι δὲ δεῖ κἂν τινα ἄλλην ἡμῖν δοκιμάζωσιν οἱ κοινωνοὶ τῆς ἐν φιλοσοφίᾳ διατριβῆς καὶ τῆς περὶ τὴν μουσικὴν παιδείας. Ὁ δὲ ἐν τῇ πολιτείᾳ Σωκράτης οὐ καλῶς κ.τ.λ.*

auch Aristoxenus überall rühmend auf Aristoteles.*) — Wir dürfen desshalb wohl die knappen Aristotelischen *termini*, welche grade in der scheinbar willkürlichen Abwechselung, mit der er sie anwendet, ein allgemeineres Verständniss voraussetzen, durch den ausführlichen Vortrag des Arist. Quintil. erläutern. Aristoteles selbst spricht diese Voraussetzung deutlich aus Cap. VI. 5, wo er die Bedeutung der Melopöie zu erklären nicht für nöthig findet, weil sie Jedermann bekannt sei.**) Er macht eben dabei nicht die feineren systematischen Distinctionen, sondern will das musikalische Element im Ganzen damit andeuten, sofern dieses ja auch in der Melopöie seine Spitze findet.

1. Der Begriff von ῥυθμός.

Der Rhythmus kann von Aristoteles nur in allgemeinster Bedeutung verstanden sein, etwa wie Plato ihn definirt als *κινήσεως τάξις* und man darf nicht bloss an Tanz denken. Beweis dafür ist, dass er den Rhythmus in drei verschiedenen Künsten als das Worin der Darstellung betrachtet, erstens für die Flöten- und Citherspielkunst,***) zwei-

---

*) *Euseb. praep. evang.* 791. *c. Vig.* *Ἀριστοξένου διὰ παντὸς εὐφημοῦντος Ἀριστοτέλην.*

**) (λέγω) *μελοποιΐαν δὲ ὃ τὴν δύναμιν φανερὰν ἔχει πᾶσιν.* Es erinnert diese Stelle an *Phys. II.* 1., wo er sagt, es wäre lächerlich, wollte man erklären, dass die Natur ist; denn „*φανερὸν γὰρ ὅτι τοιαῦτα τῶν ὄντων ἐστὶ πολλά.*“ Witzig vergleicht er damit den Streit der Blinden über die Farben. Alles dieses hat nur Sinn, wenn es sich um Sehen, Natur und Musik im Allgemeinen handelt.

***) *Poet. I.* *οἷον ἁρμονίᾳ καὶ ῥυθμῷ χρώμεναι μόνον ἥ τε αὐλητικὴ καὶ ἡ κιθαριστική.*

tens für die Tanzkunst *) und drittens auch für die in Versen verfasste Dichtkunst; denn er erklärt ausdrücklich, dass er die Metren als Theile der Rhythmen**) fasst. Dieselbe Unterscheidung finden wir bei Aristoxenus***): „Eingetheilt wird die Zeit von den rhythmisch gegliederten Gegenständen durch die Theile eines jeden von ihnen. Rhythmisch Gegliedertes giebt es aber dreierlei: Sprache (λέξις), Melodie (μέλος) und körperliche Bewegung. Mithin wird die Sprache die Zeit eintheilen durch ihre Theile, nämlich durch Buchstaben, Sylben und Worte und alles dergleichen; die Melodie aber durch ihre Töne und Intervalle und Tonsysteme; die räumliche Bewegung aber durch die σημεῖα und σχήματα und was dergleichen Bewegungstheile mehr sind." — Bei Arist. Quintil. ist der Begriff des Rhythmus noch allgemeiner, indem er auch auf das Unbewegte z. B. auf die Statuen angewendet wird. Doch davon ist hier abzusehen. Was soll man nun denken von der Stelle, †) in welcher Metrum und Rhythmus als coordinirt aufgeführt werden? Soll man sie für denkwidrig und verdorben halten, oder darin für ῥυθμός eine engere Bedeutung, nämlich

---

*) Ebendas. *αὐτῷ δὲ τῷ ῥυθμῷ χωρὶς ἁρμονίας οἱ τῶν ὀρχηστῶν (μιμοῦνται).*

**) Ebendas. cap. IV. *τὰ γὰρ μέτρα ὅτι μόρια τῶν ῥυθμῶν ἐστι, φανερόν.*

***) *Aristox. Morelli* 278 *Feussn.* 7. *Διαιρεῖται δὲ ὁ χρόνος ὑπὸ τῶν ῥυθμιζομένων τοῖς ἑκάστου αὐτῶν μέρεσιν. ἔστι δὲ τὰ ῥυθμιζόμενα τρία· λέξις, μέλος, κίνησις σωματική, ὥστε διαιρήσει τὸν χρόνον ἡ μὲν λέξις τοῖς αὐτῆς μέρεσιν, οἷον γράμμασι καὶ συλλαβαῖς καὶ ῥήμασι καὶ πᾶσι τοῖς τοιούτοις· τὸ δὲ μέλος τοῖς ἑαυτοῦ φθόγγοις τε καὶ διαστήμασι καὶ συστήμασιν· ἡ δὲ κίνησις σημείοις τε καὶ σχήμασι καὶ εἴ τι τοιοῦτόν ἐστι κινήσεως μέρος.*

†) *Poet. I.* Schl. *λέγω δὲ οἷον ῥυθμῷ καὶ μέλει καὶ μέτρῳ.*

Tanz, annehmen? Man könnte dann nicht umhin, in dem ersten Capitel der Poëtik das Wort ῥυθμός in zwei verschiedenen Bedeutungen abwechselnd zu fassen, was doch nur als letzte Zuflucht statthaft ist.

2. Begriff von λόγος.

Betrachten wir lieber erst das zweite Element der Darstellung, nämlich den λόγος. Dieser ist offenbar in dem gewöhnlichen Sinne zu verstehen als die Rede, die Sprache, soweit sie eben in vernünftigen Worten besteht und den Text der Dichtung bildet. Aristoteles unterscheidet dabei wieder die λόγοι ψιλοί als verslose Rede von der mit Rhythmus verknüpften. Letztere heisst ihm λόγος ἔμμετρος, oder auch bloss μέτρα und μέτρον. — Nur die Poësie hat als Darstellungsmittel die Sprache, d. h. nur sie von allen Künsten, aber nicht schlechthin; denn auch die Wissenschaft und Geschichte kann sich dieses selben Darstellungsmittels bedienen und nicht nur in prosaischer Form, sondern auch in Versen erscheinen. Der Unterschied ist dann aber ein innerer, sofern die Dichtkunst ihrem Wesen nach als Nachahmung bestimmt ist und sich dadurch von den Forschungen dem Zweck und Inhalt nach abtrennt.*)

Rhythmus neben Metrum wie Rhythmik neben Metrik.

Wenn man nun bei Aristoteles liest ῥυθμῷ καὶ μέλει καὶ μέτρῳ, so darf unter μέτρῳ nicht das Metrum, sondern die metrische Rede verstanden werden, Er hätte λόγῳ sagen können, wie er oben, wo er

*) Vrgl. Band I. Die Untersuchung über Cap. I. der Poëtik.

das Epos noch nicht abgesondert hatte, thun musste, da für die diegetische Gattung das Metrische nicht unumgänglich ist; hier aber, wo er die dramatische, dithyrambische und nomische Kunst zusammenfasst, welche immer in Versen erschienen waren, konnte er desshalb zu dem *λόγος* auch das *ἔμμετρος* hinzunehmen. Durfte er aber daneben noch *ῥυθμῷ* sagen, ohne den Tanz darunter zu verstehen? Es ist das dieselbe Frage, wie jene: darf es eine Metrik neben der Rhythmik geben? oder ist die Metrik ein Theil der Rhythmik? Diese Frage hat die alten Musiker auch beschäftigt und Aristides Quintilianus stellt desshalb zuerst die Lehrweise derjenigen dar, welche Rhythmik und Metrik verknüpfen und lässt darauf die Darstellung der beide Disciplinen trennenden Musiker folgen*) und zwar erst Rhythmik, dann Metrik. Für die Frage selbst aber giebt er zwei Lösungen, von denen die Eine offenbar die Aristotelische ist. Er sagt: „Aus den Füssen bestehen nun die Metra. Metrum ist also ein System, welches aus ungleichen Sylben zusammengesetzt und an Länge verhältnissmässig ist. Es unterscheide sich aber von dem Rhythmus, sagen die Einen, wie der Theil vom Ganzen; denn sie nennen es einen Schnitt vom Rhythmus, woher es auch den Namen *μέτρον* erhalten habe, wegen des *μείρειν*, was *μερίζειν* bedeutet: die anderen aber beziehen den Unterschied auf den Stoff; denn von allem was aus zwei Unähnlichen wird, hätte das Geringste daraus

*) *Arist. Quint. Meib. I.* S. 31—40, darauf S. 40—43 die Rhythmik für sich und S. 43—58 die Metrik für sich. Die bezeichnete Stelle heisst S. 40: *οἱ μὲν οὖν συμπλέκοντες τῇ μετρικῇ θεωρίᾳ τὴν περὶ ῥυθμῶν τοιαύτην τινὰ πεποίηνται τὴν τεχνολογίαν· οἱ δὲ χωρίζοντες ἑτέρως ποιοῦσιν κ. τ. λ.*

Werdende als Rhythmus sein Wesen in Hebung und Senkung, als Metrum aber in Sylben und der Unähnlichkeit derselben u. s. w.“ *) Arist. Quint. selbst entscheidet sich nicht zu Gunsten einer oder der anderen Annahme, wie er als Compilator auch weder die, welche Metrik und Rhythmik combiniren, noch die, welche beide Disciplinen trennen, allein anerkennt. Die erstere Annahme bringt unsere Aristotelische Stelle in's Gedächtniss: *τὰ γὰρ μέτρα ὅτι μόρια τῶν ῥυθμῶν ἐστὶ φανερόν*, was doch dasselbe bedeutet wie *ὡς μέρος ὅλου.* Aber damit ist nun gar nicht ausgeschlossen, dass die Metren eben desswegen Theile oder Arten des Rhythmus sind, weil sie das gleiche Wesen des Rhythmus grade in einem andern Stoffe, nämlich in den Sylben und deren Unähnlichkeiten zum Ausdruck bringen und nicht etwa wie bei der Melodie in den Tönen oder wie bei der Orchestik in den Körperbewegungen. Sieht man daher auf das Generische, so darf man den Theil oder die Art (*μέτρα*) vernachlässigen und von Rhythmus überhaupt sprechen, ohne das Metrum daneben zu erwähnen, wie in Cap. IV.; **) achtet man aber auf das Specifische, so darf man *genus* und *species* nebeneinander nennen, wie Aristoteles in Cap. I. thut *ῥυθμῷ καὶ μέλει*

---

*) *Arist. Quint. I. Meib.* S. 49. *ἐκ δὴ τῶν ποδῶν συνίσταται τὰ μέτρα. μέτρον μὲν οὖν ἐστι σύστημα ποδῶν ἐξ ἀνομοίων συλλαβῶν συγκείμενον, ἐπὶ μῆκος σύμμετρον. διαφέρειν δὲ τοῦ ῥυθμοῦ φασιν οἱ μὲν ὡς μέρος ὅλου. τομὴν γὰρ ῥυθμοῦ φασιν αὐτό, παρὸ καὶ μέτρον εἰρῆσθαι διὰ τὸ μείρειν ὃ σημαίνει μερίζειν. οἱ δὲ κατὰ τὴν ὕλην. τῶν γὰρ γινομένων ἐκ δυοῖν ἀνομαίων τοὐλάχιστον γεννώμενον τὸν μὲν ῥυθμὸν ἐν ἄρσει καὶ θέσει τὴν οὐσίαν ἔχειν· τὸ δὲ μέτρον ἐν συλλαβαῖς καὶ τῇ τούτων ἀνομοιότητι κ. τ. λ.*

**) *Arist. Poet. IV.* *ὄντος ἡμῖν τοῦ μιμεῖσθαι καὶ τῆς ἁρμονίας καὶ τοῦ ῥυθμοῦ (τὰ γὰρ μέτρα, ὅτι μόρια τῶν ῥυθμῶν ἐστί, φανερὸν) κ. τ. λ.*

καὶ μέτρῳ und wie die Musiker es ausführlich und systematisch durch die Nebenordnung von Rhythmik, Harmonik und Metrik als angemessen angenommmen haben, ohne im Geringsten unter Rhythmik nun die Lehre vom Tanze zu verstehen; denn von diesem handelt die Rhythmik zunächst nicht, sondern nur von dem allgemeinen Wesen des Rhythmus, sofern er ein Maass der Zeit ist.

Ich betrachte hiernach nun die erste und zweite Schwierigkeit auf S. 341 als gelöst, sofern *μέτρον* den *λόγος* mitumfasst und doch dem *ῥυθμος* coordinirt sein darf. — Man findet die Zusammenstellung dieser drei Elemente daher überall z. B. bei Plutarch über die Musik, der unter Andern auch Aristoxenisches, und zum Theil auch Aristotelisches excerpirt hat. Er sagt a. a. St.*): „Immer müssen wenigstens drei Stücke zusammen in's Gehör fallen, der Ton, die Zeit, drittens die Sylbe oder der Buchstabe. Nun wird sich erkennen lassen aus dem Fortgange nach dem Ton das Harmonische, nach der Zeit der Rhythmus, nach dem Buchstaben oder der Sylbe der Text u. s. w." — Aehnlich ist die Eintheilung bei Longinus in seinem Vorwort zu Hephästions Handbuch.**) Er sagt

---

*) Cap. 35 *init. pag.* 676. *Wytt.* *Ἀεὶ γὰρ ἀναγκαῖον τρία ἐλάχιστα εἶναι τὰ πίπτοντα ἅμα εἰς τὴν ἀκοὴν* (damit wird jedes Missverständniss ausgeschlossen; denn der Tanz ist nur theilweise und nur *per accidens* hörbar), *φθόγγον τε καὶ χρόνον καὶ συλλαβὴν ἢ γράμμα. Συμβήσεται δὲ ἐκ τῆς μὲν κατὰ τὸν φθόγγον πορείας τὸ ἡρμοσμένον γνωρίζεσθαι· ἐκ δὲ τῆς κατὰ χρόνον, τὸν ῥυθμόν· ἐκ δὲ τῆς κατὰ γράμμα ἢ συλλαβὴν, τὸ λεγόμενον.*

**) *Long. ed. Morus. fragm. p.* 266. *III.* — *Διαφέρει δὲ μέτρον ῥυθμοῦ. Ὕλη μὲν γὰρ τοῖς μέτροις ἡ συλλαβή, καὶ χωρὶς συλλαβῆς οὐκ ἂν γένοιτο μέτρον· ὁ γὰρ ῥυθμὸς γίνεται μὲν καὶ ἐν συλλαβαῖς, γίνεται δὲ καὶ χωρὶς συλλαβῆς.* — — p. 271. §. 6 u. 7. *λέγεται δὲ μέτρον καὶ αὐτὸ τὸ μετροῦν καὶ τὸ μετρούμενον* — — *μέτρον τε*

daselbst, dass Philoxenus die Metrik mit den Buchstaben angefangen habe, Heliodor mit der Gränze der Metren, Hephästion mit den Sylben. Letzterer Auffassung schliesst er sich selbst an und unterscheidet das Metrum vom Rhythmus so, dass er für die Metren die Sylbe als Materie bestimmt, indem ohne Sylbe kein Metrum möglich sei; Rhythmus aber sowohl in Sylben als ohne Sylbe bestehen könnte, wie er ja auch im Pferdegetrappel und im Flügelschlag der Vögel erscheine. Metrum bedeutet aber nach ihm sowohl das Messende als das Gemessene; so heisse alles nicht Prosaische Metrum, z. B. Plato's Werke Prosa, Homer's aber Metren.

Rhythmus und Tanz.

Durch diese Betrachtungen soll nun aber nicht im Mindesten ausgeschlossen werden, dass der Rhythmus ausserdem noch im Tanz, eben wie der poëtische Text noch in der schauspielerischen Action und Verkleidung und Bühnendecoration erscheinen könne und müsse, um seine höchste Wirkung zu thun. Und wir werden gleich näher sehen, wie Aristoteles sich überhaupt nie vollständig von den überlieferten Formen in seiner Theorie freigemacht hat. Aber das darf die Auslegung unsrer Stelle nicht verdunkeln; denn obwohl es die Rhythmik ist, welche die Chorreigen der Alten lehrte,*) so hat das Metrum, der Takt und die Harmonie doch eine viel innigere Stellung zum Text und

γὰρ καλοῦμεν πᾶν τὸ μὴ πεζὸν, ὅταν εἴπω τὰ μὲν Πλάτωνος πεζὰ, τὰ δὲ Ὁμήρου μέτρα.

*) *Aristid. Quint. II. 63. Meib.* *δῆλα δὲ ταῦτα κἀκ τῆς τῶν παλαιῶν χορῶν ὀρχήσεως, ἧς διδάσκαλος ἡ ῥυθμική.*

der Tanz erscheint nur als begleitende Uebersetzung jener musikalischen Composition in das Element eines andern Sinnes (des Gesichts), wie in eine andre Sprache, und es scheint mir aus der Untersuchung daher sich zu ergeben, dass bei ῥυθμὸς nicht zunächst an Tanz gedacht werden muss; wozu man auch vielleicht das lexikalische Bedenken fügen kann, dass kaum je ῥυθμὸς allein als Tanz vorkommen dürfte, indem erst die σχηματιζόμενοι ῥυθμοὶ den Tanz bedeuten. Schliesslich kann man indirekt noch so argumentiren: hätte Aristoteles den Tanz ausschliesslich darunter verstanden, so hätte er also das viel wichtigere Element des allgemein Rhythmischen, welches noch neben und ausser dem Metrum in dem poëtischen Text und der Musik wohnen muss, vergessen. Also darf man *modo tollente* diese Auffassung ablehnen.

Eine andre Frage aber ist, ob durch diese Auslegung nun etwa der Tanz ausgeschlossen werden soll? Das würde gegen die ganze antike Auffassung sein. Die rhythmische Gestaltung des Textes und des Melos macht das Kunstwerk grade tanzfähig und der Tanz ist desshalb die stillschweigende Folge des Rhythmischen, so dass Aristoteles also das Allgemeinere (ῥυθμὸς) nennt und dadurch das Besondere (ὄρχησις) mit trifft. Durch diese vermittelnde Auffassung thut man einerseits den schärferen Distinctionen der musikalischen Theorie genug und wird doch auch den bisherigen Interpreten gerecht, welche die Nothwendigkeit erkannten, den Tanz in diese Synthese der drei Mittel mit hinein zu ziehen. Und so erscheint auch offenbar bei Arist. Quintil. I. S. 32 Meib.*) das Verhältniss dieser Elemente; wo er lehrt,

*) τούτων δ' ἕκαστον καὶ καθ' αὑτὸ θεωρεῖται καὶ μετὰ τῶν

dass jedes Element für sich und in Verbindung mit den übrigen und zwar erstens mit jedem der beiden andern, dann auch mit beiden zugleich betrachtet werden könne. Der Rhythmus für sich allein habe Statt beim blossen Tanz; mit dem Melos verknüpft aber in den Cola; mit der Rede allein in den Gedichten (*ποιήματα*) u. s. w. Alles dieses zusammengemischt aber mache die *ᾠδή*.

Man darf also bei *ῥυθμῷ* allerdings an den Tanz denken; aber nicht so, als sei dieser das Element selbst, sondern nur so, dass der Tanz durch das Element des Rhythmos mit ermöglicht wird und mit hineingezogen werden kann in die Verknüpfung der Künste. Ebenso ist *μέλος* nicht die Musik, sondern das musikalische Element, und *μέτρον* nicht die Dichtkunst, sondern das Element derselben. Und indem Aristoteles so die Elemente nennt, welche zusammen angewendet werden sollen, giebt er damit zugleich den Gedanken an die Künste selbst, welche sich durch diese Elemente aneinander schliessen.

Der scheinbare Widerspruch, der in dem überlieferten Texte der Poëtik liegt, hat mich lange Zeit gequält und mich bald einer Textänderung geneigt gemacht, bald zu der Auslegung von Ritter und Susemihl hingetrieben. Ich bin nun vorläufig mit der eben gegebenen Auseinandersetzung beruhigt, da sie das Exacte der Theorie und das Litterarhistorische ohne Gewaltsamkeit zu vermitteln sucht.

λοιπῶν, ἰδίᾳ τε ἑκατέρου καὶ ἀμφοῖν ἅμα — — — ῥυθμὸς δὲ καθ' αὑτὸν μὲν ἐπὶ ψιλῆς ὀρχήσεως, μετὰ δὲ μέλους ἐν κώλοις. μετὰ δὲ λέξεως μόνης ἐπὶ τῶν ποιημάτων — — — ταῦτα δὲ σύμπαντα μιγνύμενα τὴν ᾠδὴν ποιεῖ.

3. Der Begriff von *ἁρμονία* und *μέλος*.

Bei Plato ist *μέλος* das Lied und besteht aus drei Stücken, 1) aus der Rede oder dem Gedankeninhalt, 2) der Tonart oder Harmonie und 3) aus dem Rhythmus.*) Die Harmonie theilt er dann wieder in drei Gruppen, 1) in die weinerlichen (*θρηνώδεις* wozu *μιξολυδιστί* und *συντονολυδιστί* gehören), 2) in die schlaffen (*χαλαραί*, wozu er *ἰαστί* und *λυδιστί* als *μαλακαί* und *συμποτικαί* rechnet) und 3) in die richtigen, welche nach zwei Richtungen das Leben für die glückliche und besonnene und für die unglückliche und tapfere Stimmung begleiten (es sind *δωριστί* und *φρυγιστί*). Wie Aristoteles diese Begriffe scheidet, ist nicht aus einer systematischen Darstellung zu sehen, sondern nur aus verschiedenen beiläufigen Bemerkungen zu erschliessen. An einer Stelle**) scheint er an dem *μέλος* die Harmonie und den Rhythmus zu unterscheiden. Er sagt dort, dass in den *μέλη* selbst Ebenbilder der Charaktere gegeben seien, was erstens sofort an den Harmonien sich zeige, dann aber auch an den Rhythmen. Der Verfasser der Probleme kennt ebenfalls *μέλη* auch ohne Worte, und auch so hätten sie Charakter.***) Er sondert also (obwohl er wie Plato und der gewöhnliche Sprachgebrauch das Gedicht, d. h. den Text eigentlich als damit verbunden voraussetzt) unter der Benennung von *μέλος*

---

*) *Plat. Polit.* 398 *D.* *τὸ μέλος ἐκ τριῶν ἐστὶ συγκείμενον, λόγου τε καὶ ἁρμονίας καὶ ῥυθμοῦ.*

**) *Arist. Polit. VIII.* 5. (*Did.* 630. 15.) *ἐν δὲ τοῖς μέλεσιν αὐτοῖς ἐστὶ μιμήματα τῶν ἠθῶν. Καὶ τοῦτ' ἐστὶ φανερόν. εὐθὺς γὰρ ἡ τῶν ἁρμονιῶν διέστηκε φύσις κ. τ. λ. — τὸν αὐτὸν γὰρ τρόπον ἔχει καὶ τὰ περὶ τοὺς ῥυθμούς κ. τ. λ.*

***) *Arist. Probl. sect.* 19. 27. (*Did.* 209. 13.) *καὶ γὰρ ἐὰν ᾖ ἄνευ λόγου μέλος, ὅμως ἔχει ἦθος.*

in beiden Stellen das Musikalische für sich ab*) und scheint auch an der letzteren Stelle Zweierlei am *μέλος* zu unterscheiden, wenn er sagt: Diese (dem blossen Laut nachfolgende) Bewegung hat eine Aehnlichkeit (nämlich mit den Charakteren) sowohl in den Rhythmen, als auch in der Ordnung der hohen und tiefen Töne (d. h. in der Harmonie).**) — An anderen Stellen aber wird wiederum das *μέλος* an der Harmonie unterschieden, z. B. *Probl. sect. 19, 48*, wornach die Harmonie *ὑποδωριστί* und *ὑποφρυγιστί* am Wenigsten *μέλος* haben sollen. In der Politik wird dann wie in der Poëtik bald Harmonie, bald Melos von derselben Sache gesagt und statt Harmonie und Rhythmus, Melos und Rhythmus nebeneinander gestellt. So z. B. (*Did. 632. 26 ff.*) *Polit. VIII. 7.* *σκεπτέον δ' ἔτι περί τε τὰς ἁρμονίας καὶ τοὺς ῥυθμούς* und *Poet. I.* *οἷον ῥυθμῷ καὶ μέλει καὶ μέτρῳ.* Andererseits aber werden auch die Harmonien als etwas an dem *μέλος* immer wieder abgesondert, z. B. *Polit. VIII. 7.* *ἐπεὶ δὲ τὴν διαίρεσιν ἀποδεχόμεθα τῶν μελῶν — — καὶ τῶν ἁρμονιῶν τὴν φύσιν πρὸς ἕκαστα τούτων οἰκείαν — —* Jedenfalls setzt Aristoteles das Musikalische in zwei Stücke, in die Melopöie und den Rhyth-

---

*) Man sieht dies an der angeführten Stelle der Politik sehr deutlich, indem von allen Gegenständen der sinnlichen Wahrnehmung das Schmeckbare, Tastbare, Sichtbare ausgeschlossen und diesen gegenüber *τὰ μέλη αὐτὰ* als das Musicalische enthaltend hingestellt werden, wie der Schluss zeigt: *ἐκ μὲν οὖν τούτων φανερὸν, ὅτι δύναται ποιόν τι τὸ τῆς ψυχῆς ἦθος ἡ μουσικὴ παρασκευάζειν.*

**) Ebendas. *αὕτη δ' ἔχει ὁμοιότητα ἔν τε τοῖς ῥυθμοῖς καὶ ἐν τῇ τῶν φθόγγων τάξει τῶν ὀξέων καὶ βαρέων.*

mus.*) Und dies ist für die vorliegende Frage hinreichend, denn es wird dadurch gewiss, 1) dass Aristoteles innerhalb des Musikalischen das Rhythmische absondert von dem Harmonischen und dem μέλος, ohne dass unter dem Rhythmus der Tanz zu verstehen ist; und dies entspricht der oben erwähnten Eintheilung der Musik, wornach die Rhythmik neben der Harmonik steht als selbständig und coordinirt — 2) dass er Harmonie und μέλος zwar unterscheidet, aber doch als zusammenhängend jenen andern beiden Elementen, nämlich dem ῥυθμὸς (Rhythmik) und dem μέτρον (Metrik) gegenüberstellt, woraus es mithin erklärlich ist, dass er dieses ganze *genus* bald durch μέλος, bald durch ἁρμονία, bald durch μελοποιΐα bezeichnet, wie denn in der That nach obiger Eintheilung des Aristides die Harmonik eben sowohl die Harmonie als die Melodie und die musikalische Composition umfasst.

Westphal unterscheidet**) drei Bedeutungen von μέλος, und stützt die engste derselben grade auf eine Stelle des Aristoteles: 1) „im weitesten Sinne bezeichnet μέλος die gesammte musikalische Composition einschliesslich des Tactes und des Textes *Aristid. 28.*“ 2) „im engeren (harmonischen) Sinne bezeichnet es die musikalische Composition, insofern sie eine Verbindung von Tönen ist ohne Rücksicht auf Tact und Texteswort e. *Arist. l. l.*“ 3) „im engsten Sinne bezeichnet μέλος die Melodie im Gegensatz zu der Harmonie oder den begleitenden Accordtönen.“ *Arist. Probl. XIX. 12.* — In den oben an-

---

*) *Polit. VIII. 7.* ἐπειδὴ την μὲν μουσικὴν ὁρῶμεν διὰ μελοποιΐαν καὶ ῥυθμῶν οὖσαν.

**) Harm. u. Melop. S. 342.

geführten Stellen wird *μέλος* bald in der zweiten, bald in der dritten Bedeutung gebraucht; und zwar in der zweiten, da wo es gleichbedeutend mit *ἁρμονία* bloss den Gegensatz gegen Tact (*ῥυθμός*) und Text (*λέξις* oder *λόγος* oder *μέτρα*) angeben soll; in der dritten, wo es mit *αρμονία* selbst in Gegensatz tritt.

Dies Element der Melopöie ist so eng mit der musikalischen Poësie verwachsen, dass die Eintheilung des Einen auch die Eintheilung der andern bildet. Wenn Aristoteles desshalb 1) die Dithyramben- 2) Nomen-Dichtung und 3) Tragödie und Komödie zusammenfasst, so entsprechen diesen die *modi* der Melopöie, welche nach Aristid. Quint. generisch in den dithyrambischen, nomischen und tragischen unterschieden werden.*) Warum die Komödie hierbei nicht mit artbildend auftritt, ist später zu untersuchen.

§. 3. Eintheilung der Künste nach den Darstellungsmitteln.

Betrachten wir nun die einzelnen Künste nach diesen Unterschieden, so ist zunächst die Flöten- und Citherspiel-Kunst und die der Syringen u. dgl. eine Nachahmung nur durch Rhythmus und Harmonie.**) Hier also ist das rein Musikalische für sich gesetzt. Zweitens die Tanzkunst ist eine Nachahmung von Charakteren, Affekten und Handlungen bloss durch Rhythmen, welche in Tanzfiguren zur Darstellung kommen.***) Hier haben wir also nur Eins

*) *Ar. Quint.* I. S. 29 *Meib.* *τρόποι δὲ μελοποιΐας γένει μὲν τρεῖς· διθυραμβικὸς, νομικὸς, τραγικός.*

**) *Poet. I.* *οἷον ἁρμονίᾳ μὲν καὶ ῥυθμῷ χρώμεναι μόνον ἥ τε αὐλητικὴ καὶ ἡ κιθαριστική, κἂν εἴ τινες ἕτεραι τυγχάνωσιν οὖσαι τοιαῦται τὴν δύναμιν, οἷον ἡ τῶν συρίγγων.*

***) Ebendas. *Αὐτῷ δὲ τῷ ῥυθμῷ μιμοῦνται χωρὶς ἁρ-*

jener drei Elemente. Drittens die erzählende Poësie braucht entweder bloss die Rede (τοῖς λόγοις ψιλοῖς) oder die mit dem Rhythmus verknüpfte Rede, d. h. die μέτρα oder ψιλομετρία.*) Endlich scheidet Aristoteles im Gegensatz zu dieser noch eine andre Gruppe poëtischer Kunst ab, nämlich die Tragödie und Komödie und Nomen- und Dithyrambendichtung, welche alle drei Elemente benutzen, sowohl Rhythmus als Melos und Metrum.**) Unter Melos verstehe ich also das Musikalische, welches im Gesang oder durch Begleitung von Flöte und Cither erscheint. Das Metrum ist die metrische Rede und Aristoteles sagt nicht λόγῳ, weil diese Künste sich niemals versloser Darstellung bedient hatten. Drittens aber steht noch Rhythmus daneben; offenbar muss darunter etwas, was nicht schon im Metrum mit liegt, enthalten sein; und wir haben desshalb den obigen Erklärungen gemäss das ganze rhythmische Element der Composition darunter zu verstehen, welches neben dem bloss Metrischen, in den Verhältnissen der Sylben bestehenden, die taktmässige Anordnung des Ganzen bedingt und daher speciell die Verbindung mit der Tanzkunst herbeiführt. — Wir sehen daraus nun zugleich, dass Aristoteles hier nicht als Philosoph aus der Idee der Kunst und den möglichen Elementen der Darstellung die Arten der Künste construirt, sondern mehr als Litterarhistoriker die vorhandenen Arten

---

μονίας οἱ τῶν ὀρχηστῶν· καὶ γὰρ οὗτοι διὰ τῶν σχηματιζομένων ῥυθμῶν μιμοῦνται καὶ ἤθη καὶ πάθη καὶ πράξεις.

*) Ebendas. ἡ δὲ ἐποποιΐα μόνον τοῖς λόγοις ψιλοῖς ἢ τοῖς μέτροις.

**) Ebendas. εἰσὶ δέ τινες αἳ πᾶσι χρῶνται τοῖς εἰρημένοις, λέγω δὲ οἷον ῥυθμῷ καὶ μέλει καὶ μέτρῳ, ὥσπερ ἥ τε τῶν διθυραμβικῶν ποίησις καὶ ἡ τῶν νόμων καὶ ἥ τε τραγῳδία καὶ ἡ κωμῳδία.

nach gemeinsamen Eigenschaften zusammenfasst. Müssten wir aber annehmen, er habe überhaupt die Poësie nicht von der Musik und dem Tanze trennen können, als nur soweit wie sie in der Epopöie wirklich ohne diese Elemente erscheint, so wäre wenig Hoffnung, bei ihm irgend tiefere Erkenntniss der Kunstgesetze zu finden. Wie er in der That aber die erzählende Gattung schon von dem Metrum unabhängig macht, um die falschen Ansprüche wissenschaftlicher Arbeit, die sich in's Metrum kleidet, auf Poësie zu beseitigen,*) so sehen wir an vielen Stellen, dass er auch das Drama von der Bühne löst, also von Tanz und Musik unabhängig fasst, da die Tragödie ja nach seinen Worten auch für's Lesen ihre Wirkung thun soll wie das Epos.**) Wir können aber doch nicht läugnen, dass es keine alle Dichtungsarten umfassende Definition der Poësie bei Aristoteles giebt. Auch liegt dies offenbar nicht an dem Verlust der betreffenden Capitel, sondern ist eine Folge seiner philosophischen Weltanschauung, wonach die Thatsache der Wirklichkeit (τὸ ὅτι) immer das Wesen der Sache zur Darstellung bringt. Durch umfassende Beachtung der Thatsachen erkennt man daher das Wesen und kann nach dieser Erkenntniss dann wieder die etwaigen Mängel der einzelnen Erscheinungen beurtheilen. Doch darüber ist später bei der Entwickelung der Kunst zu sprechen. Wir dürfen uns desshalb nicht wundern, wenn wir ihn überall an der historischen Form der Dichtungen hangen sehen, und nur aus vereinzelten Aeusserungen

*) Vrgl. ersten Band zu Cap. I.

**) *Poet.* 27. ἡ τραγῳδία καὶ ἄνευ κινήσεως ποιεῖ τὸ αὑτῆς ὥσπερ ἡ ἐποποιΐα. διὰ γὰρ τοῦ ἀναγινώσκειν φανερὰ ὁποία τίς ἐστιν.

erkennt man, wie sein philosophischer Geist das Wesentliche von dem Zufälligen scheidet.

Definition der Poësie.

Fragen wir nun, was Aristoteles eigentlich unter Poësie begriffen habe! Die erste Bestimmung ist die, welche der Poësie mit aller Kunst gemeinsam zukommt, Nachahmung zu sein (*κατὰ μίμησιν ποιήτης*).*) Und das Material, worin die Nachahmung stattfindet, ist die Sprache. Verneinend hören wir ihn dann aussprechen, dass nicht das Metrum den Dichter macht,**) dass epische Dichtung auch ohne Verse sein kann. Er hat aber nirgends die Poësie schlechthin von dem Vers gelöst, sondern bleibt darin bloss litterarhistorisch bei der Bestimmung der herkömmlichen Formen. Und wir erkennen nur, dass er das Wesen des Dichters mehr in der Erfindung der Fabel als in den Versen sieht.***) Die Sprache als Material der Dichtung ist ihm also nicht gleichgültig, sondern als zum ästhetischen Vergnügen geeignet, ist sie die poëtische Sprache.†) Von dieser hat er ausführlich gehandelt in der Poëtik und Rhetorik; wir müssen desshalb bei der Theorie der Poësie genauer auf seine Bestimmun-

*) *Poet. cap. I.* speciell im Gegensatz gegen die Wissenschaft, cap. IX. im Gegensatz zur Geschichte.

**) Vrgl. ersten Band S. 11 u. 15 ff.

***) *Poet. cap. IX.* *δῆλον ἐκ τούτων, ὅτι τὸν ποιητὴν μᾶλλον τῶν μύθων εἶναι δεῖ ποιητὴν ἢ τῶν μέτρων, ὅσῳ ποιητὴς κατὰ τὴν μίμησίν ἐστιν.*

†) *Poet. cap. VI. ἡδυσμένῳ λόγῳ.* Vrgl. oben S. 329 über die Anmuth des Schönen, um derentwillen die Sprache der Poësie die Mittel der Ergötzung aufnehmen muss.

gen eingehen. — Für die erzählende Poësie würden diese Elemente nun ausreichen; aber nicht für alle Poësie; denn wie bemerkt, für die übrigen Gattungen erwähnt Aristoteles noch *μέλος* und *ῥυθμός* als Darstellungsmittel, also nach Obigem das Musikalische und den Takt. Aber das darf zur rechten Würdigung Aristotelischer Theorie noch betont werden, dass er zwar diese Darstellungsmittel von dem Eindruck der gegebenen Litteratur bewogen mit in die Definition aufgenommen, jedoch ihnen mit philosophischer Schärfe einen solchen Platz angewiesen hat, der sie von dem Wesenbestimmenden ausschliesst. Er verbindet sie nämlich alle als blosse Verschönerungen mit der Sprache,*) welche allein die Trägerin des Wesens ist. Es darf daher nicht entfernt an ein Summiren der verschiedenen Merkmale der Poësie gedacht werden, sondern den bestimmenden Gründen müssen als dienende ausschmückende Mittel die übrigen Elemente untergeordnet werden. Darüber ausführlich bei der Definition der Tragödie. Es findet sich aber eine genaue Analogie mit dieser Auffassung in seiner Definition der Eudämonie; denn er kann und will das Wesen der Glückseligkeit, das in den Thätigkeiten nach der Tugend besteht, nicht von den äussern Gütern trennen und betrachtet diese doch nur als werkzeuglich (*ὀργανικῶς*) mit ihr vereinigt; aber so dass das glückselige Leben, wenn die äusseren Güter mangelten, dadurch selbst seines Glanzes beraubt würde. Ebenso ist ihm das Wesen der Poësie die Nachahmung, aber zu ihrer

---

*) *Poet. VI. λέγω δὲ ἡδυσμένον λόγον τὸν ἔχοντα ῥυθμὸν καὶ ἁρμονίαν καὶ μέλος.*

angemessenen und anmuthigen Erscheinung gehören nothwendig die ergötzenden Darstellungsmittel.

§. 4. Ueber die von Westphal gelobte Eintheilung.

Westphal hat in den Scholien zu der Grammatik des Dionysius Thrax eine Eintheilung der Kunst gefunden, die er mit Recht der Beachtung empfiehlt, obwohl er sie wohl zugleich mit Unrecht, über die neueren Kunsteinsichten erhebt. Ueberhaupt hat er ihr selbst in seiner geistreichen Weise eine völlig moderne Ausführung gegeben, die den ursprünglichen Sinn derselben ziemlich verdunkelt und es unerklärlich macht, wesshalb die Alten bei so viel Einsicht in das Wesen und die Unterschiede der einzelnen Künste diese doch nirgends rein für sich in ihrer ästhetischen Begränzung verstanden haben. Für uns hat diese Frage desshalb ein grosses Interesse, weil Westphal mit scharfem Spürsinn den Ursprung der Eintheilung bis auf Aristoteles zurückleiten möchte. Er sagt*): „Wahrscheinlich geht das ganze System auf die Schule des Aristoteles zurück, wenn sich gleich bis jetzt nicht ermitteln lässt, in wie weit es von Aristoteles selbst oder einem seiner Schüler ausgegangen ist. Es ist Pflicht, dies antike System der Künste der Vergessenheit zu entreissen."

Westphal's Auffassung.

Diese Eintheilung ist nun aber weiter nichts, als die Unterscheidung der Künste in apotelestische

*) Harmonik u. Melopöie der Griechen von R. Westphal S. 1.

und praktische. Was hierunter zu verstehen, hat Westphal aber nicht einer der vier verschiedenen Fassungen bei den Scholiasten folgend erklärt, sondern statt dessen eine durch Citate nicht unterstützte Deutung gegeben. Vielleicht ist es ihm nur dadurch entgangen, dass Aristoteles diese Eintheilung schon vielfältig anwendet, aber philosophisch anders verwerthet. Westphal also versteht unter apotelestischen Künsten die bildenden (Architektur, Plastik, Malerei) und unter praktischen die musischen (Musik, Orchestik, Poësie); die Bedeutung erklärt er folgendermassen*): „ein musikalisches und poëtisches Kunstwerk ist zwar an und für sich durch den schöpferischen Akt des Componisten oder Dichters vollendet, aber es bedarf noch einer besondern Thätigkeit des Sängers, des Schauspielers, des Rhapsoden u. s. w., mit einem Worte, des darstellenden Virtuosen, durch welche es dem Zuschauer oder Zuhörer vorgeführt wird, und eben desshalb heisst es πρακτικόν, d. h. ein durch eine Handlung oder Thätigkeit dargestelltes. Ebenso verhält es sich mit der Orchestik. Dagegen ist ein Kunstwerk der Architektur, Plastik und Malerei schon durch den blossen schöpferischen Akt des bildenden Künstlers dem Zuschauer fertig und vollendet gegenübergestellt, und eben desshalb heisst es ἀποτελεστικόν. Dies sind in der That Kategorien und Definitionen, wie sie des grössten griechischen Philosophen würdig sind.“ —

Kritik: 1. Die Westphal'sche Eintheilung der schönen Künste findet sich nicht bei dem Scholiasten.

Hiergegen ist nun zuerst zu bemerken, dass die

*) Harm. u. Melop. S. 2.

Unterscheidung der schönen von den „Künsten im weiteren und vulgären Sinne," wie sie Westphal voraussetzt, eben nur von ihm, nicht aber von seinen Quellen gemacht wird; diese haben vielmehr alle beliebigen Künste als Beispiele immer gemischt, wie neben den Arbeiten in Erz, die Schusterei und Tektonik stehen als Arten der „poëtischen" Technik und die Feldherrnkunst als praktische und in der anderen Eintheilung die Orchestik, die Ringkunst, der Faustkampf, Rhetorik und Wurfspiessschleuderkunst, auch Jagd und Angelfischerei als praktische Künste angeführt werden. Die Sonderung der ästhetischen Künste von den nichtästhetischen ist sehr schwierig und ausser den Versuchen von Aristoteles, die ich S. 84 ff. erläutert habe, wohl kaum im Alterthum vollzogen; denn selbst bei Aristoteles ist diese Scheidung nur angedeutet, und wir können eben bloss aus der Poëtik, wo er allein mimetische Künste als Beispiele anführt, schliessen, dass er darnach in der Abfassung seiner philosophischen Arbeiten verfahren ist. Jedenfalls würden wir sehr irren, wenn wir, wie es nach Westphal's Darstellung scheinen könnte, glaubten, dass Lucius Tarrhaeus und Andre die schönen Künste in bildende und musische nach obigem Gesichtspunkte eingetheilt hätten. Lucius Tarrhaeus und alle die übrigen wissen nichts von dem Unterschiede der schönen Künste von nicht schönen und wissen nichts von von der Eintheilung der schönen Künste in bildende und musische, sondern lehren nur, dass alle Künste, worunter sie in wilder Unordnung Tektonik, Orchestik, Schuhmacherei, Kitharistik, Zügelverfertigung, Astronomie, Flötenspiel und Jagd auf wilde Thiere u. s. w. verstehen, — sich nach mehreren Gesichtspunkten eintheilen lassen. Diese Gesichtspunkte sind auch durchaus nicht bloss jene beiden, sondern eben diese passende Beschränkung auf zwei ist erst wieder von Westphal gemacht. Einige nehmen vier Arten an: 1. poëtische (*χαλκευτική*, *σκυτοτομική*, *τεκτονική*), 2. theoretische (*ἀστρονομία*, *φιλοσοφία*), 3. praktische (*στρατιωτική*), 4. gemischte (*ἰατρική*). Lucius Tarrhaeus setzt auch vier, aber anders: 1. apotelesmatische (z. B. *τεκτονική*, *χαλκευτική*, *οἰκοδομική*, *ὑφαντική*), 2. praktische (z. B. *ὀρχηστική*, *παλαιστική καὶ παγκρατιαστική*, *ὁπλομαχία καὶ πυκτική*, *ῥητορική*, *ἀκοντιστική*, *κυνηγετική*, *ἁλιευτική*, *ἡνιοχευτική*, *κυβερνητική*), 3. organische (z. B. *συριστική*, *κιθαριστική*, *αὐλητική*), 4. theoretische (z. B. *γεωμετρία* und *ἀστρονομία*). Die Andern machen wieder etwas abweichende Eintheilungen. Was man aber hieraus sieht, zeigt schon genügend, dass Lucius Tarrhaeus nicht bloss nicht die Eintheilung in apotelesmatische und praktische Künste auf die schöne Kunst beschränkt, sondern auch, dass er sogar einige schöne Künste davon ausschliesst; denn er rechnet die Kitharistik und Auletik zu dem *ὀργανικόν*, nicht zu dem *πρακτικόν*. Und dass man nicht etwa glaube, diese Abtheilung könne als Unterabtheilung des *πρακτικόν* betrachtet werden, dafür hat er gleich selbst gesorgt, indem er das *πρακτικόν* in fünf Unterabtheilungen (*αὐτοκίνητος*, *ἀντίπαλος*, *στοχαστική*, *μεθοδική*, *ὑπορχηματική* s. Beispiele oben) gliedert, dagegen das *ὀργανικόν* als coordinirt und wesentlich verschieden neben das *πρακτικόν* stellt, indem dieses in die Bewegung einer Handlung falle,*) jenes aber die Künste umfasse,

---

*) *Anecd. Graec. II. Bekker* S. 653. 7. *Πρακτικαὶ δέ εἰσιν αἵ τινες κατὰ πράξεως κίνησιν γίνονται.*

welche nur durch Werkzeuge (ὄργανα) zu Stande kommen, die geblasen oder angefasst oder auf beiderlei Art behandelt werden.*) Es ist also hierdurch zu bezeugen, dass die von Westphal gerühmte Eintheilung nicht von den Alten herrührt.

2. Westphals Erklärung der Termini ist nicht antik.

Aber auch der Begriff, den er von derselben Eintheilung giebt, ist nicht treu genug. Er setzt den Unterschied der apotelestischen und praktischen Künste, wie aus der oben citirten Stelle sichtbar, darin, dass die praktischen gewissermassen doppelte Künste sind, d. h. noch einen Virtuosen zur Darstellung verlangen, während die apotelestischen ihr Werk selbst fertig machen für den Zuschauer. Dieser Gesichtspunk ist aber nicht in dem griechischen Texte gegeben: es steht dort nichts von einer Trennung der Kunst in „schöpferischen Akt“ und „Darstellung.“ Es würde dies auch auf mehrere Künste gar nicht passen; denn z. B. die Kitharistik und Orchestik brauchen durchaus nicht bloss die Poësie zu begleiten oder auszuführen und setzen keinen von der Darstellung verschiedenen schöpferischen Akt voraus, sondern verhalten sich darin ganz wie die Malerei. Nur sofern und soweit diese darstellenden Künste der Poësie dienen, können sie unter jene Eintheilung fallen, d. h. als Darstellungen der praktischen oder nach Westphal der Darstellung bedürftigen Poësie betrachtet werden, in ihrem selbständigen Leben aber nicht.

*) Ebendas. Z. 28. Ὀργανικαὶ δέ εἰσιν ὅσαι δι' ὀργάνων συνεστήκασιν.

Bestimmung des Begriffs praktischer und apotelestischer Künste bei dem Scholiasten und bei Aristoteles.

Der Unterschied muss daher anders bestimmt werden und zwar ist er nach Lucius Tarrhaeus und den Andern darin zu setzen, dass die praktischen Künste, z B. die Tanzkunst,*) ihr Werk in einer Bewegung oder Handlung haben, die nichts Bleibendes hinterlässt, so dass sie nur bei dieser Gelegenheit beurtheilt werden können, indem ihr Werk nachher nicht mehr vorhanden ist. Die apotelestischen Künste aber, z. B. die Weberkunst und Tektonik, Schusterkunst und Baukunst u. s. w.**) haben ihren Zweck nicht in ihrem Hantieren, sondern bringen ein materielles Werk fertig, für welches sie alle ihre Arbeit abpassen, und welches, wenn die Arbeit vollendet ist, bestehen bleibt und daher von der ganzen Zeit seiner Dauer beurtheilt werden kann, da es unabhängig geworden ist von dem Augenblick und der Gelegenheit seiner Erzeugung. — Dieser Begriff ist nun ziemlich verschie-

*) S. obiges Citat. Westphal hat die verschiedenen Eintheilungen bei dem Scholiasten nicht auseinander gehalten. Sie widersprechen sich aber bedeutend. Will man jedoch bloss zur Verdeutlichung des Begriffs es gestatten, dass aus verschiedenen Eintheilungen bloss die übereinstimmenden Stellen gesammelt werden, so mögen hier noch folgende stehen: S. 655. 18. *πρακτικαί εἰσιν ὅσαι μέχρι τοῦ γίνεσθαι ὁρῶνται, ὥσπερ ἡ αὐλητικὴ καὶ ἡ ὀρχηστική· αὗται γὰρ ἐφ' ὅσον χρόνον πράττονται, ἐπὶ τοσοῦτον καὶ ὁρῶνται· μετὰ γὰρ τὴν πρᾶξιν οὐχ ὑπάρχουσιν.* Und S. 670. 13. *Πρακτικὰς δέ, ἅς τινας μετὰ τὴν πρᾶξιν οὐχ ὁρῶμεν ὑφισταμένας, ὡς ἐπὶ κιθαριστικῆς καὶ ὀρχηστικῆς· μετὰ γὰρ τὸ παύσασθαι τὸν κιθαρῳδὸν καὶ τὸν ὀρχηστὴν τοῦ ὀρχεῖσθαι καὶ κιθαρίζειν οὐκέτι πρᾶξις ὑπολείπεται.* — S. 653. 26. *Πᾶσαι γὰρ αἱ πρακτικαὶ τέχναι κριτὴν ἔχουσι τὸν τῆς πράξεως καὶ ἐνεργείας μόνον καιρόν· καὶ γὰρ τῷ καιρῷ, ἐν ᾧ καὶ γίνονται, ἐν αὐτῷ καὶ εἰσίν.*

**) Ebendas. S. 670. 17. *Ἀποτελεστικὰς δὲ λέγουσιν, ὧν τι-*

den von dem bei Westphal, und dieser würde, wenn er ihn so aufgefasst hätte, sicherlich selbst gleich den Weg von Lucius Tarrhaeus nach Aristoteles gegangen sein. Denn derselbe Gegensatz findet sich bei letzterem oft; freilich ebensowenig in der ausdrücklichen Anwendung auf die schöne Kunst, aber auch nicht so, dass diese davon ausgeschlossen wäre. So gleich im Anfang der Nikomachien, wo er sagt,*) dass „jede Kunst, und jede Forschung, auf gleiche Weise auch jede Handlung und Vorsatz nach einem Gute strebe", dass es aber „offenbar einen Unterschied dieser Zwecke gebe, indem die einen Thätigkeiten (*πράξεις*) seien, die andern aber in gewissen Werken (*ἔργα*) ausser den Thätigkeiten beständen", und dass überall da, wo es „gewisse Zwecke ausser den Handlungen gebe, die Werke naturgemäss auch grösseren Werth hätten als die Thätigkeiten." Seine Beispiele sind dieselben, die auch bei dem Scholiasten vorkommen, z. B. *ἰατρική, στρατηγική, χαλινοποιητική.* — Wie flüssig der Sprach-

---

νῶν τὰ ἀποτελέσματα μετὰ τὴν πρᾶξιν ὁρῶνται, ὡς ἐπὶ τῆς ἀνδριαντοποιίας καὶ οἰκοδομικῆς· μετὰ γὰρ τὸ ἀποτελέσαι τὸν ἀνδριαντοποιὸν τὸν ἀνδριάντα καὶ τὸν οἰκοδόμον τὸ κτίσμα, μένει ὁ ἀνδριὰς καὶ τὸ κτισθέν. S. 652. 30. *Καὶ ἀποτελεσματικαὶ μέν εἰσι τέχναι ὅσαι εἰς συντέλειαν ἦσαν καὶ τὸ συμφέρον ἀπαρτίζουσι καὶ συμπεραίνουσι πᾶν τὸ κατασκευαζόμενον τὸ ἐξ ἑνὸς ἢ καὶ πλειόνων, ἐξ ἑνὸς μέν, ὥσπερ ἡ τεκτονικὴ καὶ ἡ χαλκευτική· καὶ γὰρ ἡ τεκτονικὴ ἐξ ἑνὸς μέρους κατασκευάζεται, ἐκ τῶν ξύλων, καὶ ἡ χαλκευτικὴ ἐξ ἑνός, τοῦ χαλκοῦ· ἐκ πλειόνων δέ, ὥσπερ ἡ οἰκοδομικὴ ἐκ πλειόνων κατασκευάζεται, ἐξ ἀσβέστου καὶ λίθων καὶ ἡ ὑφαντικὴ ἐρίου καὶ διαφόρων ὑφασμάτων. αἱ δὲ τοιαῦται κριτὴν ἔχουσι τὸν χρόνον· ἐφ' ὅσον γὰρ ἂν ὁ χρόνος διατηρῇ αὐτάς, ἐπὶ τοσοῦτον μένουσιν.*

*) *Eth. Nicom. I. 1. πᾶσα τέχνη καὶ πᾶσα μέθοδος, ὁμοίως δὲ πρᾶξίς τε καὶ προαίρεσις ἀγαθοῦ τινὸς ἐφίεσθαι δοκεῖ — — Διαφορὰ δέ τις φαίνεται τῶν τελῶν· τὰ μὲν γάρ εἰσιν ἐνέργειαι, τὰ δὲ παρ' αὐτὰς ἔργα τινά. Ὧν δ' εἰσὶ τέλη τινὰ παρὰ τὰς πράξεις, ἐν τούτοις βελτίω πέφυκε τῶν ἐνεργειῶν τὰ ἔργα.*

gebrauch bei Aristoteles ist, sieht man an andern Stellen,* wo alles das, was in der Mitte liegt zwischen dem Anfang der Bewegung und ihrem letzten Zwecke, z. B. der Gesundheit (als da sind: das Austrocknen des Körpers, die Purgationen, die Heilmittel und die Heilwerkzeuge) eingetheilt wird in Werke (ἔργα) und Werkzeuge (ὄργανα).*) Diese Eintheilung gilt für das sittliche und das technische Gebiet in gleicher Weise (vrgl. die Belegstellen S. 48 und 49), und es zeigt sich hier der Ausdruck Werk (ἔργον) als identisch mit Handlung (πρᾶξις). Die Werkzeuge (ὄργανα) sind aber theils dienendes Moment der Handlung für die übergeordnete Kunst, theils selbst der Zweck für die Handlungen oder Bewegungen der untergeordneten, das Werkzeug herstellenden Künste, und daher besser, d. h. ein höheres Gut als diese Handlungen. Im sittlichen Gebiet werden zwar Werkzeuge (κτῆμα) gebraucht, aber es giebt keine sittliche Handlung, die auf ihre Hervorbringung gerichtet ist. (Vrgl. S. 122 ff.)

Abweichung der *Magna Moralia.*

Interessant ist aber ein Unterschied zwischen den Nikomachien und den späteren *Magna Moralia.* **) Aristoteles nämlich versteht unter Handlung im ei-

---

*) *Natur. ausc. II. 3. (II. 264. 25.)* καὶ ὅσα δὴ κινήσαντος ἄλλου μεταξὺ γίνεται τοῦ τέλους — — διαφέρει δ' ἀλλήλων ὡς ὄντα τὰ μὲν ἔργα τὰ δ' ὄργανα.

**) Sehr interessante Bemerkungen zur Charakteristik der *Magna Moralia* macht Trendelenburg im dritten Bande seiner historischen Beiträge zur Philos. S. 433, als Nachlese für die Untersuchungen von Spengel, Pausch, Brandis, Zeller und Ramsauer, wodurch die nacharistotelische Abfassungszeit der *M. M.* ebenfalls einleuchtend wird.

gentlichen, d. h. ethischem Sinne nur solche Thätigkeiten, die kein Werk ausser und über sich haben, das ihren Werth bestimmte, sondern die ihren Werth in sich selbst tragen, d. h. besonders in der Gesinnung, aus welcher sie hervorgehen. Dagegen hat die Kunst nach ihm immer einen Zweck, der ausserhalb der hervorbringenden Thätigkeit liegt.*) Es ist damit aber nicht gesagt, dass nicht diese künstlerischen Thätigkeiten ihrerseits wiederum denselben Unterschied hätten. Zwar weiss ich dafür kein Citat; aber ich bemerke die scheinbare Verwirrung, in welche die *Magna Moralia* durch diese Eintheilung gerathen. Im 1. Buch 35. Cap. unterscheiden sie nämlich Handlung und Kunst folgendermassen: „Bei allen hervorbringenden Vermögen (d. h. Künsten) nämlich giebt es ausser dem Hervorbringen noch einen anderen Zweck, z. B. ist bei der Baukunst, da sie das hervorbringende Vermögen des Hauses ist, das Haus ihr Zweck ausser dem Hervorbringen. Auf gleiche Weise verhält es sich mit der Tektonik und den übrigen hervorbringenden Vermögen. — Bei den praktischen Vermögen aber giebt es keinen andern Zweck ausser der Handlung, z. B. ausser dem Citherspielen giebt es durchaus keinen andern Zweck, sondern dies selbst ist der Zweck, diese Thätigkeit und Handlung. Wie nun auf Handlung und Gegenstände der Handlung sich die *φρόνησις* bezieht, so auf das Hervorbringen und die Gegenstände der Hervorbringung die *τέχνη*.“**) Dieser Begriff und diese

---

*) Vrgl. oben S. 45. *Eth. Nicom. VI.* 5. *τῆς μὲν γὰρ ποιήσεως ἕτερον τὸ τέλος, τῆς δὲ πράξεως οὐκ ἂν εἴη, ἔστι γὰρ αὐτὴ ἡ εὐπραξία τέλος.*

**) *M. M. I.* 35. *ἔστι δὴ τῶν ποιουμένων καὶ πραττομένων οὐ ταὐτὸ τὸ ποιητικὸν καὶ πρακτικόν· τῶν μὲν γὰρ ποιητικῶν ἐστί τι παρὰ τὴν ποίησιν ἄλλο τέλος, οἷον παρὰ τὴν οἰκοδομικήν, ἐπειδή ἐστὶ*

Beispiele entsprechen genau den Ausführungen des Scholiasten, und die apotelesmatische Kunst sieht sich durch das Haus der Baukunst, wie die praktische durch das Citherspiel auf's Deutlichste erklärt. Allein diese Vorstellung ist nicht Aristotelisch. Nie würde Aristoteles das Citherspiel zur H a n d l u n g (*πρᾶξις*) im engeren d. h. sittlichen Sinne gerechnet und unter die *φρόνησις* gestellt haben; es ist ihm Kunst so gut wie die Baukunst und der darin freiwillig Fehlende dem unfreiwillig Fehlenden vorzuziehen, was bei den Handlungen umgekehrt ist. Wir haben ausserdem Stellen in Menge, nach denen die Kitharistik zur Kunst gerechnet wird. Wesswegen aber diese Ausführung der *Magna Moralia* so interessant ist, das liegt darin, dass sie den Begriff der Handlung (*πρᾶξις*) so äusserlich fassen, wie er allerdings sehr oft auch bei Aristoteles zu verstehen ist, aber nie dann, wenn es sich um schärfere Unterschiede handelt.*) Und davon handelt es sich an dieser Stelle der *Magn. Mor.* wirklich. Man sieht nämlich aus dem Ende desselben Capitels und Buches, bei Gelegenheit der Frage, ob denn die *φρόνησις* auch in der That ein p r a k t i s c h e s Vermö-

---

ποιητικὴ οἰκίας, οἰκία αὐτῆς τὸ τέλος παρὰ τὴν ποίησιν. Ὁμοίως ἐπὶ τεκτονικῆς καὶ τῶν ἄλλων τῶν ποιητικῶν. Ἐπὶ δὲ τῶν πρακτικῶν οὐκ ἔστι ἄλλο οὐθὲν τέλος παρ' αὐτὴν τὴν πρᾶξιν οἷον παρὰ τὸ κιθαρίζειν οὐκ ἔστιν ἄλλο τέλος οὐθέν, ἀλλ' αὐτὸ τοῦτο τέλος, ἡ ἐνέργεια καὶ ἡ πρᾶξις. Περὶ μὲν οὖν τὴν πρᾶξιν καὶ τὰ πρακτὰ ἡ φρόνησις, περὶ δὲ τὴν ποίησιν καὶ τὰ ποιητὰ ἡ τέχνη.

*) Wenn Aristoteles ohne scharfe Terminologie spricht, so ist ihm sowohl *πρᾶξις* als *ἐνέργεια* g l e i c h b e d e u t e n d mit *κίνησις*, weil die Menge diese Ausdrücke, welche i n d e m g r ö s s t e n G e g e n s a t z stehen, zu vermischen pflegt. Man darf aber nie von dem nachlässigen Gebrauch auf systematische Eintheilungen zurückschliessen, wenn man nicht den Aristoteles in lauter Widersprüche auflösen will. Vrgl. darüber S. 4 und 256.

gen sei, dass daselbst das Handeln seinem Begriffe nach ganz der Sphäre der Innerlichkeit entzogen wird und daher die *φρόνησις* nur desshalb als praktisch gilt, weil sie den eigentlich praktischen Tugenden befiehlt, ebenso wie man auch vom Architekten sage, er baue das Haus, während doch eigentlich nur seine Handarbeiter dieses thun. Darum nehmen consequenter Weise die *Magna Mor.* den Gegensatz zwischen vorschreibendem Meister und Arbeiter, der bei Aristoteles nur der Kunst zukommen kann (S. 60 ff.), auch für die Tugenden in Anspruch.*) Ich zweifle aber noch, ob in solchen Sätzen mehr eine schülerhafte Unsicherheit, oder ein neuer, von Aristoteles mit Bewusstsein sich ablösender Standpunkt sich kundgiebt. Die Einheit des Sittlichen wird dadurch aufgehoben und die Handlung nur als Bewegung in der Sinnenwelt betrachtet. Abstrahirt man aber bei dem Begriff der Handlung von der sittlichen Ge-

---

*) *M. M. I.* 35. (*II.* 158. 40.) *ὁμοίως δὲ ἐπὶ τῶν ἄλλων τῶν ποιητικῶν ἔχει, ἐν αἷς ἐστὶν ἀρχιτέκτων καὶ ὑπηρέτης τούτου. Ποιητικὸς ἄρα τινὸς καὶ ὁ ἀρχιτέκτων ἔσται, καὶ τοῦ αὐτοῦ τούτου οὗ ποιητικὸς καὶ ὁ ὑπηρετικός. Εἰ τοίνυν ὁμοίως καὶ ἐπὶ τῶν ἀρετῶν ἔχει, ὅπερ εἰκὸς καὶ εὔλογον, καὶ ἡ φρόνησις ἂν εἴη πρακτική.* (Diese Schlussfolge durch das *εἰκὸς* ist ganz unaristotelisch, da in diesem Punkte kein *ὁμοίως*, sondern ein *ἐναντίως* zwischen Kunst und Handlung stattfindet.) *Αἱ γὰρ ἀρεταὶ πᾶσαι πρακτικαί εἰσιν· ἡ δὲ φρόνησις ὥσπερ ἀρχιτέκτων τις αὐτῶν ἐστίν· ὅπως γὰρ αὕτη προστάξει, οὕτως αἱ ἀρεταὶ καὶ οἱ κατ' αὐτὰς πράττουσιν· ἐπεὶ οὖν αἱ ἀρεταὶ πρακτικαὶ, καὶ ἡ φρόνησις πρακτικὴ ἂν εἴη.* Die *φρόνησις* ist also an sich kein praktisches Vermögen, sondern verdient erst durch die ausführenden Hände der wirklich praktischen Tugenden diesen Namen. Nun von Arisotelischem Standpunkte ist darauf nur zu erwidern, dass es weder eine *φρόνησις* ohne die *ἀρετή* giebt, noch *ἀρεταὶ* ohne *φρόνησις* Diese Verselbständigung der beiden Faktoren des praktischen Geistes ist die unaristotelische Erfindung der *M. M.*

sinnung, so ist ja klar, dass dann auch das Citherspiel sehr gut darunter fällt und dass die sittliche Sphäre der Handlungen eben nur als eine Art in dieses grosse Gebiet gehört. Somit scheint mir in den *Magna Moralia* der Uebergang von den Bestimmungen des Aristoteles zu der Eintheilung der Künste zu liegen, die uns von dem Scholiasten überliefert ist. Dass diese Eintheilung aber weder von Aristoteles, noch von seiner Schule und den Späteren zu einer Scheidung der bildenden und musischen Künste benutzt wurde, habe ich schon vorher betrachtet, und dass die Eintheilung zu diesem Zwecke auch nicht hinreicht, scheint mir ebenfalls gewiss; denn die Poësie ist doch nur bildlich als Bewegung in diesem drastischen Sinne zu bezeichnen und bedarf an und für sich der äusseren Darstellung nicht. Die äusseren Bewegungen, als der Tanz und der Gesang, welche die Poësie herbeiruft, sind eigene Künste für sich und dienen ihr nur zu grösserem Schmuck und zu grösserer Wirkung,*) und werden daher von Aristoteles als nicht eigentlich der Poësie angehörig von der Betrachtung ausgeschlossen. Die Tragödie als geschriebenes Werk, das beliebig für alle Zeit zum Lesen oder zur Aufführung dienen kann, hätte nebenbei vielleicht auch noch mindestens eine Streitfrage hervorrufen müssen, ob es nicht als ein **ἀποτέλεσμα**, als ein **ἔργον** (im engeren Sinne) betrachtet werden dürfe, ähnlich wie die Statue; denn auch diese ist ja nicht als materielles

*) *Ar. Poet. cap.* 27. *ἡ τραγῳδία καὶ ἄνευ κινήσεως ποιεῖ τὸ αὑτῆς κ. τ. λ.* und die Beziehung auf die anhängenden Künste ebendas. *οὐ τῆς ποιητικῆς ἡ κατηγορία ἀλλὰ τῆς ὑποκριτικῆς κ. τ. λ.*

Product schon ein Kunstwerk, sondern erst als Anschauung (θέαμα), sowie die Tragödie erst wenn sie gehört und gelesen und genossen wird, ihr Werk thut. Es würden also Schwierigkeiten und Feinheiten der Distinction genug entstehen, wovon die Alten nichts wissen, und besonders Aristoteles desshalb nichts wissen konnte, weil bei ihm alle Künste ohne Ausnahme ihren Zweck ausserhalb ihrer Hantierung haben.

IV. Capitel.

Von der Entwickelung der Kunst.

Da die menschliche Kunst nicht wie der Kunsttrieb der Spinne und Ameise ohne Unterricht und ohne Entwickelungsgang zu Stande kommt, so muss man fragen, ob und wie Aristoteles sich darüber geäussert hat. Wenn man nun zunächst die Kunst als Fertigkeit eines Einzelnen betrachtet, so fragt sich, wie einer aus einem Nicht-Künstler zu einem Künstler wird. Dies ist aber, wenn man nämlich nicht schon fertige Lehrmeister voraussetzt, sondern an eine autodidaktische Entwickelung des Künstlers denkt, offenbar dasselbe wie der Entwickelungsgang der Kunst überhaupt. Man darf desshalb beides zusammenfassen. Verschieden aber hiervon, obgleich damit verflochten, ist die Hervorbringung des einzelnen Kunstwerks und wie es dabei hergeht, was daher besondre Besprechung verdient.

§. 1. Natürliches und Zufälliges in der Entwickelung.

Ist die Entwicklung der Kunst eine natürliche?

Kann man sie also erklären und beschreiben, wie die Phasen des Mondes oder die Entwicklung einer Pflanze, oder wie die Metamorphosen eines Schmetterlings? — Oder hängt dabei Alles vom Zufall ab, von einzelnen unberechenbaren Umständen, die man nur geschichtlich aufzeichnen kann, ohne dass ein allgemeines und regelmässiges Gesetz der Entwicklung hervorträte?

Aristoteles geht überall von der Anschauung aus, dass Natur und Zufall bei der Ausbildung zusammenwirken. D a s N a t ü r l i c h e liegt in der Anlage, in den bestimmten Kunstkräften und Trieben, dann darin, dass für die Ausübung derselben nur bestimmte Wege und Formen möglich oder leicht und passend sind und endlich in der Unmöglichkeit, über das vollkommen verwirklichte Wesen eines Kunstzweigs hinauszukommen. — Der Z u f a l l ist aber nicht ausgeschlossen. Er wird durch die Personen bezeichnet, welchen grade eine grössere Begabung zukam und welche zuerst diese oder jene Kunstmittel erfanden, d. h. fanden; denn von Natur sind sie eben immer da als mögliche; Einer muss sie aber zuerst finden.

Das Erste also ist die Ausstattung der Natur, wodurch wir überhaupt zur Kunst befähigt sind: davon ist schon (S. 32 und S. 115 ff.) gesprochen. Wenn es nun wahr ist, dass die Kunstfertigkeit (als ἕξις oder τέχνη) später ist als die Kunstausübung, wodurch sich eben diese freien Thätigkeiten von den bloss natürlichen unterscheiden,*) so muss doch andrerseits auch für die erste Kunstausübung ein natürliches Vermögen (δύναμις) vorausgesetzt werden. Man muss desshalb hier mit Aristoteles eine doppelte Bestimmung des Vermögens unterscheiden, obwohl beide denselben Ausdruck

*) Vrgl. oben S. 33 ff.

δύναμις führen. 1. Erstes Vermögen ist das rein natürliche Princip (die **δύναμις**),*) welches früher da ist, als die Thätigkeit und welches nicht durch Gewohnheit entsteht, z. B. das Vermögen zu zürnen, Schmerz oder Mitleid zu empfinden, und dergl.**) 2. Zweites Vermögen aber ist die Fertigkeit (**ἕξις**,), welche aus wiederholten Handlungen hervorgeht. Dieses zweite Vermögen ist in unserm Gebiete grade die Kunst, deren Werden und Entwicklung wir suchen; auch sie setzt also, wie wir sehen, ein erstes Vermögen voraus.

Wir haben bei Aristoteles wohl keine systematische Erörterung dieser natürlichen Bedingungen; nur für die Poësie giebt er sie an und nach ihrer Analogie erkennen wir leicht seine ganze Auffassung. Zwei Bedingungen werden von ihm unterschieden und beide werden ausdrücklich als natürliche bezeichnet:***) 1. der Trieb zur Nachahmung und die Freude daran, 2. der Sinn für Harmonie und Takt. Offenbar hat man hierher auch noch die Sprache zu ziehen. Dass er sie nicht erwähnt, dafür könnte man eine Lücke im Texte beschuldigen, oder annehmen Aristoteles habe den **λόγος** als selbstverständlich nach der breiteren Darstellung der Kunstmittel im ersten Capitel mit

---

*) *Metaph.* Θ. 1. 1046. a. 10. *ἡ ἐστιν ἀρχὴ μεταβολῆς ἐν ἄλλῳ ἢ ᾗ ἄλλο· ἡ μὲν γὰρ τοῦ παθεῖν ἐστὶ δύναμις — — πάλιν δ' αὗται αἱ δυνάμεις λέγονται ἢ τοῦ μόνον ποιῆσαι ἢ παθεῖν κ. τ. λ.*

**) *Eth. Nicom. II.* 4. *δυνάμεις δὲ καθ' ἃς δυνατοὶ ὀργισθῆναι ἢ λυπηθῆναι ἢ ἐλεῆσαι.*

***) *Poet. IV.* *Ἐοίκασι δὲ γεννῆσαι μὲν ὅλως τὴν ποιητικὴν αἰτίαι δύο τινὲς καὶ αὗται φυσικαί. Τό τε γὰρ μιμεῖσθαι σύμφυτον τοῖς ἀνθρώποις κ. τ. λ. — — κατὰ φύσιν δὲ ὄντος ἡμῖν τοῦ μιμεῖσθαι καὶ τῆς ἁρμονίας καὶ τοῦ ῥυθμοῦ (τὰ γὰρ μέτρα ὅτι μόρια τῶν ῥυθμῶν ἐστί, φανερόν) — —*

unter dem Metrum, welches er dem Takt unterordnet, zusammengefasst; denn ohne die Sylben und Worte der Sprache giebt es ja kein Metrum. Vielleicht hat er die Sprache aber auch desshalb nicht erwähnt, weil sie für sich keine Ursache der Poësie bilden kann; denn sie dient den prosaischen Geschäften des Lebens so gut wie der Wissenschaft und besteht zudem nur aus Zeichen, die sich symbolisch, nicht mimetisch zu den Sachen verhalten.*) Sie ist desshalb nicht an sich Ursache der Poësie, sondern erst, wenn sie durch jene obigen Mittel qualificirt wird und also nur als mimetische Sprache und als harmonisch und rhythmisch geordnete. Indem Aristoteles daher das Specificirende angab, könnte man sagen, habe er stillschweigend die generische Bestimmung mitumfasst. — Da nun die Nachahmung das Allgemeine aller freien Künste ist, so sieht man, dass er unter dem zweiten Gesichtspunkt das Differenzirende hinzugezogen hat, und man wird desshalb für jede besondre Kunst solche besondre natürliche Anlage vorauszusetzen haben. Wie der Mensch ja auch, weil er die verschiedensten Künste aufzunehmen fähig ist, das für die meisten Handtierungen nützlichste Werkzeug vor allen Werkzeugen, die Hand, von der Natur erhalten hat.**)

§. 2. Die Stegreifversuche.

Hier findet daher Aehnlichkeit zwischen der Er-

*) Vrgl. oben S. 146.

**) *De histor. anim. IV.* 10. (III. 290. 29.) *Τῷ οὖν πλείστας δυναμένῳ δέξασθαι τέχνας τὸ ἐπὶ πλεῖστον τῶν ὀργάνων χρήσιμον τὴν χεῖρα ἀποδέδωκεν ἡ φύσις.*

zeugung aus Saamen und der künstlerischen Werkbildung statt.*) Denn im Saamen liegt das Formprincip und die bewegende Ursache des mit ihm homonymen Gewordenen, und ebenso bringt die Kunst die Veränderung und Form dem Stoffe. Der Unterschied liegt aber, wie schon oben erklärt, in der Trennung zwischen dem materiellen Princip und den formgebenden und bewegenden Ursachen.**) Allein die Frage ist nun, da wir die Bedingungen der Kunstthätigkeit haben, wie der Anfang derselben gemacht wird? Denn es scheint, als müsse noch ein sollicitirendes Princip gefordert werden, welches die Anlage zur wirklichen Thätigkeit bringe. Als metaphysische ist diese Frage von Aristoteles aufgeworfen und vielfach erörtert und gelöst; aber als psychologische und speciell für unser Kunstgebiet ist sie von ihm nicht näher behandelt. Wir müssen daher auf eine feinere Bestimmung verzichten und gleich so im Groben nach Aristoteles setzen, dass der Anfang und erste Schritt der Kunstentwicklung in den Stegreifversuchen liege, welche die künstlerisch besonders Begabten unternehmen.***) In diesen Versuchen ist noch keine Kunst als Fertigkeit (ἕξις) und noch keine freie Wahl der Mittel und Formen; aber es liegt in ihnen der nothwendige Anfang, indem das Gelingen befriedigt und durch Wiederholung Gewöhnung und Fertigkeit entsteht.

---

*) *Metaph.* (II. 547. 18.) *τὸ μὲν γὰρ σπέρμα ποιεῖ ὥσπερ τὰ ἀπὸ τέχνης.*

**) Vrgl. oben S. 80.

***) *Poet. IV.* — *ἐξ ἀρχῆς οἱ πεφυκότες πρὸς αὐτὰ μάλιστα κατὰ μικρὸν προάγοντες ἐγέννησαν τὴν ποίησιν ἐκ τῶν αὐτοσχεδιασμάτων.*

§. 3. Die Formen und Fortschritte.

Die Kunstthätigkeit muss in irgend welcher Form sich darstellen. Da sie aber ihrer selbst noch nicht bewusst ist, so kann sie die Formen nur zufällig treffen. Andrerseits sind diese Formen aber nicht durchaus beliebige und irgend welche, sondern hängen mit der Natur des Gegenstandes der Kunstthätigkeit und mit dieser selbst zusammen. Die Natur selbst wird desshalb das Zufällige begränzen, indem sie die natürlichen Formen anzeigt. Aristoteles nennt diese Formen *σχήματα* oder *εἴδη*. Diese werden daher immer weiter, je mehr von dem Wesen der Kunst hervortritt, vervollkommnet werden und also verschiedene Veränderungen durchmachen, die Aristoteles *μεταβολαὶ* oder *μεταβάσεις* nennt. Ist ein Kunstzweig geehrt, so wird jede Veränderung bemerkt und ihr Urheber in der Geschichte verzeichnet; die geringen Veränderungen und Entwicklungsfortschritte aber in der Kunst, ehe sie zu Ansehen gekommen, liegen vom Dunkel des Ursprungs bedeckt.

Die Aristotelischen Stellen hierfür sind u. A. folgende: 1. Wo er von den verschiedenen Arten der Entdeckung (*ἀναγνώρισις*) und ihrem verschiedenen Werthe spricht, sagt er, dass „die Dichter nicht durch Kunst, sondern durch Zufall die tragische Wirkung gewisser Mythenkreise fanden*) und desshalb nun zum Gebrauch grade dieser Mythen gezwungen werden.“ 2. In Bezug auf das Metrum der erzählenden Poësie einerseits und der dramatischen andrerseits, bemerkt Aristoteles: „Niemand hat ein

*) *Poet. XIV. Ζητοῦντες γὰρ οὐκ ἀπὸ τέχνης ἀλλ' ἀπὸ τύχης εὗρον τὸ τοιοῦτον παρασκευάζειν ἐν τοῖς μύθοις. Ἀναγκάζονται οὖν κ. τ. λ.*

grösseres episches Gedicht in anderem als heroischen Versmass gedichtet, sondern die Natur selbst lehrt das ihr Angemessene auszusondern*)." „Der Versuch selbst, die Erfahrung zeigt das Passende." In Bezug auf die dramatische Kunst: „Die Natur selbst fand das angemessene Metrum; denn das Jambische ist von den Versmaassen am Meisten zum Sprechen geeignet**)." Besonders belehrend ist die Stelle, wo Aristoteles zeigt, dass die Natur mächtiger sei als die Laune und Willkür des Künstlers, indem sie ihn zwinge, die bestimmten natürlichen Formen innezuhalten: „Darum versuchte Philoxenos vergeblich in dorischer Tonart einen Dithyrambus zu dichten; die Natur selbst liess ihn herausfallen und nöthigte ihn zu der angemessenen Tonart, nämlich zu der phrygischen***)." 3. In Bezug auf die Formen und Metabasen: „Die Veränderungen der Tragödie und die Urheber derselben sind nicht verborgen geblieben; die Komödie aber, weil sie ursprünglich nicht mit Ernst betrieben wurde, blieb verborgen." „Erst als sie schon gewisse Formen hatte, werden die bekannten Komödiendichter von der Erinnerung festgehalten. Denn man weiss nicht, wer Masken und Prologe erfand und die Zahl der Schauspieler und was der-

*) *Poet. XXIV.* *Διὸ οὐδεὶς μακρὰν σύστασιν ἐν ἄλλῳ πεποίηκεν ἢ τῷ ἡρῴῳ, ἀλλ' ὥσπερ εἴπομεν, αὐτὴ ἡ φύσις διδάσκει τὸ ἁρμόττον αὐτῇ διαιρεῖσθαι.* — — Und vorher: *ἀπὸ τῆς πείρας ἥρμοκεν.*

**) *Poet. IV.* *αὐτὴ ἡ φύσις τὸ οἰκεῖον μέτρον εὗρεν· μάλιστα γὰρ λεκτικὸν τῶν μέτρων τὸ ἰαμβεῖον ἐστίν.*

***) *Polit. VIII. 7.* (I. 633. 45.) *διότι Φιλόξενος ἐγχειρήσας ἐν τῇ δωριστὶ ποιῆσαι διθύραμβον οὐχ οἷός τ' ἦν, ἀλλ' ὑπὸ τῆς φύσεως αὐτῆς ἐξέπεσεν εἰς τὴν φρυγιστὶ τὴν προσήκουσαν ἁρμονίαν πάλιν.*

gleichen bestimmte*)." Aber auch vor dem ältesten bekannten Dichter der ernsten Gattung, vor Homer, sagt Aristoteles, müssen „natürlich eine Menge andrer Dichter als seine Vorgänger angenommen werden, deren Gedichte nur nicht überliefert sind**)."

In Bezug auf die Entwicklung aber bemerkt Aristoteles, dass sobald eine höhere Kunstform gefunden sei, die Künstler sich dieser zuwendeten. Er zeigt auch dies freilich nicht in seiner Allgemeinheit, wohl aber durch die Entwickelungsgeschichte der Poësie, indem er die immer steigende Vollendung der Kunstform hervorhebt und wie z. B. die früheren Jamben und Epen-Dichter, sobald die höheren und geehrteren Kunstformen der Komödie und Tragödie erschienen waren, sich auf diese legten***). So fand eben das Wachsthum in der Kunst statt, indem immer das erschienene Neue etwas weitergebildet wurde†).

§. 4. Die Erfinder und das Persönliche.

Obgleich so gewissermassen die ganze Kunstentwickelung unter der Leitung der Natur steht, so sieht Aristoteles doch nicht einen blossen Naturprocess darin,

*) Poet. V. αἱ μὲν οὖν τῆς τραγῳδίας μεταβάσεις καὶ δι' ὧν ἐγένοντο οὐ λελήθασιν, ἡ δὲ κωμῳδία διὰ τὸ μὴ σπουδάζεσθαι ἐξ ἀρχῆς ἔλαθεν. — — ἤδη δὲ σχήματά τινα αὐτῆς ἐχούσης κ.τ.λ.

**) Poet. IV. Τῶν μὲν οὖν πρὸ Ὁμήρου οὐδενὸς ἔχομεν εἰπεῖν τοιοῦτον ποίημα, εἰκὸς δὲ εἶναι πολλούς.

***) Poet. IV. Παραφανείσης δὲ τῆς τραγῳδίας καὶ κωμῳδίας — — οἱ μὲν ἀντὶ τῶν ἰάμβων κωμῳδοποιοὶ ἐγένοντο, οἱ δὲ ἀντὶ τῶν ἐπῶν τραγῳδοδιδάσκαλοι, διὰ τὸ μείζω καὶ ἐντιμότερα τα σχήματα εἶναι ταῦτα ἐκείνων.

†) Ebendas. κατὰ μικρὸν ηὐξήθη προαγόντων ὅσον ἐγίγνετο φανερὸν αὐτῆς.

sondern will auch das Persönliche anerkannt wissen. Grade so weist er in seiner Staatslehre zuerst nach, dass wir von Natur den Trieb zur Begründung von Haus, Gemeinde und Staat haben, fügt dann aber sorgfältig hinzu, dass darum derjenige, der zuerst die politische Gemeinschaft constituire, der grössten Güter Urheber sei*). Die persönlichen Verdienste bewegen sich also in den Bahnen der Natur. So sind ihm auch in der Kunst die Fortschritte durch gewisse Personen bezeichnet, denen man Dank schuldet für die Mittheilung ihrer Erfindungen. Aristoteles erwähnt desshalb überall sorgfältig die Namen derer, welche in den Wissenschaften und Künsten die Entwickelung befördert haben, und hebt mit besonderem Nachdruck hervor, wie wichtig überall die Grundlegung ist, indem sich an den Anfang leicht die Verbesserungen anschliessen. So sagt er am Schluss der *sophist. elenchi*, dass das „ganz neu Erfundene anfänglich nur geringen Wachsthum zu haben pflegt, bei Weitem aber nützlicher ist als die daraus später erfolgende Zunahme. Denn der Anfang ist vielleicht in jeder Sache das Grösste und darum auch das Schwerste; denn je mächtiger es der Kraft nach ist, desto kleiner ist es dem Umfang nach und darum so sehr schwer zu erkennen. Ist dieser Anfang aber gefunden, so ist es nun leicht im Uebrigen hinzuzusetzen und zu vermehren.“ „Diese Bemerkung gölte für alle Künste.“ Er fordert desshalb auch für sich, da er eine neue Wissenschaft geschaffen „Nachsicht für das noch Ausgelassene, vielen Dank aber für das Entdeckte**).“ So führt er den Ursprung der komi-

*) *Polit. I. 2.* φύσει μὲν οὖν ἡ ὁρμὴ ἐν πᾶσιν ἐπὶ τὴν τοιαύτην κοινωνίαν· ὁ δὲ πρῶτος συστήσας μεγίστων ἀγαθῶν αἴτιος.

**) *De soph. el. XXXIV.* (I. 368. 33.) μέγιστον γὰρ ἴσως ἀρχὴ

schen Poësie im Gegensatz zur satyrischen auf Homer zurück; so wird er auch den verschiedenen Griechischen Stämmen und Ländern gerecht, von denen eine Erfindung ausgegangen ist, wie er z. B. erwähnt, dass die Komödie ursprünglich aus Sicilien kam*).

Das Persönliche hat ihm aber auch noch die Bedeutung, dass die Künstler durch ihre Charaktere zu der einen oder anderen Richtung der Kunst getrieben werden und diese dadurch erfinden**). So wenden sich z. B. die niedrigeren Künstler-Naturen dem Komischen zu, die Edleren dem Tragischen. Das Persönliche ist endlich auch entscheidend für den Verfall der Kunst, wovon gleich weiter die Rede sein soll.

§. 5. Die Vollendung der Kunst.

Geht nun der Fortschritt der Entwickelung in's Unendliche? Eine solche Annahme wäre der antiken und ganz besonders der Aristotelischen Weltansicht durchaus widerstreitend. Die Entwickelung kann nicht weiter fortschreiten, als das Princip reicht, welches die ganze Entwickelung veranlasst. Dies Princip ist bei Aristoteles immer die Natur und das Wesen der Sache als das ideale Prius,

---

παντὸς — διὸ καὶ χαλεπώτατον. — — ταύτης δ' εὑρημένης ῥᾷον τὸ προστιθέναι καὶ συναύξειν τὸ λοιπόν ἐστιν. ὅπερ — — σχεδὸν δὲ καὶ περὶ τὰς ἄλλας πάσας τέχνας. — — τοῖς δ' εὑρημένοις πολλὴν ἔχειν χάριν. Der dankbare Scholiast steigert den Ausdruck: *ᾧ δεῖ πάντας ἡμᾶς οὐ πολλήν, ὡς αὐτὸς ἔφη, ἀλλ' οὐδ' ὅσην εἰπεῖν ἔχειν χάριν.*

*) *Poet. IV.* *οὕτω καὶ τὰ τῆς κωμῳδίας σχήματα πρῶτος ὑπέδειξε κ. τ. λ.* Vrgl. *Poet.* V. für die zweite Bemerkung.

**) Vrgl. oben S. 181.

welches sich selbst hervorbringt d. h. verwirklicht*). Hat daher die Entwickelung alle Seiten des Wesens herausgesetzt, so bleibt sie stehen. Das Wesen ist vollendet.

Der natürliche Stillstand der Bewegung.

Dies ist die Aristotelische Lehre über jede natürliche Entwickelung. Ich habe die einschlagenden Stellen schon im ersten Bande S. 30 citirt. Es versteht sich daher von selbst, dass diese Auffassung auch Gültigkeit für die Entwicklung der Kunst hat, sofern sie eine natürliche ist. Aristoteles giebt seine Ansicht deutlich an der Entwicklungsgeschichte der Tragödie kund, welche, wie er sagt, „nachdem sie viele Veränderungen durchgemacht, stehen blieb, weil sie ihr Wesen nun gewonnen hatte.“ Der Ausdruck „stehen bleiben“ (*παύεσθαι*) ist dabei grade der gewöhnliche; so zeigt er z. B. in der physiologischen Entwicklungsgeschichte, wie der Saame einen Anfang und eine Bewegung derart enthält, dass jeder Theil des Körpers, wenn die Bewegung der Entwicklung anhält (*παυομένης*), auch beseelt wird**). Das Anhalten der Bewegung ist dabei das Zeichen der Vollendung und bringt daher das treibende Princip, die Seele, zur Verwirklichung. Es findet dies nicht bloss in der qualitativen Bewegung, sondern auch in der eigentlichsten Ortsbewegung statt. Selbst bei dieser hat jeder

*) *Polit. I. 2.* ἡ δὲ φύσις τέλος ἐστίν. οἷον γὰρ ἕκαστόν ἐστι τῆς γενέσεως τελεσθείσης, ταύτην φαμὲν τὴν φύσιν εἶναι ἑκάστου, ὥσπερ ἀνθρώπου, ἵππου, οἰκίας.

**) *De anim. generat. II. 1.* τὸ μὲν οὖν σπέρμα τοιοῦτον καὶ ἔχει κίνησιν καὶ ἀρχὴν τοιαύτην, ὥστε παυομένης τῆς κινήσεως γίνεσθαι ἕκαστον τῶν μορίων καὶ ἔμψυχον.

Körper seinen Ort, dem er wie seinem Zwecke oder seiner Natur zustrebt, und wo er angekommen sofort seine Ruhe findet wie z. B. ein Stein, der in die Luft geworfen zu einer Bewegung wider seine Natur genöthigt wurde, so lange in Bewegung bleibt, bis er wieder in seiner natürlichen Richtung zur Mitte der Welt auf die Erde zu liegen kommt*).

Die organische Entwicklung im Gegensatz zum Fortschreiten ohne Mittelpunkt und Ziel.

Es ergiebt sich dies noch aus einer anderen Betrachtung. Wenn nämlich die Entwickelung nicht so statt hätte, dass das Spätere auf das Frühere folgt, wie der Mann auf das Kind, sondern so, dass dieses jenen verursachte, und dass jeder Theil des sich Entwickelnden als Wirkung eines früheren nun wieder Ursache würde für ein Späteres, wie in der That die verschiedenen Erfindungen aus einander zu folgen scheinen: so würde damit der Entwicklung selbst der Mittelpunkt genommen, sie würde sich in's Unendliche verlaufen. Aristoteles hat daher diese Frage vorsichtig untersucht und zeigt deutlich sowohl in der Metaphysik als auch speciell bei der Entwickelungsgeschichte der Thiere, dass die Theile sich nicht aus einander verursachen z. B. die Leber oder die Lungen nicht von dem vor ihnen entwickelten Herzen hervorgebracht werden, weil dieses sonst auch die Wesensform und Gestalt von jenen in sich als die hinreichende Ursache bergen müsste. Vielmehr setzt

---

*) *Probl. sect. XVI.* 13. ἡ μὲν οὖν οἰκεία (sc. φορὰ) παύεται, ὅταν εἰς τὸν οἰκεῖον ἔλθῃ τόπον (ἅπαν γὰρ ἠρεμεῖ ἐλθὸν εἰς ὃν φέρεται τόπον κατὰ φύσιν.

die Entwickelung immer das volle und ganze Wesen der Sache als den zeugenden Grund und leitenden Mittelpunkt schon voraus, und dieser ist es, der die Ursache aller Theile enthält, obwohl allerdings in dem zeitlichen Hergange ein Theil vor dem andern und als Bedingung des andern und nicht alle zumal sich entwickeln*). Denn wenn das Spätere nothwendig ist, so auch das Frühere, aber nicht umgekehrt geht das Spätere immer mit Nothwendigkeit aus dem Früheren hervor**). Das Wesen als bewegendes Princip ist aber in dem sich Entwickelnden nur dynamisch vorhanden und kommt erst am Schluss beim Stillstand der Bewegung zu sich***), ist desshalb in den verschiedenen Stadien der Entwickelung näher oder weiter von sich selbst entfernt, wie z. B. der schlafende Geometer als solcher weiter von sich ist als der wachende und dieser weiter als der wirklich geometrisch forschende†). Der Saamen hat darum nach Aristote-

---

*) *De anim. gener. II.* 2. (III. 348. 2.) Ἐπεὶ δὲ τὸ μὲν πρότερον, τὸ δ' ὕστερον, πότερον θάτερον ποιεῖ θάτερον καὶ ἔστι διὰ τὸ ἐχόμενον ἢ μᾶλλον μετὰ τόδε γίνεται τόδε; λέγω οἷον οὐχ ἡ καρδία γενομένη ποιεῖ τὸ ἧπαρ, τοῦτο δὲ ἕτερόν τι, ἀλλὰ τόδε μετὰ τόδε, ὥσπερ μετὰ τὸ παῖς ἀνὴρ γίνεται ἀλλ' οὐχ ὑπ' ἐκείνου. Λόγος δὲ τούτου, ὅτι ὑπὸ τοῦ ἐντελεχείᾳ ὄντος τὸ δυνάμει ὂν γίνεται ἐν τοῖς φύσει ἢ τέχνῃ γινομένοις, ὥστε δέοι ἂν τὸ εἶδος καὶ τὴν ἀρχὴν ἐν ἐκείνῳ εἶναι, οἷον ἐν τῇ καρδίᾳ τὸ τοῦ ἥπατος.

**) *De gener. et corr. II.* 9. (II. 466. 45.)

***) *De an. gen. II.* 6. (III. 360. 40.) ᾗ μὲν κινητικὸν πρῶτον, ᾗ δὲ μόριον τοῦ τέλους, μετὰ τοῦ ὅλου.

†) Ebendas. weiter unten (III. 349. 13.) δῆλον οὖν ὅτι καὶ ἔχει (sc. ψυχὴν τὸ σπέρμα) καὶ ἔστι δυνάμει (sc. ψυχὴ ἐν ἐκείνῳ). Ἐγγυτέρω δὲ καὶποῤῥωτέρω αὐτὸ αὑτοῦ ἐνδέχεται εἶναι δυνάμει, ὥσπερ ὁ καθεύδων γεωμέτρης τοῦ ἐγρηγορότος ποῤῥωτέρω καὶ οὗτος τοῦ θεωροῦντος.

les grade dies als wesentliche Bestimmung, dass er nicht, wie die Alten meinten, von dem ganzen Körper und allen seinen Theilen abgeht, sondern dass er vielmehr die Kraft und Beschaffenheit hat, um zu Allem hinzugelangen, wie die Farbe auf der Palette des Malers, womit er alle seine Gestalten bildet und etwa davon noch übrig behält*). Dieser physiologischen Entwickelung entspricht also genau die Auffassung des Aristoteles über die Art, wie die Kunst sich entwickelt, ihr Wesen in den verschiedenen Veränderungen heraussetzt und endlich wenn sie zu ihrer eigenen Natur gekommen, als vollendet innehält**).

Zwei Fragen über die Vollendung der Kunst.

Hiermit ist aber nur das Allgemeine gegeben und es würde nun erst die interessante Frage zu behandeln sein, in welchen Eigenschaften die vollendete Kunst besteht. Und zwar liesse sich dies sowohl allgemein für alle Künste, als auch im Besondern für jede einzelne untersuchen. Aristoteles hat sich diese Fragen auch gestellt und wenigstens theilweise beantwortet.

1. Worin besteht die Vollendung der Kunst im Allgemeinen.

Was erstens die allgemeine Frage betrifft, so

*) *De anim. gener. I. 18.* (III. 334. 44.) Τοὐναντίον ἄρα ἢ οἱ ἀρχαῖοι ἔλεγον λεκτέον· οἱ μὲν γὰρ τὸ ἀπὸ παντὸς ἀπιόν, ἡμεῖς δὲ τὸ πρὸς ἅπαν ἰέναι πεφυκὸς σπέρμα ἐροῦμεν — — Die dann folgende Vergleichung mit dem Maler bezieht sich auf den Gegensatz von σύντηγμα und περίττωμα. Er bestimmt den Saamen als περίττωμα.

**) *Poet. IV.* καὶ πολλὰς μεταβολὰς μεταβαλοῦσα ἡ τραγῳδία ἐπαύσατο, ἐπεὶ ἔσχε τὴν αὑτῆς φύσιν.

lehrt Aristoteles, dass die ersten vom Zufall und auf's Ungefähr angestellten Stegreifversuche Erfahrung bringen und mit Hülfe der Natur das Richtige finden lehren. Es bilden sich dadurch Gewohnheiten künstlerischer Arbeit. Das Richtige oder Verfehlte wird aber an der Wirkung erkannt, welche der Zwek der ganzen Thätigkeit ist. Geht man nun von dieser Wirkung aus, so werden sich die Ursachen erkennen lassen, wodurch diese Leistung gelang und jene ihren Zweck verfehlte. Mit dieser Erkenntniss aber, welche er Kunst (τέχνη) nennt, erhebt man sich über das zufällige und gewohnheitsmässige Hantieren und gewinnt sichere Behandlung, indem man das Princip selbst in seiner Hand hat*). Aristoteles setzt daher die *Kunstfähigkeit überhaupt* (ποιητική) als ein noch unbe-

---

*) Zunächst auf Redekunst angewendet, aber wie durch Vergleichung der Stellen aus Poëtik und Metaphysik zu sehen auch allgemein gültig: *Rhet.* I. 1. Τῶν μὲν οὖν πολλῶν οἱ μὲν εἰκῇ ταῦτα δρῶσιν, οἱ δὲ διὰ συνήθειαν ἀπὸ ἕξεως. Ἐπεὶ δ' ἀμφοτέρως ἐνδέχεται, δῆλον ὅτι εἴη ἂν αὐτὰ καὶ ὁδοποιεῖν· δι' ὃ γὰρ ἐπιτυγχάνουσιν οἵ τε διὰ συνήθειαν καὶ οἱ ἀπὸ ταὐτομάτου, τὴν αἰτίαν θεωρεῖν ἐνδέχεται, τὸ δὲ τοιοῦτον ἤδη πάντες ἂν ὁμολογήσαιεν τέχνης ἔργον εἶναι. — *Poet.* I. ὥσπερ γὰρ καὶ χρώμασι καὶ σχήμασι πολλὰ μιμοῦνταί τινες ἀπεικάζοντες (οἱ μὲν διὰ τέχνης, οἱ δὲ διὰ συνηθείας). — Darum giebt er sich auch die Aufgabe: πῶς δεῖ συνίστασθαι τοὺς μύθους, εἰ μέλλει καλῶς ἕξειν ἡ ποίησις — er will also aus dem erkannten Zweck, aus dem καλῶς oder εὖ die ganze künstlerische Arbeit bestimmen. *Metaph.* I. 981. a. ἡ μὲν γὰρ ἐμπειρία τέχνην ἐποίησεν, ὡς φησὶ Πῶλος, ὀρθῶς λέγων, ἡ δ' ἀπειρία τύχην. γίνεται δὲ τέχνη, ὅταν ἐκ πολλῶν τῆς ἐμπειρίας ἐννοημάτων μία καθόλου γένηται περὶ τῶν ὁμοίων ὑπόληψις. — — διὸ καὶ τοὺς ἀρχιτέκτονας περὶ ἕκαστον τιμιωτέρους καὶ μᾶλλον εἰδέναι νομίζομεν τῶν χειροτεχνῶν καὶ σοφωτέρους, ὅτι τὰς αἰτίας τῶν ποιουμένων ἴσασιν, τοὺς δὲ ὥσπερ καὶ τῶν ἀψύχων ἔνια, ποιεῖν μὲν, οὐκ εἰδότα δὲ ποιεῖν ἃ ποιεῖ οἷον καίει τὸ πῦρ.

stimmtes Vermögen in Gegensatz zur vollendeten Kunst (*τέχνη*), welche nach der Wahrheit oder der richtigen Erkenntniss der Sache und Arbeit schafft, während die fehlerhafte Kunst-Bildung (*ἀτεχνία*) nach falscher Vorstellung thätig ist.*)

Die Kunst überlegt nicht. — Erklärung der Stelle bei Zeller.

Hierher gehört noch die merkwürdige Vergleichung zwischen der Natur und der Kunst, die einer aufmerksamen Betrachtung werth ist. Aristoteles sagt nämlich, man brauche nicht desswegen eine Zweckursache als das Bewegende in der Natur zu läugnen, weil man sie nicht rathschlagen sähe; denn die Kunst rathschlage auch nicht**). Zeller, dessen philosophischer Blick immer anregende und bedeutsame Gesichtspunkte auffindet, ist auch hier vor Allen zu berücksichtigen. Er erklärt die Stelle so: „Aristoteles hat bei dieser Bemerkung eine solche künstlerische Thätigkeit im Auge, bei der ein gewisses Verfahren dem Künstler zur festen Regel, zur andern Natur geworden ist; diese Thätigkeit bezeichnet er aber nicht als die des Künstlers sondern als die der Kunst, weil seiner Auffassung nach das eigentlich Schöpferische nicht der Künstler selbst, sondern der in ihm wirkende Begriff des Kunstwerks ist, welcher daher auch der *τέχνη* gradezu gleichgesetzt wird***).

---

*) *Eth. Nicom. VI. 4.* *ταὐτὸν ἂν εἴη τέχνη καὶ ἕξις μετὰ λόγου ἀληθοῦς ποιητική. — — ἡ δ' ἀτεχνία τοὐναντίον μετὰ λόγου ψευδοῦς ποιητικὴ ἕξις.* Vrgl. oben Allg. Theil S. 44.

**) *Natur. Ausc. II. 8. fin.* *ἄτοπον δὲ τὸ μὴ οἴεσθαι ἕνεκά του γίγνεσθαι, ἐὰν μὴ ἴδωσι τὸ κινοῦν βουλευσάμενον. Καίτοι καὶ ἡ τέχνη οὐ βουλεύεται — —*

***) Zeller d. Philos. d. Gr. II. Th. S. 325. Vrgl. ebendas. S. 248.

Kritische Bemerkungen zu der Zeller'schen Erklärung.

Vielleicht dürfte man sich bei dieser auf den ersten Blick einleuchtenden, scharfsinnigen Erklärung doch noch nicht beruhigen können. 1) Denn es kann doch nicht auf ein beliebiges Verfahren ankommen, das wir uns fest angewöhnen! Das Verfahren müsste wenigstens das einzig technische sein d. h. dasjenige, welches nach der wahren Erkenntnis (μετὰ λόγου ἀληθοῦς) nothwendig ist. 2) Zeller scheidet an dieser Stelle den Begriff als das eigentlich Schöpferische und Wirksame von dem Künstler, spürt aber dann (S. 248) darin einen Widerspruch aus gegen eine andre Aristotelische Aeusserung, indem *de gen. et corr. I. 7.* von der Gesundheit gesagt werde „sie sei als das οὗ ἕνεκα kein ποιητικόν." Wir können Zeller für diese Bemerkung dankbar sein, denn nichts reizt mehr zur Untersuchung, als ein klar eingesehener Widerspruch; und nichts führt tiefer ein, als seine Auflösung. Der Widerspruch formulirt würde also z. B. auf die Gesundheit angewendet so lauten: die Gesundheit als Zweck ist das Bewegende, und dann contradictorisch: die Gesundheit als Zweck bewegt nichts. Wenn wir nun nach der Aristotelischen Forderung des *„distinguendum est!"* die verschiedenen Bedeutungen des Zwecks unterscheiden, so glaube ich, ist der Widerspruch zu beseitigen. Denn die Gesundheit ist einmal die ideelle d. h. der Begriff, welcher das Princip der Heilkunst bildet und als solcher den Heilkünstler bestimmt (ποιητικόν); zweitens aber und dies an letzterer Stelle, ist die Gesundheit das Resultat der gelingenden Heilkunst und als solche eine Form oder ein Zustand (ἕξις) des Körpers, womit der Process des heilkünstlerischen Schaffens abgeschlossen ist; diese zweite, reale Gesundheit kann desshalb nicht selbst mehr etwas anderes schaffen (*οὐ ποιητικόν*), weil sie eben das zu Schaffende ist.*)

3) Die Zeller'sche Erklärung befriedigt mich aber ferner darum nicht genügend, weil sie doch nur höchstens einen Gradunterschied zwischen solchen Künstlern, die sich ein gewisses Verfahren schon zur festen Regel gemacht haben, aufstellen könnte und anderen, die erst auf dem Wege sind, eine Manier zur anderen Natur bei sich werden zu lassen. Aristoteles hätte also höchstens sagen dürfen, die Kunst besteht darin, womöglich über alles Schwanken und Rathschlagen wegzugelangen. Ausserdem ist dies thatsächlich unmöglich; denn solche Festigkeit findet nur bei Wiederholung eingeübter Kunstthätigkeiten statt, nicht aber da, wo neue Gegenstände und complicirte Fälle und Beschränkung des Materials u. s. w. gegeben sind, z. B. ein Haus unter den und den Bedingungen zu bauen, einen Kranken der oder der Art zu behandeln, eine Tragödie zu dichten. Man kennt wohl keine Künstler, die ohne Bedenken, oder nach Aristotelischem Wort wie das Feuer brennt, ihre Arbeit ohne weitere Besinnung angriffen und fehlerlos voll-

---

*) *De gen. et corr. I. 7.* ἔστι δὲ τὸ ποιητικὸν αἴτιον ὡς ὅθεν ἡ ἀρχὴ τῆς κινήσεως· τὸ δ' οὗ ἕνεκα οὐ ποιητικόν. Διὸ ἡ ὑγίεια οὐ ποιητικὸν εἰ μὴ κατὰ μεταφοράν· καὶ γὰρ τοῦ μὲν ποιοῦντος ὅταν ὑπάρχῃ, γίγνεταί τι τὸ πάσχον, τῶν δ' ἕξεων παρουσῶν οὐκέτι γίνεται, ἀλλ' ἔστιν ἤδη· τὰ δὲ εἴδη καὶ τὰ τέλη ἕξεις τινές, ἡ δ' ὕλη ᾗ ὕλη παθητικόν. Das Leiden, meint Aristoteles, welches bei der Gesundheit noch stattfindet, ist nicht das Leiden eines in Bewegung gesetzten Körpers, der erst zu einem andern Zustand gebracht werden soll, sondern ist die der Materie als solcher zukommende Bestimmung, wonach sie nicht selbst Form ist, sondern diese Form erleidet. Also ist die Gesundheit dabei nicht wirkende Ursache, sondern Formprincip.

endeten. Es würde also auch „der in dem Künstler wirkende Begriff des Kunstwerks" nicht im Stande sein, so ohne Ueberlegung in der Wirklichkeit vorwärts zu kommen. Ausserdem wissen wir ja aus *Nicom. III.* dass die Ueberlegung und Berathschlagung überall stattfindet, wo die Handlung von uns abhängt, aber nicht immer auf gleiche Weise geschieht, also keine blosse Wiederholung ist und darum im Gebiete derjenigen Künste mehr, in welchen die Vorschriften allgemeiner und unbestimmter gehalten sind und die individuelle Anwendung offengelassen wird, z. B. bei den Handlungen nach der Heilkunst, Erwerbskunst und Steuermannskunst schwanken wir mehr, als etwa in Fragen der Turnkunst. Daher überhaupt mehr in den Künsten als in den Wissenschaften*). Man sieht hier mit genügender Klarheit, wie gar zu rasch Bernays mit der Deutung Aristotelischer Stellen umgeht, wenn er S. 144 in die obigen Worte eine moderne Ansicht hineinlegt. Aristoteles soll nämlich damit „das Dasein einer unbewussten Zweckmässigkeit in Natur und ächter Kunst behauptet" und bemerkt haben, „dass der Künstler seine einzelnen Schritte nicht überlege und doch nie fehltrete (*ἡ τέχνη οὐ βουλεύεται*)." Ob die Natur unbewusst wirkt oder nicht, ist eine interessante Frage, deren Dialektik Bernays nicht einmal angerührt hat; die Analogie mit der Kunst berechtigt nicht entfernt zu der Bernays'schen Behauptung, wie wir aus den angeführten Aristotelischen Stel-

---

*) *Eth. Nicom. III.* 5. (II. 28. 1.) *ἀλλ' ὅσα γίνεται δι' ἡμῶν μὴ ὡσαύτως δὲ ἀεί, περὶ τούτων βουλευόμεθα, οἷον περὶ τῶν κατὰ ἰατρικὴν καὶ χρηματιστικὴν καὶ περὶ κυβερνητικὴν μᾶλλον ἢ γυμναστικήν, ὅσῳ ἧττον διηκρίβωται — — μᾶλλον δὲ καὶ περὶ τὰς τέχνας η τὰς ἐπιστήμας.*

aber nicht, oft besser gelingt, als den technisch Gebildeten ohne Erfahrung*). Wie sollte nun nicht die schwer verständliche Behauptung, dass die Kunst nicht rathschlagt, als nothwendig und klar erscheinen! Die Kunst enthält ja die allgemeinen Regeln und Gesetze**); Berathschlagung aber findet nur über das Einzelne statt, nur über die Mittel der Verwirklichung!

Diese Betrachtung führt also zu einem anderen Ausgang als bei Zeller; denn nun muss uns der Künstler als der Berathschlagende und Analysirende erscheinen, da wir das Ueberlegen (*βουλεύεσθαι*) nicht los werden und es doch in der Kunst (*τέχνη*) nicht unterbringen können. Er schafft aber nach der Kunst, und diese berathschlagt nicht.

Es wird wohl erlaubt sein, diese wichtige Unterscheidung noch ein wenig zu erläutern. Als Schiller den Taucher dichtete, überlegte er lange seine einzelnen Schritte; er studirte das Brausen des Meeres an den Schleusen einer Mühle, und suchte sich die Bestien der Tiefe aus einem Bilderbuche zusammen, ja er zog Goethe in die Berathschlagung hinein und erhielt von diesem den Rath, den Taucher ja nicht zum dritten Male hinunterzuschicken, sondern ihn möglichst schnell „ersaufen" zu lassen. In allen diesen Ueberlegungen

---

*) Ebendas. 981. a. 13. *πρὸς μὲν οὖν τὸ πράττειν ἐμπειρία τέχνης οὐδὲν δοκεῖ διαφέρειν, ἀλλὰ καὶ μᾶλλον ἐπιτυγχάνοντας ὁρῶμεν τοὺς ἐμπείρους τῶν ἄνευ τῆς ἐμπειρίας λόγον ἐχόντων.*

**) Daher wird in der ganzen Poëtik immer nur das *πῶς δεῖ συνίστασθαι τοὺς μύθους*, das *ὧν δεῖ στοχάζεσθαι*, und welches die schönste Form der Tragödie sei, u. s. w. gesucht, d. h. immer nur allgemeine Regeln und Gesetze. Sache des Künstlers ist's dann, die nach der Kunst schönste Tragödie (*τὴν κατὰ τὴν τέχνην καλλίστην τραγῳδίαν*) zu machen und das verlangt Ueberlegung.

handelt es sich nicht um die Kunst, sondern um die Anwendung der Kunst. Die Kunst steht fest, z. B. dass das Tragische einen so und so beschaffenen Helden erfordert, dass der Dialog jambisch, die Tonart des Dithyrambus phrygisch sein muss u. s. w. Der Künstler aber hat nun zu überlegen, wie er sein Werk in diese Kunstform hineinbringe. Man erinnere sich an den langen schmalen Marmorblock, aus dem Michel Angelo seinen David vor dem Palast der Signoria in Florenz bildete. Die Kunst stand fest, dass menschliche Bildung nur so und so sein kann und nur so und so ein bestimmtes ästhetisches Bild liefert. Der Künstler aber hatte zu berathschlagen, wie er bei dieser Schmalheit des Blocks dennoch eine freie menschliche Bewegung ausführen könne, und während die Andern überlegten und verzagten, so gelang es dem weisen und unbesiegbaren Meister. — Die Kunst als der richtige Begriff (λόγος ἀληθής) verhält sich darum wie das schöpferische Formprincip der Natur, wie dies oben S. 68 bei den Principien schon gezeigt ist.

Wenn wir diese Stelle daher zur Charakterisirung der vollendeten Kunstentwicklung brauchen wollen, so müssen wir sie mit der Definition der Kunst (τέχνη) in den Nikomachien zusammenhalten. Da das Wesen der Kunst in der Fertigkeit besteht mit wahrer Einsicht (μετὰ λόγου ἀληθοῦς) zu schaffen, so liegt in dieser wahren Einsicht eben die vollendete Kunstentwicklung. Denn die Entwicklung geht nie weiter als zum Wesen der Sache, dort angekommen ist sie fertig.

Da nun das Wesen der Sache immer die wahre Einsicht bedingt und die Wesenbestimmung auch immer das Idealische enthalten muss, so darf man hier die S. 281 angestellte Untersuchung hinzuziehen, um zu schliessen, dass Aristoteles für die nachahmende Kunst den idealen und ethischen Stil als die Vollendung der Kunst betrachtet hat; was man überdies an seiner Theorie vom Verfall der Kunst auf's Deutlichste bestätigt findet.

2. Ueber die Vollendung der einzelnen Künste im Besondern.

Es ist nun zweitens die Frage, ob der überlieferte Aristoteles auch für die einzelnen Künste Aufschlüsse enthält, woraus wir seine Lehre von der vollendeten Entwickelung sachlich erklären könnten.

Dass er überhaupt diese Untersuchung angestellt, sieht man sehr klar aus seiner Poëtik, wo er die Frage aufwirft, ob man die Vollendung der Tragödie nicht ohne Beziehung auf das Theater beurtheilen dürfe? An derselben Stelle*) bemerkt man

*) *Poet.* 4. *Τὸ μὲν οὖν ἐπισκοπεῖν εἰ ἄρα ἔχει ἡ τραγῳδία τοῖς εἴδεσιν ἱκανῶς ἢ οὔ, αὐτό τε καθ' αὐτὸ κρίνεται εἶναι πρὸς τὰ θέατρα, ἄλλος λόγος.* Vahlen bezieht das *αὐτὸ καθ' αὐτὸ* auf *ἱκανῶς* wegen der neutralen Form, die auch Spengel, der es mit Recht auf *τραγῳδία* bezieht, zu der Umwandlung in's *Femin.* veranlasst. Das plötzliche Umspringen in's Neutrum des Pronomens ist aber bei Aristoteles so häufig, dass daraus wirklich keine Schwierigkeit entstehen kann. Und die Beziehung auf *ἱκανῶς ἔχειν τὴν τραγῳδίαν τοῖς εἴδεσιν* scheint mir durch den Sinn unhaltbar. Denn dem *αὐτὸ καθ' αὐτὸ* steht als Gegensatz nothwendig ein *κατὰ συμβεβηκός* entgegen. Dieser Gegensatz des Wesens und der zufälligen Beziehung trifft aber nur die Tragödie, die von Aristoteles sowohl an sich, als in ihrer Beziehung zum Theater betrachtet wird. Und die von ihm aufgeworfene Frage will eben diesen Gegensatz berühren, ob die Beziehung zur Aufführung mit in das Wesen der Tragödie gehört oder ihr zufällig sei, so dass sie ihr Wesen auch ohne Aufführung habe. — Die Construction findet sich ähnlich z. B. *Polit. VIII.* 7. (I. 632. 19.) *τῶν ἐλευθέρων κρίνομεν εἶναι τὴν ἐργασίαν.* Vrgl. I. Band S. 32.

auch, wie er die Vollkommenheit der Tragödie nach der Entwickelung ihrer wesentlichen Theile (τοῖς εἴδεσι) bestimmen will; würden diese nämlich noch nicht alle herausgesetzt sein oder sich noch nicht vollständig ausgebildet haben, so würde die Entwickelung fortdauern. Da die Tragödie aber ihre Natur, wie er annimmt, schon gewonnen hat, so habe die Entwickelung aufgehört. Er leitet desshalb Zahl und Rangfolge dieser wesentlichen Theile im VI. Capitel aus dem Begriff der Tragödie ab und überzeugt damit durch deductive Betrachtung, dass seine historische Annahme gerecht sei. *) Als das Ziel und den Endzweck der Tragödie bezeichnet er aber die Fabel (μῦθος)**) und seine ganze Poëtik ist fast nur damit beschäftigt, die technischen Bestimmungen derselben zu gewinnen. Wenn er daher die Fabel gleichsam die Seele der Tragödie nennt,***) so darf man an S. 387 erinnern, wo als Zeichen der vollendeten physiologischen Entwickelung die eintretende Beseelung aller Theile angegeben wurde; der Vergleich ist also aus der Analogie der Kunst-Entwickelung mit der natürlichen gezogen.

Ueber die anderen Künste erinnere ich mich aber keiner direkten Aeusserung. Dass Aristoteles jedoch auch die musikalische Entwickelung für abgeschlossen hielt, sieht man aus seinen Eintheilungen, in denen er alle Harmonien und alle Rhythmen unterbringt,†) ohne die Möglichkeit neuer Formen zu

---

*) *Poet. cap. VI.* ἀνάγκη οὖν πάσης τραγῳδίας μέρη εἶναι ἕξ.

**) Ebendas. ὁ μῦθος τέλος τῆς τραγῳδίας.

***) Ebendas. weiter unten ἀρχὴ μὲν οὖν καὶ οἷον ψυχὴ ὁ μῦθος τῆς τραγῳδίας.

†) *Polit. VIII.* 7. πάσαις. (I. 632. 28.)

erwähnen und daraus, dass er sie sämmtlich zu seinen politischen Zwecken brauchen will, indem er nicht etwa sagt, „alle die bis jetzt bekannt gewordenen, oder die jetzt im Gebrauch stehenden,“*) wie er doch sonst, wo die Allgemeinheit und Abgeschlossenheit nicht ausgemacht ist, sich auszudrücken pflegt. Nimmt man aber noch auf die Urtheile seines Schülers Aristoxenus**) Rücksicht, so kann auch kein Zweifel darüber sein, dass Aristoteles die Vollendung der Musik in der sogenannten alten Musik gesehen habe und die neuere mehr als eine Ausartung und Verderbniss betrachtete. Seine eigenen Aeusserungen darüber müssen gleich im folgenden Stück erläutert werden.

§. 6. Verfall der Kunst.

Gegensatz Platonischer und Aristotelischer Auffassung.

Wir haben schon S. 35, 3. betrachtet, wie die Kunst aus denselben Thätigkeiten entsteht und verdirbt. Während Plato bestimmte von mystischen Zahlen begränzte Perioden annimmt, innerhalb welcher das Menschenleben von seiner Höhe allmählig abwärts geht und durch bestimmte Verfassungen hindurch diesen seinen Verfall vollendet***): so hat Aristoteles zwar auch die Lehre von einem allgemeinen periodischen Sinken und Steigen der Menschheit, von dem Verlorengehen der Weisheit und Kunst und der Wiederge-

*) Ebendas. VIII. 2. *αἱ μὲν οὖν καταβεβλημέναι νῦν μαθήσεις* und dergl. Wendungen.

**) Bei *Plutarch. de mus. XXXI.* S. 238 Hutt.

***) Vrgl. Aristoteles ironische Kritik dieses Platonischen Gedankens *Polit. V.* im Anf. des letzten Capitels.

winnung derselben,*) aber er hat dieses nur als historische Thatsache ausgesprochen, ohne dafür bestimmte Gesetze auszumitteln. Nur für die politische Entwickelung zeigt er aus dem Wesen der Bildung und der Art, wie sie sich von Wenigen zu Vielen verbreitet, einen regelmässigen Gang, indem monarchische Staatsformen sich in die Herrschaften mehrerer Geschlechter auflösen und diese an die Selbstregierung des ganzen Volkes übergehen müssen. Allein trotz dieses allgemeinen Umrisses bleibt doch, wie das griechische Leben es ja in beständigem Wechsel gezeigt hatte, die Möglichkeit beliebiger Uebergänge vorwärts und rückwärts und seitwärts, indem demokratische Staaten wieder oligarchisch werden, und auch seitwärts zu Politien sich veredlen können, Aristokratien in Oligarchien übergehen und umgekehrt in bunter Folge. Man kann nicht leugnen, dass grade die furchtbaren Parteikämpfe und die in wenige Jahrzehnte zusammengedrängte, verhängnissvolle politische Umsturzperiode, (in welcher bald eine Stadt über die andere, bald innerhalb einer jeden eine Partei über die andre in blutigen Siegen triumphirte und ihre kurze Obmacht zu unmenschlicher Verfolgung der Gegner ausbeutete,) den beobachtenden Aristoteles vor Allem auf die w i r k e n d e n U r s a c h e n hinweisen mussten. Er konnte kaum die grosse historische Entwicklung einer Idee darin mehr wahrnehmen, sondern nur n a c h A n a l o g i e d e r N a t u r e r s c h e i n u n g e n, wie z. B. das Wasser sich in Dampf und dieser, wenn er in der Höhe der Luft abgekühlt ist, wieder in Wasser verwandelt,**) — einen

*) *Metaphys. Λ.* 8. 1074. b. 10. καὶ κατὰ τὸ εἰκὸς πολλάκις εὑρημένης εἰς τὸ δυνατὸν ἑκάστης καὶ τέχνης καὶ φιλοσοφίας καὶ πάλιν φθειρομένων — —.

**) *De partib. an. II.* 7. (III. 239. 2.)

beständigen Process politischer Gestaltung darin erkennen je nach den vorhandenen wirkenden Bedingungen. Aus dieser Anschauung ist seine Polemik gegen Plato zu verstehen, der in directer Folge das Ideale bis zu seiner äussersten Entartung in bloss allgemein schematischen Umrissen sinken liess, während Aristoteles dagegen die wirklichen und ziellos wechselnden Umgestaltungen verfolgte.*) Allein dieser Gesichtspunkt hinderte ihn nicht, nun doch einen idealen Massstab an alle diese Veränderungen zu legen und sowohl richtige Verfassungen von den verfehlten zu scheiden, als auch den verschiedenen Werth der richtigen zu bestimmen, da ihm im Verhältniss zu der besten Verfassung alle andern als verfehlt und abgewichen erscheinen.**)

1. Ueber die Zeit des Verfalls.

Was nun zunächst die historische Frage der Kunstentwicklung und ihres Verfalles betrifft, so haben wir allerdings auch darüber keine ausführlichen Untersuchungen; können aber aus gelegentlichen Worten genügend erkennen, dass Aristoteles die Vollendung nicht erst in der Zukunft erwartete, sondern in der Vergangenheit fand. Wenigstens sehen wir dies für die nachahmenden Künste aus seinen Urtheilen über die Tragödie und die Musik, in denen er den Verfall anzuzeigen scheint. So tadelt er den verweichlichten Geschmack, dem Euripides

*) *Polit. V.* Schl. πολλάκις γὰρ εἰς τὴν ἐναντίαν μεταβάλλουσι πᾶσαι αἱ πολιτεῖαι ἢ τὴν σύνεγγυς — — καίτοι καὶ ἀνάπαλιν μεταβάλλουσιν κ. τ. λ.

**) Vrgl. meine Abh. über die Aristot. Eintheilung der Verfassungsformen S. 35.

schon zu tragisch sei, und der die glücklichen Wendungen des Schicksals, die sich nach Aristoteles dem Komischen zuneigen, vorziehe.*) So datirt er von Agathon an die durch Euripides Vorgang eingeleitete Auflösung der Tragödie und ihrer Einheit, indem die Dichter fremden Stoffen oder Tragödien angehörende Einlagen von den Chören singen liessen.**) So tritt er auch in der Musik in Gegensatz zum Geschmack seiner Zeit, welcher nach Wunderkünsten und geistreichen Absonderlichkeiten suche und diese zuerst in die öffentlichen Wettstreite und demgemäss dann auch unter die Bildungsgegenstände aufgenommen habe;***) Aristoteles dagegen will mit Aristoxenus den Unterricht nur auf das wahrhaft Geist- und Gemüthbildende zurückführen.

Aufgabe der Aristotelischen Poëtik.

Man darf aber nun nicht etwa glauben, dass Aristoteles pessimistisch dem nothwendigen Verfall zugesehen hätte, sondern wie in der Politik ist er auch in seinen technischen Untersuchungen überall bestrebt, das Richtige und Vollkommene zu zeigen, die Fehler ihrem Ursprunge nach aufzudecken und die Mittel anzugeben, wie die schönsten Kunstleistungen hervorgebracht werden könnten. So ist seine Poëtik auch weit entfernt, eine blosse literarhistorische Kritik zu enthalten, um dadurch eine bloss dem Theoretiker inter-

---

*) *Poet. XIII.*

**) *Poet. XVIII.* διὸ ἐμβόλιμα ᾄδουσιν, πρῶτον ἄρξαντος Ἀγάθωνος τοῦ τοιούτου.

***) *Polit. VIII. 6.* μήτε τὰ θαυμάσια καὶ περιττὰ τῶν ἔργων, ἃ νῦν ἐλήλυθεν εἰς τοὺς ἀγῶνας, ἐκ δὲ τῶν ἀγώνων εἰς τὴν παιδείαν.

essante Aesthetik abzuleiten, sondern seine Poëtik ist hauptsächlich Technik d. h. Wissen des Künstlers für sein Werk, und enthält darum überall Anweisungen und Winke, was man bei der Composition erstreben, wovor man sich besonders hüten muss, wie man am Besten die Stoffe auswählt, das Leiden darstellt, die passende Grösse für die Composition von Epopöien findet, die poëtisch wirksame Sprache erreicht u. s. w.*) Obwohl er allerdings nicht wie von der Ethik sagen würde, dass man die Erkenntniss der Kunstzwecke und Mittel nur sucht, um darnach zu arbeiten; denn das Ethische allein ist Jedermanns Sache, der lebt und strebt,**) die Kunst aber nur für die Künstler; denn es widerstreitet der Aristotelischen Lebensphilosophie, von Jedem eigne Ausübung der Kunst zu verlangen. Nur bis zu einem gewissen Grade hat man in der Jugend die Künste zu treiben, um dann als Gebildeter im Stande zu sein, auch ohne technische Ausübung doch das Richtige und Fehlerhafte zu beurtheilen und sich an dem Schönen zu ergötzen.***) Wenn desshalb die Theorie der Kunst auch für den Gebildeten ist, so bleibt es bis auf diese Einschränkung doch richtig, dass Aristoteles das technische Wissen besonders zur Leitung für den Künstler selbst bestimmt hat. Den

---

*) *Poet. XIII.* ὧν δὲ δεῖ στοχάζεσθαι καὶ ἃ δεῖ εὐλαβεῖσθαι συνιστάντας τοὺς μύθους — — *XIV.* ὅταν δ' ἐν ταῖς φιλίαις ἐγγένηται τὰ πάθη οἷον κ. τ. λ. ταῦτα ζητητέον. *XVII.* δεῖ δὲ τοὺς μύθους συνιστάναι καὶ τῇ λέξει ὅτι μάλιστα πρὸ ὀμμάτων τιθέμενον u. dergl. Rath und Regel für die Künstler überall.

**) Vrgl. oben Allg. Th. S. 14 und 28.

***) *Polit. VIII. 6.* διὰ τοῦτο χρὴ νέους μὲν ὄντας χρῆσθαι τοῖς ἔργοις, πρεσβυτέρους δὲ γινομένους τῶν μὲν ἔργων ἀφεῖσθαι, δύνασθαι δὲ τὰ καλὰ κρίνειν καὶ χαίρειν ὀρθῶς.

Gegensatz, welchen Dilthey*) in seiner geistvollen Abhandlung zwischen Lessing und Aristoteles aufstellt, möchte ich daher nicht für annehmbar halten. Er sagt: „Sie (Lessing's ästhetische Theorien) waren eine Technik der Poësie, im wahren Verstande des Aristoteles, aber nicht wie die Aristotelische, entworfen um zu begreifen was vergangen war, sondern um die Zukunft zu leiten." Man kann sich über die Aristotelische Auffassung leicht orientiren durch die Principien für die Eintheilung der Philosophie; Dilthey schreibt der Aristotelischen Kunstlehre (ποιητικη oder τέχνη) den Zweck zu, welcher von Aristoteles nur der theoretischen Wissenschaft (θεωρητικὴ) gegeben ist. Nur diese betrachtet unbekümmert um etwas, das daraus werde, weil ihr Gegenstand schon von Natur vorhanden; die Kunst (τέχνη) hat aber ihr Ziel in dem vom Künstler hervorzubringenden Werk (ἔργον). Der Gebildete (πεπαιδευμένος), welcher nicht selbst ausübt, nimmt desshalb bloss Theil an der Kunst, ohne sie vollständig zu besitzen; diese selbst aber geht auf die Ausübung.

2. Die Ursachen des Verfalls.

Was nun näher die sachliche Frage betrifft, worin der Verfall der Kunst bestehe und wodurch er eintrete: so dürfen wir hier nicht auf die einzelnen Künste eingehen, sondern können aus ihnen nur Beispiele entlehnen, um des Aristoteles Lehre für das Allgemeine zu erörtern. Es zeigt sich hierbei, wie schon S. 385. f. bemerkt, die Rücksicht auf das Persönliche, mit welchem die Kunst verwachsen ist. Denn

*) Preuss. Jahrbücher, 19. B. 2. Heft (Febr. 1867.) S. 129.

die Kunst ist nicht ohne die Empfindung, nicht ohne Lust und Unlust, wie Aristoteles speciell von der Musik dies ausdrückt,*) „sie habe von Natur Lustempfindung mit sich." Die Lust selbst aber ist theils nach den Charakteren, theils nach der Lebensweise und Gewöhnung grossen Verschiedenheiten preisgegeben, und das Vollkommene bewegt sich auch in der Kunst auf der knappen Linie eines organischen Masses, welches in der Mitte steht zwischen den Extremen.**) Wie es nun für das wirkliche Leben das Wichtigste ist, Freude am Richtigen, Unlust am Schlechten zu haben, so entspricht diesem Gesetze auch die Regelung der Kunst, welche das wirkliche Leben nachahmt und ähnliche Wirkungen als die Wirklichkeit erreicht.***) Verzerrte Gemüther aber, welche von der Mitte der Natur abgewichen sind, ergötzen sich auch an extremer Kunst und so entsteht z. B. der Verfall der Musik, indem die falsche Lust die ihr entsprechenden Parekbasen von Melodien und Rhythmen fordert.†) Wir haben also in der Kunst genau dieselbe Auffas-

---

*) *Polit. VIII.* 5. (I. 630. 37.) *ἡ δὲ μουσικὴ φύσει τῶν ἡδυσμένων ἐστίν.*

**) U. A. *Polit. VIII.* 7. (I. 633. 51.) *ἐπεὶ τὸ μέσον μὲν τῶν ὑπερβολῶν ἐπαινοῦμεν καὶ χρῆναι διώκειν φαμέν.* Vrgl. auch unten die Untersuchung über die Akribie der Kunst.

***) *Pol. VIII.* 5. (I. 629. 45.) *δεῖ δῆλον ὅτι μανθάνειν καὶ συνεθίζεσθαι μηθὲν οὕτως ὡς τὸ κρίνειν ὀρθῶς καὶ τὸ χαίρειν τοῖς ἐπιεικέσιν ἤθεσι καὶ ταῖς καλαῖς πράξεσιν· ἔτι δὲ ὁμοιώματα μάλιστα παρὰ τὰς ἀληθινὰς φύσεις ἐν τοῖς ῥυθμοῖς καὶ τοῖς μέλεσιν ὀργῆς καὶ πραότητος κ. τ. λ.* und nach Analogie der Musik verhält es sich mit der ganzen nachahmenden Kunst.

†) *Pol. VIII.* 7. (633. 23.) *Εἰσὶ δ' ὥσπερ αὐτῶν αἱ ψυχαὶ παρεστραμμέναι τῆς κατὰ φύσιν ἕξεως, οὕτω καὶ τῶν ἁρμονιῶν παρεκβάσεις εἰσὶ καὶ τῶν μελῶν τὰ σύντονα καὶ παρακεχρωσμένα. Ποιεῖ δὲ τὴν ἡδονὴν ἑκάστοις τὸ κατὰ φύσιν οἰκεῖον.*

sung wie im politischen und ethischen Gebiete. Das Vollkommene wird als das ideale Mass betrachtet, angefüllt von dem Wesen der Sache und begleitet von richtiger Lust. Durch die unrichtige Lust verworrener Sitte und schlechter Gewöhnung und verkehrten Strebens entstehen die P a r e k b a s e n, die mit denselben Namen, wie in der Politik die verfehlten Verfassungen bezeichnet werden. Und die Analogie reicht weiter, denn wie dort die oligarchische Strenge und Härte, der demokratischen Schlaffheit und Zügellosigkeit entgegengesetzt wird: so sind auch z. B. in der Musik die Parekbasen entweder in den heftigen und anstrengenden (*τα σύντονα*) oder in den schlaffen und durch weiche chromatische Behandlung entstehenden Harmonien (*παρακεχρωσμένα — ἀνειμέναι*) enthalten.*)

Dazu kommt nun noch, dass die Kunst ihrer Natur nach nicht für privaten Genuss allein berechnet ist, sondern ihre wesentliche Stelle in den Agonen hat und zur Ergötzung von Vielen da ist. In den Wettkämpfen aber sucht sie den Beifall des Theaters und wird dadurch von dessen Zusammensetzung abhängig. Da nun dort neben den Edlen und Gebildeten auch der Tagelöhner, der Banausische und Verdorbene sitzt, so zieht sie nothwendig der Geschmack des Publicums herab; denn um den Sieg kämpfend werden die Künstler vor Allen auf die Richter blicken und deren Wünschen die Forderungen der Kunst opfern.**)

---

*) Darüber wird die ausführliche Untersuchung erst im dritten Bande geführt werden. *Polit. VIII.* 7.

**) *Polit. VIII.* 7. *τεχνικὴν (παιδείαν) τίθεμεν τὴν πρὸς τοὺς ἀγῶνας· ἐν ταύτῃ γὰρ ὁ πράττων οὐ τῆς αὑτοῦ μεταχειρίζεται χάριν ἀρετῆς, ἀλλὰ τῆς τῶν ἀκουόντων ἡδονῆς καὶ ταύτης φορτικῆς. — ὁ γὰρ θεατὴς φορτικὸς ὢν μεταβάλλειν εἴωθε τὴν μουσικήν.* Was er hier von der Musik sagt, gilt v o n d e r K u n s t ü b e r h a u p t,

Damit ist nun das Princip, der Zweck verdorben*) und es folgt von selbst, dass die Mittel demgemäss aus ihrem Mass und ihrer Natur gerathen werden. Diese müssen aber je nach dem besonderen Gebiet ihre Verschiedenheit empfangen und können daher erst bei den einzelnen Künsten Berücksichtigung finden.

V. Capitel.

Von der Hervorbringung des Kunstwerks.

Im allgemeinen Theil sind die Principien, welche jedem Kunstwerk zu Grunde liegen, erörtert und es ist auch schon das analoge Verhältniss und der Unterschied zwischen Natur und Kunst in Bezug auf die Entstehung von natürlichen und künstlichen Werken (S. 71) angegeben. Es bleibt nun übrig, die Hervorbringung der Kunstwerke nach Aristotelischer Auffassung im Einzelnen zu verfolgen.

§. 1. Theilung in Denken und Schaffen.

Die ganze Hervorbringung zerlegt sich nach Aristoteles in einen doppelten Gang, den er als Denken (*νόησις*) und Machen (*ποίησις*) bezeichnet hat.*)

Das künstlerische Denken (*νόησις*) geht von

---

wie es Aristoteles auch von anderen Künsten verschiedentlich bemerkt.

*) *Polit.* VIII. 7. (I. 632. 21.) πονηρὸς γὰρ ὁ σκοπὸς, πρὸς ὃν ποιοῦνται τὸ τέλος.

**) *Metaph.* 1032. b. 15. τῶν δὲ γενέσεων καὶ κινήσεων ἡ μὲν νόησις καλεῖται ἡ δὲ ποίησις, ἡ μὲν ἀπὸ τῆς ἀρχῆς καὶ τοῦ εἴδους νόησις, ἡ δ' ἀπὸ τοῦ τελευταίου τῆς νοήσεως ποίησις.

dem Zweck und dem Begriff der Sache aus und sucht für die Herstellung desselben die Mittel. Z. B.*) der Zweck oder das Princip der Hervorbringung sei, die Gesundheit herzustellen; dazu muss eine gleichmässige Stimmung des Körpers beschafft werden; worin besteht diese nun? In diesen oder jenen Bedingungen. Diese werden aber gewonnen durch Erwärmung. Wie kommt aber die zu Stande? Durch Reibung. Diese steht nun etwa in unsrer Hand und damit kann der Uebergang zu dem zweiten Theile der Hervorbringung gemacht werden, zum Schaffen (ποίησις). Das Letzte des künstlerischen Denkens ist also das Erste des Schaffens. Und das Denken muss durch alle Mittel durchgehen, bis es zu der Thätigkeit, die man selbst in der Hand hat, gelangt ist.

Das Schaffen (ποίησις) aber ist die Bewegung, welche in umgekehrtem Gange wieder durch alle diese Mittel durchführt, bis sie zuletzt zu einem Mittel kommt, das selbst ein Bestandtheil des Zweckes ist, wie z. B. beim Heilen bis zu einem Mittel, das ein Bestandtheil der Gesundheit ist, oder wie beim Hausbau bis etwa zu den Steinen, welche selbst mit zum Hause gehören.**) Das Letzte also des Schaffens bringt das Erste des Denkens hervor.

---

*) Ebendas. 1032. b. 6. *γίγνεται δὲ τὸ ὑγιὲς νοήσαντος οὕτως· ἐπειδὴ τοδὶ ὑγίεια* (d. h. man geht vom Begriff aus), *ἀνάγκη εἰ ὑγιὲς ἔσται, τοδὶ ὑπάρξαι, οἷον ὁμαλότητα, εἰ δὲ τοῦτοθερμότητα* (b. 26. *τοῦτο δὲ ποιεῖ τῇ τρίψει*) *καὶ οὕτως ἀεὶ νοεῖ, ἕως ἂν ἀγάγῃ εἰς τοῦτο, ὃ αὐτὸς δύναται ἔσχατον ποιεῖν. εἶτα ἤδη ἡ ἀπὸ τούτου κίνησις ποίησις καλεῖται.*

**) Ebendas. b. 26. *ἡ θερμότης ἡ ἐν τῷ σώματι ἢ μέρος τῆς ὑγιείας ἢ ἕπεταί τι αὐτῇ τοιοῦτον ὅ ἐστι μέρος τῆς ὑγιείας ἢ διὰ πλειόνων.* (cf. 1034. a. 28.) *τοῦτο δ' ἔσχατον τὸ ποιοῦν καὶ τὸ οὕτως μέρος τῆς ὑγιείας καὶ τῆς οἰκίας οἷον οἱ λίθοι καὶ τῶν ἄλλων.* Bonitz befriedigt mich bei dieser Stelle desshalb nicht,

So ist der Kreislauf abgeschlossen, der in einen ideellen und realen Gang zerfällt; denn so erzeugt die Gesundheit in gewisser Weise die Gesundheit, d. h. der Begriff der Gesundheit, welcher das Princip der Heilkunst ist, die wirkliche Gesundheit in diesem natürlichen Menschen; so der immaterielle Begriff des Hauses im Architekten das materielle wirkliche Haus, und das ideell Erste und real Letzte gehen zusammen.*)

Corollar über die Dreitheilung der hervorbringenden Vermögen.

Hierdurch erklärt sich der Satz des Aristoteles, dass alles Schaffen (*ποίησις*) ausgeht entweder von der Kunst (*τέχνη*), oder vom Denken (*νόησις, νοῦς*), oder von einem Vermögen**) (*δύναμις*). Es ist diese Neben-

---

weil er *ἔσχατον* attributiv fasst, wodurch es beiläufig und müssig wird. In der That aber scheint der Zweck der Aristotelischen Darstellung grade auf das *ἔσχατον* zu gehen; dieses muss desshalb Prädicat sein. Will man dann weiter ändern, so würde ich lieber statt *τὸ οὕτως* lesen: *ὃ οὕτως*.

*) Ebendas. 1032. b. 11. *ὥστε συμβαίνει τρόπον τινὰ ἐξ ὑγιείας τὴν ὑγίειαν γίγνεσθαι καὶ τὴν οἰκίαν ἐξ οἰκίας, τῆς ἄνευ ὕλης τὴν ἔχουσαν ὕλην. ἡ γὰρ ἰατρική ἐστι καὶ οἰκοδομικὴ τὸ εἶδος τῆς ὑγιείας καὶ τῆς οἰκίας.*

**) *Metaph.* 1032. a. 27. *πᾶσαι δ' εἰσὶν αἱ ποιήσεις ἢ ἀπὸ τέχνης ἢ ἀπὸ δυνάμεως ἢ ἀπὸ διανοίας.* Bonitz bemerkt in seinem Commentar zu 1025. b. 22. (wo *ἢ νοῦς ἢ τέχνη ἢ δύναμίς τις* in gleichem Sinne gesagt wird) über die *δύναμις*: *denique quia artifici, utrum faciat quidpiam necne, liberum est arbitrium, in facultate, δυνάμει, ad contraria pariter apta positum est operandi principium.* Dieser Grund ist wohl nicht zutreffend, da er ebenso für die *τέχνη* und die *νόησις* passt; denn es ist der Freiheit des Künstlers anheimgestellt, ob er heilen will und Citherspielen u. s. w. oder nicht, wobei die Frage nach seiner künstlerischen Bildung nebensächlich ist. Das *liberum arbitrium* bezieht sich auf das praktische Gebiet; wir haben hier aber eine Ein-

einanderstellung charakteristisch für Aristoteles; denn man sollte zuerst vermuthen, es gäbe darnach drei nebengeordnete Principien für das Schaffen — was an sich absurd, ganz besonders noch gegen den Geist des Aristoteles wäre. In der That aber hat er nach seiner Gewohnheit nur die Theile, welche in der Kunst nach ihrem Zwecke vereinigt wirken, aufgelöst und nun neben der Kunst selbständig aufgezählt. Und zwar desshalb, weil die Kunst das vollkommene Schaffen nach der richtigen Einsicht ist, an und für sich aber keine Nothwendigkeit besteht, dass diese in ihr gebundenen Kräfte bis zur Vollendung gelangt seien.*) Wenn desshalb Jemand einen Kranken falsch behandelt, so geht dies zwar aus dem Denken (νόησις) hervor, aber nicht aus der Kunst, welche nur richtig wirken kann ihrem Wesen nach; und wenn der Handarbeiter Steine zum Bau bringt, so geht der Tempel zwar aus seiner Kraft (δύναμις) hervor, aber nicht aus seinem Verstande (νόησις) oder seiner Kunst (τέχνη), sondern er verhält sich wie die unbelebten Wesen und schafft ohne zu wissen was er schafft, wie das Feuer brennt; die Kunst aber gehört dem Architekten.**) — Wir haben desshalb in der Betrachtung des Kunstgebietes (ποίησις) nicht mit drei Künsten zu thun, sondern nur mit Einer oder mit der Kunst, in welcher

---

theilung im Gebiet der ποίησις, die ihren Grund innerhalb desselben Gebietes haben muss.

*) *Metaph.* 1046. b. 25 ff. ἀνάγκη γὰρ τὸ εὖ ποιοῦντα καὶ ποιεῖν, τὸν δὲ μόνον ποιοῦντα οὐκ ἀνάγκη καὶ εὖ ποιεῖν.

**) *Metaph.* I. 1. 981. a. 30. διὸ καὶ τοὺς ἀρχιτέκτονας περὶ ἕκαστον τιμιωτέρους καὶ μᾶλλον εἰδέναι νομίζομεν τῶν χειροτεχνῶν καὶ σοφωτέρους, ὅτι τὰς αἰτίας τῶν ποιουμένων ἴσασιν, τοὺς δ' ὥσπερ καὶ τῶν ἀψύχων ἔνια, ποιεῖν μέν, οὐκ εἰδότα δὲ ποιεῖν ἃ ποιεῖ οἷον καίει τὸ πῦρ κ. τ. λ.

das vernünftige und das bloss könnende Theil organisch geeinigt und zur Vollkommenheit gebracht sind.

§. 2. Analogie mit dem Zeugen.

Betrachten wir nun zuerst das künstlerische Thun im Ganzen, wie es sich dem Stoffe, in welchem das Kunstwerk entsteht, gegenüber verhält. Wir haben darüber bei Aristoteles ausführliche Stellen in dem Buch über die Erzeugung der Thiere; denn es ist die natürliche Erzeugung, womit Aristoteles die künstlerische vergleicht. Es könnte nämlich scheinen, als ob der männliche Saamen einen materiellen Bestandtheil des *foetus* bildete und mit dem vom Weib abgesonderten Stoffe (*περίττωμα*) zusammen der Frucht immanent bliebe. Diese Annahme verwirft Aristoteles aber gänzlich; der Saamen bewirkt nur die Formung, ist also bloss Form- und Bewegungs-Princip; das Materielle wird allein von der weiblichen Seite geliefert.*) — Dies beweist er erstens allgemein oder logisch aus dem Begriff des Bewegens und Bewegtwerdens, Thuns und Leidens; denn die bewegende Ursache geht nicht als Ding in den von ihr in Bewegung gesetzten anderen Gegenstand über. Zweitens durch Beobachtungen und Experimente. Er hat bei Insekten beobachtet, dass die Weibchen ihr Legerohr in das Männchen einführen; nimmt daher an, dass diese keinen Saamen absondern, sondern nur durch ihre körperliche Wärme und Kraft die Formung und Bildung des weiblichen *περίττωμα*

---

*) *De anim. gener. lib. I. 21.* *πότερον ὡς ἐνυπάρχον καὶ μόριον ὂν εὐθὺς τοῦ γινομένου σώματος, γιγνόμενον τῇ ὕλῃ τῇ παρὰ τοῦ θήλεος, ἢ τὸ μὲν σῶμα οὐδὲν κοινωνεῖ τοῦ σπέρματος, ἡ δ' ἐν αὐτῷ δύναμις καὶ κίνησις.*

übernehmen.*) Ebenso zeigt er bei den Fischen, dass der Saamen nicht in die Fischeier eindringt, sondern dass diese, nachdem sie fertig gelegt sind, von dem Männchen bloss überspritzt werden, wodurch diejenigen Eier, welche damit in Berührung kommen, erregt und entwickelt werden, die andern aber nicht. Und dergleichen Beispiele mehr, aus denen hervorgeht, dass der Saamen nicht quantitativ die Frucht vermehrt, sondern nur qualitativ sie bestimmt.**)

Diesen ganzen Vorgang nun sucht Aristoteles durch die Vergleichung mit der Kunst, bei welcher alle einzelnen Momente des Geschehens offenbar und bekannt sind, deutlich zu machen. Der Tektoniker ist die wirkende Ursache, das Holz die leidende, der Stuhl die Frucht; in dem Stuhl ist kein materieller Theil des Tischlers vorhanden. So verhält sich auch das Wachs, die Form und die Kugel; so der Arzt und der Geheilte.***) Die Kunst und der Künstler tragen nichts zum Stoffe des Kunstwerks bei, sondern geben nur die Form.

Darum muss die Entwickelung der Frucht im Weibchen stattfinden, wie der Künstler zu seinem Stoffe kommen muss, da das leidende Princip sich nicht durch sich selbst entwickeln kann. Bei dem Holze schafft der Tischler, bei dem Thon der Töpfer und die ganze Kunstbewegung findet in und an dem Stoffe

---

*) Vrgl. oben S. 336.

**) *De an. gen. I.* 21. (III. 342. 14.) *ὡς οὐκ εἰς το ποσὸν συμβαλλομένου τοῖς ζῴοις τοῦ ἄῤῥενος ἀλλ' εἰς τὸ ποιόν.*

***) Ebendas. (341. 20.) *οὐκ ἔστιν ἐκ τούτων τὸ γινόμενον ἕν, ἀλλ' ᾗ οὕτως ὡς ἐκ τοῦ τέκτονος καὶ ξύλου ἡ κλίνη, ἢ ὡς ἐκ τοῦ κηροῦ καὶ τοῦ εἴδους ἡ σφαῖρα. — ἀλλ' ὡς ἐκ κινήσαντος καὶ τοῦ εἴδους ὡς καὶ ἀπὸ τῆς ἰατρικῆς ὁ ὑγιασθείς.*

statt, wie z. B. das Hausbauen in den Stoffen, die zum Bauen verwandt werden.*)

Corollar für die Dichtkunst.

Diese Betrachtungen sind nicht ohne grosse Bedeutung für die Kunst; denn in der Medicin, Baukunst und Tektonik ist es zwar ohne Zweifel, dass die Kunst bloss die Form bringt; in der Musik und Dichtkunst aber scheint der Künstler auch den Stoff zu geben. Vorzüglich, da Aristoteles die Dichter gradezu auffordert, sich nicht an die überlieferten Mythen zu halten, sondern auch neue zu erfinden.**) Wir lernen also aus dieser Analogie, dass Aristoteles jene überlieferten Historien oder Mythen und erfundenen Geschichten nicht für Stoff, sondern für Form hält. Den Stoff muss man als Stoff nehmen wie er ist; nur die Form desselben kann man verändern. Daher erklärt sich die Freiheit, welche Aristoteles den Dichtern einräumt der Ueberlieferung gegenüber; denn eine gegebene Form stehen zu lassen, die der künstlerischen Absicht nicht entspricht, würde so sein, wie wenn der Töpfer seinen Thon nur halb formen wollte und das Uebrige in der zufällig gefundenen Gestalt liesse. Der soge-

*) Ebendas. cap. 23. (342. 33.) *ὥστ' ἀνάγκη ἐν τῷ θήλει ὑπάρχειν τὸν τόκον· καὶ γὰρ πρὸς τῷ ξύλῳ ὁ τέκτων καὶ πρὸς τῷ πηλῷ ὁ κεραμεὺς καὶ ὅλως πᾶσα ἡ ἐργασία καὶ ἡ κίνησις ἡ ἐσχάτη πρὸς τῇ ὕλῃ οἷον ἡ οἰκοδόμησις ἐν τοῖς οἰκοδομουμένοις.* Das Princip allgemein ausgesprochen, dass Thun und Leiden in dem Leidenden stattfinde, siehe oben S. 266.

**) *Poet.* 94. *αὐτὸν δὲ εὑρίσκειν δεῖ καὶ τοῖς παραδεδομένοις χρῆσθαι καλῶς.* cap. 9. *οὐ πάντως εἶναι ζητητέον τῶν παραδεδομένων μύθων — — ἀντέχεσθαι.* Vrgl. S. 66 u. S. 186.

nannte Stoff oder Inhalt des Kunstwerkes ist desshalb nach Aristotelischer Auffassung eine Kunstform und mithin ganz von dem Princip der Composition abhängig und darnach zu beurtheilen, d. h. es entschuldigt den Künstler nicht, wenn er sich auf die nun einmal so vorgefundene Form des Mythus beruft: er durfte ihn umgestalten oder musste ihn nicht wählen. Soweit er aber (Vrgl. S. 162) durch den Mythus wirklich bedingt ist, kann er die ideale Form nicht erreichen, sondern nur die unter den gegebenen Verhältnissen beste. Zu der vollständigen Beurtheilung dieser Frage gehören übrigens noch andre Gesichtspunkte, wovon später.

§. 3. Kunst und Künste.

Die Frage ist, ob die vielen Künste bloss im Begriff zu einer Kunst zusammengehen, in Wahrheit aber immer in ihrer gegensätzlichen Trennung von einander bleiben, oder ob sie einander folgen und sich zuletzt zu einer, der wahren und sie alle beseelenden Kunst ausbilden, welche denn etwa auch der verborgene, treibende Grund der vielen Künste wäre.

In neuerer Zeit hat man die Vielheit nicht in ihrer Besonderung gelassen, sondern wollte das Allgemeine, welches sich in den vielen Künsten besonderte, für sich auffassen. Man meinte, es sei diese allgemeine Kunst die Poësie und verlangte Poësie in einem Gemälde und Poësie in einer Symphonie.

Verständlicher wird die Frage und die Lösung, wenn man ein analoges Gebiet zur Vergleichung heranzieht. Es werden viele Tugenden angenommen; aber schliessen sie sich aus, oder folgen sie einander? Kann man nicht eine ohne die andre besitzen?*) Ist das Wesen der sittlichen Gesinnung nicht erst die Eine und ganze Tugend? Aristoteles löst diese Schwierigkeit, welche später den Namen der ἐπακολούθησις erhielt, auf's Einfachste. Die ethischen Tugenden sind bestimmte Fertigkeiten, und gehören verschiedenen auseinander nicht entwickelten, sondern nebeneinander bestehenden Sphären des Gefühls und Begehrens an. Aber jede wird nur mit der praktischen Weisheit zusammen zur Tugend; ohne dieselbe ist sie nur natürliche, nicht ethische Fertigkeit.**) Die Weisheit muss nun ihrerseits ihren Gesichtspunkt aus dem richtigen Begehren, also aus der ethischen Tugend nehmen. Mithin ist Tugend nicht möglich ohne Vollendung aller einzelnen Tugenden.***)

Wenn nun Aristoteles schon im ethischen Gebiete keine allgemeine Tugend annahm, sondern nur ein Zusammenwirken selbständiger Kräfte: so findet dies erst recht im Gebiete der Künste statt. Schon die Sokratischen Gespräche hatten die Trennung der Künste als das Allerbekannteste immer als Beispiel genommen, um die Vielgeschäftigkeit zu strafen, indem der Musiker nicht zu malen, der Zimmermann nicht Schuhe zu machen verstehe u. s. w.†) Haben wir nun

*) *Ethic. Nicom. VI.* 13. (II. 75. 43.) ὁ λόγος — ᾧ διαλεχθείη τις ἂν ὅτι χωρίζονται ἀλλήλων αἱ ἀρεταί· οὐ γὰρ ὁ αὐτὸς εὐφυέστατος πρὸς ἁπάσας, ὥστε τὴν μὲν ἤδη τὴν δ' οὔπω εἰληφὼς ἔσται.

**) Ebendas. τοῦτο μὲν γὰρ κατὰ τὰς φυσικὰς ἀρετὰς ἐνδέχεται, καθ' ἃς δὲ ἁπλῶς λέγεται ἀγαθός, οὐκ ἐνδέχεται· ἅμα γὰρ τῇ φρονήσει μιᾷ οὔσῃ πᾶσαι ὑπάρξουσιν.

***) Ebendas. οὐχ οἷόντε ἀγαθὸν εἶναι κυρίως ἄνευ φρονήσεως, οὐδὲ φρόνιμον ἄνευ τῆς ἠθικῆς ἀρετῆς.

†) Auch in Plato's *Legg.* 846. *D.* δύο τέχνας ἀκριβῶς διαπονεῖσθαι σχεδὸν οὐδεμία φύσις ἱκανὴ τῶν ἀνθρωπίνων.

bei Aristoteles eine Untersuchung darüber? oder wenigstens eine Aeusserung, die seinen Standpunkt veranschaulicht?

Drei Beweise für die urpsrüngliche und specifische Diremtion der Kunst nach Aristoteles Auffassung.

Zuerst sieht man diesen Standpunkt, wenn man die Art betrachtet, wie er im 4. Capitel des VI. Buches der Nikomachien die Definition der Kunst (*τέχνη*) gewinnt. Er geht nämlich von einer Induction aus und zeigt an verschiedenen Künsten, dass ihnen diese und diese Bestimmungen zukommen. Er will also nicht Eine Kunst oder die Kunst suchen, sondern nur das gemeinsame Wesen aller Künste im Begriff abheben.

Zweitens erklärt er im 5. Cap. des X. Buches der Nikomachien, dass die Künste specifisch von einander verschieden wären, wie die specifisch verschiedenen, von ihnen hervorgebrachten Gegenstände, also wie Gemälde, Bildsäule, Haus und Geräthe.*) Ferner, dass jeder dieser specifisch verschiedenen Künste eine specifisch verschiedene Lust innewohne, welche auch die Fortschritte der Kunst befördert bei denen, die sich jenachdem am Bauen oder musischer Kunstthätigkeit u. s. w. erfreuen.**)

---

*) *Eth. Nicom. V. 10. (I. 121.)* Ὅθεν δοκοῦσι καὶ τῷ εἴδει διαφέρειν· τὰ γὰρ ἕτερα τῷ εἴδει ὑφ' ἑτέρων οἰόμεθα τελειοῦσθαι. Οὕτω γὰρ φαίνεται καὶ τὰ φυσικὰ καὶ τὰ ὑπὸ τέχνης οἷον ζῷα καὶ δένδρα καὶ γραφὴ καὶ ἀγάλματα καὶ οἰκία καὶ σκεῦος.

**) Ebendas. ὁμοίως δὲ καὶ οἱ φιλόμουσοι καὶ φιλοικόδομοι καὶ τῶν ἄλλων ἕκαστοι ἐπιδιδόασιν εἰς τὸ οἰκεῖον ἔργον χαίροντες αὐτῷ. Τοῖς ἑτέροις δὲ τῷ εἴδει καὶ τὰ οἰκεῖα ἕτερα τῷ εἴδει.

Endlich ist der Ausspruch hierher zu ziehen, mit dem er die Annahme einer Seelenwanderung beseitigt. Die Seele als das bewegende und thätige Princip steht nicht zu einem beliebigen Körper in Verhältniss, sondern dieser als das leidende Princip ist specifisch verschieden für die bestimmte Seele und es kann nicht eine beliebige Seele in einen beliebigen Körper fahren.*) Das wäre vielmehr, wie wenn einer die Tektonik in die Flöten fahren lassen wollte.**) Die Künste verhalten sich also zu ihren Werkzeugen, wie Seele zu Leib, wie das bewegende und leidende Princip, als Correlativa. Es giebt daher nicht eine allgemeine Kunst, welche beliebig in allen Kunstzweigen wohnen und sie beseelen könnte, sondern dieses Allgemeine ist von Anfang an je noch den besonderen Kreisen specifisch bestimmt.

§. 4. Kunst oder Begeistrung?

Wenn man die Erzeugung des Kunstwerks erklären will, so ist es sehr wichtig zu entscheiden, ob die Kunst auch im Stande sei, das Werk allein zu vollbringen? ob nicht alle freie Thätigkeit, alles absichtliche Schaffen, alle kunstmässige Uebung und Bildung es nur zu dürftigen Schattenbildern ächter Kunstwerke brächten, die in Wahrheit von einer göttlichen Kraft, welche den Künstler zeitweise ergreift und als willen-

*) *De an. I. 3. 22.* *διὰ γὰρ τὴν κοινωνίαν τὸ μὲν ποιεῖ, τὸ δὲ πάσχει — — τούτων δ' οὐθὲν ὑπάρχει πρὸς ἄλληλα τοῖς τυχοῦσιν — — ὥσπερ ἐνδεχόμενον κατὰ τοὺς Πυθαγορικοὺς μύθους τὴν τυχοῦσαν ψυχὴν εἰς τὸ τυχὸν ἐνδύεσθαι σῶμα.*

**) Ebendas. *ὥσπερ εἴ τις φαίη τὴν τεκτονικὴν εἰς αὐλοὺς ἐνδύεσθαι.*

loses Werkzeug in Besitz nimmt, offenbart werden müssten?

Auch über diese Frage haben wir keine ausführliche Untersuchung bei Aristoteles, aber hinreichende Aeusserungen. Zuerst ist das zu bemerken, dass er keinen Unterschied in der Hervorbringung bei den verschiedenen Künsten macht. Die nachahmenden Künste werden durchaus bei ihm mit den nothwendigen in einer Reihe genannt und doch nimmt Niemand bei der Schusterkunst und den übrigen als Princip den Enthusiasmus an.

Sodann sehen wir in der Definition der Kunst das ganze hervorbringende Princip umfasst, ohne dass dabei eine andre Ursache, eine göttliche oder dämonische als nothwendig erwähnt oder mit inbegriffen wäre. Vielmehr ist nur von einer Erkenntniss des Richtigen und von der bestimmten Fertigkeit des Schaffens die Rede. Und er verlangt desshalb für jede Kunst eine gewisse Vorbildung und eine bestimmte vorhergehende Gewöhnung zu ihren Arbeiten.*) Als dritte Bedingung ist aber immer noch die besondere Begabung (εὐφυΐα) hinzuzunehmen, ohne welche auch weder die Erkenntniss noch die Fertigkeit zu Stande kommen kann.

a. Die Erkenntniss.

Die Erkenntniss ist nun, wie oben**) bei dem Gegenstande der Kunst nachgewiesen, nicht eine theoretische, oder wissenschaftliche, die das Allgemeine

---

*) *Polit. VIII.* 1. (I. 624. 33.) *πρὸς πάσας δυνάμεις καὶ τέχνας ἐστὶν ἃ δεῖ προπαιδεύεσθαι καὶ προεθίζεσθαι πρὸς τὰς ἑκάστων ἐργασίας* —

**) S. 187 ff.

ohne Phantasiebild, wenn auch an einem Phantasiebilde betrachtet und apodiktisch verknüpft, sondern sie ist nur das Allgemeine der Erfahrung, unterscheidet sich also von der Geschichte durch die Verallgemeinerung, indem sie innerhalb der Gränzen des Nothwendigen und Unmöglichen oder Unwahrscheinlichen typische Bilder des Lebens und der Wirklichkeit hervorbringt. — Diese Erkenntniss ist desshalb weder historisch, weil es sich um nichts Einzelnes, Thatsächliches dabei handelt, nicht um das was Kallias oder Sokrates begegnet ist, sondern allgemein um das was allen von dieser bestimmten Beschaffenheit begegnen muss oder zu begegnen pflegt*) — noch auch philosophisch, weil sie nicht rein mit den Begriffen vom Wesen der Dinge zu thun hat, sondern immer auf das Einzelne bezogen bleibt.**) Dieses mag sie nun entweder als mögliches Einzelnes nach der allgemeinen Regel erfinden, wie z. B. Agathon in seinem Anthos that***) oder aus der Ueberlieferung nehmen; jedenfalls wird auch dies letztere Einzelne nicht als Wirkliches und Ueberliefertes vom Künstler erkannt, sondern da er es als Allgemeines oder als ein Mögliches anschaut,†) kann er es zu seinem Werk brauchen und hat daher wie oben gesagt die Freiheit der Wahl und der Veränderung.

---

*) *Metaph. I. 1. 981. a. 5.* γίνεται δὲ τέχνη, ὅταν ἐκ πολλῶν τῆς ἐμπειρίας ἐννοημάτων μία καθόλου γένηται περὶ τῶν ὁμοίων ὑπόληψις. *Schol. Cod. Laur.* τέχνης γὰρ ἡ τοῦ ὁμαίου μετάβασις.

**) *Metaph. I. 1. 981. a. 17.* αἱ δὲ πράξεις καὶ αἱ γενέσεις πᾶσαι περὶ τὸ καθ' ἕκαστόν εἰσιν.

***) *Poet. 9.* οἷον ἐν τῷ Ἀγάθωνος Ἄνθει· ὁμοίως γὰρ ἐν τούτῳ τάτε πράγματα καὶ τὰ ὀνόματα πεποίηται.

†) Ebendas. Κἂν ἄρα συμβῇ γενόμενα ποιεῖν οὐδὲν ἧττον ποιητής ἐστιν.

b. Die Fertigkeit.

Das Zweite ist die Fertigkeit (ἕξις), welche durch Uebung (ἄσκησις) entsteht. Denn die Kunst, wenn sie schon gefunden ist, wird als blosse Erkenntniss für sich lehrbar und übertragbar von einem auf den andern auch ohne die vielen Erfahrungen, welche zur Erfindung derselben ursprünglich hinführten*); die Uebung aber stellt für sich Erfahrungen an und besteht in lauter Thätigkeiten, die sich wie oben bemerkt durchaus im Kreise des Einzelnen bewegen. Daher kommt es, dass die technisch Gebildeten oft nicht solchen Erfolg haben, als die, welche ohne Einsicht nur nach Erfahrungen operiren.**) Freilich giebt es auch darin bestimmte Gränzen; denn ganz ohne eigne Uebung kann auch die kritische Seite der Kunst nicht gewonnen werden. (Vergl. S. 55 ff.) Wie ernstlich aber Aristoteles die eigentliche Lehrbarkeit der Kunst auffasste, sehen wir unter Andern an seiner Poëtik, die durchaus Unterricht für den Dichter enthält, was er zu erzielen habe, durch welche Mittel, in welcher Weise und wie man je nach den verschiedenen Kunstrichtungen verschiedene Ziele und Mittel wählen müsse, um das Wesen seiner Kunst zu erreichen, das eigenthümliche ästhetische Vergnügen zu bereiten und den Beifall der Gebildeten zu gewinnen. Er zweifelt nie daran, dass diese Vorschriften den Künstlern nützlich seien, setzt also voraus, dass

---

*) Vrgl. *Schol. Alex. Aphrod.* *οὐχ ὅτι δὲ τέχνην ἀδύνατον ἀναλαβεῖν χωρὶς ἐμπειρίας λέγει, ἀλλ' ὅτι τὴν ἀρχὴν ἡ τῆς τέχνης εὕρεσις δι' ἐμπειρίας, ἐπεὶ ὡς ἐρεῖ, ἐνδέχεταί τινας τεχνίτας μὲν εἶναι μὴ ἐμπείρους δέ.*

**) *Metaph. I.* 1. 981. a. 14. Vrgl. auch dazu *Schol. Asclep.* *οὐδὲν οὖν ἄτοπον εἰδότα τὸ καθόλου ἀγνοεῖν τὸ καθ' ἕκαστον.*

sie mit Erkenntniss arbeiten oder besser arbeiten werden und betrachtet daher auch die Kunst nicht als das Werk einer von der Erkenntniss unabhängigen dämonischen Kraft. Sehr deutlich sagt er dies durch eine Vergleichung mit der Tugend. Er geht davon aus, dass es viel schöner sei, wenn jeder, der nicht geistig verstümmelt wäre, durch einen gewissen Unterricht und durch Uebung zu dem Zwecke (d. i. zur Glückseligkeit) gelangen könnte, als durch Zufall und schliesst, dass wenn dieser Grundsatz bei den Werken der Kunst anerkannt ist, es doch schmählich wäre, wenn man für das Leben das grösste und schönste Ziel zu erreichen dem Zufall überlassen wollte.*) Es steht ihm also fest, dass die Künste durch Erkenntniss und Uebung ihr ganzes Wirkungsfeld zu beherrschen haben und keinen Erfolg dem Glücke verdanken dürfen. Hätte er gemeint, dass in der Kunst die gelingende Arbeit nicht von der Bemühung und Freiheit, sondern zum grössten oder zum wichtigsten Theile von zufälligen Inspirationen (*θεόσδοτον*) abhinge, so wäre sie nicht zur Analogie für, sondern zur Instanz gegen seine Beweisführung geeignet gewesen.

c. Die Naturbegabung.

Was nun drittens die Begabung betrifft, so zeigt sich dabei die Gränze der Lehrbarkeit und

*) *Eth. Nicom. I. 10.* *εἴη δ' ἂν καὶ πολύκοινον· δυνατὸν γὰρ ὑπάρξαι πᾶσι τοῖς μὴ πεπηρωμένοις πρὸς ἀρετὴν διά τινος μαθήσεως καὶ ἐπιμελείας. Εἰ δ' ἐστὶν οὕτω βέλτιον ἢ διὰ τύχην εὐδαιμονεῖν, εὔλογον ἔχειν οὕτως — — Ὁμοίως δὲ καὶ τὰ κατὰ τέχνην — — Τὸ δὲ μέγιστον καὶ κάλλιστον ἐπιτρέψαι τύχῃ λίαν πλημμελὲς ἂν εἴη.*

der Freiheit; denn was die Natur giebt, sagt Aristoteles, steht nicht in unsrer Hand, sondern gehört den wahrhaft Glücklichen durch göttliche Ursachen.*) Lehrbar ist die Kunst, soweit sie auf Eigenschaften fusst, die sich mehr oder weniger in Allen finden, die desshalb bloss entwickelt und gebildet werden müssen.

Wenn aber die Kunstfähigkeit wie die Tugendfähigkeit auch eine allgemeine ist, so sind doch je nach der Begabung auch die Grade und Leistungen von beiden sehr verschieden und man darf nicht anders erwarten, als dass die ersten Erfindungen und die höchsten Leistungen von den besonders Begabten**) ausgehen werden, indem sie durch ihre Naturbegabung so schaffen, wie wenn sie von der Kunst geleitet gewesen wären.***) Diese vollkommene Ausstattung der Natur ist für Aristoteles in allen Gebieten das Leitende und Entscheidende. Während einige Naturen sich dem apolaustischen Leben hingeben, andre dem praktischen, so ergreifen die vollkommensten Naturen das vollkommenste Leben. Auch in der Wissenschaft sehen immer nur die vollkommenen Naturen zuerst das Wahre, welches dann auch lehrbar für die übrigen wird. In Leben, Erkenntniss und Kunst verdanken wir der Führung der Natur das Beste. Ausserdem aber unterscheidet Aristoteles noch bestimmte Theile der Kunstthätigkeit, die schlechterdings von einem Andern nicht gelernt werden könnten, sondern wozu man von Ge-

*) *Eth. Nicom.* X. 10. *τὸ μὲν οὖν τῆς φύσεως δῆλον ὡς οὐκ ἐφ' ἡμῖν ὑπάρχει, ἀλλὰ διά τινας θείας αἰτίας τοῖς ὡς ἀληθῶς εὐτυχέσιν ὑπάρχει.*

**) *Poet.* 4. *οἱ πεφυκότες πρὸς αὐτὸ μάλιστα.*

***) *Poet.* 8. *Ὁ δ' Ὅμηρος ὥσπερ καὶ τὰ ἄλλα διαφέρει, καὶ τοῦτ' ἔοικε καλῶς ἰδεῖν ἤτοι διὰ τέχνην ἢ διὰ φύσιν.*

burt die Anlage haben müsse. Merkwürdiger Weise rechnet er dazu nicht vor Allem die Erfindung des Mythus, — wenigstens sehe ich darüber keine Stelle — sondern ausdrücklich nur die Fähigkeit Metaphern zu finden*) und dann besonders auch die Kunst, für die verschiedenen Charaktere und Leidenschaften den angemessenen und charakteristischen Ausdruck zu finden.**) Ueber die *εὐφυΐα* habe ich schon im ersten Bande S. 127 gehandelt; ich bemerke hier noch, dass sie in der Kunst, wie im sittlichen Gebiete, besonders in dem Wahrnehmen des richtigen Zwecks ohne technische Anleitung***) bestehen muss. Ueberall im Sittlichen wie in der Kunst ist das Princip, der Zweck selbst nicht durch Früheres lehrbar, sondern bildet grade den Grund der Lehren und kann nur durch unmittelbare Wahrnehmung (*αἴσθησις = νοῦς*) gefasst werden. Aristoteles versteht daher unter vollkommener Natur (*εὐφυΐα*) das was die Neueren mit dem Begriff der Genialität oder des Genius gewollt haben. Was die richtige Erkenntniss vorschreiben würde, das ergreift die gute Natur von selbst mit eingeborner Neigung, weil sie eben nicht einseitig und schwächlich und verderbt ist, und sieht die Zwecke des Lebens und der Kunst richtig und hat ihre Lust an dem Richtigen. Aristoteles spottet wohl mal über die Naturen von Gold bei Plato, aber im Grunde ist er auch für die Aristokratie der Natur, und die gemeinen und niederen Na-

---

*) *Poet.* 22 Schl. *Μόνον γὰρ τοῦτο οὔτε παρ' ἄλλου ἔστι λαβεῖν, εὐφυΐας τε σημεῖόν ἐστιν* (sc. *τὸ μεταφορικὸν εἶναι*).

**) *Poet. c.* 17.

***) *Eth. Nicom. VII.* 9. (*Did. II.* 85. 8.) *οὐ δὴ ἐκεῖ ὁ λόγος διδασκαλικὸς τῶν ἀρχῶν οὔτε ἐνταῦθα, ἀλλ' ἀρετὴ ἢ φυσικὴ ἢ ἐθιστὴ τοῦ ὀρθοδοξεῖν περὶ τὴν ἀρχήν.*

turen (οἱ φαῦλοι) sind auch ihm nicht durch freien Willen zu ihrer Art gekommen, sondern weil sie die Natur nicht mit höherem Sinn ausgestattet (χορηγία) hatte. Wie daher über die Sinneswahrnehmungen, z. B. über süss und blau, nicht der Kranke zu urtheilen hat, sondern der Gesunde von guter Leibesbeschaffenheit; so überall sieht richtig nur die gute Natur. Daher hat Aristoteles auch in der Topik zuerst die Uebung empfohlen, die Urtheile und ebenso die Schlüsse umzukehren *(Conversio)*, und für und wider jede Thesis alle die Prämissen und Folgesätze durchzugehen, damit man einen Ueberblick über alle die entgegengesetzten Urtheile gewinne; aber dann bemerkt er, dass diese Uebung und Uebersicht allein nicht genügt; denn es bleibt nun noch übrig, das Wahre und Richtige unter dieser Menge von Sätzen zu ergreifen und das Falsche zu meiden: das lässt sich nicht lehren, und nicht durch Uebung gewinnen, dazu gehört eben die vollkommene Natur, in welcher das begleitende Gefühl zur vollkommenen Auswahl des Besten beiträgt; denn das Wahre will durch die Liebe zur Wahrheit ergriffen werden.*) Diese unmittelbare Beziehung der vollkommenen Anlage zu den wahren Zwecken der Kunst hebt Aristoteles also wiederholt hervor, und darum wird auch z. B. das Talent für Metaphern von ihm εὐφυΐα genannt, weil es Wahrnehmen des Aehnlichen ist;**) so wird im

---

*) *Topic.* 163. b. 13. καὶ τοῦτ' ἔστιν ἡ κατ' ἀλήθειαν εὐφυΐα, τὸ δύνασθαι καλῶς ἑλέσθαι τἀληθὲς καὶ φυγεῖν τὸ ψεῦδος· ὅπερ οἱ πεφυκότες εὖ δύνανται ποιεῖν· εὖ γὰρ φιλοῦντες καὶ μισοῦντες τὸ προσφερόμενον εὖ κρίνουσι τὸ βέλτιστον.

**) L. c. εὐφυΐας σημεῖον ἐστίν· τὸ γὰρ εὖ μεταφέρειν τὸ τὸ ὅμοιον θεωρεῖν ἐστίν.

17. Cap. die *εὐφυΐα* erläutert durch das Ausspüren;*) so heisst es auch von Homer an jener Stelle, er habe richtig gesehen.**)

Stellung des Enthusiasmus.

Es bleibt uns nur noch die Frage übrig, was Aristoteles denn über die Begeisterung oder den künstlerischen Wahnsinn gedacht habe? ob er ihn kennt? ob er ihm gar keinen Platz in der Production des Kunstwerks einräumt?

Um darüber zu festen Bestimmungen zu gelangen, müssen wir erst die Methode erwägen. Es giebt bei Aristoteles keine besondre systematische Abhandlung über den Enthusiasmus. Wir können seine Auffassung daher nur verstehen, wenn wir mehrere gelegentliche Bemerkungen vergleichen und die ethischen Analogien hinzuziehen. Der Enthusiasmus wird bei Aristoteles wie bei Plato und überall bei den Alten als eine Art des Wahnsinns aufgefasst und in Gegensatz gegen die verständige Besonnenheit und Kunst gestellt.***) Wenn desshalb Plato im Phaedrus sagt: „Die dritte Eingeistung und Wahnsinnigkeit von den Musen ergreift eine zarte und heilig geschonte Seele aufregend und befeuernd, und in festlichen Gesängen und andern Werken der Dichtkunst tausend Thaten der Urväter ausschmückend bildet sie die Nachkommen. Wer aber ohne diesen Wahnsinn der Musen in den Vorhallen der Dichtkunst sich einfindet, meinend, er könne

---

*) L. c. *ἐξεταστικοί εἰσιν.*

**) *καλῶς ἰδεῖν.*

***) Ich werde darüber ausführlicher im dritten Bande bei der Lehre von der Ekstase handeln.

durch Kunst allein genug ein Dichter werden, ein solcher ist selbst ungeweiht, und auch seine, des Verständigen Dichtung, wird von der des Wahnsinnigen verdunkelt,"*) — so darf man nicht etwa glauben, Plato hätte die Philosophie und Kunst damit unter die göttliche Inspiration beugen wollen; denn es zeigt sich sowohl im Phaedrus selbst als in dem Staate und den übrigen Dialogen, dass er dieses ganze Gebiet des Geistes nur als Drang und Sehnsucht nach der Wahrheit gelten lässt, in einem geordneten Staate aber unter die vernünftige Gesetzgebung stellt und die Philosophie als die alleinige Erkenntniss des wahrhaft Seienden bezeichnet; wesshalb sogar der gepriesene Homer, der erste aller Dichter, aus seinem Musterstaate ausgeschlossen wird. Jener göttliche Wahnsinn tritt desshalb auch bei Plato nur in den Rang der höheren Naturbegabung und zwar als Gegensatz zur Stimmung der gewöhnlichen Menschen, welche von der Idealwelt nichts ahnen und den Schauder und die Entzückung darüber nicht fühlen und daher jene höheren Zustände für wunderlich und unsinnig halten.

Aehnlich sagt Aristoteles in der Rhetorik: „die Dichtkunst ist enthusiastisch,"**) und in der Poëtik: „darum ist die Dichtkunst die Sache vollkommener Naturen oder Wahnsinniger,"***) und in den Problemen,

---

*) Nach Schleiermacher. — *Plat. Phaedr.* 245. *τρίτη δὲ ἀπὸ Μουσῶν κατοκωχή τε καὶ μανία, λαβοῦσα ἁπαλὴν καὶ ἄβατον ψυχὴν, ἐγείρουσα καὶ ἐκβακχεύουσα κατά τε ᾠδὰς καὶ κατὰ τὴν ἄλλην ποίησιν, μυρία τῶν παλαιῶν ἔργα κοσμοῦσα τοὺς ἐπιγιγνομένους παιδεύει· ὃς δ' ἂν ἄνευ μανίας Μουσῶν ἐπὶ ποιητικὰς θύρας ἀφίκηται, πεισθεὶς ὡς ἄρα ἐκ τέχνης ἱκανὸς ποιητὴς ἐσόμενος, ἀτελὴς αὐτός τε καὶ ἡ ποίησις ὑπὸ τῆς τῶν μαινομένων ἡ τοῦ σωφρονοῦντος ἠφανίσθη.*

**) *Rhet. III. 7. ἔνθεον γὰρ ἡ ποίησις.*

***) *Poet. 17. διὸ εὐφυοῦς ἡ ποιητική ἐστιν ἢ μανικοῦ.*

wenn man diese mit benutzen darf, heisst es: „Maracus aber, der Syrakusier, war auch ein besserer Dichter, so oft er in Ekstase gerieth.“*) Der dichterische Wahnsinn ist dem Aristoteles also wohlbekannt und von ihm anerkannt. Er setzt sogar wie wir sehen, die höhere Naturbegabung neben den Enthusiasmus, unterscheidet also beide von einander. Gleichwohl wissen wir ja, dass er die Poësie nicht aus dem Wahnsinn erklärt hat, sondern aus der besonderen Begabung (εὐφυΐα)**) Ausserdem zweifelt er, wo es sich um eine besondere Sicherheit und Richtigkeit der dichterischen Composition handelt, ob Homer durch Kunst oder Natur das Richtige gesehen habe.***) Der dichterische Wahnsinn muss also, da er das Gegentheil der künstlerischen Erkenntniss ist, mit der Naturbegabung entweder zusammenfallen, oder wenn auch verschieden in Bezug auf den Zustand, doch einerlei damit sein in Bezug auf die Kraft. Da ich das Verhältniss der Begabung und des Wahnsinns bei Gelegenheit der tragischen Gefühle in der Poëtik erörtern will, so möge hier genügen, dass Aristoteles den Enthusiasmus nicht ausschliesst, aber auch nicht als alleinige Quelle der künstlerischen Erzeugung betrachtet, sondern vielmehr neben die erkennende Kraft nur die Uebung und die vollkommene Naturanlage stellt als die normalen Bedingungen der Kunst. Der Enthusiasmus scheint desshalb von Aristoteles ähnlich aufgefasst zu werden, wie im ethischen Gebiete der glückliche Treffer (εὐτυχία). Die regelmässige Bedingung des sittlichen

---

*) *Problem.* 30. 1. Μαρακὸς δ' ὁ Συρακούσιος καὶ ἀμείνων ἦν ποιητής, ὅτ' ἐκσταίη.

**) S. 423 f.

***) S. 424 Anmerk. ***).

Handelns, kraft deren man das Gute ergreift, ist ihm die vollkommene Ueberlegung (εὐβουλία). Aber auch ohne diese geben die Götter dem Glücklichen wohl den richtigen Rath. Auf diese ungewöhnliche Kraft aber kann man sich nicht verlassen und die Wissenschaft darf sie nicht in ihr Bereich ziehen. Wie daher in der Ethik die Glückseligkeit nicht das Werk des Glücks ist, sondern der Tugend, so auch das Kunstwerk nicht Sache des künstlerischen Wahnsinns, sondern der Kunsteinsicht bei gehöriger Künstlernatur.*)

§. 5. Das künstlerische Denken.

Wir gehen nun zurück auf die obige Theilung der künstlerischen Thätigkeit in das künstlerische Denken (νόησις) und das eigentliche Schaffen (ποίησις) und betrachten das erste Thun genauer.

Begriff der Composition. Die *termini*.

Da Aristoteles zwischen natürlichem und künstlerischem Werden die Analogie überall gezeigt hat, so sind ihm auch die *termini* für beide Gebiete dieselben. Es besteht aber doch der nothwendige Gegensatz dabei, dass das künstlerische Denken (νόησις) bei der Natur wegfällt.**) Wenn nun die Ein-

---

*) Vrgl. Band I. S. 127.

**) Vrgl. auch S. 392 ff. die Untersuchung über den Satz ἡ τέχνη οὐ βουλεύεται, wo gezeigt wird, dass die νόησις oder das βουλεύεσθαι Sache des Künstlers ist, der nach den Kunstgesetzen seinen Stoff zu bewältigen versucht. Die Kunstgesetze oder das Allgemeine als Formprincip verhält sich daher wie die Natur, die das Princip des λογιστικὸν im Künstler nicht zwischen sich und dem Werden hat.

verleibung der Form in den Stoff für beide Gebiete die Gestaltung (σύστασις) heisst, so wird für die Kunst noch insbesondere auch im blossen Denken von einer Gestaltung die Rede sein können. Man muss desshalb die wissenschaftlichen Ausdrücke bestimmt auffassen. 1) Gestalten (συνιστάναι) ist die Wirksamkeit, wodurch in einem Stoffe seine Form entsteht. Dies ist desshalb in der Natur die Sache des Saamens, welcher den Fötus in kürzerer oder längerer Zeit zu seiner Gestalt bringt,*) oder die Sache der natürlichen Wärme und Kraft z. B. bei den Insekten, bei denen die Weibchen ihr Legerohr in das Männchen immittiren und also von diesem unmittelbar Gestaltung erhalten.**) Die Weibchen können bei einigen Thiergeschlechtern auch ohne das männliche Formprincip eine Frucht gestalten, diese ist dann aber unvollkommen d. h. sie kommt nicht bis zu dem Ziel (τέλος) des Werdens, zu dem eigenen Leben.***)

2. Gestaltet oder sich gestaltend (συνιστάμενον) oder eine Gestaltung (σύστασις) ist darnach der Stoff, wenn er die Form gewinnt oder gewonnen hat. So gestaltet sich nach seiner jetzt freilich überwundenen Physiologie z. B. das Thier im Ei aus dem Weissen; der gelbe Dotter aber wird zur Nahrung und vermittelt das Wachsthum für die jedesmal zur Gestaltung gekommenen Theile.†) — So wird auch im Ge-

---

*) *De anim. gener. I.* 23. (III. 343. 30.) συμπεπλέχθαι πέφυκεν — — ἕως ἂν ἀποπέμψῃ τι — — ὃ συστήσει τὸ κύημα. — ἡ δὲ γονὴ — συνίστησι — —

**) *De anim. gen. I.* 23. Vrgl. oben S. 413 f.

***) *De an. gen. I.* 21. ἐνίοις γε τῶν ζῴων, οἷον ταῖς ὄρνισι, μέχρι τινὸς ἡ φύσις δύναται γεννᾶν· αὗται γὰρ συνιστᾶσι μέν, ἀτελῆ δὲ συνιστᾶσι τὰ καλούμενα ὑπηνέμια ᾠά.

†) Ebendas. III. 2. (III. 377. 16.) ἐκ τούτου (τοῦ λευκοῦ)

biete der Kunst das gestaltete Werk *σύστασις**) genannt oder *σύστημα*.

3. Drittens aber kommt für die Kunst noch das Eigenthümliche hinzu, dass auch die blosse Denkthätigkeit, wozu das Erfinden gehört, schon gestalten (*συνιστάναι*) genannt werden kann. Aristoteles macht dabei keinen Unterschied, wohl desshalb, weil er ja nach S. 418 f. den Stoff wesentlich mit in die Kunstfertigkeit aufgenommen, so dass diese nicht an einem beliebigen, sondern nur an einer bestimmten Gattung von Gegenständen geschickt sei. Daher ist z. B. in der Dichtkunst allerdings Dichten (*νόησις*) und Verse bilden (*ποίησις*) verschieden, aber dies Dichten (*νόησις*) als die Erfindung des Mythus und der Charaktere bewegt sich doch schon in dem Elemente der Sprache, auch wenn es sich noch nicht wie durch das Versebilden (*ποίησις*) in bestimmte Worte und Metren eingearbeitet hat. Wenn Aristoteles desshalb von einer Composition der Handlung (*σύστασις τῶν πραγμάτων*) redet und von Gesetzen, wie die Mythen zu gestalten (*δεῖ τοὺς μύθους συνιστάναι*),**) so beziehe ich dieses auf das Dichten (*νόησις*) und unterscheide davon die eigentliche Versificirung (*ποίησις*). Dadurch wird auch der Grund des Streites offenbar, welchen Aristoteles gegen diejenigen unterhält, die unter dem allgemeinen, beide Seiten umfassenden Worte Dichtung und Dichter (*ποίησις* und *ποιητής*) nur den Versemacher und die metrische Redeleistung verstehen: während er in der dianoetischen Arbeit des Dichters

γὰρ συνίσταται τὸ ζῷον, τὸ δ' ὠχρὸν τροφὴ γίνεται καὶ τοῖς ἀεὶ συνισταμένοις τῶν μορίων ἐντεῦθεν ἡ αὔξησις.

*) *Poet.* 24. *ἐλάττους αἱ συστάσεις — — μακρὰν σύστασιν.* cap. 7. *σύστασις τῶν πραγμάτων.*

**) *Poet. c.* 17.

(νόησις) schon die Composition (σύστασις) mitnimmt; denn die Erfindung bewegt sich schon immer in dem Mythus und ist nachahmend. Da nun beide, Dichtung und Versbildung (νόησις und ποίησις) doch nur Richtungen der Dichtkunst (ποίησις) als der ganzen künstlerischen Thätigkeit sind, so müssen die Ausdrücke sich sehr vermischen, indem auch das Erfinden des Mythus ποιεῖν*) genannt wird und sich desshalb ποιητὴς τῶν μέτρων und ποιητὴς τῶν μύθων**) gegenüber treten.

Die genauere psychologische Analyse der Composition finden wir bei Aristoteles nicht; aber wohl im Grossen und Ganzen eine Erklärung darüber, was zuerst gestaltet werden müsse und was das Princip der Weiterbildung und Ausführung sei.

Die Seele der Composition.

Das Erste nun in Kunst und Natur ist der bewegende Zweck als die eigene Seele des Gewordenen. In der Natur wohnt diese im Herzen, welches von allen Theilen zuerst gebildet wird und von welchem aus sich dann die grossen Blutgefässe entwickeln, die ihrerseits wie eine Wurzel in die Erde, so den Nabelstrang in den mütterlichen Uterus strecken. Auf diese Weise wird der *foetus*, wie ein von seinem Vater in ein eigenes Haus verpflanzter Sohn, zu eigner Wirthschaft fähig.***) — An dieser Stelle gedenkt Ari-

---

*) Ebendas. καὶ αὐτὸν ποιοῦντα.

**) *Poet. c.* 9.

***) *De anim. gen. II.* 4. (III. 356. 44.) ἀποκρίνεται πρῶτον ἡ καρδία ἐνεργείᾳ — — ὅταν γὰρ ἀπ' ἀμφοῖν ἀποκριθῇ, δεῖ αὐτὸ αὑτὸ διοικεῖν τὸ γενόμενον, καθάπερ ἀποικισθὲν τέκνον ἀπὸ πατρός· ὥστε δεῖ ἀρχὴν ἔχειν, ἀφ' ἧς καὶ ὕστερον ἡ διακόσμησις τοῦ σώματος γίνεται τοῖς ζῴοις κ. τ. λ.

stoteles auch der Analogie mit der Kunst; da er aber mit der Demokritischen Auffassung, nach welcher die Natur wie die bildenden Künste erst den äusseren Umriss und dann das Innere bilden soll, im Kampfe liegt, so betont er hier den Gegensatz, dass die lebendigen Wesen das Leben zu ihrem eigenen machen und sich selbst einrichten, während Thiere von Holz oder Stein ganz von Aussen durch fremde Ursache gebildet werden und daher gar kein Princip haben.*) Man darf diese Aeusserung daher nicht als Instanz gegen den obigen Satz anführen, sondern muss das leblose äussere Kunstwerk unterscheiden von dem Akt der Composition, von dem hier die Rede ist. Aristoteles geht gerade wie Plato überall davon aus, dass das Kunstwerk wie ein lebendiges Thier organisirt sein und daher vor Allem ein beseelendes Princip haben müsse.**) Als solches Princip, Zweck und Seele bezeichnet er für die Poësie (denn von den andern Künsten ist die Angabe fraglich) den Mythus und in diesem speciell die ästhetische Wirkung.***) In der Tragödie und dem Epos also das Tragische. Auf dieses hin arbeitet die ganze Composition und wer dieses, d. i. die tragische Handlung und mit ihrer Auffassung zugleich das tragische Vergnügen hervorbringt, der gewinnt den

*) Ebendas. *διόπερ ὅσοι λέγουσιν ὥσπερ Δημόκριτος, τὰ ἔξω πρῶτον διακρίνεσθαι τῶν ζῴων, ὕστερον δὲ τὰ ἐντὸς οὐκ ὀρθῶς λέγουσιν, ὥσπερ ξυλίνων, ἢ λιθίνων ζῴων· τὰ μὲν γὰρ τοιαῦτ' οὐκ ἔχει ἀρχὴν ὅλως· τὰ δὲ ζῷα πάντ' ἔχει καὶ ἐντὸς ἔχει.*

**) *Poet.* 7. *καθάπερ ἐπὶ τῶν σωμάτων καὶ ἐπὶ τῶν ζῴων — — οὕτω καὶ ἐπὶ τῶν μύθων.* cap. 23. *ὥσπερ ζῷον ἓν ὅλον.*

***) *Poet. cap.* 6. *ὥστε τὰ πράγματα καὶ ὁ μῦθος τέλος τῆς τραγῳδίας — — ἀρχὴ μὲν οὖν καὶ οἷον ψυχὴ ὁ μῦθος τῆς τραγῳδίας.*

Preis und nur diese Wirkung, keine andere ist jedesmal das Ziel der künstlerischen Arbeit.*)

Die künstlerische Idee und die Ausführung.

Dieser Zweck stellt sich nun zunächst dar in dem allgemeinen Umrisse des Inhalts; ich sage nicht in der blossen Idee, sondern in der künstlerischen Idee, d. h. in dem Allgemeinen, welches doch schon mit dem individuellen Stoffe vereinigt ist. Aristoteles giebt selbst durch Beispiele an, was er mit der Forderung will, dass die Dichter, mögen sie einen überlieferten Mythus benutzen oder selbst den Stoff erfinden, erst diesen Stoff allgemein exponiren sollen.**) 1. In dem Mythus der Iphigenie ist der allgemeine Umriss, dass eine Jungfrau geopfert wurde und auf eine den Opfernden verborgene Art verschwand; dann aber in ein anderes Land versetzt wurde, wo die Sitte herrschte, die Fremden der Göttin zu opfern; dieses Priesteramt erhielt sie. Einige Zeit darauf ereignete es sich, dass der Bruder der Priesterin ankam. Da er ergriffen wurde und geopfert werden sollte, erkannte er sie und daher seine Rettung. 2. In der Odyssee ist das Eigenthümliche allgemein ausgedrückt dies: es war einer viele Jahre in der Fremde, von Poseidon verfolgt und allein; in-

---

*) *Poet. cap.* 14. *οὐ γὰρ πᾶσαν δεῖ ζητεῖν ἡδονὴν ἀπὸ τραγῳδίας, ἀλλὰ τὴν οἰκείαν. Ἐπεὶ δὲ τὴν ἀπὸ ἐλέου καὶ φόβου διὰ μιμήσεως δεῖ ἡδονὴν παρασκευάζειν τὸν ποιητήν, φανερὸν ὡς τοῦτο ἐν τοῖς πράγμασιν ἐμποιητέον.*

**) *Poet.* 17. Der Text scheint hier etwas verdorben. Ich lese: *τοὺς δὲ λόγους* (*Vettori-Codex*) *καὶ τοὺς παρειλημμένους* (Vahlen) *δεῖ καὶ αὐτὸν ποιοῦντα ἐκτίθεσθαι καθόλου, εἶθ' οὕτως ἐπεισοδιοῦν καὶ παρατείνειν. λέγω δὲ οὕτως ἂν θεωρεῖσθαι τὸ καθόλου*, nun folgen die Beispiele.

dessen wurden ihm daheim seine Güter von Freiern aufgezehrt, die auch seinem Sohne nachstellten; nun kommt er endlich aus dem Schiffbruch heim, wird von einigen wiedererkannt, greift mit ihnen jene an und wird selbst gerettet, während er seine Feinde verdirbt.

Auf diese allgemeine Betrachtung der zu dichtenden Begebenheit soll dann erst die Ausfüllung und Ausführung durch die Charaktere und Gedanken und schöne Sprache folgen, wodurch das Ganze seinen angemessenen Umfang erhält (*εἶθ' οὕτως ἐπεισοδιοῦν καὶ παρατείνειν.*) Aehnlich ist es auch in den bildenden Künsten und speciell in der Malerei; denn wenn die Natur bei der Bildung der Organe zuerst den Umriss macht als Gränzbestimmung und darauf die Färbung und die Weichheit und Härtung der Theile annimmt, so macht sie's grade wie der Maler, der erst in der Zeichnung den linearen Umriss bildet und darauf sein Bild mit Farben bestreicht.*)

Organisirung.

Da nun dies Eine Princip sowohl in seinem allgemeinen Umriss, als besonders in der weiteren Ausführung eine Menge von Theilen erhält: so entsteht für das Kunstwerk die Gefahr durch Aufnahme zu vieler und verschlungener Geschichten gestaltlos und ohne Einheit zu zerfliessen. Aristoteles fordert desshalb Einheit (*τὸ ἕν*) und Ganzheit (*ὅλον*) für die Composition.**) Beides ist ihm aber durch die allgemeinen

---

*) *De anim. gener. II.* 4. (III. 362. 34.) *ἅπαντα δὲ ταῖς περιγραφαῖς διορίζεται πρότερον, ὕστερον δὲ λαμβάνει τὰ χρώματα καὶ τὰς μαλακότητας καὶ τὰς σκληρότητας ἀτεχνῶς, ὥσπερ ἂν ὑπὸ ζωγράφου τῆς φύσεως δημιουργούμενα· καὶ γὰρ οἱ γραφεῖς ὑπογράψαντες ταῖς γραμμαῖς, οὕτως ἐναλείφουσι τοῖς χρώμασι τὸ ζῷον.*

**) *Poet.* 7. 8. 23.

Bedingungen des Schönen (vergl. S. 214 ff. u. 229 ff.) so gewiss, dass er hier nicht einmal die Gründe dafür erklärt. Gleichwohl können wir aus seiner Beweisführung gegen die, welche diese Gesetze verletzt haben, auch hier sehr wohl die Zusammenhänge seiner Gedanken erkennen. Es wird sich dies bei der Erörterung der beiden Begriffe herausstellen und müssen wir hier besonders auf die Poëtik Rücksicht nehmen.

Die Einheit und Ganzheit dürfen durchaus nicht verwechselt werden. Ich habe schon im ersten Bande S. 56—62 gezeigt, dass diesen ästhetischen Forderungen, da es sich um Nachahmung der Wirklichkeit handelt, die organische Auffassung der Wirklichkeit zu Grunde liegt. Das organische Wesen und besonders das Thier*) hat Einheit, wornach es sich auch in selbständiger Bewegung von der Erde trennt (*χωριστόν*), und hat Ganzheit, wenn es vollständig entwickelt und nicht verstümmelt oder verkümmert ist.

Die Einheit.

Nach den Gegensätzen lassen sich diese Bestimmungen scharf trennen. Der Einheit steht die Vielheit, nicht die Mannichfaltigkeit innerhalb der Einheit entgegen. Durch die Einheit wird die Tragödie zu Einer Tragödie und sie darf desshalb nicht Theile einer andern Tragödie in sich enthalten, z. B. durch eingeschobene Chorgesänge, noch in der Art des Epos in den Episodien Geschichten aufnehmen, welche nicht auf diese Einheit bezogen sind.**)

---

*) *Poet.* cap. 23. *ζῷον ἓν ὅλον.* Vrgl. Band I. S. 56.

**) Band I. S, 135. *Poet.* cap. 18.

Darum hat das Epos weniger Einheit als die Tragödie*) und es lassen sich meistens zwei oder mehrere Tragödien aus jedem Epos machen.**) Wir wissen schon aus den früheren Erklärungen, was die Einheit des Kunstwerks bildet: es ist der Zweck, welcher hier als Handlung erscheint. Mehrere Zwecke, mehrere Tragödien, Ein Zweck, Eine Tragödie. Der Zweck stellt sich in der Wesens-Form (εἶδος) dar, welche die allgemeine Exposition der Fabel enthält. Die Einheit wird also durch diese allgemeine Gestaltung zunächst erkannt werden und darum zeigt Aristoteles an einem Beispiele, wie das was nicht zur Einheit, mithin nicht zur Fabel gehört, abgesondert werden müsse, z. B. in der Fabel der Iphigenie rechnet er das Motiv, das den Orestes bestimmte nach dem Lande, wo seine Schwester Priesterin war, zu reisen, für ausserhalb der Fabel (ἔξω τοῦ μύθου) liegend. Ich verweise auf meine Erklärung der Stelle (Band I. S. 131). Durch die Einheit wird daher die ästhetische Forderung der Begränzung (τὸ ὡρισμένον) zunächst befriedigt (vergl. oben S. 230). Die Einheit ist die Begränzung der Fabel, wodurch die Fabel ihre Allgemeinheit und Erkennbarkeit erhält. Je weniger Einheit sie hat, desto mehr löst sie sich in das Unbestimmte und Zufällige auf.

Die Ganzheit.

Davon unterscheidet sich nun wesentlich der Gesichtspunkt der Ganzheit.***) Wenn die Einheit darin besteht, dass ein Mannichfaltiges sich auf denselben

*) *Poet.* 27. ἧττον μία.

**) Ebendas. ἐκ γὰρ ὁποιασοῦν μιμήσεως πλείους τραγῳδίαι γίνονται.

***) *Poet.* 7. 8. *Metaph.* Δ. 26. 27. 1023. b. 26.

Zweck richtet und in demselben Begriff oder derselben Wesens-Form zusammengefasst wird: so besteht die Ganzheit (ὅλον) darin, dass eine Einheit nach ihrer Wesens-Form in ihre mannichfaltigen Theile und Glieder neben- oder nach einander vollständig, lückenlos und ohne Zuthaten von Aussen, die nicht aus ihrem Wesen stammten, entwickelt und ausgebreitet ist. Der Gegensatz der Ganzheit ist desshalb sowohl das Unvollständige, als das Ueberflüssige; denn unvollständig ist das, von dem ein Theil fehlt, der zu dem Ganzen der Natur nach gehört;*) überflüssig**) aber ist das, dessen Mangel sich nicht fühlbar und bemerkbar macht, d. h. was zu der Wesensform oder Natur des Gegenstandes nicht gehört, also anderswoher stammt. — Dieses Mannigfaltige darf aber nicht das Viele einer Summe sein, welche gleichgültig ist gegen die Vertauschung der Posten, sondern verlangt eine Gliederung und Anordnung.***) Es wirkt also zur Ganzheit mitbestimmend die Idee der Ordnung. (Vergl. oben S. 215.) Und die Anordnung geschieht aus dem Princip der Einheit oder des Zweckes, und es werden dadurch die verschiedenen Theile so mit einander verbunden, dass sie mit Nothwendigkeit auf einander folgen und daher Anfang, Mitte

---

*) Ebendas. *ὅλον λέγεται οὗ τε μηθὲν ἄπεστι μέρος ἐξ ὧν λέγεται ὅλον φύσει.* Das *ὅλον* ist nach Aristoteles mit dem *τέλειον* fast zu verwechseln. Daher auch z. B. die Definition des vollständigen und unvollständigen Schlusses (*τέλειος συλλογισμός* — *ἀτελής* *Analyt. pr.* I. 1. *τέλειον — τὸν μηδενὸς ἄλλου (ἔξωθεν) προσδεόμενον παρὰ τὰ εἰλημμένα πρὸς τὸ φανῆναι τὸ ἀναγκαῖον*).

**) *Poet.* 8. *ὃ γὰρ προσὸν ἢ μὴ-προσὸν μηδὲν ποιεῖ ἐπίδηλον, οὐδὲ μόριον τοῦ ὅλου ἐστίν.*

***) *Metaph.* Δ. 26. *ὅσων μὲν μὴ ποιεῖ ἡ θέσις διαφόραν, πᾶν λέγεται, ὅσων δὲ ποιεῖ, ὅλον.* Ob *θέσις*, ob *τάξις*, ist hier gleichgültig.

und Ende haben.*) Diese ganze Entfaltung der Theile steht desshalb unter dem Gesetz der Natur der Sache oder der Wesens-Form,**) welche ihrerseits wieder aus der Einheit des Zweckes stammt und so ist denn das Princip und Resultat der Ganzheit die Einheit.***) Aristoteles bemerkt aber wiederholt, dass eine solche abgegränzte und continuirliche Entwicklung der vielen Theile aus der Einheit und zur Einheit hin sich mehr in der organischen Natur als in der Kunst findet, vorzüglich da in der Natur die Theile sich bloss dynamisch verhalten können und ihre Energie in der Einheit haben; in der Kunst aber die Theile alle schon selbst der Wirklichkeit nach da sind und ihre Einheit von aussen bewirkt wird. †)

Wesenstheile und Massentheile.

Da die Einheit des Kunstwerkes keine abstracte ist, sondern einen mannichfachen Inhalt einschliesst: so unterscheidet Aristoteles die Theile dieses Ganzen in Wesens-Theile (*εἴδη* oder auch *μέρη*) und Massen-Theile (*μέρη* und besonders

---

*) *Poet.* 7. *ὅλον δ' ἐστὶ τὸ ἔχον ἀρχὴν καὶ μέσον καὶ τελευτήν.*

**) Ebendas. die Definitionen von Anfang, Mitte und Ende, welche alle durch das *πέφυκεν εἶναι ἢ γίνεσθαι, ἢ ἐξ ἀνάγκης ἢ ὡς ἐπὶ τὸ πολύ* bestimmt sind, also durch die *φύσις* oder das *εἶδος* der Sache. Vergl. oben S. 79.

***) *Metaph.* 26. *ὅλον λέγεται — — καὶ τὸ περιέχον τὰ περιεχόμενα ὥστε ἕν τι εἶναι ἐκεῖνα — — ὡς οὔσης τῆς ὁλότητος ἑνότητός τινος.* Vrgl. auch S. 74.

†) *Metaph.* 26. *τὸ δὲ συνεχὲς καὶ πεπερασμένον, ὅταν ἕν τι ἐκ πλειόνων ᾖ ἐνυπαρχόντων, μάλιστα μὲν δυνάμει, εἰ δὲ μὴ ἐνεργείᾳ. τούτων δ' αὐτῶν μᾶλλον τὰ φύσει ἢ τέχνῃ τοιαῦτα, ὥσπερ καὶ ἐπὶ τοῦ ἑνὸς λέγομεν.* *De anim. gener.* II. 5. *ἐνυπαρχόντων δ' ἐν τῇ ὕλῃ δυνάμει τῶν μορίων — — γινόμενα ἐνεργείᾳ ἃ ὑπῆρχεν ὄντα δυνάμει πρότερον.*

μόρια). Die Eintheilung begründet er auf Scheidung des Ganzen nach den Kategorien der Qualität (*κατὰ το ποιόν*) und der Quantität (*κατὰ τὶ ποσόν*). Auch bei dieser Bestimmung haben wir uns an die Poëtik zu halten; doch ist sie bei Aristoteles auch in anderen Gebieten sehr gebräuchlich, z. B. in der Politik wird die Differenz der Verfassungen aus dem qualitativen und quantitativen Uebergewicht der Theile begründet*) und in der Ethik wird die qualitative und die quantitative Bestimmung immer auseinander gehalten. Es ist hierüber im ersten Bande S. 70 schon gehandelt; ich bemerke desshalb nur, dass diejenigen Theile zum Wesen gehören, nach denen die Composition eine Qualität erhält und dass alle Wesenstheile ineinander sind, so gehören z. B. Charaktere, Rede, Fabel zum Wesen und nach jedem dieser Theile erhält die Tragödie eine specifische Beschaffenheit und sie sind alle ineinander, indem der Charakter durch die Rede und durch die Fabel offenbar wird, sowie auch diese nur durch Charaktere und ihre Reden verwirklicht werden kann. — Die Massentheile aber sind ausser einander, z. B. ist der Prolog abgetrennt von den Episodien und es gehören diese Theile der materiellen, sinnlichen**) Erscheinung des Kunstwerks an, wonach man es räumlich und zeitlich berechnet, nach dem Massstab und der Uhr. Sie führen uns also zum zweiten Theile der Kunstthätigkeit, sofern sich die künstlerische Idee in einem bestimmten Stoffe ausgestaltet.

---

*) Vrgl. meine Unters. über die Eintheil. d. Verf. bei Arist. S. 24.

**) *Poet.* 7. *τοῦ μήκους ὅρος — πρὸς τὴν αἴσθησιν — πρὸς κλεψύδραν* — und *μέγεθος οὐ τὸ τυχόν*.

§. 6. Das künstlerische Schaffen (*ποίησις*).

Die zweite Richtung der Kunstthätigkeit oder die *ποίησις* im eigentlichen Sinne geht auf die Ausführung im Stoff. Diese ist als Bewegung wesentlich an die Bewegungs-Ursache geknüpft und desshalb muss zuerst die Natur der Werkzeuge (*ὄργανα*) erklärt werden. Den Gegensatz zwischen ethischer (praktischer) und technischer Thätigkeit in Bezug auf den Gebrauch, den beide von Werkzeugen machen, haben wir schon oben S. 48 betrachtet; hier müssen wir den Vorgang und Begriff selbst genauer verfolgen.

Das Schaffen als die Bewegung der Werkzeuge.

Das Kunstwerk wird seinem Stoff nach nicht von dem Künstler geliefert. Es geht von dem Tektoniker kein Theil ab, aus dem er den Holzstoff bildete;*) in ihm ist, wie in dem eben besprochenen ersten Theile der Composition nur die Form, nur die ideelle Seite des Kunstwerks. Diese muss nun der Materie mitgetheilt werden, die nicht wie im natürlichen Werden von selbst zu der Entwicklung derartiger Formen angelegt ist und hinstrebt: was also nur durch genaue Verkettung und Beherrschung der wirkenden Ursachen möglich ist. Aristoteles beschreibt desshalb den Vorgang so: der ideelle Grund des Kunstwerks als Form und Wissen im Künstler bewegt durch die Seele desselben seine Hand**) oder einen andern Theil seines

---

*) *De anim. gener. I.* 22. (III. 342. 37) *ὥσπερ οὐδ' ἀπὸ τέκτονος πρὸς τὴν τῶν ξύλων ὕλην οὔτ' ἀπέρχεται οὐδὲν οὐδὲ μόριον οὐδέν ἐστιν ἐν τῷ γινομένῳ τῆς τεκτονικῆς.*

**) Da der Mensch zu den meisten Künsten die Anlage erhielt, hat ihm die Weisheit der Natur auch die Hand als Organ gegeben. *De part. anim. IV.* 10. *τῷ οὖν πλείστας δυναμένῳ*

Leibes zu einer bestimmten Bewegung und dieser das Werkzeug und dieses den Stoff. Soll ein Kunstwerk wie ein anderes werden, so muss jene Bewegung dieselbe sein; soll es aber verschieden ausfallen, so muss die erste Bewegung auch verschieden sein und dadurch auch die Bewegung der Werkzeuge verändert werden.*) Grade so wirkt die zeugende Natur durch den Saamen, nur dass dieser von dem productiven Körper abgelöst ist und nun als ein Werkzeug, dem die Bewegung selbst innewohnt, allein weiter gestaltet.**)

Die Kunst als das Schaffen (ποίησις) besteht desshalb in nichts anderem als in der Bewegung der Werkzeuge. Darin hat die Kunst ihre Energie oder Verwirklichung, sofern sie die Form des Werdenden in einem Anderen ist (nämlich als Wissen im Künstler).***) Sie verhält sich desshalb bis auf die Immanenz der Form analog der zeugenden und nährenden Seele, welche durch Wärme und Kälte wie durch Werkzeuge die Stoffe verwandelt und vergrössert und in die Gestalt bringt.†)

δέξασθαι τέχνας τὸ ἐπὶ πλεῖστον τῶν ὀργάνων χρήσιμον τὴν χεῖρα ἀποδέδωκεν ἡ φύσις.

*) *De an. gen. I. 22.* ἀλλ' ἡ μορφὴ καὶ τὸ εἶδος ἀπ' ἐκείνου (dem Künstler) ἐγγίνεται διὰ τῆς κινήσεως ἐν τῇ ὕλῃ καὶ ἡ μὲν ψυχὴ ἐν ᾗ τὸ εἶδος καὶ ἡ ἐπιστήμη κινοῦσι τὰς χεῖρας ἤ τι μόριον ἕτερον, ποιάν τινα κίνησιν, ἑτέραν μὲν ἀφ' ὧν τὸ γινόμενον ἕτερον, τὴν αὐτὴν δ' ἀφ' ὧν τὸ αὐτὸ, αἱ δὲ χεῖρες καὶ τὰ ὄργανα τὴν ὕλην.

**) Ebends. Ὁμοίως δὲ καὶ ἡ φύσις ἡ ἐν τῷ ἄρρενι — — χρῆται τῷ σπέρματι ὡς ὀργάνῳ καὶ ἔχοντι κίνησιν ἐνεργείᾳ ὥσπερ ἐν τοῖς κατὰ τέχνην γινομένοις τὰ ὄργανα κινεῖται· ἐν ἐκείνοις γάρ πως ἡ κίνησις τῆς τέχνης.

***) Ebends. II. 4. (III. 358. 3). ὥσπερ δὲ τὰ ὑπὸ τῆς τέχνης γινόμενα γίνεται διὰ τῶν ὀργάνων, ἔστι δ' ἀληθέστερον εἰπεῖν διὰ τῆς κινήσεως αὐτῶν, αὕτη δ' ἐστὶν ἡ ἐνέργεια τῆς τέχνης, ἡ δὲ τέχνη μορφὴ τῶν γινομένων ἐν ἄλλῳ.

†) Ebends. οὕτως ἡ τῆς θρεπτικῆς ψυχῆς δύναμις — —

Das künstlerische Schaffen ist ein solches Werden, dass die Ursache mit der Wirkung nichts zu thun hat, denn das Werkzeug und der wirkende Künstler haben nichts Gemeinschaftliches mit dem Werke, z. B. der Baumeister mit dem Hause, sondern er ist mit seiner Kunstarbeit nur das dienende Mittel für jenes, welches sich ganz selbständig als Zweck für sich von den hervorbringenden Kräften ablöst und sie nicht als eigene Bestandtheile in sich aufnimmt.*) Ein analoges Verhältniss findet zwischen Zweck und Mittel im ethischen und politischen Gebiet statt, indem der Besitz und die Sclaven nicht als Bestandtheile des Lebens und der Bürgerschaft betrachtet werden.**)

Verschiedene Arten des künstlerischen Schaffens.

Für die verschiedenen Zwecke sind auch die Bewegungen verschieden und daher führt Aristoteles fünf besondere Formen des Werdens auf, ohne aber irgend einen Eintheilungsgrund anzugeben oder die Formen genauer zu bestimmen. Er hat sie auch nicht ausdrücklich auf das künstlerische Hervorbringen eingeschränkt, nimmt aber seine Beispiele bei mehreren

---

χρωμένη οἷον ὀργάνοις θερμότητι καὶ ψυχρότητι — ἐνυπάρχουσα καὶ ἐν φυτοῖς καὶ ἐν ζῴοις πᾶσιν.

*) *Polit. VII.* 8. (I. 609. 34.) οὐθὲν ἔν γε τούτοις κοινὸν ἀλλ' ἢ τῷ μὲν ποιῆσαι τῷ δὲ λαβεῖν, λέγω δ' οἷον ὀργάνῳ τε παντὶ πρὸς τὸ γιγνόμενον ἔργον καὶ τοῖς δημιουργοῖς· οἰκίᾳ γὰρ πρὸς οἰκοδόμον οὐθέν ἐστιν ὃ γίνεται κοινόν, ἀλλ' ἔστι τῆς οἰκίας χάριν ἡ τῶν οἰκοδόμων τέχνη.

**) Vrgl. meine Abh. über d. Einh. der Arist. Eudäm. S. 145 ff.

deutlich und ausschliesslich aus der Kunst.*) 1. Metaschematisis ist die erste Form und als Beispiel die Entstehung der Statue aus dem Erz. Dieses hatte schon eine Naturform; durch den Guss wandelt es dieselbe in die vom Künstler gewollte. 2. Prosthesis d. h. „hinzu setzen“, z. B. das was vermehrt wird oder wächst. 3. Aphäresis d. h. „wegnehmen“, wie z. B. der Hermes aus dem Stein entsteht. Aristoteles Unterscheidung erinnert an die Art, wie Michel Angelo die Malerei und Bildhauerkunst von einander trennt; jene setzt hinzu, bis das gewollte Bild entstanden ist; diese nimmt weg. Der grosse Italiener leitet daraus auch die bedeutendere Schwierigkeit der letzteren ab, und es scheint mir daher nicht unerlaubt, auch die Prosthesis auf die Kunst zu beziehen. 4. Synthesis, z. B. der Vorgang beim Hausbau. 5. Allöosis d. h. qualitative Veränderung, z. B. bei den Vorgängen, in welchen der Stoff eine andere Art bekommt. — Simplicius Scholien zu dieser Stelle sind uns desswegen ohne Interesse, weil er den Blick von der Kunst abwendet und die Eintheilung allgemeiner fassen und für die Naturerklärung fruchtbarer machen will.**)

---

*) *Natur. ausc. I. 7.* (II. 257. 33.) *γίγνεται δὲ τὰ γιγνόμενα ἁπλῶς τὰ μὲν μετασχηματίσει, οἷον ἀνδριὰς ἐκ χαλκοῦ, τὰ δὲ προσθέσει, οἷον τὰ αὐξανόμενα, τὰ δ' ἀφαιρέσει οἷον ἐκ τοῦ λίθου ὁ Ἑρμῆς, τὰ δὲ συνθέσει οἷον οἰκία, τὰ δ' ἀλλοιώσει οἷον τὰ τρεπόμενα κατὰ τὴν ὕλην.*

**) Seine Disposition ist folgende:

A. das Werden durch Verknüpfung.
1. Synthesis (Haus).
B. Das Werden schlechthin
a. in Bezug auf die Oberfläche.
2. Metaschematisis.
b. in Bezug auf die Tiefe.
aa. allgemein

Der Stoff als das schlechthin gegebene und leidende Princip.

Gehen wir nun näher auf den Stoff ein, an dem die Kunst arbeitet, so bestimmt ihn Aristoteles als das schlechthin Leidende, was bloss bewegt wird, als das Weibliche. Die Kunst dagegen ist das männliche Princip, welches schafft, gestaltet, bewegt und welches auf keine Weise anders in dem Producte, dem Kunstwerke, innewohnt, als nur, soweit es die Form und Bewegung hergab.*) Daher kann der Stoff nicht für sich etwas erzeugen oder in wirkliche Form übergehen, sondern hat den Künstler zu erwarten; andererseits ist dieser an den Stoff gebunden, da er nicht aus einem beliebigen Stoff ein Beliebiges machen kann, wie also einen hölzernen Kasten der Tektoniker nicht anders als aus Holz machen kann, so kann andererseits ohne jenen nicht von selbst aus dem Holz ein Kasten entstehen.**) Der Künstler muss desshalb zum Stoffe kommen, um in diesem zu zeugen.

Auflösung eines scheinbaren Widerspruchs.

Mit dieser deutlichen Erklärung scheint aber eine

---

3. Allöosis.
bb. theilweise.
4. Prosthesis.
5. Aphäresis.

*) *De anim. gen. I.* 21. (III. 341. 16 ff.) τό γε θῆλυ ᾗ θῆλυ παθητικόν, τὸ δὲ ἄῤῥεν ᾗ ἄῤῥεν ποιητικὸν καὶ ὅθεν ἡ ἀρχὴ τῆς κινήσεως — οὐκ ἔστιν ἐκ τούτων τὸ γινόμενον ἕν, ἀλλ' ᾗ οὕτως ὡς ἐκ τοῦ τέκτονος καὶ ξύλου ἡ κλίνη καὶ ὡς ἐκ τοῦ κηροῦ καὶ τοῦ εἴδους ἡ σφαῖρα.

**) *De anim. gen. II.* 6. (III. 361. 52.) οὔτε γὰρ τὸ δυνάμει ὂν ὑπὸ τοῦ μὴ τὴν ἐνέργειαν ἔχοντος κινητικοῦ ἔσται, οὔτε τὸ τὴν ἐνέργειαν ἔχον ποιήσει ἐκ τοῦ τυχόντος, ὥσπερ οὔτε κιβωτὸν μὴ ἐκ ξύλου ὁ τέκτων ποιήσειεν ἂν, οὔτ' ἄνευ τούτου κιβωτὸς ἔσται ἐκ τῶν ξύλων.

andere Stelle im Widerspruch zu stehen: „Es bereiten die Künste den Stoff, die einen schlechthin, die anderen handgerecht.“*) Und: „In den Werken der Kunst schaffen wir den Stoff um des Werkes willen; in den natürlichen Dingen aber ist er von selbst vorhanden.“**) Hiermit scheint die S. 415 erwähnte Ermunterung an die Dichter übereinzustimmen, wonach diese nicht bloss die Namen für ihre Personen, sondern auch die Geschichten selbst erfinden sollen. Allein die voranstehende allgemeine Erklärung verbietet diese Auslegung. Wir müssen uns erinnern, dass Aristoteles auch die Formen wieder als Stoffe gebraucht, z. B. sind Blut, Knochen und überhaupt die Homöomeren Formen aus den einfacheren Elementen; aber diese Formen können doch wieder als Stoffe betrachtet werden, aus denen andere Formen sich bilden, z. B. das Gesicht, Bein u. s. w. Die Gattungsbegriffe werden von ihm auch die Materien genannt, in welcher die specifische Differenz die Artformen hervorbringt. Wir können desshalb auch schon um der Richtigkeit der Sache willen jene Auslegung nicht gestatten und müssen wohl, wenn Aristoteles sagt, dass einige Künste ihren Stoff schlechthin erschaffen, andere ihn sich bloss zum Werk geschickt machen, an die Unterordnung der Künste denken, da er ausdrücklich bemerkt, dass die Künste zu ihrer Arbeit sowohl einen bestimmten Stoff, als auch gewisse Werkzeuge brauchen, die beide wiederum von andern Künsten beschafft werden, welche gegen jene ersteren

---

*) *Natur. ausc. II.* 2. (II. 263 31.) *ποιοῦσιν αἱ τέχναι τὴν ὕλην, αἱ μὲν ἁπλῶς, αἱ δὲ εὐεργόν.*

**) Ebends. (Z. 43.) *ἐν μὲν οὖν τοῖς κατὰ τέχνην ἡμεῖς ποιοῦμεν τὴν ὕλην τοῦ ἔργου ἕνεκα, ἐν δὲ τοῖς φυσικοῖς ὑπάρχει οὖσα.*

Künste eine untergeordnete Stellung haben. So liefert z. B. die Spindelverfertigungskunst der Weberkunst das Werkzeug, die Kupferschmiedekunst aber der Bildhauerkunst den Stoff.*) Und die Weberkunst hat nicht die Aufgabe, sich die Wolle zu verfertigen, sondern sie zu gebrauchen.**) Wir kommen desshalb hier wie oben S. 415 f. zu dem Resultate, dass die Kunst nur die Form giebt und müssen auch die Erfindung der Fabel in der Dichtkunst als eine Formung betrachten, für welche die Dichtkunst selbst verantwortlich ist, wie auch Aristoteles sagt, dass man Fabeln, in deren Handlung Unwahrscheinlichkeiten nicht vermieden werden können, überhaupt nicht componiren soll, und demnach diese Ausrede und Beschönigung fehlerhafter Compositionen für lächerlich erklärt.***) — Der Gegensatz zur Natur bleibt dabei ungeschmälert; denn da die Kunst die Form von Aussen an den Stoff bringt, die Natur aber ihn von Innen aus dem dynamischen Zustande erregt, so ist jene freier dem Stoffe gegenüber, kann ihn sich willkürlich zubereiten und umgestalten; die Natur aber ist an den gegebenen mit seiner gegebenen Beschaffenheit gebunden.

Der Stoff ist nun ursprünglich und an und für sich ungestaltet und empfängt erst durch die Kunst seine Bestimmung, wie z. B. aus dem Holz ein

---

*) *Polit. I.* 8. (I. 488. 29.) *εἰ ὑπηρετική, πότερον ὡς ἡ κερκιδοποιικὴ τῇ ὑφαντικῇ ἢ ὡς ἡ χαλκουργικὴ τῇ ἀνδριαντοποιίᾳ· οὐ γὰρ ὡσαύτως ὑπηρετοῦσιν, ἀλλ' ἡ μὲν ὄργανα παρέχει, ἡ δὲ τὴν ὕλην, λέγω δὲ ὕλην τὸ ὑποκείμενον, ἐξ οὗ τι ἀποτελεῖται ἔργον οἷον ὑφάντῃ μὲν ἔρια, ἀνδριαντοποιῷ δὲ χαλκόν.*

**) *Polit. I.* 10. (I. 492. 17.) *οὐ γὰρ ὑφαντικῆς ἔρια ποιῆσαι, ἀλλὰ χρήσασθαι αὐτοῖς.* —

***) *Poet.* 25. *ὥστε τὸ λέγειν, ὅτι ἀνῄρητο ἂν ο μῦθος γελοῖον· ἐξ ἀρχῆς γὰρ οὐ δεῖ συνίστασθαι τοιούτους.*

Stuhl, aus dem Erz eine Statue gemacht wird. Diese Formen gehören nicht dem Stoffe als solchem; denn nach Antiphon würde ein Stuhl, der vergraben und faulend zu fruchtbarem Aussprossen gelangte, nicht einen Stuhl, sondern Holz hervorwachsen lassen. Das Stuhlsein ist ihm also zufällig, nicht immanent wesentlich; es ist die Form nach der Kunst.*) Aus einem an sich ungestalteten Stoffe entsteht das Kunstwerk.**)

Die Gegensätze und die Mitte in der Gestaltung.

Die Gestaltung selbst bewegt sich nothwendig in Gegensätzen. Es kann nichts aus einem Zufälligen zu einem Zufälligen werden, sondern jedes muss in den entgegengesetzten Zuständen seiner Art sich verändern, möge die Veränderung sich um Harmonie, Anordnung (*τάξις*) oder um Verknüpfung (*σύνθεσις*) drehen. So entsteht das Haus aus Theilen, die vorher nicht verknüpft, sondern die einen so, die andern anders geschieden waren; und die Statue und alles Gestaltete aus vorheriger Ungestaltung.***) Hierdurch ist auch die

---

*) *Natur. Auscult. II. 1.* (II. 261. 27.) τὸ πρῶτον ἐνυπάρχον ἑκάστῳ ἀῤῥύθμιστον καθ' ἑαυτό, οἷον κλίνης φύσις τὸ ξύλον, ἀνδριάντος δ' ὁ χαλκός. Σημεῖον δέ φησιν Ἀντιφῶν ὅτι, εἴ τις κατορύξειε κλίνην καὶ λάβοι δύναμιν ἡ σηπεδὼν ὥστ' ἀνεῖναι βλαστόν, οὐκ ἂν γενέσθαι κλίνην, ἀλλ' ξύλον, ὡς τὸ μὲν κατὰ συμβεβηκὸς ὑπάρχον τὴν κατὰ νόμον θέσιν καὶ τὴν τέχνην.

**) *De anim. gen. I. 18.* (III. 338. 23.) ἔκ τινος ἐνυπάρχοντος καὶ σχηματισθέντος τὸ ὅλον ἐστίν.

***) *Natur. ausc. I. 5.* (II. 254. 38.) διαφέρει δὲ οὐδὲν ἐπὶ ἁρμονίας εἰπεῖν ἢ τάξεως ἢ συνθέσεως· φανερὸν γὰρ ὅτι αὐτὸς λόγος. Ἀλλὰ μὴν καὶ οἰκία καὶ ἀνδριὰς καὶ ὁτιοῦν ἄλλο γίνεται ὁμοίως. ἥ τε γὰρ οἰκία γίνεται ἐκ τοῦ μὴ συγκεῖσθαι ἀλλὰ διῃρῆσθαι ταδὶ ὡδί, καὶ ὁ ἀνδριὰς καὶ τῶν ἐσχηματισμένων τι ἐξ ἀσχημοσύνης — — *Metaph.* Λ 4. 1070. b. 29. εἶδος, ἀταξία τοιαδί, πλίνθοι· τὸ κινοῦν οἰκοδομική.

Freiheit des Schaffens bedingt, wie in dem allgemeinen Theil S. 31 ff. ausgeführt, indem die Kunst so oder auch anders bilden, gut oder schlecht gestalten kann.

Die Gestalt selbst, welche im Stoffe ausgeführt wird, entsteht als eine Mitte, ein Mass oder Verhältniss entgegengesetzter Bestimmungen. Die Werke der Kunst verhalten sich darin ähnlich wie die Tugenden, welche ebenfalls als die rechte Mitte gegensätzlicher Triebe erscheinen. Alles, was desshalb schön und vollkommen werden und zu seinem Wesen kommen soll, muss immer das entgegengesetzte Gewicht mit enthalten.*) Durch den Ausdruck ῥοπή scheint Aristoteles an Waagschalen zu denken, die nach entgegengesetzten Seiten ziehen und dadurch ein Gleichgewicht, ein Mittel herstellen. Wie nach seiner etwas seltsamen Physiologie die Hitze vom Herzen ausgeglichen werden muss durch die abkühlende Masse des Gehirns, damit eine richtige Symmetrie der Bewegung**) entstehe, so haben wir auch in der Kunst zwischen dem Zuwenig und dem Zuviel das der Sache angemessene Mass zu erstreben.***) Die rechte Symmetrie und Eukrasie zeigt sich durch den Erfolg, z. B. in dem erwähnten Falle an der Kraft des Ver-

*) *De part. an. II.* 7. (III. 238. 30.) ἅπαντα δεῖται τῆς ἐναντίας ῥοπῆς, ἵνα τυγχάνῃ τοῦ μετρίου καὶ τοῦ μέσου (τὴν γὰρ οὐσίαν ἔχει τοῦτο καὶ τὸν λόγον, τῶν δ' ἄκρων ἑκάτερον οὐκ ἔχει χωρίς).

**) Ebendas. wird die μετρία θερμότης und die σύμμετρος κρᾶσις daraus abgeleitet und *De anim. gen. II.* 6. (III. 362. 43.) τὸ ψυχρὸν συνίστησιν ἀντίστροφον τῇ θερμότητι τῇ περὶ τὴν καρδίαν τὸν ἐγκέφαλον.

***) Ebendas. weiter oben ἀλλ' ἐνταῦθα (d. h. in der Kunst z. B. beim Kochen) μὲν ἡμεῖς τὴν τῆς θερμότητος συμμετρίαν εἰς τὴν κίνησιν παρασκευάζομεν, ἐκεῖ δὲ δίδωσιν ἡ φύσις ἡ τοῦ γεννῶντος.

standes,*) während ein Uebergewicht entweder der Wärme oder der Kälte Stumpfheit oder unbesonnene Leidenschaft und Krankheiten**) hervorbringt. Aristoteles erläutert diese Symmetrie, welche alles durch Kunst oder Natur Werdende haben muss, weil es in einem gewissen Verhältniss (λόγος) besteht, durch das Kochen. Zu viel Feuer verbrenne die Speise, zu wenig lasse sie ungekocht.***)

Hierüber ist im allgemeinen Theil S. 38 f. schon geredet und es ergiebt sich daraus der Grundsatz, dass man bei einem gut gelungenen Kunstwerke nichts wegnehmen und nichts hinzuthun könne; da es grade die rechte Mitte als das vollkommene Mass der Sache getroffen. Und die guten Künstler haben eben dieses Vollkommene (εὖ) im Auge bei ihrer Arbeit.†)

Ueber die verschiedene Genauigkeit von Tugend, Kunst und Natur.

Woher aber ist es zu beweisen, dass die Tugend schärfer und genauer als jede Kunst die Mit-

*) Ebendas. weiter unten *δηλοῖ δὲ τὴν εὐκρασίαν ἡ διάνοια· φρονιμώτατον γάρ ἐστι τῶν ζῴων ἄνθρωπος.* Vrgl. ebendas. III. 2. (III. 376. 51.)

**) Ebendas. (III. 239. 6.)

***) *De anim. gen. IV. 2.* (III. 397. 27.) *δεῖ συμμετρίας πρὸς ἄλληλα· πάντα γὰρ τὰ γινόμενα κατὰ τέχνην ἢ φύσιν λόγῳ τινί ἐστιν. — — δεῖ πρὸς τὸ δημιουργούμενον ἔχειν τὸν τοῦ μέσου λόγον· εἰ δὲ μὴ καθάπερ ἐν τοῖς ἑψομένοις προσκάει μὲν τὸ πλεῖον πῦρ, οὐχ ἕψει δὲ τὸ ἔλαττον, ἀμφοτέρως δὲ συμβαίνει μὴ τελειοῦσθαι τὸ γινόμενον — —*

†) *Nicom. II. 5.* (II. 19. 34.) *ὅθεν εἰώθασιν ἐπιλέγειν τοῖς εὖ ἔχουσιν ἔργοις ὅτι οὔτ' ἀφελεῖν ἔστιν οὔτε προσθεῖναι, ὡς τῆς μὲν ὑπερβολῆς καὶ τῆς ἐλλείψεως φθειρούσης τὸ εὖ, τῆς δὲ μεσότητος σωζούσης· οἱ δὲ ἀγαθοὶ τεχνῖται, ὡς λέγομεν, πρὸς τοῦτο βλέποντες ἐργάζονται.*

tel trifft?*) Es ist diese Frage S. 39 im allgemeinen Theil unbeantwortet gelassen. Ich erinnere mich keiner directen Ausführung bei Aristoteles; es lässt sich aber durch Rücksicht auf die dabei massgebenden Grundsätze vielleicht die Begründung erkennen.

Zuerst erinnern wir uns daran, dass das Ziel leicht zu verfehlen, die Mitte aber schwer zu finden ist, wie auch nicht Jeder, sondern nur der Wissende die Mitte des Kreises zu bestimmen versteht.**) Die Folge davon ist, dass geringe Abweichungen unbemerkbar bleiben, sowohl nach dem Zuwenig als nach dem Zuviel hin; aber die grössere Abweichung erfährt Tadel.***) Die beste Leistung ist mithin nur eine comparativ-beste und es entsteht daraus der Befehl, ins Unendliche das Bessere zu suchen, d. h. es giebt ein fehlerhaftes Uebermass nur ausserhalb der Mitte; die Mitte selbst aber, das Richtige und Vollkommene kann nie genug erreicht werden; es ist an sich selbst ein Höchstes, Aeusserstes; es giebt kein Uebermass in der Tugend und der Kunst. Die Zwecke der Kunst sind desshalb unbedingt und in's Unendliche Zweck, nur die Mittel erhalten durch diesen ihr Mass.†)

Zweitens müssen wir nun bemerken, wie nach Aristoteles diese drei Principien, welche die Mitte su-

---

*) Ebendas. ἡ δ' ἀρετὴ πάσης τέχνης ἀκριβεστέρα —

**) *Nicom. II.* 9. (II. 23. 23.) ἐν ἑκάστῳ γὰρ τὸ μέσον λαβεῖν ἔργον, οἷον κύκλου τὸ μέσον οὐ παντὸς ἀλλὰ τοῦ εἰδότος. *Nicom. II.* 5. (II. 20. 6.) ῥᾴδιον μὲν τὸ ἀποτυχεῖν τοῦ σκοποῦ.

***) *Nicom.* ebendas. Schl. ὁ μὲν μικρὸν τοῦ εὖ παρεκβαίνων οὐ ψέγεται, οὔτ' ἐπὶ τὸ μᾶλλον, οὔτ' ἐπὶ τὸ ἧττον, ὁ δὲ πλέον· οὗτος γὰρ οὐ λανθάνει.

†) Vrgl. oben allg. Theil S. 76. Anmerk. **) und *Nicom. II.* 6. (II. 20. 19.) ἡ ἀρετὴ (ἐστὶ) κατὰ τὸ ἄριστον καὶ τὸ εὖ ἀκρότης.

chen, nämlich die organisirende **Natur**, die **Kunst** und die **Tugend**, dadurch die eine desto schärfer und genauer als die andere das **Ziel erreichen wird, jenachdem dasselbe wahrnehmbar ist.** Der Zimmermann und der Mathematiker suchen den rechten Winkel, aber der eine nur ungefähr, soweit die Genauigkeit für den Bau hinreicht, der andere aber um das Sein oder die Eigenschaft der Wahrheit gemäss zu erkennen.*) Der Eine erkennt mit dem Sinne, der andere mit der Vernunft. Nun ist die Natur aus diesem Wettkampf herauszuziehen; denn die Natur bildet grade den Massstab, nach dem wir die Vollendung messen, da sie immer, wo keine äusseren Hindernisse stattfinden, zu sich selbst hingelangt, d. h. zur Vollendung des Wesens. Kunst und Tugend suchen nur **der Natür ähnlich** die Mitte zu finden und diese **Mitte ist wieder die Natur oder Vernunft der Sache.** So stehen auch beide weit hinter dem theoretischen Erfassen der Wahrheit an Genauigkeit zurück, weil sie beide nur mit den **Sinnen**, also nur im Gebiete des Individuellen und der Regeln erkennen und wirken.**) Damit hängt der andere Gegensatz zusammen, dass je weniger Elemente zur Hervorbringung einer Sache mitwirken, um so schärfer die Erkenntniss ist; je complicirter, desto unbestimmter und dunkler.***) In der Wissenschaft nun, wo das Allgemeine und Einfache Princip ist und die Zahl der

---

*) *Nicom. I. 7.* (II. 7. 24.) καὶ γὰρ τέκτων καὶ γεωμέτρης διαφερόντως ἐπιζητοῦσι τὴν ὀρθήν· ὁ μὲν γὰρ ἐφ' ὅσον χρησίμη πρὸς τὸ ἔργον, ὁ δὲ τί ἐστιν ἢ ποῖόν τι· θεατὴς γὰρ τἀληθοῦς.

**) *Nicom. II.* Schl. (II. 24. 8.) ὁ δὲ μέχρι τίνος καὶ ἐπὶ πόσον ψεκτὸς οὐ ῥᾴδιον τῷ λόγῳ ἀφορίσαι· οὐδὲ γὰρ ἄλλο οὐδὲν τῶν αἰσθητῶν. τὰ δὲ τοιαῦτα ἐν τοῖς καθ' ἕκαστα, καὶ ἐν τῇ αἰσθήσει ἡ κρίσις.

***) *Analyt. post. I.* 27.

Gründe immer übersichtlich bleibt, ist die grösste Schärfe (*ἀκρίβεια*) möglich; in dem Gebiete der Kunst und Tugend aber ist immer der Stoff, der an sich das Unbestimmte hat, hinderlich; die Principien davon müssen durch Wahrnehmung oder gewisse Gewöhnungen erkannt werden,*) d. h. durch kunstmässige Uebung und tugendhafte Fertigkeit, und können desshalb nicht die Schärfe des Begriffs gewinnen.

Wenn wir nun vergleichen, so bestimmt Aristoteles als scharfes Mass das, wovon man nichts wegnehmen, wozu nichts hinzufügen kann. Je grösser etwas ist, z. B. bei einem Stadium, einem Talente u. s. w., desto leichter bleibt eine geringe Grössenveränderung verborgen: als Mass erkennt er daher das an, was nicht, ohne dass es bemerkt würde, verringert oder vermehrt werden kann.**) Obgleich es sich hier um äussere Wahrnehmung handelt, so betrifft doch unsre Frage ebenfalls das Quantitative und wird auch durch Wahrnehmung, wenn schon innere, entschieden;***) denn das innere Gefühl muss uns sagen, wann die Affekte in dem richtigen Verhältniss sind, um die Vernunft in ihrer Thätigkeit nicht zu hindern.†)

Die grössere Genauigkeit der Tugend im Verhältniss zur Kunst scheint Aristoteles durch zwei Bemerkungen anzudeuten. 1. Er schreibt der Tugend vor Allem, auch vor den Wissenschaften (worin die

---

*) *Nicom. I. 7.* (II. 7. 32.) *τῶν ἀρχῶν αἱ μὲν — — αἱ δὲ αἰσθήσει, αἱ δὲ ἐθισμῷ τινὶ θεωροῦνται.*

**) *Metaph. IX.* 1. (II. 574. 48.) *ὅπου μὲν οὖν δοκεῖ μὴ εἶναι ἀφελεῖν ἢ προσθεῖναι, τοῦτο ἀκριβὲς τὸ μέτρον — — — ὥστε ἀφ' οὗ πρώτου κατὰ τὴν αἴσθησιν μὴ ἐνδέχεται, τοῦτο πάντες ποιοῦνται μέτρον.*

***) Vrgl. Band I. S. 253 ff.

†) *Magn. Mor. II.* 10. (II. 174. 21.)

Künste als eingeschlossen angenommen werden müssen) eine grössere Festigkeit (*βεβαιότης*) und Dauerhaftigkeit (*μονιμώτεραι*) zu, weil die Guten beständig in diesen Thätigkeiten leben und daher ein Vergessen nicht möglich ist.*) Darum ist auch speciell die praktische Weisheit (*φρόνησις*) dem Vergessen nicht ausgesetzt**) und aus demselben Grunde ist es auch so schwer die Gewohnheiten (*ἔθος*) zu besiegen, weil sie der Natur gleich kommen.***)

2. Zweitens bemerkt Aristoteles, dass man von einer Tugend oder Tüchtigkeit in der Kunst spreche, aber nie von einer Tugend in der Tugend.†) Wenn man nun fragt, was er mit dieser Tugend der Kunst (*ἀρετὴ τέχνης*) meine, kann man etwa auf *Magn. Mor. I, 20* (II. 145. 19) kommen, wo gezeigt wird, dass der Künstler, z. B. der Maler nicht eher gelobt wird, als bis er, wie die Tugend, das Schönste als das Ziel seiner Nachahmung setze.††) Es gehört dies von der Seite des Stoffes allerdings mit hierher, Aristoteles selbst hat aber am Beispiele von Phidias und Polyklet gezeigt, dass die Tugend oder Tüchtigkeit in der Kunst

---

*) *Eth. Nicom. I.* 10. (II. 10. 42) *περὶ οὐδὲν γὰρ οὕτως ὑπάρχει τῶν ἀνθρωπίνων ἔργων βεβαιότης, ὡς περὶ τὰς ἐνεργείας τὰς κατ' ἀρετήν· μονιμώτεραι γὰρ καὶ τῶν ἐπιστημῶν αὗται δοκοῦσιν εἶναι — — μονιμώταται διὰ τὸ μάλιστα καὶ συνεχέστατα καταζῆν ἐν αὐταῖς τοὺς μακαρίους· τοῦτο γὰρ ἔοικεν αἰτίῳ τοῦ μὴ γίγνεσθαι περὶ αὐτὰ λήθην.*

**) *Eth. Nicom. VI.* 5 Schl.

***) *Eth. Nicom. VII.* 10. (II. 86. 43.) *ῥᾷον γὰρ ἔθος μετακινῆσαι φύσεως· διὰ γὰρ τοῦτο καὶ τὸ ἔθος χαλεπόν, ὅτι τῇ φύσει ἔοικεν.*

†) Ebendas. *ἀλλὰ μὴν τέχνης μὲν ἐστὶν ἀρετή, φρονήσεως δ' οὐκ ἔστιν.*

††) *Magn. Mor. I.* 20. (II. 145. 19.) *οὐκ ἂν ἐπαινεθείη, ἂν μὴ τὸν σκοπὸν θῇ τὰ κάλλιστα μιμεῖσθαι. Τῆς ἀρετῆς ἄρα παντελῶς τοῦτ' ἐστί, τὸ καλὸν προθέσθαι.*

(ἀρετὴ τέχνης) ihnen unter dem Namen der Weisheit (σοφία) zuerkannt wurde und dass man unter weisen Künstler die verstehe, welche in ihrer Kunst am Genauesten oder Schärfsten (ἀκριβέστατοι τὰς τέχνας) wären.*) Er nimmt daher in den Künsten verschiedene Grade der Akribie an und nennt den höchsten Grad Tugend (ἀρετή). Da es nun von der Tugend keine Tugend giebt, so scheint sie an sich selbst der höchste Grad, die Spitze**) zu sein und daher auch an Genauigkeit die Künste zu übertreffen. Wegen dieser scharfen Genauigkeit sagt er auch wohl,***) dass der Tugendhafte sich dadurch besonders auszeichne, dass er in allen Stücken die Wahrheit sähe und desshalb in diesem ganzen Gebiete als Richtmass und Massstab zu betrachten sei, also als dasjenige, wodurch überhaupt Akribie der Messung erst gewonnen werden kann. — Man könnte noch hinzufügen, dass in der Kunst der zu behandelnde Stoff dem Künstler äusserlich bleibt und durch Wahrnehmung nie völlig erkannt, durch Werkzeuge nie völlig geformt werden kann, während die Tugend wie die Natur sich mit ihrem Stoffe in der Gesinnung gänzlich einigt, so dass nicht einmal wie in der mangelnden Selbstbeherrschung (ἀκρασία) ein Dualismus des thätigen und empfangenden Princips mehr übrig bleibt.

---

*) *Eth. Nicom. VI. 7.* (II. 70. 1.) τὴν δὲ σοφίαν ἔν τε ταῖς τέχναις τοῖς ἀκριβεστάτοις τὰς τέχνας ἀποδίδομεν, οἷον Φειδίαν λιθουργὸν σοφὸν καὶ Πολύκλειτον ἀνδριαντοποιόν, ἐνταῦθα μὲν οὖν οὐθὲν ἄλλο σημαίνοντες τὴν σοφίαν ἢ ὅτι ἀρετὴ τέχνης ἐστίν.

**) *Eth. Nicom. II. 6.* Vrgl. Anm. †) S. 452. ἀκρότης.

***) *Eth. Nicom.* III. 6. (II. 29. 16.) ὁ σπουδαῖος γὰρ ἕκαστα κρίνει ὀρθῶς καὶ ἐν ἑκάστοις τἀληθὲς αὐτῷ φαίνεται — — ὥσπερ κανὼν καὶ μέτρον αὐτῶν ὤν.

Inhalt

Allgemeiner Theil.

Quellen und Terminolgie.

IV. Capitel.

Die Principien des Kunstwerks.

V. Capitel.

VI. Capitel.

Der Zweck und die Eintheilung der Kunst.

Anhang zum V. Capitel.

Specieller Theil.

Erste Abtheilung.

Von der nützlichen Kunst.

Zweite Abtheilung.

Von der nachahmenden Kunst.

I. Capitel.

Das gemeinsame Wesen aller schönen Künste oder über den Begriff der Nachahmung.

§. 1. Die Kunstwerke sind Ebenbilder der in der Phantasie gegebenen Wirklichkeit.

II. Capitel.

Aesthetik und Kunst.

III. Capitel.
Eintheilung der Kunst.

Seite.

IV. Capitel.

Von der Entwickelung der Kunst.

V. Capitel.

Druckfehler und Bemerkung.

S. 11. Anmerk. Z. 3 von oben statt λείπεθαι lies λείπεται
„ 39. steht als Seitenzahl 93
„ 81. Text Z. 5 v. oben statt S. 63 lies S. 70.
„ 137. „ „ 4 v. unten „ grössern lies grössere
„ 390. Anmerk.**) statt μεταβαλλοῦσα lies μεταβαλοῦσα

Zu S. 285. Anmerk.*). Ich citirte Theophrast nach einer älteren Ausgabe; wenn man aber auch θαυμάζειν aufgeben müsste, so würde durch das ἐκπλήττεσθαι die Stelle doch brauchbar bleiben.

Druck von Ed. Heynemann in Halle.

www.ingramcontent.com/pod-product-compliance
Lightning Source LLC
Chambersburg PA
CBHW031815270326
41932CB00008B/431
* 9 7 8 3 7 4 2 8 6 8 7 8 7 *